고구려 초기 사회 연구

고구려 초기 사회 연구

인 쇄 2023년 2월 21일
발 행 2023년 2월 28일

저 자 조영광
발행인 정성택
발행처 전남대학교출판문화원

등 록 1981. 5. 21. 제53호
주 소 61186 광주광역시 북구 용봉로 77
전 화 (062) 530-0573
팩 스 (062) 530-0579
홈페이지 http://www.cnup.co.kr
이메일 cnup0571@hanmail.net

값 20,000원

ISBN 978-89-6849-961-6 (93910)

고구려 초기 사회 연구

전남대학교출판문화원

조영광 저

책머리에

대학에서 역사학을 공부하면서 가장 궁금했던 점은 나랑 비슷하게 생긴 외모에 같은 말을 쓰고 유사한 습속을 가진 사람들이 어디에서 왔을까 하는 것이었다. 결국 이 질문에 제대로 답을 하기 위해서는 우리 한민족의 근간으로 알려진 예맥족에 대해서 알아야 했고, 예맥족의 실체를 추적하는 데 있어 관련 자료가 가장 많이 남아있는 것은 고구려였다. 이러한 문제의식은 박사 학위 논문 주제를 고구려의 종족 계통과 국가형성 과정을 추적하는 것으로 귀결되었다.

한국 고대사를 공부하면서 가진 또 하나의 의문은 우리 한국인의 형질인류학적 특징과 한국 고대 국가에 내재된 북방 유목, 수렵 문화적 속성이 어디서 유래하였는가 하는 것이었다. 한국인과 한국 고대문화 속에 강하게 뿌리내린 북방문화적 성격은 '한반도에 토착하여 오랜기간 동안 농경문화'를 영위하였다는 한국인에 대한 전형적인 설명에 의문을 품게 하였다. 이 물음은 한국 고대사 공부를 하면서 지속적인 화두가 되었고, 지금도 그 답을 찾아가는 것이 나의 숙제라고 생각한다.

이 책은 박사 과정에 진학하고 고구려 초기사를 학위 논문 주제로 선택한 후부터 발표한 논문 중 10편을 골라서 묶은 것이다. 책의 구성은 2부로 이루어졌다. 1부에서는 고구려 국가와 종족이 형성되는 과정과 초기 고구려 사회의 성격을 조금 넓게 살펴보았다. 2부는 고구려 국가의 근간인 관제, 영역, 수도권 편제 등 정치 체제로 분류할 수 있는 소주제들을 다루었다.

간행 시점도 다르고 다양한 주제로 발표한 논문들을 ‘초기 고구려 사회’를 주제로 한 권의 책으로 묶고서 보니 부족한 부분이 많이 보인다. 이 책에 실린 글 중 가장 이른 것은 2006년에 발표된 것이다. 그때와 지금을 비교하면 학계의 연구 동향도 변화하였고 저자의 생각과 역사 이해 방식 등도 일부 바뀐 부분이 있다. 그러나 고구려 초기사를 바라보는 큰 틀에서의 시각은 달라진 것이 없다. 게으름의 소치로 대대적인 개고를 못한 것에 대한 변명이지만, 본서의 각 장별 주제로 설정된 개별 논문은 집필했던 당시가 가장 치열하게 고민하고 공부하였던 산물이라는 생각으로 최소한의 문법적 오류만 수정하고 전재하였다.

저자가 역사학을 전공하고 연구자로 성장할 수 있었던 것은 모교 경북대학교 사학과의 은사이신 주보돈 선생님의 학은 덕택이다. 또한 어려움을 겪을 때마다 도움을 주시고 아낌없는 가르침을 주신 김현숙 선생님의 후의를 잊을 수 없다. 한국 고대사를 공부하면서 많은 선생님께 빚을 진 마음이다. 일일이 존함을 다 들 수는 없지만 함께 공부하면서 조언을 주신 동학 선생님들께도 감사를 드린다. 항상 곁에서 응원해 주시고 부족한 사람을 넓은 아량으로 이해해주시는 전남대학교 역사교육과 선생님들께도 감사의 말씀을 드린다.

그리고 공부를 할 수 있게 늘 믿음과 지지를 보내주신 부모님과 아내 순향(淳香), 딸 성유(晟瑜)에게 고마운 마음을 전한다. 끝으로 부족한 글을 출판할 수 있도록 도와주신 전남대학교출판문화원 선생님들께도 사의를 표하는 바이다.

저자 삼가 씀

1부

고구려의 국가 형성과 초기 사회의 성격

제1장
고구려의 종족 계통 고찰

고구려는 그 종족명으로서 濊貊 혹은 貊이라 칭해졌다. 그런데 濊 또는 貊이란 종족 명칭은 고구려의 국가 형성 이전부터 기록에 등장하고, 다양한 용례로 쓰여 그 실체가 무엇인지, 고구려와 실제 어떤 관계가 있는지 등에 대해 지금까지 다양한 견해가 제출되었다. 이 장에서는 각종 문헌에 보이는 예, 맥의 실체를 밝히고, 고구려가 맥으로 칭해지게 되는 역사적 배경에 대해 검토하고자 한다.

1. 貉(貊), 穢(濊)의 실체와 개념

고구려와 부여의 종족 명칭으로 쓰인 貉(貊)과 穢(濊)는 이르게는 중국의 先秦 시기 문헌에서부터 등장한다. 선진 시기 예와 맥이 분명히 구분되는 두 개의 종족이었다는 것은 연구자들의 의견이 합치된다. 그러나 그 이후 예족과 맥족의 전개 과정과 변화에 대해서는 의견이 분분하다. 이에 대한 견해는 크게 두 가지로 나뉜다. 첫째는 예족과 맥족이 이동 혹은 결합을 통해 후에 예맥족을 형성한다는 주장이고,[1] 둘째는 근본적으로 선진 문헌에 나타나는 맥은 이후 고구려

1) 김상기, 1948,「韓·濊·貊 移動考」『史海』 1; 1971,『동방사논총』, 서울대출판부, 355~368쪽; 윤무병, 1966,「濊貊考」『백산학보』 1; 김정배, 1973,『한국 민족문화의 기원』, 고려대출판사; 리지린·강인숙, 1971,『고구려력사연구』, 사회과학

를 지칭한 맥과는 무관한 북방 종족의 범칭일 뿐이고, 예맥은 예족이 예맥으로 불린 것에 불과하다고 보는 견해이다.2) 선진 시기 문헌에서는 貊이 濊보다 빨리 나타나는데, 아래 『詩經』 韓奕篇은 매우 유명한 사료로 貊의 존재를 보여주는 가장 이른 시기의 기록이다.

> 溥彼韓城 燕師所完 以先祖受命 因時百蠻 王錫韓侯 其追其貊 奄受北國 因以其伯.(『詩經』 大雅 韓奕)

위 사료는 西周 시기 周의 왕이 제후인 韓侯에게 주변의 종족 혹은 국가적 성격을 띤 정치집단인 追3)와 貊을 사여하며 북국을 지킬 것을 명한다는 내용이다.4) 이 기록은 일찍부터 한국 연구자들의 주목을 받아 상고시기 한민족 이동설의 근거로 활용되기도 하였다. 그러나 현재는 고고학 증거의 부재와 문헌 연구의 질적 제고로 이러한 주장은 거의 받아들여지지 않는다. 곧 위 사료에 보이는 貊을 한민족의 먼 조상이나 훗날 고구려를 일컫는 貊과 곧바로 연결시킬 수 없다는 것이다.

그렇다면 한혁편의 貊의 실체는 무엇인가? 현재로서는 그것이 지금의 중국 陝西省 북부 지역이나 河北省 지역에서 활동하던5) 특정

출판부; 김현정, 1993, 「부여의 성립에 대한 일고찰」 『상명사학』 1; 박준형, 2001, 「예맥의 형성과정과 고조선」 『학림』 22.

2) 여호규, 1996, 「고구려의 기원」 『한국사5 삼국의 정치와 사회1-고구려』, 국사편찬위원회; 三品彰英, 1953, 「濊貊族小考」 『朝鮮學報』 4.

3) 김상기는 追를 음운적 유사성을 근거로 濊로 추정하기도 하였다(앞의 책 참조).

4) 사료의 해당 시기는 서주 후기 宣王(재위 기원전 827~기원전 782)대로 추정된다.(심재훈, 2007, 「상쟁하는 고대사 서술과 대안 모색: 『詩經』 "韓奕"편 다시 읽기」 『동방학지』 137, 252~253쪽)

5) 後漢 鄭玄은 『毛詩正義』에서 韓의 소재지를 섬서성 북부 지역의 韓城으로 비정하였다. 역시 後漢代의 인물인 王肅은 涿郡 方城縣(河北省 固安縣) 부근에 서주

종족이나 周의 변방지역에 존재하던 소국[6]의 이름일 가능성이 높아 보인다.[7] 흔히 선진 시기 북방 종족의 명칭 혹은 범칭으로 알고 있는 胡의 경우도 殷周시기에는 殷의 북부지역에 있던 鬼方에 속한 소국의 호칭이었다.[8] 그러다가 시간이 지남에 따라 점차 북방의 이종족들을 두루 일컫는 호칭으로 바뀌게 된 것이다. 貊 역시 문헌에 처음 등장하는 西周 시기까지는 특정 소국의 호칭이었다가, 이후 胡의 용례 변화와 마찬가지로 차차 북방 종족의 범칭 혹은 불특정 이종족의 호칭으로 轉化되지 않았을까 한다. 요컨대 『詩經』 단계까지만 해도 貊은 周의 제후국에 해당하는 韓侯[9]에 의해 통솔될 정도로 작은 정치집단의 고유 명칭이었을 가능성이 높다.

그런데 춘추 시대 이후의 역사적 상황을 전하거나, 그 이후 정리된 것으로 알려진 문헌들에서 맥의 용례 변화가 찾아진다. 『詩經』 이후 맥이 등장하는 선진 시기 문헌들을 정리하면 다음과 같다.

A-(1) 淮夷蠻貊 及彼南夷 莫不率徒 莫敢不諾(『詩經』 魯頌 閟宮)

의 제후국인 韓이 존재했던 것으로 파악했다. 이에 관한 중국학자들의 견해 정리는 심재훈의 글이 참고가 된다.(앞의 글, 259~267쪽)

6) 중국에서는 이를 方國이라 부른다. 이 方國이라는 용어는 중국 학계에서 秦代 이전 시기 中原의 제후국에 끼지는 못하는 변방의 부족국가 혹은 씨족집단정도의 규모를 갖는 정치체를 지칭하는 단어이다. 현재 우리 학계에서는 이에 대응할 만한 용어를 설정한 바 없기에 임의로 소국이라 칭하였다.

7) 한혁편에 보이는 韓城의 위치에 대해는 섬서성 일대로 보는 설과 하북성 지역으로 보는 양설이 있다.(김상기, 앞의 글)

8) 張亞初는 殷의 청동기 명문 분석을 통해 胡가 殷代에는 殷의 서북쪽인 陝西省 藍田 일대에 존재하던 작은 方國의 명칭이라는 것을 밝혔다(「從古文學談胡, 胡國與東胡」 『文博』 1992-(1)).

9) 심재훈은 韓奕編의 燕을 북경지역의 北燕으로 보고 韓을 특정 세력과 결부시키기보다는 燕 주변, 곧 河北省 북부나 遼寧省의 서남부에 위치한 非周系 주변부 소국의 하나로 보았다.(앞의 글, 283~284쪽)

A-(2) 職方氏掌天下之圖 以掌天下之地 辨其邦國都鄙四夷八蠻七閩九貉五戎六狄之民…….(『周禮』 夏官 職方氏)

A-(3) **貊隷**掌役服不氏而養獸而擾養之 掌與獸言 其守王宮者與其守厲禁者 如蠻隷之事(『周禮』 秋官 司寇 下)

A-(4) 象胥掌**蠻夷閩貉戎狄**之國使 掌傳王之言而諭說言 以和親之(『周禮』 秋官 象胥)

A-(5) 子張問行 子曰 言忠信 行篤敬 雖**蠻貊**之邦 行矣 言不忠信 行不篤敬 雖州里行乎哉(『論語』 권9 子罕)

A-(6) 晏子曰 嬰聞與君異 今夫**胡貊**戎狄之蓄狗也(『晏子春秋』 內篇 諫下 景公籍中而獄多欲托晏子晏子諫第一)

A-(7) 桓公東救徐州…救晋公 擒狄王 敗**胡貊** 破屠何(『管子』 卷8 小匡)

A-(8) 鑿爲龍門 以利燕代**胡貉**與西河之民傳曰 泰山 有道曾孫周王有事 大事旣獲 仁人尙作 以祗尙夏蠻夷**醜貉** 雖有周親 不若仁人 萬方有罪 維予一人…(『墨子』 권4 兼愛篇 中)

A-(9) 大王之國 北有**胡貉**代馬之用(『戰國策』 秦策)

A-(10) 命將軍, 大夫, 適子, 戍吏皆**貉**服(『水經注』 河水條 所引 『竹書紀年』 趙武靈王)

위의 사료들은 선진 문헌 중에서 貊(貉)의 존재를 전하는 대표적인 것들이다. 위 기록들 중 춘추 시대 魯 僖公(재위 기원전 659~기원전 627)대의 사실을 전하는 사료 A-(1)부터 A-(6)까지를 자세히 살펴보면 한 가지 공통점이 발견되는데, 貊이 단독으로 사용되어 특정 종족을 지칭하기보다는 다른 글자들과 결합해 東西南北의 방위를 불문한 불특정의 이종족, 곧 중화주의적 華夷觀에 입각한 오랑캐 세력을 막연하게 표기하는 것으로 쓰이고 있다는 점이다.[10]

---

10) 이와는 차이가 조금 있지만 三品彰英은 先秦시기의 貊은 北方民族의 범칭이라고 하였다.(三品彰英, 1953, 앞의 글, 4~6쪽)

그리고 A-(7)의 경우는 춘추 시대 齊 桓公(재위 기원전 685~기원전 643)이 晉에 침입한 북방 종족인 北狄을 격퇴하였음을 전하는 사료이다. 춘추 시기 晉은 山西省과 陝西省 북부지역에 위치한 나라로, 여러 북방 족속들과 접하고 있었다. 이들의 침입을 받은 晉은 齊의 도움을 받아 물리칠 수 있었는데 그 우두머리를 狄王으로, 패퇴시킨 세력을 胡貉이라 기록하였다. 당시 진의 지리적 입지를 고려한다면 胡貉으로 피칭된 세력이 만주 곧 동북 지역의 세력을 지칭한 것이라기보다는 晉에서 북으로 인접한 북방 이종족 세력을 뜻하는 것으로 해석하는 것이 자연스럽다. A-(8)에서 보이는 胡貉 역시 北京, 河北省 지역에 있던 燕, 代와 병칭되고 있고, 陝西省 서북지역의 秦에 北接한 A-(9)의 胡貉 또한 A-(7)의 그것과 같은 의미로 사용되었음을 짐작할 수가 있다.

사료 A-(10)은 유명한 戰國時代 趙 武靈王(재위 기원전 325~기원전 295)의 胡服騎射[11)]개혁을 전하는 문장이다. 이 사료에 보이는 貉은 조나라가 국방 개혁의 목표로 삼은 胡(匈奴)를 지칭하는 것임에 틀림없다. 이 시기에는 북방 종족 곧 흉노를 지칭하는 단어로서 貉을 썼음을 알 수 있다.

그런데 사료 A-(7) ~ A-(10)를 다시 음미해 보면 한 가지 공통점이 찾아지는데, A-(10)을 제외하고는 모두 貉이 胡와 결합하고 있다는 점이다. 胡가 貉에 비해 북방적 색채가 더욱 강한 호칭임을 고려한다면, 오히려 貉은 북방 종족의 범칭이었다고 방위적 범위를 한정 짓기보다는 A-(1) ~ A-(3)의 용례처럼 그저 胡의 뒤에 붙어 불특정 이종족들에 대한 범칭 혹은 멸칭에 가까운 접미사에 불과한 것으로 파악하는 것이 더 자연스럽지 않을까 한다. A-(8)에는 胡貉과 함께

11) 今吾將胡服騎射以教百姓而世必議寡人 柰何(『史記』 권43 趙 世家)

지칭하는 대상이 막연한 醜貉이 함께 사용되고 있는 것으로 볼 때 이에 대한 가능성을 더욱 높여준다.

전체 선진 시기 동안 貉이 북방 종족의 범칭으로만 사용되었다는 三品彰英과 顧頡剛[12]의 견해를 그대로 수용하기보다는 시간의 흐름에 따른 그 용례의 변화에 주목할 필요가 있다 본다. 貊(貉)이라는 동일 글자로 표현되었지만 西周에서 秦의 통일까지는 시간적으로도 800년 이상의 격차가 있으므로 선진 문헌에 나타난 맥을 모두 같은 의미로만 해석해서는 곤란하다. 각 문헌의 맥을 시공간적으로 철저히 분석해 그 역사적 실체를 구명하여야겠다. 하지만, 현재까지 고고학 발굴 성과의 한계, 문헌 자체의 신빙성 문제 등의 한계 때문에 모든 조건을 만족시키며 정확히 밝혀내기란 불가능에 가깝다. 다만 문헌에서 반영되고 있는 용례의 계기적 변화에 착안해 최소한의 변화상은 추출해 낼 수 있으리라 생각된다.

위에서 언급한 사료들은 그 신빙성이 약하다는 문제가 있어 기록 대상 시기를 모두 그대로 받아들이기는 힘들다. 하지만 그 저작 또는 정리 연대를 전국 시대(기원전 403~기원전 221) 혹은 전한 대로 보고 있으므로, 늦어도 그 무렵에는 貉이 불특정의 이종족을 뜻하는 단어로 쓰였음을 알 수 있다. 만약 위의 문헌들이 실제로 해당 시기의 사료들을 채록하여 전하는 것이라고 모두 인정한다면, 貉은 서주 시기 변방의 특정 세력을 지칭하는 고유명사에서 춘추 시대부터 불특정의 이민족을 일컫는 범칭으로 轉化되었다고 해석하는 것이 타당하겠다.[13]

---

12) 顧頡剛, 1959, 「燕國曾遷汾水流考」『中國古代地理名著選讀』, 中國科學院地理研究所.

13) 필자는 A-(1)이 춘추 시대의 상황을 전하는 것임을 긍정하고 이르면 춘추 시대부터 貉은 방위를 불문한 이종족(오랑캐)에 대한 범칭으로 사용되었을 것이라

그런데 중국 주변의 이종족들을 두루 일컫는 호칭으로 사용되던 貉이 전국 시대 말, 전한 초에 이르러서는 앞서 언급한 胡와 결합한 용례의 증가와 함께 주로 북방 종족의 범칭이나 이를 뜻하는 접미사로 그 사용범위가 좁혀지게 된다. 그러한 변화 원인의 해답에 대한 실마리를 제공하는 사료가 匈奴를 貉으로 묘사한 A-(1)이 아닐까 한다. 그러나 이러한 변화를 엄밀히 정의하면 계기적 변화라기보다는 시대의 흐름에 따른 새로운 개념의 생성·추가로 보는 것이 옳다고 생각한다.[14] 貊이라는 명칭에 다시금 특정 종족(정치체)에 대한 호칭으로의 개념 변화 혹은 추가가 생기게 되는 것은 고구려가 건국되는 기원 전후 시기가 되어야 한다. 이에 대해서는 뒤에서 다시 다루기로 하고, 기원전 3세기 무렵부터 貊이 특정 종족을 지칭하는 의미로 사용되고 있었음을 의심케 하는 기록들이 있어 먼저 그들을 검토해 보겠다.

B-(1) 告子 白圭曰 吾欲以十而敢一 何如 孟子曰 子之道 **貉**道也 萬室之國 一人陶則可乎 曰不可 器不足用也 曰夫**貉** 五穀不生 惟黍生之 無城郭宮室宗廟祭祀之禮 無諸侯幣帛饔食 無百官有司 故二十取一而足也.(『孟子』 告子章下)

B-(2) **貊國**在漢水東北 地近于燕 滅之.(『山海經』 海內西經)

사료 B-(1)의 경우 언뜻 보면 기원전 4~3세기 무렵 여타의 종족과 확연히 구분되는 貉이라는 실체가 중국 북방에 존재하였음을 보

생각한다.

14) 그러나 이러한 용례의 계기적 변화가 반드시 일치하는 것은 아니다. 『史記』(天官書 其西北則胡貉月氏)나 『漢書』(禮樂志 隅辟越遠, 四貉咸福)는 물론 그 후대의 문헌에도 여전히 貊(貉)은 불특정 이종족, 북방 종족의 범칭, 동북방의 종족(濊貊), 특정종족(고구려의 貊) 등으로 혼재되어 등장하기 때문이다.

여주는 기록으로 여기기 쉽다. 그러나 이 기록을 조금만 더 깊이 들어가 보면 貉이 예맥이나 고구려의 맥족과 관련성이 없는 북방 종족을 지칭한 것임을 알 수 있다.

그 근거로서 첫 번째는 북방의 貉 지역은 五穀[15]도 자라지 않고 오직 黍(기장)[16]만이 자란다고 한 것으로 시기적 차이는 있지만, "五果는 없지만 五穀은 있다"는 예맥족의 국가 夫餘에 대한 기록과 배치된다.[17] 실제로 부여 先住民의 문화로 알려진 西團山 文化 유적에서는 농업생산과 관련된 많은 도구와 탄화 곡물 등이 발견된 것을 볼 때 이른 시기부터 농업이 경제생활의 중요한 축을 담당했던 예맥계 종족을 『맹자』에서 貉이라 지칭한 것은 아니라 생각된다.[18]

기장은 중국의 신석기 시대에 해당하는 많은 유적들에서 재배 흔적이 발견된다. 그 분포는 서북으로는 新疆에서 동북으로는 內蒙古, 遼寧, 黑龍江, 남으로는 雲南, 臺灣에까지 미칠 정도로 광범하다.[19] 그렇다면 농작물의 생장조건이 사료 B-(1)에서 보이듯 오곡의 성장조차 어렵고 기장(黍)의 재배만 가능할 만큼 척박한 지역은 어디일

15) 고대 중국에서 五穀이라 함은 대체로 조(粟), 보리(麥), 수수(粱), 벼(稻), 콩(菽)에 깨(麻)나 기장(黍, 稷) 등을 더하기도 한다(昝維廉, 「正視我國古代的五穀」『農業考古』 1982-(2)).

16) 黍稷(기장)은 선사시기부터 중국 북방지역의 주된 작물의 하나로, 갑골문에 100여 건 이상의 骨片에 300字 이상이 보이고 있다(王芝芳, 「『詩經』中商周時期農作物的考古硏究」『農業考古』 2006-(6), 21).

17) 夫餘……土地宜五穀 不生五果(『三國志』 卷30 魏書 東夷列傳)

18) 西團山文化 유적에서는 석제 도끼, 반달돌칼, 낫, 삽, 자귀, 호미 등 다수의 農業生産道具와 가공, 조리도구 및 탄화된 조, 기장, 콩 등이 다량 발견되었다(劉景文, 「西團山文化的農牧業發展探索」『北方文物』 1991-(2)). 이를 통해서 볼 때 북만주 일대는 예맥계통의 주민들에 의해 일찍부터 다양한 종류의 농작물이 재배되고 그 수준도 상당했음을 알 수가 있다.

19) 游修齡, 「黍粟的起源及傳播問題」『中國農史』 1993-(3), 1~3.

까? 이는 오곡의 北限界를 역으로 추적해 보면 자연스레 풀린다.

현재까지 조사된 농업 고고학의 성과들을 통해 볼 때 고대 중국에서 오곡 농사가 가능했던 최북단 지역은 內蒙古 赤峯 지역으로 나타난다. 그 대표적 유적이 현 내몽고 적봉 지역을 중심으로 한 청동기시대 夏家店上層 문화에 속하는 上機房營子 유적인데, 여기서 탄화된 기장류[黍] 외에도 고대 중국의 五穀에 속하는 麥類와 粟類 등이 출토되었다.[20] 그리고 남북조 시기 및 隋唐代에 현 黑龍江省과 吉林省 북부에서도 麥類와 粟類 등을 파종한 농경을 했던 것으로[21] 볼 때 기장(黍)만 생장하기에 적합한 곳은 內蒙古 적봉 지역계선의 以北 및 以西의 유목 경제의 특성이 더욱 농후한 지역이었음을 짐작할 수 있다. 전국 시대 이전 이 지역에서 주로 활동한 종족은 흉노와 그 전신으로 생각되는 獫狁이다. 그리고 그 경계지대에 분포한 종족 역시 유목 경제적 특성을 지닌 東胡이다.[22] 이러한 문헌과 고고자료들을 종합해 고려하면 맹자에 나오는 맥은 흉노나 동호를 지칭하였던 것이라 할 수 있겠다.[23] 전국 시대 이후 貊이 북방 종족의 범칭으로 사용되는 사례가 늘어나는 것은 이것과 밀접한 연관이 있음을 미루어 짐작할 수 있다.[24]

---

20) 王丹 等, 「上機房營子遺址的植硅體分析」『農業考古』2007-(1), 31~33.

21) 『北史』 권94 烏洛侯傳; 『新唐書』 권219 北狄傳 黑水靺鞨條

22) 林幹은 遼寧省 朝陽에서 1950년대 중반 발굴된 十二臺營子 유적의 청동기와 내몽고 赤峰 지역에서 출토된 청동기가 모두 같은 東胡系임에 착안해 춘추전국시대 이 지역이 동호의 활동범위였음을 밝혔다.(2006, 『東胡史(修訂版)』, 內蒙古人民出版社, 6~13쪽)

23) 후대의 자료이기는 하지만 『漢書』에는 흉노를 貊으로 칭했음을 짐작케 하는 구절이 있다. "名聲暴于夷貉"(『漢書』 卷54 李廣蘇建傳) 이 기록에 등장하는 夷貉의 용례에 대해 楊軍은 흉노를 일컫는 것이라고 풀이하였다.(2002, 「從別種看高句驪族源」 『東疆學刊』 19, 17쪽)

24) 전국 시대 이후 貊이 북방 종족의 범칭으로 사용되었음은 『史記』에 등장하는

두 번째는 宮室이나 祭祀는 물론 百官도 없다는 기록은 사회 발달 정도가 중국에 비해 낮은 수준에 머물고 있는 일부 북방 종족의 상황을 묘사한 것이 확실해 보인다.[25] 물론 이 기록을 있는 그대로 받아들일 수는 없지만, 유목 경제 중심의 흉노나 동호가 農耕 定住 문화의 중국에 비해 물질문화나 사회 발달 등이 뒤처지는 것을 그렇게 묘사한 것으로 해석하면 자연스럽다. 지금까지의 논의를 종합해 볼 때 사료 B-(1)에서 보이는 貉은 북방 종족의 범칭적 성격으로 사용된 것이지, 현재의 만주 지역에서 경제생활의 중요한 한 축을 농업에 의존했던 예맥족을 지칭함은 아니란 것을 알 수 있다.[26]

사료 B-(2)는 기록 자체가 너무 단편적이라 상세히 밝히기가 더욱 어려운데, 이 기록을 燕將 진개가 동방 경략에 나섰던 기원전 3세기 초의 사실을 전하는 것으로 간주한 연구도 있다.[27] 이 맥국의 실체에 대해 북한의 리지린은 지금의 내몽고 지역에 해당하는 欒河의 상류 지역으로 비정하고, 당시 고조선과 東西로 竝立하고 있던 국가라고 주장하였다.[28]

하지만 오직 사료 B-(2)에만 등장하는 맥국을 갖고 그 실체를 논

"奄有河宗, 至于休溷諸貉"(卷43 趙世家), 燕北迫蠻貉(卷34 燕召公世家), "後百有余年 趙襄子踰句注破幷代以胡貉"(卷110 匈奴列傳) 등의 기록을 통해서도 알 수가 있다.

25) 시대가 떨어지기는 하지만, 고구려가 宮室을 짓고 고치기를 좋아했다는 기록과도 차이가 있다(其俗節食, 好治宮室『三國志』卷30 魏書 東夷 高句麗).

26) 참고로 遼代의 농작물 분포를 보아도 黍는 그 재배 중심지가 中京道(적봉 지역)나 南京道(北京 지역)으로 예맥족의 활동 범위에 들지 않는다.(韓茂莉, 「遼代農作物地理分布與種植制度」『中國農史』1998-(4), 23~24쪽)

27) 박준형, 앞의 글, 36쪽.

28) 리지린은『水經注』(권14 濡水條)에 나오는 汗水가 漢水의 轉寫로 보고 이를 현 河北省의 灤河의 지류로 비정하였다.(1963,『고조선연구』, 과학원출판사, 178~182쪽)

하거나, 멸국의 시기를 추정하는 것은 무리가 있다. 만약 맥국이 강대한 세력을 형성하고 국가 단계에 이른 정치체였다면 그렇게 소략한 기록만 남아있을 리가 만무하기 때문이다. 다만 구체적 시점을 밝혀내기는 어렵지만 전국 시대 燕이 자국의 북방 지역에 존재하던 어떠한 종족 혹은 정치체를 복속시킨 사실을 기록한 것으로 보는 것으로 볼 여지는 있다. 만약 B-(2)에 보이는 漢水가 오늘날의 灤河를 지칭한 것이 옳다고 하더라도 전국 시대 초기까지 이 일대에서 활동한 종족은 山戎이고,[29] 전국 시대부터는 燕의 세력 확장으로 燕系 漢人[30]들과 북으로부터 흉노의 압박에 밀린 동호 세력들이 주로 거주한 흔적이 보이지 예맥계가 이곳의 주요 세력으로 활동했다는 증거는 찾아지지 않는다. 그러므로 사료 B-(2)의 貊國을 역시 북방 종족의 범칭적 성격으로 보는 것이 가장 자연스러운 듯하다.

이어서 濊에 관한 기록들을 검토해 보자. 濊가 처음 등장하는 문헌은 先秦 西周 초(기원전 12세기)의 역사를 전하는 『逸周書』이다.[31] 만약, 이 기사가 사실이라면 濊는 이미 기원전 12세기에 중국

---

29) 춘추 시대 灤河의 동쪽에서 大凌河 사이의 지역은 그 동쪽 지역의 遼寧式(琵琶形)銅劍 문화와도 구분이 되는 산융계 종족들이 남긴 夏家店 上層 문화가 존재하던 지역이다.(이강승, 1979, 「遼寧地方의 青銅器文化-청동유물로 본 遼寧青銅文化와 夏家店上層文化의 비교연구」 『한국고고학보』 6, 64~70쪽) 孫進己 역시 춘추 시대 현 大凌河 일대에서 활동한 山戎에 대해 설명하며 지리적 위치가 서남으로 孤竹과 燕, 서로는 無終, 북으로는 努魯爾虎山 근처의 東胡, 동으로 穢貊과 접한다고 보았다.(1989, 『東北歷史地理』 1, 黑龍江人民出版社, 186~187쪽)

30) 戰國時代에 들면서 遼寧지역은 하가점 상층 문화나 요령식 동검 문화는 점차 소멸되고 전국 燕系 청동기와 중국계 무덤 양식이 많이 보이게 된다. 이러한 변화는 燕의 세력 확장과 관련이 깊다.(송호정, 2003, 『한국고대사 속의 고조선사』, 푸른역사, 248~252쪽)

31) 成周之會…正北方 稷愼大塵 穢人前兒 前兒若彌猴 立行 聲似小兒(『逸周書』 王會解)

에 그 존재가 알려진 것이 된다. 『逸周書』의 사료적 가치에 대해는 疑古學派에서는 후세의 僞作으로 봄이 일반적이다. 하지만, 고고학 발굴성과의 진전으로 그 신빙성이 재평가되기도 한다.[32] 어쨌든 이 문헌이 전국 시대에서 漢代에 걸쳐 정리된 것은 엄연한 사실이므로,[33] 중국 동북방의 종족으로서 濊의 존재가 늦어도 기원전 5세기 무렵에는 중국에 알려졌다 생각된다. 이 시기 예의 존재와 관련된 사료가 또 있는데, 아래와 같다.

> **C** 桓公曰 余乘車之會三 兵車之會六 九合諸侯 一匡天下 北至於孤竹山戎穢貉(『管子』 小匡篇)

위의 사료 C는 濊가 등장하는 유명한 문헌이다. 여기에는 穢貉이라는 연칭으로 등장해서 더욱 주목이 된다. 그런데 이것이 과연 예와 맥을 별도로 칭한 것인지, 아니면 함께 칭한 것인지에 대해서는 판별하기가 매우 어렵다.[34] 그러나 앞의 孤竹이나 山戎 같은 특정 종족을 나열하고 있는 것과 이 시기 貉은 불특정 이종족을 일컫는 의미로 사용되었으므로 예맥은 요동 지역의 예족을 지칭하는 것으로 해석하는 것이 옳다고 생각한다.

『史記』가 정리되는 기원전 1세기 무렵에는 중국 동북지역의 종족을 부르는 이름으로 濊貊이 본격적으로 등장하기 시작한다. 이에 대해 송호정은 山戎, 東胡 등을 모두 貊으로 본 사마천이 濊도 貊으로 부르기 시작한 것이라 해석하였다. 중국인들이 東北의 종족들을 貊

32) 이성규, 1987, 「중국고문헌의 사료적 가치」 『아시아문화』 2, 참조.

33) 박준형, 앞의 글, 7~8쪽.

34) 『管子』에 나오는 穢貉을 穢地에 거주하는 貊族의 일파로 해석한 견해도 있다. (楊軍, 2006, 앞의 책, 92~93쪽)

이라 칭하게 된 것은 동방에 대한 지식이 넓어짐에 따라 북방 종족들의 범칭인 貊의 범위가 확대된 데에서 기인한 것이다. 그리고 동시에 흉노가 세력을 확장해 북방을 석권함으로써 차츰 동북방의 종족만 맥으로 칭하게 됐으며, 이후 북방 종족을 맥으로 범칭한 예를 찾을 수 없다고 한다.[35]

이러한 견해는 대체로 타당하다 느껴지고, 본래 중국 동북방에 있던 종족은 濊(穢, 薉)로 불렸으나, 전국 시대 이후 貉이 북방 종족의 범칭으로 사용되면서 예에도 접미사처럼 맥을 붙여 예맥이라 부르게 된 것이다. 하지만 예맥의 종족적 속성은 어디까지나 예족이라 보는 것이 옳다. 이후 濊는 기원전 3세기의 문헌인 『呂氏春秋』에도 등장하는데,[36] 이 역시 중국의 동북방에 위치한 예족을 지칭한 것이다. 그리고 『史記』와 『漢書』 단계부터 본격적으로 보이기 시작하는 예맥 역시 예족을 뜻하는 의미로 사용되었다.[37]

위에서 먼저 살펴 본 貊과 濊의 용례를 비교해 보면, '貊'은 원래 周의 변방에 거주하던 종족에 대한 명칭이었다가 불특정 이종족의 범칭(멸칭), 북방 종족의 범칭으로 그 개념상의 변화가 있었다. 반면 濊는 큰 개념의 변화 없이 발해만 이동지역에 거주하는 종족을 가리키던 호칭으로 사용되었다. 『史記』에서는 조선을 둘러싼 주변 정치세력과 주민집단을 통칭할 때 '濊貊'이라는 명칭을 사용하였다.[38] 원

---

35) 송호정, 2007a앞의 글, 113~114쪽.

36) 非濱之東 夷穢之鄉 大蟹陵魚·其·鹿野·搖山·揚島·大人之居 多無君(『呂氏春秋』 恃君覽)

37) 이것이 곧 三品彰英이 논급한 '濊라고 하는 貊'의 뜻이며, 송호정 역시 그렇게 해석하였다.(三品彰英, 1953, 앞의 글, 7쪽; 송호정, 2007a, 앞의 글, 113~115쪽)

38) 夫燕(중략)東綰濊貉, 朝鮮, 眞番之利… 漢東拔濊貉, 朝鮮以爲郡(『史記』 권110, 匈奴列傳)
北隣烏桓, 夫余, 東綰穢貉, 朝鮮, 眞番之利(『史記』 貨殖列傳)

래 중국의 북방종족에 대한 명칭이던 맥이 『史記』 이후로 '예'라는 명칭과 결합해 중국 동북방에 거주하던 예족 일반에 대한 표현으로 바뀌었던 것이다.[39]

그러므로 先秦 문헌에 등장하는 貊과 압록강 중상류, 혼강 유역의 원고구려민[40] 집단을 연결시킬 매개 고리를 발견할 수 없는 현재까지의 연구 결과로서는 고구려가 처음부터 예족 혹은 예맥족으로 불린 주민집단과 종족적으로 구분되는 '貊族'이었다고 볼 수는 없다. 지금까지의 연구에 의하면 고구려를 이룬 주민집단은 본래 예맥으로도 불린 예족의 일원이었다가, 기원전 3세기~2세기초경 철기문화를 바탕으로 주변 예맥사회와는 구별되는 주민집단을 형성하였고, 기원전 2세기 후반 경부터 독자적 정치세력으로 성장하였다고 보는 것이 옳다. 이 주민집단은 처음에는 '句驪'라는 명칭으로 불리다가 이것이 국가명으로 고정되면서, 기원전후 시기부터 점차 '맥'이라는 종족명으로 불렸던 것이다.[41]

곧 『後漢書』나 『三國志』 등에 등장하는 貊, 곧 고구려는 여호규 등이 주장하는 것처럼 종족적으로는 예맥이라는 호칭으로 등장하는 예족에 속하는 일부이다. 다만 주변의 세력들과는 다른 정치체를 구성하고 그 세력권을 확장하면서 貊이라는 구분되는 호칭으로 불리게 된 것이다. 만약 貊이 예와는 종족적으로 완전히 구분되는 별개의

39) 三品彰英, 앞의 글; 황철산, 「예맥족에 대해」 『고고민속』 1963-(1)·(2).

40) 부여계 계루부에 의한 고구려 건국 이전의 사회를 지병목은 '원고구려사회'(지병목, 1987, 「고구려성립과정고」 『백산학보』 34, 52~53쪽), 여호규는 '구려종족사회'(여호규, 1992, 「고구려 초기 나부통치체제의 성립과 운영」 『한국사론』 27)라고 불렀다. 본고에서도 계루부를 중심한 고구려 건국 이전의 압록강 중상류, 혼강 유역의 적석총 조성 세력과 그 범위를 원고구려로 부르기로 한다.

41) 여호규, 「1~4세기 고구려 정치체제 연구」, 서울대학교 대학원 박사학위논문, 1997, 20~31쪽.

족속이라면 句驪 혹은 高句驪라는 호칭보다 늦게 등장할 이유가 없는 것이다. 중국사서에서 高句驪 혹은 句驪라는 명칭이 늦어도 기원전 2세기 말엽에는 확실히 보이는 것에 비해,[42] 貊은 기원전후 시기부터 단칭으로 재등장하고 있다.[43] 필자는 이러한 맥의 출현이 계루부에 의해 고구려가 본격적으로 성립된 이후에 그들을 지칭하는 표현으로 사용되게 됐다고 본다. 이에 대해서는 뒤에서 다시 논하겠다.

2. 濊貊族의 분포 범위

(1) 槀離國과 原夫餘

지금까지의 논의를 통해 고구려를 구성한 貊族은 본래 중국의 동북방에 존재하던 예(예맥)의 일부분으로, 기원전후 시기에나 分枝된 것이고 선진 문헌에 등장하는 貊(貉)과는 하등의 관계가 없음을 알게 되었다. 그렇다면 원고구려민으로서 초기 고구려의 중심 세력인 예맥족의 근원은 어디에서 찾을 수 있을까? 고구려의 종족 기원에 대해서는 한민족의 기원과 맞물리어 외래기원설에 해당되는 이동설과 지역토착민 집단의 자체 성장을 더 중시하는 설로 대별된다.[44] 이동설의 경우 한민족의 기원이 된 예맥족(특히 맥족)이 중국대륙으

42) 『漢書』 권28 地理志에는 “玄菟郡…縣三 高句驪”, “玄菟樂浪 武帝時置 皆朝鮮濊貊句麗蠻夷”라고 해서 주몽에 의한 고구려 건국 이전에 句驪 혹은 高句驪라고 불린 정치체가 존재하였음을 시사하고 있다.

43) 박경철은 예맥족 내에서도 적석총이라는 묘제를 사용한 집단의 출현에서 원고구려민인 맥족의 분화 시원점을 찾으려 하였다(1997, 「기원전 1000年紀 後半 적석총축조집단의 정치적 존재양식」 『한국사연구』 98).

44) 노태돈, 1999, 「고구려의 기원과 국내성 천도」 『한반도와 중국 동북 3성의 역사문화』, 서울대학교출판부, 313~315쪽.

로부터 이동해 왔다는 김상기의 주장이 대표적이다. 하지만, 현재 이 주장은 시, 공간적 괴리가 현격하고 고고학적으로 입증되지 않으므로 우리학계에서는 거의 받아들여지지 않고 있다.[45)]

그렇다면 예맥족의 주 활동 무대인 중국의 동북방 지역과 한반도에서 고구려의 종족 기원 및 건국의 모태로 상정할 만한 세력이 존재하는가? 해답에 대한 단서는 扶餘의 모태, 곧 원부여 세력으로 추정되는 槀離國(櫜離, 索離)[46)]과 濊君 南閭의 세력에 있다고 생각한다.

먼저 고리국에 대해 살펴보면, 고리국이 예맥 계통으로 고구려의 뿌리임은 고구려의 朱蒙 건국신화가 부여의 건국신화로 나타나는 東明신화와 모티프나 그 전개 양상이 거의 합치된다는 점에서 분명해 보인다. 그리고 고리라는 국명과 구려라는 원고구려의 종족 명칭의 유사함 역시 결코 간과할 수 없다. 다음은 흔히 부여의 건국신화로 알려진 東明 신화이다.

---

45) 그러나 중국학계는 기본적으로 선진 문헌과 이후 사료의 계기적 연결성을 신뢰해 자신들의 입장에서 이동설을 주장하고 있다. 楊保隆은『管子』小匡篇에 보이는 "西征, 攘白狄之地, 遂至于西河(중략)逾太行, 與卑耳之貉拘秦夏" 기록의 서하를 지금의 山西省과 陝西省 혹은 內蒙古와 寧夏省 사이의 황하를 지칭하고, 비이는 산명으로 지금의 山西省 平陸縣 서북으로 비정해 일부 濊貊인이 북진하여 陝西, 山西나 寧夏 등지의 북부지역으로 이동하였다고 보았다.(楊保隆, 「高句驪族族源與高句驪人流向」『民族硏究』1998-4, 61쪽)

46) 탁리국은 후한의 王充이 쓴『論衡』吉驗篇에 처음 등장해,『魏略』,『北史』등에 고리, 색리 등의 이름으로 나타난다. 탁리, 색리 등은 본래 고리의 異寫字라는 견해가 있다(金毓黻, 앞의 책, 1976). 리지린도『위략』의 표기를 따라 고리로 보는 것이 자연스럽다는 의견을 조심스레 개진하고, 송호정도 고리로 보고 있다.(리지린, 1963,『고조선연구』, 과학원출판사, 174~175쪽 : 송호정, 1997,「부여의 성립」『한국사4-초기국가(고조선, 부여, 삼한)』, 154쪽) 이 외에도 槀자가 櫜으로 잘못 轉寫된 경우가 가끔 있다고 한다.(錢穆, 2001,『史記地名考』, 商務印書館, 1122쪽)

D 北夷槖離國王侍婢有娠 王欲殺之 侍對曰 有氣大如鷄子 從天而下 我故有娠 後産子 捐於猪中 猪以口氣噓之 不死. 復徙置馬欄中 欲使馬藉殺之 馬復以口氣噓之 不死. 王疑以爲天子 令其母收取奴畜之. 名東明 令牧牛馬. 東明善射 王恐奪其國也欲殺之. 東明走南至掩淲水. 以弓擊水 魚鼈浮爲橋 追兵不得渡. 因都王夫餘. 故北夷有夫餘國焉.(『論衡』 吉驗篇)

위의 신화에 대해 이병도나 김상기는 부여 건국신화가 아니라, 기실 고구려 시조 설화가 잘못 전해진 것이라는 견해를 피력하였다.[47] 그러나 홍기문은 고구려의 出自가 부여임을 고려해 건국신화의 고찰에 있어서도 응당 부여가 먼저 언급되어야 함이 당연하다고 주장하였다.[48] 『논형』에 나오는 槖離國을 북부여로 보고 동명을 해부루로, 그가 도망해서 건국한 부여를 동부여로 본 주장도 나왔다.[49] 그러나 이를 그대로 받아들이기는 힘들고, 오히려 예족 사이에 퍼져있던 건국 설화를 부여나 고구려가 계승해서 표방한 것을 중국인이 채록했다고 보는 것이 옳다고 생각한다. 동명 신화와 주몽 신화를 별개로 보느냐, 그렇지 않고 하나로 보느냐에 따라 논자들마다 의견이 다르다.[50] 하지만 분명한 것은 주몽이나 동명류의 건국 설화가 예맥계 종족에게 보편적으로 퍼져있었다는 점이다.[51] 일반적으로 卵生과 弓矢, 魚鼈浮橋 등의 모티프를 가진 이러한 설화는 북방 종족들 사이

47) 이병도, 1959, 『한국사』 (고대편), 을유문화사, 216~217쪽; 김상기, 1964, 「국사상에 나타난 건국설화의 검토」 『학술지』 5, 건국대학술연구원.

48) 홍기문, 1964, 『조선신화연구』, 사회과학원출판사.

49) 유태용, 2000, 「논형 길험편에 보이는 槖離國의 연구」 『백산학보』 57.

50) 동명 신화에 대한 그 동안의 연구 성과는 이복규가 정리하였다(이복규, 1998, 『부여·고구려 건국신화 연구』, 집문당, 1998).

51) 김철준, 1975, 『한국고대사회연구』, 서울대학교출판부, 45~46쪽.

에서 소위 '북방계 건국 신화'로 분류되었다.[52)]

그렇다면 부여 혹은 고구려의 근원이 된 고리국(원부여)은 어디에 있었을까?[53)] 학계의 통설은 고리국의 지리적 위치를 사료나 고고학적 유물의 해석을 통해 嫩江, 東流 松花江 일대의 松嫩 평원 지역으로 비정한다.[54)] 중국 동북방 예맥문화의 원류로 드는 대표적 것이 黑龍江省 肇源 지역의 白金寶 문화,[55)] 望海屯 문화,[56)] 그리고 吉林省 夫餘, 大安 지역의 漢書 문화[57)] 등이다. 이들 문화는 시기적으로 백금보-한서 하층(1기) 문화와 망해둔-한서 상층(2기) 문화로 구분되는데 모두 백금보 유형의 기초 위에서 발전한 동일 계열의 문화로 간주된다.[58)] 이 문화 유형들의 상한은 기원전 8세기를 전후한 시기로 설정이 가능한데, 백금보에서 출토된 토기는 유형별로 보면 西周

52) 주승택, 1993, 「북방계 건국신화에 대한 문헌적 재고찰」 『한국학연구』 70 참조.

53) 여기서 필자가 부여와 원고구려를 병렬해 논한 것은 부여와 고구려가 반드시 계기적으로 이어지는 것이 아니라 보기 때문이다. 물론 고구려 계루부 왕실이 부여에서 출자한 것과 주몽에 의한 고구려 건국은 분명 부여의 건국보다 늦은 것이 사실이다. 그러나 부여계 유이민들을 이끌고 주몽이 남하해 오기 전부터 압록강과 혼강 유역에는 고구려로 불리는 세력이 이미 존재하고 있었다. 필자는 이 세력을 원고구려로 칭함이 옳다고 생각한다. 그러므로 예맥족이 세운 여러 국가 중 하나로서 부여와 (원)고구려가 비슷한 시기에 국가적 수준의 정치체를 형성하였을 가능성도 있다. 실제로 고리국을 고구려의 出自地로 기록한 사료도 전한다(高句驪者, 其先出自東明. 東明本北夷槖離王子之子 『梁書』 卷54 東夷列傳).

54) 송호정, 1997, 앞의 글, 153~158쪽.

55) 黑龍江省文物考古工作隊, 「黑龍江省肇源白金寶遺址第一次發掘」 『考古』 1980-(4); 賈偉明, 「關于白金寶類型分期的探索」 『北方文物』 1986-(1).

56) 丹化沙, 「黑龍江肇源望海屯新石器時代遺址」 『考古』 1961-(1)0.

57) 陳相偉·李殿福 編, 1982, 『大安縣文物志』, 25~30쪽; 都興智, 「試論漢書文化和白金寶文化」 『北方文物』, 1986-(1).

58) 송호정, 1999, 「고고학 자료를 통해 본 부여의 기원과 그 성장과정」 『한반도와 중국 동북 3성의 역사문화』, 445~446쪽.

中期에 해당되고 주거 유적을 탄소동위원소 연대측정법으로 측정한 결과 약 2800년 전으로 나왔기 때문이다.[59] 하한은 한서 2기 문화 유적에서 戰國時代~前漢으로 편년되는 陶器 등이 출토된 바가 있으므로 기원전 3세기~기원전후로 추정이 된다.[60] 그리고 그 분포 범위는 북으로는 小興安嶺, 남으로는 吉林·長春 지역, 大興安嶺 東麓의 洮兒河 유역, 동으로는 동류 송화강 일대까지를 포함한다.[61]

그런데 여기서 주목할 점은 고리국의 문화로 추정되는 백금보, 한서, 망해둔 문화와 유사한 문화양상이 길림·장춘 지역에서도 발견된다는 점이다. 서단산 문화[62]가 그것인데, 서단산 문화와 백금보 문화는 토기 등에서 차이가 있지만,[63] 서단산 후기(기원전 4~3세기) 유형과 한서 2기-망해둔 문화의 묘제와 유물은 기본적으로 같은 계통 주민의 것으로 볼 수 있어 같은 시기에 병존한 부여 先住民의 문화로 받아들여진다.[64]

그렇다면 한서 2기-망해둔 문화, 서단산 문화의 관계를 어떻게 보는 것이 가장 합리적 해석일까? 앞서 언급하였듯이 松嫩평원의 북쪽 지역에서 발달한 망해둔-한서 2기 문화는 고리국의 문화로 보는 것이 보편적이고, 그 주민의 일부가 북류 송화강 중류역(길림지역)으로

59) 干志耿, 「古代索離研究」 『民族研究』 1984-(2).

60) 張偉, 「松嫩平原早期鐵器的發見與研究」 『北方文物』 1997-(1).

61) 干志耿, 위의 글.

62) 본래 이 지역은 보다 북쪽 지역의 백금보-한서 1기 문화와는 그 양상이 다른 西團山 문화가 발달했던 곳이다(李健才, 「關于西團山文化族屬問題的探討」 『社會科學戰線』 1985-(4); 董學增, 1994, 『西團山文化研究』, 吉林文史出版社).

63) 백금보-한서 1기 문화의 경우 서단산 문화에 비해 하가점 상층 문화의 영향을 많이 받은 것으로 드러난다(孫進己·張志立, 1986, 「濊貊文化的探索」 『遼海文物學刊』 (創刊號)).

64) 馬德謙, 「夫餘文化的幾個問題」 『北方文物』 1991-(2).

남하해 이 지역에서 서단산 문화를 발전시키며 살던 부여 선주민과 융합해 부여를 건립하였다고 볼 수가 있다.[65] 모두 예맥계 문화로 파악되는 이 두 문화의 담당 족속은 동일한 예족이지만, 망해둔-한서 2기 문화를 영위한 세력은 정치적으로 고리국의 중심에 해당되고, 서단산 문화의 담당 주민은 본래 고리국 내에서 정치적으로 주변부나 고리국에 종속된 위치에 있었던 듯하다. 그러다가 기원전 3세기 이후 고리국의 중심부인 망해둔-한서 2기 문화를 영위하던 세력 중 일부가 이 지역으로 진출해 동일한 濊系인 當地의 주민들을 융합해 더욱 강력한 정치체로 성장하는 과정이 부여의 건국인 것이다. 그러므로 양자는 모두 동일 계열의 원부여(혹은 북방 예맥계) 문화로 칭할 수 있다. 다만 지리·정치적 구분만 존재하여, 망해둔-한서 2기 문화는 고리국, 서단산 문화는 길림 지역에 거주하던 부여 선주민의 문화로 이해할 수 있겠다.

〈지도 1〉은 만주 지역 청동기 시대 제문화권을 영역별로 표시한 것이다.

예(예맥)족 내에서 고리국 세력과 길림지역의 부여 선주민 세력 사이의 정치·사회적 변동, 곧 그러한 역사적 상황이 神話의 형태로 반영되어 등장한 것이 사료 D에 보이는 東明의 부여 건국신화인 것이다. 원부여 지역의 이러한 정치적 변화는 고고학적으로도 설명이 가능한데, 기원전 3세기부터 서단산 문화의 주 묘제가 이전의 석곽묘에서 토광묘로 변한다는 점이다. 이 또한 새로운 정치집단의 출현과 관련해 해석된다는 점에서도 방증된다.[66] 부여가 어느 시점에 세워졌는지는 정확히 알 수가 없지만 적어도 기원전 2세기 무렵에는

65) 송호정, 1997, 앞의 글, 162쪽.

66) 송호정, 1997, 앞의 글, 164쪽.

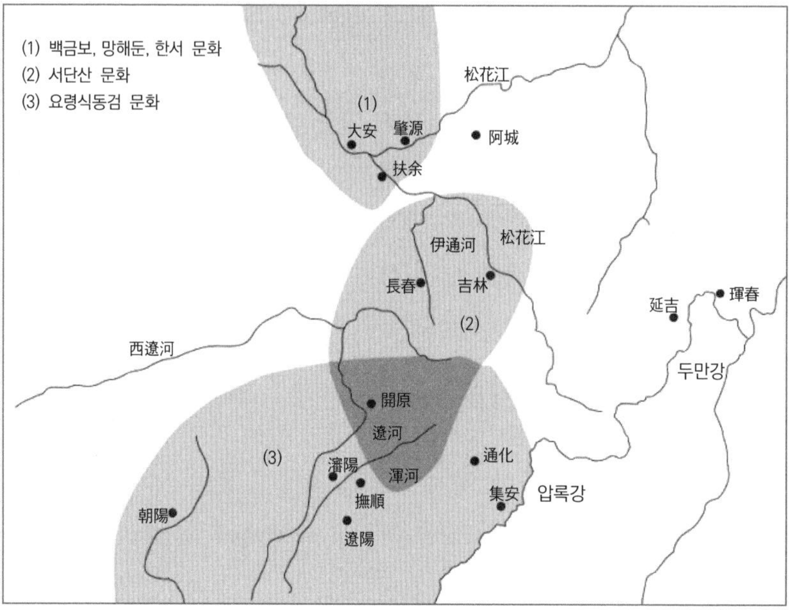

〈지도 1〉 만주 지역 청동기 문화

그 존재가 확인되므로, 이 시기 부여라는 정치체가 길림 일대에 성립되었음은 분명하다.

원부여의 기원이 된 고리국의 직접적 지배력이 어디까지 미쳤는가에 대해서는 쉽게 결론을 내리기는 어렵다. 아마도 망해둔-한서 2기 문화가 발달한 송눈 평원 북부를 넘어서기는 어려웠을 법하다. 하지만 정치적 영향력은 미치지 못했을지라도 그 문화적 영향력은 송눈 평원 북부에만 국한된 것이 아니라, 남으로 북류 송화강 중류역의 길림 지역은 물론 농안·장춘 지역과 서남으로 요령성 西豊일대까지 동북에서 서남향으로 뻗은 교통로를 따라 길게 뻗어있었다 생각된다.[67] 이 일대의 예맥계 여러 문화를 원부여문화로 칭할 수 있

67) 肇原의 漢書 2期 문화는 물론 遼寧省 西豊縣 일대의 西岔溝 문화도 부여와 고

을 것이다.[68] 이 지역 내에서 예맥족의 이동 및 교류는 고구려의 건국과도 깊은 관련이 있다.[69] 이에 대해서는 뒤에서 다시 고찰하겠다.

(2) 滄海郡과 濊貊

적지 않은 문헌과 고고학 자료들은 고구려 성립 이전 예(예맥)계 종족들의 분포가 원부여 지역인 길림성 중부 이북과 흑룡강성 남부 지역에만 국한되지 않고, 요동반도 지역과 압록강, 혼강 유역 및 길림 지역까지 그 범위가 상당히 넓었음을 보여준다.[70]

담당 주체에 대해 논란의 소지가 있기는 하지만 요령식 동검이 예

구려를 주 구성원이 되는 예맥족 문화의 원류로 보아야 한다. 서차구 문화를 부여로 연결할 수 없다는 견해도 있으나, 원부여 문화를 보다 포괄적으로 상정할 필요가 있다. 이 루트는 이른 시기 고리국의 문화로 상정할 수 있는 백금보-한서 1기 문화가 요서·내몽고 지역의 하가점 상층 문화 및 漢 문화를 접수할 수 있었던 통로이기도 하였다.

68) 遼寧省 동북부의 昌圖, 開原, 西豊 일대의 청동기 시대 문화인 凉泉 문화형이 서단산 문화와도 매우 밀접한 관계가 있다는 사실이 밝혀졌다.(曹桂林 等, 「遼北東部地區幾處青銅器時代遺址調查」『遼海文物學刊』 1991-(1))

69) 東潮, 田中俊明은 『三國志』 魏書 夫餘傳의 "城柵皆圓"의 기록을 참고해 길림 북부와 내몽고 지역(고리국 추정 지역)에서 발굴된 高地性 環壕柵列集落 등을 고구려 山城의 기원으로 볼 수 있다고 한다.(1995, 『高句麗の歷史と遺跡』, 中央公論社, 402~403쪽)

70) 예맥족 분포의 대표적 고고학 지표는 지석묘와 석관묘, 요령식(비파형) 동검인데, 지석묘는 요동반도와 길림성 남부지역과 한반도를 중심으로 조성되었으며 요령식 동검의 경우 요서의 대릉하 유역, 요동반도, 길림성 길림시 일대에서까지 출토된다.(김정배, 1997, 「고조선의 국가형성」『한국사4 초기국가-고조선·부여·삼한』, 국사편찬위원회, 60~68쪽) 또한 미송리식 토기 역시 예맥계 종족의 분포 범위를 가늠할 수 있는 중요한 지표인데 그 문화적 특성이 서단산 문화와도 유사성을 띤다.(김용간, 1961, 「미송리동굴 유적 발굴 중간보고(1)」『문화유산』 1, 32쪽) 미송리형 토기 중심 분포 지역과 요동반도를 같은 계열의 다른 지역집단으로 구분한 견해도 있다.(鄭漢德, 1990, 「美松里型土器の生成」『東北アジアの考古學: 天池』, 六興出版, 131~132쪽)

맥족의 주된 문화요소라는 우리 학계의 통설을 따른다면 다수의 요령식 동검이 遼西 일대에서도 출토되므로 예맥족의 분포 지역을 더욱 확대해 볼 여지 역시 존재한다.[71] 또한 문헌에서도 부여의 종족명이라 할 수 있는 濊가 선진 시기에 중국의 하북성 지역과 요서 지역에 존재하였음을 추측케 하는 기록이 전하므로 반드시 검증을 할 필요가 있다.

> **E** 清漳逕章武縣古城西 故**濊邑地** 枝瀆出焉 謂之濊水(『水經注』卷10 濁章水)

위 사료를 해석해 보면 漢의 장무현[72] 지역에 濊邑이 있었고 여기서 나오는 강을 濊水라 부른다는 것이다. 그리고 이와 유사하게 현재의 하북성 안평현으로 비정되는 지역에 濊水가 흐른다는 기록도 있다.[73] 위 『水經注』에 전하는 기록은 기원전 2세기 이전의 사실인데,[74] 그렇다면 기원전 2세기 이전의 어느 시기까지 예족이 하북이나 요서일대에 거주하였을 가능성은 있는가? 현재까지의 발굴 성과로 볼 때 그 지역에 예맥족이 집중적으로 거주한 흔적은 찾아지지 않는다. 예맥족과 관련된 고고학적 증거가 발견되지 않는 한 그 지역을 예족의 중심 거주지 혹은 본거지라고 볼 수는 없다.[75] 하지만 예

---

71) 遼西의 요령식 동검 문화 기원전 9세기 무렵부터 遼西 북부지역에서 발전하기 시작했는데 喀左, 建平, 朝陽 등에서 요령식 동검문화 관련 유물들이 나왔다.(遼寧省文物考古研究所, 「喀左和尙溝墓地」『遼海文物學刊』 1989-(2); 遼寧省博物館, 「建平水泉遺址發掘簡報」『遼海文物學刊』, 1986-(2); 朱貴, 「遼寧省朝陽十二臺營子靑銅短劍墓」『考古學報』 1960-(1))

72) 오늘날 하북성 滄縣 부근으로 비정된다.(錢穆, 앞의 책, 1194쪽)

73) 『太平寰宇記』 河北道 平山縣

74) 김현정, 앞의 글, 39쪽.

족 관련 지명이 남은 것을 통해 볼 때 소수의 예족이 그 지역에 일정 기간 동안 거주했을 가능성은 있다. 곧 하북, 요서와 비교적 가까운 지역, 곧 요동에서 예족의 일부가 이동해 와 정주했을 가능성이 있다는 뜻이다. 이러한 가정은 漢代의 기록을 통해서 더욱 구체화시킬 수 있는데, 바로 유명한 滄海郡[76] 설치에 관한 기사가 그것이다.

F 東夷薉君南閭等二十八萬人降置蒼海郡(『漢書』 卷6 武帝紀)

사료 F는 우리가 흔히 알고 있듯 濊의 군장인 남려가 28만구를 이끌고 한에 투항하자, 漢 武帝는 이들을 안치시키고 창해군을 설치하였다는 것이다. 이 창해군의 위치에 대해는 연구자마다 의견이 분분한데, 전통적으로는 한반도 북부 동해에 임한 옥저 지역이나 압록강 중류역·혼강 유역 등으로 비정해 왔다.[77] 그리고 일찍이 和田淸은 창해군이 玄菟郡의 전신으로 현 한반도 동해안의 濊地에서 集安을 거쳐 撫順에 이르는 한의 전략적 교통로에 위치한 군현이라 보았

75) 요서 지역의 요령식(비파형) 동검 문화는 기원전 5세기 중반 경을 기점으로 하여 쇠퇴하고 속성면에서 비파형동검의 범주를 벗어난 새로운 형식인 中細形銅劍으로 전환되며 북방 계통의 유물요소 등이 대거 추가된다. 그리고 기원전 4세기~3세기에는 중국 전국 철기를 지닌 燕人들이 요령성 지역으로 이주해 오면서 요서지역에 戰國 燕文化가 광범위하게 성립된다.(오강원, 2002, 「비파형동검문화의 성립과 전개과정 연구」, 韓國精神文化硏究院博士學位論文, 305~311쪽) 이는 요서지역 요령식 동검 문화의 주체가 예맥족이었다 하더라도 기원전 5세기부터는 이미 그 주도적 위치가 상실되었고 기원전 3세기 이전에 완전 소멸되었음을 뜻한다. 그러므로 이 지역에서 발견되는 고고학적 요소들을 문헌상의 예맥에 대응시키는 것은 불가능하다.

76) 『史記』에는 滄海之郡으로, 『漢書』에는 蒼海郡으로 표기되어 있다.

77) 白鳥庫吉은 창해군의 위치를 압록강 중류역으로, 今西龍, 池內宏, 三上次男은 한반도 북부 동해안으로 비정하였다.(三上次男, 1966, 『古代東北アジア史研究』, 吉川弘文館, 367~368쪽) 이병도 역시 창해군의 위치를 압록강 중류역으로 보았다.(1976, 『한국고대사연구』, 박영사, 172~176쪽)

다.[78] 박경철은 송화강 유역, 곧 부여 지역 전체를 창해군이라고 일컬었다는 견해를 제출하였고,[79] 북한 학계는 리지린 이래 문헌 비판을 통해 오늘날 河北省 滄縣 지역을 그 置郡地로 파악하였다.[80] 한편 중국 학계는 창해군의 위치에 관해 요령성 동부, 길림성 동부 일대 등 더욱 다양한 주장들이 나왔다.[81]

위의 제견해 중 『水經注』의 내용인 위의 사료 E를 주된 근거로 하는 리지린의 견해는 기존 우리 학계에서 제기된 바가 있는 예맥족 이동설과도 어느 정도 맥이 닿아있어 주목을 끈다. 그러나 그 역사적 사실성에 대해는 대체로 회의적이다.[82] 남한 학계에서는 논란의 여지가 있지만 윤내현이 직접적으로 이 견해를 수용하였고, 이형구, 복기대[83] 등이 창해군 문제와는 별도로 고고학적 발굴 성과를 토대로 기자조선 혹은 한사군이 발해만 연안에 존재하였음을 직·간접적으로 지지하는 성과물들을 발표하였다.[84]

하지만 이러한 견해를 무조건 수용하기에는 사료의 신빙성과 고고학적 증거가 너무나 부족하다. 오히려 이들 지역에는 춘추 시대 이전부터 漢族 혹은 山戎 계통의 종족 집단이 거주하였음을 보여주는 고고학 자료들이 더욱 많다. 그러므로 요서나 하북성 지역에 창해군이나 예족의 주요 거주지가 있었다는 주장은 재고되어야 한다.

---

78) 和田淸, 1995, 『東亞史硏究;滿洲篇』, 東洋文庫, 16~17쪽.

79) 박경철, 1992, 「부여사 전개에 관한 再認識 試論」 『백산학보』 40, 39~40쪽.

80) 리지린, 1963, 앞의 책, 145~150쪽.

81) 중국 학계의 창해군 위치비정에 관한 제설은 趙紅梅가 정리하였다.(趙紅梅, 2006, 「玄菟郡硏究」, 東北師範大學博士論文(長春), 26~27쪽)

82) 이형구, 1995, 「리지린과 윤내현의 '고조선연구' 비교」 『역사학보』 146 참조.

83) 복기대, 2001, 「臨屯太守章 봉니를 통해 본 한사군의 위치」 『백산학보』 61.

84) 이형구는 한민족의 시원이 발해만 연안에 있다는 이른바 발해 문화권설을 제기하였고, 복기대는 한사군이 요서 일대에 설치되었다고 주장하였다.

물론 기원전 5세기 무렵까지 燕의 지방 지배 형태가 점조직 같은 거점 지배 형태였음을 생각한다면,[85] 하북성이나 요서 지역에 예족이 거주하고 있었을 가능성이 전혀 없는 것은 아니다. 그리고 燕의 민족 구성에 있어서도 순수한 중국 민족이 아니라, 예맥족과 관련이 있을 것이라는 가능성을 제시한 견해도 있어 참고가 된다.[86] 그렇지만 이는 어디까지나 부분적인 것에 불과한 것이고, 문헌과 고고학적 증거가 불충분한 현실에서는 이 지역이 예족의 본거지나 집단 거주지로 파악하기에는 무리가 따른다.

그러면 위의 기록을 어떻게 해석하는 것이 마땅한가? 사료 F는 남려가 모종의 이유로 인해 수하에 있던 28만구를 이끌고 한에 투항을 하였고, 한은 그의 舊土에 기원전 128년 창해군을 설치했다는 사실을 밝히고 있다. 이에 대해 학계에서는 남려가 백성들을 이끌고 귀순한 것이 아니라, 자신의 영토에서 명목상 한에 귀속을 청한 것이라 해석하는 것이 일반적이다. 하지만, 남려가 실제로 자신의 백성들을 이끌고 한으로 귀순했을 가능성도 결코 배제할 수 없다. 물론 남려가 자신의 휘하에 있다고 주장한 28만 명 전체를 데리고 한에 들어갔다는 것은 결코 아니다. 또한 남려의 치하에 과연 28만 명이 있었을까 하는 점도 의문이다.[87]

예족의 군장이었던 남려는 필시 漢, 朝鮮과 연관된 정치적 이유 때문에 자신의 본거지를 떠나야만 했고,[88] 휘하의 백성 일부를 이끌

85) 기원전 5세기가 지나야 燕에서 본격적으로 郡縣이 설치된다고 한다.(송호정, 앞의 책, 246쪽)

86) 김정배, 1973, 앞의 책, 78쪽.

87) 예군 남려가 이끌고 간 28만구는 濊를 한반도 동해안 지역의 동예·옥저지역으로 비정한 기존의 견해에서는 과장된 표현으로 봄이 일반적이다.(和田淸, 앞의 책, 16쪽)

고 한으로 귀순했을 것이다. 추론을 하자면 한과 고조선이 서로 대립하던 시기 예맥계 세력들은 양대 세력 사이에서 생존을 모색하기 위해 느슨한 연맹의 형태로 결집하였다. 이들은 고조선으로부터 더 강한 정치적 압박을 받았거나, 세력 규모의 차가 분명한 한과 고조선 가운데 보다 강대한 한에 경도되었으리라 생각된다. 그래서 그 대표격으로 남려가 한으로 가서 귀순을 표시하였을 가능성이 크다.

하지만, 당시 만주와 한반도에서 고조선을 제외하면 영역국가 단계까지 성장한 정치세력이 없었다는 사실을 감안할 때 남려가 28만이나 되는 인구를 다스리는 국가의 군주였다고 볼 수는 없다. 그러므로 그가 자신의 치하에 있다고 주장한 28만구 전체를 이끌고 가는 것은 불가능했다. 다만 남려가 '濊君'으로 칭해진 것으로 볼 때 그는 소국 정도 규모 정치 세력의 수장이었다고 생각된다. 만약 실제로 그가 백성들을 이끌고 한으로 귀순했다면, 그 규모는 1만을 넘지 못했을 것이고,[89] 세력 근거지는 지리적으로 한에 가까운 곳이었을 것이다.

이와 같은 예군 남려 세력, 한, 조선의 역학 관계를 고려할 때, 예

---

88) "傳子至孫右渠, 所誘漢亡人滋多 又未嘗入見, 真番旁國欲上書見天子, 又擁閼不通"(『史記』 卷115 朝鮮列傳)이라는 기사에서 알 수 있듯이 이 당시 조선의 右渠王은 漢과 대립하며 주변세력이 직접 한과 통하지 못하도록 정치적 압력을 가하고 있었다. 그래서 예군 남려가 우거에 반기를 들고 한을 택했던 것이다("元朔元年 濊君南閭等畔右渠 率二十八萬口詣遼東内屬" 『後漢書』 卷85 東夷列傳 濊條)

89) 이는 기원전 2세기 말 한반도나 만주 지역에서 소국 단계를 넘어서서 28만 명 이상의 인구를 보유한 영역 국가나 그에 가까운 존재는 고조선정도 외엔 없었다. 예군 남려보다 시기가 조금 떨어지는 후한 시기 고구려에 주변 소국의 수장으로 보이는 잠지(우)락 대가 대승은 1만을 이끌고 낙랑으로 귀부했다는 기록이 있다. 이는 사실 고구려와 낙랑이라는 큰 세력 사이에 위치한 소국이 정치적 판단에 따라 처음에 고구려에 복속했다 다시 낙랑에 복속한 사실을 적은 것으로 보인다. 그러므로 남려가 실제로 무리를 이끌고 한에 들어가 투항했다면 이보다 더 적은 규모의 인구였으리라 생각된다.

군 남려로 대표되던 세력의 지리적 위치가 한과 조선 양자 모두가 전략적으로 중시하는 두 세력의 교차 혹은 중간지대였을 것이란 사실을 짐작하기란 어렵지 않다.

한은 남려의 투항을 받아들여 당시 한의 영역 내에 그가 직접 이끌고 來降한 인구를 우선 안치하고, 남려가 자신의 치하에 있다고 주장한 28만구가 거주하는 예맥 지역 전체에 창해군을 설치하려 했으리라 생각된다. 한이 창해군을 설치하려 한 실질적 이유는 흉노와의 전쟁, 고조선의 성장 견제 등과 관련된 정치, 경제적 필요에 의한 것이다. 그런데 창해군이 불과 2년도 못 되어 폐지되는 것을 볼 때 실제로 군이 설치되었을 가능성은 매우 낮다.

결국 한은 자국으로의 정치적 귀순을 택한 남려 및 그가 이끌고 온 예족 집단을 영토 내에 안치하고 그곳에 임시로 명목상의 창해군을 설치했고, 장차 한과 고조선 사이의 예맥족 거주 지역을 실질적으로 관할하는 창해군을 두려 하였다고 해석하는 것이 자연스럽다.[90]

즉 한에서 창해군을 설치하고자 한 대상 지역과 귀순한 남려 집단을 임시로 안치한 지역이 반드시 구분되어야 한다는 뜻이다. 한 무제가 궁극적으로 의도했던 바는 남려가 일종의 대표격으로 통치권을 주장한 지역 전체를 창해군의 관할 범위로 정하고 그곳에 창해군을 설치해 장차 그 지역 전체를 접수하는 것이었다. 하지만 당시의 정치적 상황은 고조선이 건재한 가운데 창해군의 본 관할지역으로 통하는 길이 멀고 험했으므로 군을 유지하기가 어려운 형편이었다. 한 무제는 이를 이유로 군을 이내 폐지해 버린다. 이토록 신속한 치폐는

90) 위에 나온 『수경주』의 기록 역시 이러한 맥락에서 파악함이 옳다고 보인다. 춘추전국 시기 동북쪽에서 남하해 간 일부 예족이 하북 일대에 거주하며 지명에 그 흔적을 남겼다고 해석할 수 있겠다.

창해군이 기본적으로 가상의 군이고, 겨우 설치 준비 단계에 있던 명목상의 군이었기에 가능하였다.

그렇다면 다음에 문제가 되는 것은 무제가 설치하려 했던 창해군의 구체적 위치는 어디일까 하는 점이다. 가장 유력한 곳은 요동 반도 지역 및 압록강 중류역이다.[91] 당시 고조선은 평양을 중심으로 한반도 서북 지역에 세력권을 형성하고 있었다. 그리고 이 시기까지 한의 요동군은 아직 요동 반도를 완전히 통제하지 못하고 있었다. 당시의 요동 반도는 사실상 중국 세력, 예족, 동호, 그리고 고조선까지 여러 세력의 교차지로 매우 혼란스런 상황이었다. 이러한 정치적 혼란으로 인해 남려는 한으로의 투항을 선택했고, 한 무제는 그의 舊土에 창해군을 두려 했던 것이다. 남려의 본거지이며, 한이 창해군을 설치하려 했던 지역이 요동반도 지역이었기에 북경지역의 연은 물론 산동지역의 제까지도 한바탕 소란을 치르게 되었다.[92] 요동 반도 지역에 기원전 2세기 중후반까지 예(예맥)계 세력이 여전히 준 독립적 세력권을 형성할 수 있었는지에 대해서는 당시 중국 및 고조선의 정세와 연계해 세밀한 검토가 요구된다. 이를 상세히 살펴보기 위해서는 먼저 遼東과 遼東郡의 개념 정의 및 역사적 변천에 대해 알아 볼 필요가 있다.

중국 史書에 遼東이 처음 등장하는 것은 燕 文侯(재위 기원전 361~333)대에 연의 동쪽에 요동이 있다는 기록이 그 시초이며,[93] 遼東

---

91) 요동반도에 창해군이 실제로 설치되었음을 논한 견해도 있다.(권오중, 2000, 「창해군과 요동동부도위」 『역사학보』 168, 88~95쪽) 필자는 예군 남려의 세력 본거지가 요동반도라는 것에는 동의하지만 그곳에 실제로 창해군이 설치되었다고 보지는 않는다.

92) 彭吳穿穢貊朝鮮置滄海郡, 則燕齊之間靡然發動(『漢書』 卷24 食貨志)

93) 燕東有遼東朝鮮(『史記』 卷69 蘇秦列傳)

郡은 燕 昭王(재위 기원전 311~279) 무렵에 秦開에 의한 동방 공격의 성과로 5郡을 설치한 기사이다.[94] 즉 기원전 3세기 초엽 昭王代에 연은 신장된 국력을 바탕으로 현재의 요동반도 지역을 석권하고 고조선 세력을 지금의 청천강 이남 지역까지 밀어붙였다. 그리고 오늘날 遼陽을 거점으로 하여 遼東郡을 설치하였다.

사실 전한 초기까지 요동군의 首縣인 襄平이 사서에 나오지 않고,[95] 고고학적으로 볼 때 漢人보다는 예맥계와 동호계의 종족들이 거주한 흔적이 더 많이 발견되므로 요동군의 위치에 관한 통설에 대해 적지 않은 이견들이 제출되었다.[96] 그러나 적어도 戰國 燕이 설치한 요동군의 중심지는 현 遼陽지역이 확실한 듯하다. 왜냐하면 燕이 양평에서 주조한 것으로 보이는 연의 대표적 화폐인 襄平布에 '襄平'이란 글자가 양각되어 있고,[97] 遼陽 沙坨子村에서 秦 昭陽王代에 제조된 것으로 밝혀진 秦 銅戈가 출토되었다.[98] 또한 遼陽市 일대에서는 漢系로 보여지는 악기, 玉器, 漆器, 銅器, 장신구, 마차, 木馬俑 등 많은 유물이 출토된 다수의 전국 시대 고분이 발굴되었다.[99] 특

94) 其後燕有賢將秦開為質於胡胡甚信之. 歸而襲破走東胡東胡卻千餘里…置上谷漁陽右北平遼西遼東郡以拒胡(『史記』 卷110 匈奴列傳)

95) 그 이전 기록에 등장하는 襄平은 후대에 등장하는 요동군의 양평이 아니라 兗州 臨淮郡의 속현이다.

96) 권오중은 先秦 시기에서 前漢 武帝 이전까지의 요동군의 위치를 상고하며 戰國時代 말기 燕의 末王 喜의 요동 도주 기사, 秦始皇의 장성 축조 기사, 秦始皇 및 二世皇帝의 요동 순행 기사 등을 비판, 분석하여 그 위치를 현재의 요동반도 遼陽 일대로 비정하기는 힘들다고 보았다. 특히 氏는 秦漢交替期에 項羽가 燕國을 양분해 새로이 제후왕을 봉한 遼東國의 존재를 분석해 그 위치가 현 河北省 薊縣 일대임을 밝혔다.(1995, 「전한시기의 요동군」 『인문연구』 17, 5~8쪽)

97) 王鍾翰·陳連開, 「戰國秦漢遼東遼西郡縣考略」 『社會科學輯刊』 1979-(4), 84쪽.

98) 鄒寶庫, 「釋遼陽出土的一件秦戈銘文」 『考古』 1992-(8).

99) 李發慶, 「遼陽新城村戰國墓」 『中國考古學年鑒』, 文物出版社, 1984.

히 사서에 秦始皇의 추격을 피해 遼東으로 달아났다는 燕王 喜의 이름이 새겨진 銅戈[100]가 발견된 것 등을 통해 볼 때 요양이 전국 시대 요동군의 최초 중심지였음은 분명하다.

그러나 중국 세력이 燕將 진개가 고조선을 축출하고 요동을 장악한 기원전 3세기 초부터 한 무제가 고조선을 멸하는 기원전 2세기 말까지 아무런 변화나 동요 없이 전체 요동 지역을 확고히 장악한 것은 아니라 생각된다. 이 시기가 비록 2백년에도 못 미치는 짧은 기간이지만 秦의 7국 통일과 진한 교체 및 한-흉노 투쟁이라는 중국사에서 매우 혼란스럽고도 내적으로 어려운 때였기 때문이다. 기원전 3세기 초엽 앞선 철기문화와 국력을 바탕으로 고조선을 청천강 이남으로 몰아붙이고 요동지역을 석권한 연도 그 전성기가 그리 길게 이어지지 못하였다. 왜냐하면 훨씬 심해진 흉노의 침략과 기원전 3세기 중반부터 6국 병합을 목표로 秦의 공격을 방어하는 일에 더욱 골몰하여야 했기 때문이다.

요동 지역 정치적 상황을 제대로 파악하기 위해서는 시간의 흐름과 역사적 상황의 변개에 따른 역학 관계 및 정세의 변화를 보다 구체적으로 그려내야 한다. 진개의 공격으로 인해 기원전 3세기 초엽 고조선과 중국 세력은 청천강을 경계로 대치하였을 가능성이 크다.[101] 당시 요동 지역의 정국 향방에 대해서는 연구자들마다 견해가 분분하나, 중국 세력 쪽이 주된 헤게모니를 잡고 있었음은 분명하다. 그렇지만 그것이 청천강 이북과 전 요동반도 지역에 연의 통치가

---

100) 銅戈의 몸에 '燕王喜□□□'라는 6자의 명문이 새겨져 있었다.(馮永謙, 「漢代襄平, 望平, 遼襄今地考辨」『社會科學戰線』2004-(3): 2007, 『東北古史與地理考』, 吉林文史出版社, 319쪽)

101) 이병도, 앞의 책; 노태돈, 2000, 「고조선 중심지의 변천에 대한 연구」『단군과 고조선사』, 사계절, 81~82쪽; 송호정, 2003, 앞의 책, 310쪽.

속속들이 먹혀들어갔음을 뜻하는 것은 아니다.

연이 고조선과의 전쟁을 통해 확보한 넓은 요동 지역에 대한 지배를 공고히 하기가 어려웠다는 사실은 두 가지 원인으로 추론이 가능하다. 첫째는 燕은 전성기였던 昭王代를 지나자마자 그 세력이 급속히 약해지고, 秦이 본격적으로 6국 병합을 위해 연을 압박해 오는 상황이 전개되었으므로 상대적으로 변방인 요동 지역에 관심을 기울이기가 어려워졌기 때문이다. 두 번째는 요동 지역 자체가 古來로 예맥, 동호 등 非漢系의 종족들이 주로 살아가던 공간이었기 때문이다. 秦의 통일 전인 기원전 3세기 말까지도 그 지역의 주된 주민은 예맥계였으므로,[102] 기층까지 중국 세력의 통제력이 완전히 미치지는 못하였을 것이다.

이는 요동 지역에서 출토되는 당시의 유물이나 유적에서 燕系의 영향이 농후하기는 하지만, 異種族의 것으로 볼 수밖에 없는 것도 상당히 많이 보이는 데서도 증명된다. 진개가 고조선 세력을 청천강 이남까지 밀어붙인 기원전 3세기 초엽까지 연계 철기 문화의 영향력은 요동반도의 千山山脈 이서 지역까지 미치다가,[103] 기원전 3세기 말~2세기 초 진한 교체기에 이르러 다수의 연계 이주민들이 대거 고조선 지역으로 몰려들면서 그 영향권을 청천강 이북 지역으로까지

---

102) 遼河 以東 지역은 청동기문화 내에서도 지역에 따라 문화유형의 차이가 있으나 전체적으로 土壙竪穴墓와 石棺墓가 혼재하고 土器와 石器가 유사함을 알 수 있는데, 이를 토대로 선진 시기 요하 동쪽에서는 예맥족이라는 동일 계통의 다른 세력 집단들이 서로 밀접한 관계를 맺으며 성장하였다고 한다.(송호정, 2007a, 앞의 글, 108~112쪽)

103) 서영수는 기원전 3세기 초 진개의 공격으로 고조선과 연의 국경선이 천산산맥 부근으로 형성되었다고 보고, 이 지역을 滿番汗으로 비정하였으며 이후 진의 침입으로 다시 고조선은 대동강 일대로 후퇴하게 된다고 보았다.(서영수, 1999, 「고조선의 대외관계와 강역의 변동」『동양학』 29)

확대한 것을 보아도 알 수가 있다.[104] 그리고 진이 고조선을 멸하였다는 기사도 존재하는데,[105] 고조선이 멸망한 것은 전한 무제 때의 일이므로 이 기사를 있는 그대로 받아들일 수는 없다. 다만 진의 통일기에 고조선이 또 한 차례 중국 세력과 국경 지대에서 충돌하였을 가능성은 충분히 있다. 그 충돌의 원인은 아마도 전국 말 연의 약화를 틈타 고조선이 요동 지역의 예맥계 집단에 영향력을 행사하기 위한 정치, 군사적 활동을 모색하였기 때문일 것이다.

기원전 3세기 말~2세기 초 중국계 세력의 요동 지역 지배에 한 차례 큰 위기가 닥쳤던 것으로 보인다. 곧, 진한 교체기가 되면서 중국 중앙의 통제력이 크게 약화되어 변방이며 이종족의 거주지였던 요동 지역 정세는 다시금 변화의 국면을 맞는다. 중국 내부의 혼란으로 말미암아 많은 중국계 주민들이 외국이나 외지로 유리되고, 고조선으로도 유입되었다. 위만이 그 대표적 예이다. 3세기 초엽 중국 세력[燕]에게 크게 당한 경험이 있는 고조선은 중국 세력의 방비에 고심하고, 그 내부의 변화를 예의주시하고 있었음이 분명하다. 이는 연에서 온 망명객인 위만을 準王이 마치 기다리고 있었던 양 벼슬을 주고 변방을 지키는 임무를 맡긴 것에서 미루어 알 수 있다.[106] 고조

---

104) 박순발, 1993, 「우리나라 초기 철기문화의 성장 과정에 대한 약간의 고찰」『고고미술사론』 3; 1999, 「고구려토기의 형성에 대해」『백제연구』 29, 8~9쪽.

105) 秦旣幷天下東絶沛水幷滅朝鮮(『鹽鐵論』 卷8 誅秦)

106) 魏略曰昔箕子之後朝鮮侯見周衰燕自尊為王欲東略地朝鮮侯亦自稱為王欲興兵逆擊燕以尊周室. 其大夫禮諫之乃止. 使禮西說燕燕止之不攻. 後子孫稍驕虐燕乃遣將秦開攻其西方取地二千餘里至滿番汗為界朝鮮遂弱及秦并天下使蒙恬築長城到遼東. 時朝鮮王否立畏秦襲之略服屬秦不肯朝會. 否死其子準立. 二十餘年而陳項起天下亂燕齊趙民愁苦稍稍亡往準準乃置之於西方. 及漢以盧綰為燕王朝鮮與燕界於浿水. 及綰反入匈奴燕人滿亡命為胡服東度浿水詣準降, 準求居西界中國亡命為朝鮮藩屛. 準信寵之拜為博士賜以圭封之百里令守西邊(『三國志』 권30 魏書 東夷傳 所引 『魏略』)

선, 특히 새롭게 고조선의 통치권을 장악한 위만은 燕 출신이라는 장점과 혼란한 중국 내부의 정세를 틈타 요동 지역으로의 재진출을 도모하였을 공산이 크다. 그러나 이것은 정치·군사적인 직접 지배보다는 상권의 장악과 같은 경제적 지배에 더 관심을 두고 실제로 이를 추진하였을 것이다.[107]

위와 같은 추론이 성립되기 위해선 전한 초기 漢이 현재의 요령성 동부지역, 곧 遼河 이동 지역에 대해 어느 정도의 통제력을 확보하고 있었을까를 반드시 검토해야만 한다. 진한 교체기의 중국은 외부에 신경을 쓸 여력이 없을 만큼 내부적 혼란을 겪은 반면 북방의 초원 지역은 흉노가 그 세력이 더욱 강성해져 한이 중국을 재통일하고 건국된 시점에는 한을 압도할 정도로 커져 있었다. 한이 건국 직후부터 흉노에 고전을 면치 못하였던 것은 한 고조 유방이 흉노 선우에 패해 平城에서 포위되었다가 굴욕적 강화를 맺고 풀려난 사실에서도 알 수 있다.[108] 한은 이후에도 무제의 즉위 이전까지 흉노 세력을 방어하기에 급급하였다. 사실상 이 시기 중국은 내부의 문제와 국운이 걸린 북방 세력의 방어가 더 큰 과제였기에 요동 지역에 관심을 기울일 만한 여력이 없었던 것이다.

한 무제가 본격적으로 고조선을 공략하기 시작한 것도 흉노와의 긴 투쟁이 어느 정도 마무리된 기원전 119년 이후이며,[109] 고조선 공

---

107) 한 무제가 고조선을 토멸한 가장 큰 이유가 주변 소국과 한의 통교를 방해한 것이다. 이 통교는 사실상 경제적 교류이다.

108) 『사기』 권8 高祖本紀 7年條; 권56 陳丞相世家; 권93 韓王信列傳; 권110 匈奴列傳

109) 한이 건국 이래 흉노에 대해 수세에서 공세적 자세로 전향한 것은 무제 이후부터인데, 무제는 기원전 133년, 127년, 121년, 119년 衛靑, 霍去病 등을 파견해 원정을 감행하였다. 특히 흉노의 근거지인 漠北 원정이 성공적으로 마무리된 119년에 이르면 흉노는 상당히 세력이 약화되어 "漠南에 王庭이 없었다"(『宋史』 卷398 余端禮傳) 할 정도로 약화된다(林幹, 『中國古代北方民族史新論』,

격의 이유 중 하나가 흉노의 左臂를 끊는 것이라[110] 할 정도로 흉노를 의식하고 있었음을 볼 때 이러한 사실은 충분히 추론 가능하다. 무제는 흉노에 대한 대공세가 성공하자 동북방의 5군 지역(上谷, 漁陽, 右北平, 遼西, 遼東郡)의 요새를 재정비하였다.[111] 이는 곧 현재의 요동반도 및 그 이동 지역에 대한 재정비가 한 무제기 이후에나 가능하였음을 뜻하고, 그 이전에는 요동, 최소한 현재의 요동반도 지역에 대한 漢의 통제력이 지극히 미약하였다는 것을 짐작할 수 있다. 전한 초기에 조선과 한이 또 한 차례 충돌한 기록이 있는데,[112] 조선이 徼를[113] 넘어 연의 동쪽까지 침범했다는 사실로 보아 요동군의 영토 일부를 차지하였을 가능성도 있다.[114] 실제로 한 무제 이전까지 전한 요동군의 중심은 燕, 秦처럼 襄平이 아니라 보다 서쪽으로 물러나 위치하였을 것이다.[115] 다음은 중국 학자들이 주장하는 전한 시대 요동군과 그 속현의 위치를 표시한 지도이다. 보는 바와 같이 전한 요동군의 속현은 대부분 요하선상이나 천산산맥 이동에 위치해 있었다.

그렇다면 전한 시기에는 요동 혹은 요동군에 관한 인식이 어떠하였을까? 사료를 검토해 보면 전한 시기까지도 중국인의 관념 속에서 요동이 반드시 요동반도와 일치하지는 않음을 알 수 있다. 기록에 따

內蒙古人民出版社, 2007, 12).

110) 東伐朝鮮起玄菟樂浪以斷匈奴之左臂 『漢書』 권73 韋賢傳

111) 吳柏春, 「東胡鮮卑時期的科爾沁及其社會經濟」『內蒙古民族師院學報』 1996-(4), 9.

112) 朝鮮踰徼 劫燕之東地『鹽鐵論』 권8 備胡

113) 徼는 『史記』 (권115 朝鮮列傳)에 보이는 遼東外徼와 동일한 실체일 것이다.

114) 서영수, 1988, 「고조선의 위치와 강역」 『한국사시민강좌』 2, 일조각, 43쪽.

115) 요동군이 지금의 북경 지역에서 요동의 襄平으로 옮긴 것은 기원전 129~128년 무렵이라고 한다.(권오중, 1996, 「고대 요동군의 위치문제 시론」 『吉玄益教授停年紀念史學論叢』)

〈지도 2〉 전한 요동군

르면 전한 시기 흉노의 침입이 가장 심했던 지역이 西로는 雲中(현 內蒙古 喉和浩特 부근), 東으로는 遼東이다.116) 그런데 이 기록의 요동을 현재의 요동반도 지역으로 상정해 버리면 해석상의 문제가 발생한다. 최전성기라 할 수 있는 전한 초기까지 흉노는 현 요동반도 지역을 석권하거나 지속적으로 침입한 적은 없다. 흉노의 가장 동쪽, 곧 姑夕王 치하의 영역(목축지)은 동호, 예맥, 조선 등과 연접하고 있었고,117) 현재의 요동반도 지역은 이러한 세력들이 중간에 가로막고 있어 흉노 세력으로부터의 방파제 같은 역할을 하고 있었다. 적어도 漢이 현재의 요동 지역에서 흉노와 심각한 대결을 벌이거나, 그

116) 『史記』 卷110 匈奴列傳

117) 林幹, 2007, 『匈奴史』, 內蒙古人民出版社, 33~34쪽.

지역이 흉노의 위협에 놓여 있었을 가능성은 지극히 희박하다는 말이다.[118]

만약 흉노가 현재의 요동반도 지역을 경략하였거나 그 지역을 자신들의 세력권 아래로 편입하였다면 그와 관련된 흔적이 있어야 한다. 그런데 현재로서는 잠시 논란이 되었던 西岔溝[119]유적을 제외하고는 고고학적으로 보고된 바가 없다.[120] 반면, 늘상 흉노의 침입에 시달렸던 서쪽 지역인 雲中, 上郡, 九原 일대는 다수의 흉노 고분군이 발견되고 있다.

그러면 전한 초기까지 요동 혹은 요동군으로 지칭된 지역은 어디일까? 이를 정확하게 비정하기는 어렵지만 지금까지의 논의를 종합해 볼 때, 요동군은 오늘날의 요동반도 남부 지역과 천산산맥 이동 지역을 제외한 요동반도 서북부와 醫巫閭山 동쪽 지역을 관할하였으리라 생각된다. 그리고 요동은 넓게는 요서군 지역을 포함해 요하를 건너 천산산맥 이서 지역 전체를 뜻하는 용어로 사용되고 있었다. 이는 遼東이 본래 요동반도를 뜻하는 특정지역에 대한 고유 명사가 아니라 '아득히 먼 동쪽'이라는 의미를 지닌 것이며, 요동반도는 물론 요서 지역까지 포함하는 개념이었음을 통해서도 알 수가 있다.[121]

---

118) 이는 전국말~한대까지의 산융, 흉노, 선비의 주요 유적 위치를 살펴보아도 알 수가 있다.(신용민, 1999, 「한대 목곽분의 연구」, 동아대학교 박사학위논문, 167쪽)

119) 遼寧省 西豊縣의 西岔溝文化의 주인공에 대해 匈奴라는 주장이 제기된 바가 있으나(孫守道, 「匈奴西岔溝文化古墳群的發現」 『文物』, 1980-(8)), 유적에서 출토된 유물과 묘제 분석이 진전되며 흉노설은 거의 부정되고 부여(田耘, 「西岔溝古墳群族屬問題淺考」 『黑龍江文物叢刊』 1984-(1)), 선비 계통으로 보는 관점이 우세하다(李鍾洙, 앞의 글, 96~108쪽 참조).

120) 周向永, 「遼寧省鐵嶺市戰國秦漢考古綜術」 『博物館研究』 2006-(2).

121) 遼東 秦名韻書遼遠也 以其遠在九州之東故名又兼遼西(『遼東志』 권1 地理志 疆域) 遼西의 지리적 개념 확대, 축소에 유의할 필요가 있으며, 山海關 以西의 땅이라 할지라도 시기에 따라 요동에 속할 수도 있다는 요동의 개념에 대한 유연한

곧 전국 연이 요동반도 전체를 강역으로 하는 행정구역상의 요동군을 설치한 것은 사실이지만 그 지배력이 전체 요동반도 지역의 기층까지 미치기는 힘들었다. 그리고 그 지역에 대한 진출과 후퇴를 반복함으로써 한 무제가 흉노와의 긴 투쟁을 완전히 승리로 이끌고 요동군을 재정비하기 전까지 중국인들의 의식 속에서 요동=요동반도라는 등식이 성립되어 있지는 않았던 것이다.

遼東에 대한 중국인의 인식은 각 시대마다 달랐을 것이다. 사실 연 소왕대에 전체 요동반도를 아우르는 요동군이라는 행정구역이 설치되기 이전까지 중국인들의 의식 속에서 요동은 그저 醫巫閭山 동쪽을 막연하게 일컫던 단어가 아니었을까 한다. 요동군과 요서군은 이러한 인식을 바탕으로 하여 당시 군사적 영향력이 미치던 지역에 그어진 행정구역이었던 것이다. 그러나 그처럼 중국인들의 먼 동쪽이라는 막연한 의미의 요동관에 변화를 준 1차적 사건이 진개가 고조선을 패퇴시키고 요동반도를 확보한 일이며, 실제로 새로이 확보된 요동반도 지역 중 요하 유역을 중심으로 한 천산산맥 서쪽 지역으로는 중국 세력이 어느 정도 통치력을 확보할 수 있었다. 이로 인해 기원전 3세기 초 이후 중국인들은 요동에 대한 공간 개념을 확대할 수 있었을 것이다.

그러나 기원전 3세기 초 전체 요동반도를 석권하는 데 성공한 燕이 금방 쇠락하며 非漢系의 이종족이 주요 주민이었던 요동반도에 대한 통제력은 급속히 약화된다. 秦이 중국을 통일한 이후 잠시 그 통제력을 회복하였다고 추측할 수도 있으나, 기간이 너무나 짧았고 이내 진한교체기로 이어졌으므로 요동반도를 완전히 통제하기란 무

해석을 강조한 견해가 일찍부터 제출되었다(金毓黻, 1976, 「總論」『東北通史』, 洪氏出版社(臺北)).

리였을 것이다. 漢의 건국 이후에도 상황은 별로 나을 것이 없어서 무제 초기까지 내부 정비와 본토 방어가 시급하였으므로 한 역시 요동을 방치해 둘 수밖에 없었다. 이와 같은 중국의 혼란기를 틈타 고조선은 다시금 천산산맥 이동의 요동반도 지역에 대한 영향력을 확대해 갔고, 이것이 그 지역 토착 세력의 대표로 상정할 수 있는 예군 남려가 한에 투항하는 요인으로 작용하였을 듯하다. 하지만 고조선의 이러한 기도는 무제가 10년에 걸친 대규모 흉노 원정을 성공적으로 마무리지으며 요동 지역의 재정비에 관심을 기울이자 도전에 직면하게 된다.

이러한 당시의 정황을 고려하였을 때, 한과 고조선의 사이에 위치하고 있던 예군 남려로 대표되는 예맥계 종족의 거주 범위인 요동반도 남부 지역[122]과 천산산맥 이동 지역이 무제가 창해군을 설치하려 했던 지역으로 볼 수 있겠다.[123] 전한 말기 요동군은 縣이 대부분 북부의 요하선상에 배치되어 있고, 이민족 관리를 위한 部都尉[124]도

122) 요동반도 남부 대련 지역의 경우 전한 초기까지만 해도 중국 燕 문화의 영향을 가장 적게 받고 토착적 성격이 강하였다. 그러다가 전한 시대 중·후기부터 산동 지역 문화의 영향을 강하게 받기 시작하였다(鄭軍雷, 「論西漢墓幽州分布區」 『考古與文物』 2005-(6), 50). 이러한 현상의 원인을 제공한 것이 바로 薉君 南閭의 투항 사건이 아닐까 한다.

123) 손영종은 「樂浪郡初原四年縣別戶口多少□□」 자료와 漢式 古城 등의 증거를 들어 요동반도 남부지역이 낙랑군에 속하고, 요동군의 행정구역은 요동반도 북부까지만 해당된다고 주장하였다(「락랑군 남부지역(후의 대방군지역)의 위치」 『력사과학』 2006-(2); 「료동지방 전한 군현들의 위치와 그후의 변천(1),(2)」 『력사과학』 2006-(3),4). 이 주장을 그대로 받아들이기는 어렵지만 요동군이라는 전한대의 행정구역과 현재의 요동반도를 일치시켜 이해하지 않는 관점은 수용할 만하다.

124) 前漢 시기 東夷지역 邊郡에 설치된 部都尉는 이종족의 內屬과 통치를 위한 郡보다 완화된 형태의 통치기구였다고 한다.(권오중, 2004, 「漢代 邊郡의 部都尉」 『동양사학연구』 88, 12~16쪽)

셋이나 설치되어 있었다. 이를 통해 당시 요동군의 요동반도 남부 지역과 천산산맥 이동 지역에 대한 통제 수준이 낮았으며, 그 종족 구성 역시 매우 복잡하고 다양하였음을 알 수 있다.[125] 요동반도 남부 지역의 普蘭店市에서는 이 지역에 예족 집단이 거주하였음을 방증하는 '臨穢丞印'[126]이 발견되었고, 천산산맥 동쪽에 위치한 遼寧省 鳳城市로 비정되는 武次縣에 東部都尉[127]가 설치되는 점에서도 이 지역에 예맥계 종족들이 집중적으로 거주하였음을 알 수가 있다.

그런데 예군 남려의 세력권, 곧 무제가 창해군을 설치하려 했던 지역적 범위를 요동 남부 지역과 천산산맥 이동의 요동반도 지역으로만 상정하기에는 남려가 이끌고 왔다고 주장한 인구 28만구가 너무 많아 문제가 된다. 前漢 말기 요동군의 인구는 약 27만 5천으로 나온다.[128] 당시 요동군의 관할 지역은 서로는 遼河 서쪽의 醫巫閭山과 동으로는 청천강에 이르렀다. 그러므로 그 범위 안에 속하는 천산산맥 동쪽과 요동반도 남부 지역의 인구 규모는 전체 면적 비율에 따른 산술적 계산만으로도 그 절반에도 못 미침을 추측할 수 있다. 그렇다면 예군 남려의 28만구를 어떻게 해석함이 옳을까? 이를 한에 투항하기 전 예군 남려가 자신의 세력을 과장되게 부풀린 것으로 간주할 수도 있겠지만,[129] 그보다는 압록강 중상류와 혼강 일대, 곧 원

125) 권오중, 2005, 「요동군 중부도위와 고구려의 신성」『고구려의 국제관계』, 고구려연구재단, 17쪽.

126) 劉俊勇 著, 최무장 譯, 1997, 『中國大連考古研究』, 학연출판사, 105쪽.

127) 요동군 동부도위가 靉河 근처 유역의 西安平에 위치하였고 창해군의 폐지에 따른 후속조치로 설치되었다고 보는 견해도 있다.(권오중, 2000, 앞의 글, 112~115쪽)

128) 『漢書』 권28下 地理志下.
『漢書』 지리지의 기사는 漢 平帝 元始 2년(2년)을 기준으로 삼고 있다고 한다.(권오중, 1996, 앞의 글, 71~72쪽)

고구려 지역의 예맥계 종족을 합한 것으로 보는 것이 옳다.[130] 이를 토대로 무제가 설치하고자 했던 창해군의 영역을 지도상에 표시해 보면 다음과 같다.

〈지도 3〉 창해군

원고구려 지역은 요동반도의 천산산맥 동쪽 지역과 지리적으로 맞닿아 있고, 유사한 문화적 전통을 보유하고 있었다.[131] 이처럼 기

---

129) 和田淸, 앞의 책, 16쪽.

130) 같은 시기에 보이는 玄菟郡의 인구가 약 22만명(『漢書』 권28下 地理志下), 시대가 조금 떨어지기는 하지만 『三國志』에 보이는 고구려의 인구가 3만호이다. 이를 고려해 원고구려 지역과 천산산맥 이동 지역의 인구를 합해 보면 인구면에서는 예군 남려가 데리고 투항했다는 수와 얼추 들어맞아진다.

131) 원고구려 지역과 요동반도 지역은 기원전 4~5세기까지 지역에 따라 약간의

원전 2세기 중후반 무렵 원고구려 지역이 서남쪽의 천산산맥 동쪽과 문화적으로 함께 묶일 여지가 있고, 그 외에도 무제가 조선을 멸한 직후에 조선의 영역이 아닌 이 지역에 玄菟郡을 설치하는 것을 볼 때도 이 지역이 창해군을 설치하려 한 범위에 속함을 미루어 짐작할 수 있다. 만약 창해군 설치를 계획한 단계에서 이 지역이 포함되지 않았다면 조선 토멸 이후 그렇게 신속하게 玄菟郡을 신설하지는 못했을 것이다. 그러나 漢의 원고구려지역에 대한 직접 지배 정책은 토착 예맥계 세력들의 강한 반발을 사게 되고, 당지의 여러 세력이 단합해 고구려라는 국가 단계의 정치체를 만들어 내는 계기를 제공한 것으로 보인다. 이는 貊이라는 종족 호칭의 등장과도 연관이 있다.[132)]

위에서 검토한 사실들을 토대로 볼 때 기원전 2세기 무렵의 예맥은 貊이 分枝되기 전의 예족을 뜻하는 호칭이었음을 알 수가 있다.[133)] 당시 예군으로 표현된 남려가 이끌던 세력집단은 일종의 느슨한 연맹체로 아직은 완전한 국가체제의 형태는 갖추지 못했던 것으로 판단된다. 고조선과 漢이라는 상대적으로 크고 선진적인 두 세

차이는 있지만 유사한 미송리식 토기 문화권으로 묶을 여지가 있으며, 그것은 예맥족의 문화로 볼 수가 있다.(송호정, 2007b, 「미송리형 토기문화에 대한 재고찰」『한국고대사연구』 45, 30~34쪽)

132) 고구려는 부여에서 이주해 온 유이민 집단과 압록강, 혼강 일대의 토착세력이 漢 군현과의 투쟁과정에서 힘을 합쳐 저항하고 결집해 나라를 세우고 국가체제를 발전시켜 가는 과정에서 상호 동화·융합의 과정을 거치며 형성되었으며, 이를 모두 합쳐 '맥'이라 하였다.(김현숙, 2007, 「고구려의 종족기원과 국가형성과정」『대구사학』 89, 42~43쪽)

133) 송호정은『史記』단계까지는 예맥은 그 자체로 하나의 종족 연합체로 존재하였고, 흉노가 盛歲일 때와 그와 東接한 사실을 토대로 기원전 3세기~2세기 경까지 예맥은 하나의 종족(사실상 예)으로 존재했다고 보았다.(2007a, 앞의 글, 115쪽)

력 사이에서 생존을 모색하던 남려는 한과 고조선 사이에 위치한 일부 예맥계 세력과 함께 衛滿의 집권 이후 더욱 강해진 고조선의 압력을 피해 한으로의 투항을 결심하였던 듯하다. 그리고 흉노라는 가장 큰 라이벌이자 적대 세력을 꺾는 것이 급선무였던 한으로서도 동쪽 영역의 안정에 도움을 줄 수 있는 이들의 귀부는 매우 반가울 수밖에 없었을 것이다. 하지만 흉노와의 전쟁을 완결짓지 못한 한으로서는 재정상의 문제에 부딪혀 남려로 대표되는 예맥계 여러 집단의 분포지인 천산산맥 이동 및 압록강·혼강 일대에 명목상으로 설치한 창해군을 수년 만에 폐하고 말았다.

이처럼 사실상 한의 郡 설치 계획 폐기로 귀결된 창해군과 관련된 일련의 사태는 잠시이지만 漢, 고조선 모두 예맥계 종족들이 주로 거주하고 있던 이 지역으로의 진출에 신중을 기하도록 하는 계기가 되었으며 힘의 공백을 낳는 결과를 가져왔을 것이다. 여기서 천산산맥 이동 지역에 비해 지리적, 경제적으로 변방에 위치해 상대적으로 한과 고조선이라는 양대 세력의 주목을 덜 받아온 원고구려 지역의 那[134]로 불린 소규모의 정치체들은 그 덕택에 자신들의 독자성과 고유의 문화를 보존하며 응집력을 키울 수 있었음이 분명하다.[135]

---

134) 고구려 건국 이전 이 지역에는 那로 불린 소규모 정치체가 존재하였다. 그에 관한 개념은 지역별 단위 정치체, 성읍 국가, 군장 사회, 독립 소국, 초기 국가 등 다양한 해석으로 정의되었다.(여호규, 1997, 앞의 글, 5~6쪽)

135) "無原澤. 隨山谷以為居, 食澗水. 無良田, 雖力佃作, 不足以實口腹"라는 『三國志』(권30 魏書 東夷 高句麗)의 기록처럼 고구려는 그 자연환경이 척박하고 漢의 북방 주요 교통로와도 떨어진 山地에 위치하고 있어 정치, 경제적으로 그 중요성이 주위의 제세력에 비해 떨어졌음이 틀림없다. 漢 武帝가 고조선을 멸하고 기원전 107년에 설치한 玄菟郡의 첫 번째 郡治를 沃沮지역에 둔 것도 한이 원고구려 지역보다는 魚鹽海産物 등 경제적 가치가 더욱 높은 그 지역에 더 비중을 두었고 그 지역의 토착세력을 더욱 경계했음에서 비롯된 것이라고 한다.(김현숙, 2007, 앞의 글, 43~45쪽)

3. 고구려 건국과 貊族

압록강 중상류와 혼강 유역에서 적석총을 조성하며 那로 불리던 예맥계 소국 연맹체들은 한에 의한 창해군 설치 시도와 玄菟郡의 설치로 인해 저항을 위한 자각과 결속이 이루어졌다. 결국 기원전 75년 무렵 玄菟郡은 夷貊으로 불린 이 지역 토착세력들의 공격으로 郡治를 句麗 서북으로 옮기게 된다.[136] 이 시기 이러한 항쟁을 주도한 것은 원고구려 사회에서 상당 기간 주도적 위치에 있었던 것으로 추정되는 沸流國 세력으로 추정된다.[137] 여기서 눈길을 끄는 것은 이 비류국 세력을 중심한 원고구려 세력을 '夷貊'으로 지칭하고 있다는 점이다. 물론 아직 이를 고구려의 종족 명칭으로 등장하는 貊과 동일한 용법으로 간주하기는 어렵다.[138] 현토군에 저항하며 성장하기 시작한 이 지역 세력들은 서서히 濊貊과 구분되며 高句驪,[139] 句驪[140] 등으로 불리다가 夷貊으로도 호칭되며 이후 자신들의 종족명이 貊으로 자리 잡게 되는 단계의 중간 정도로 볼 수 있겠다.

곧 비류국을 연맹주로 한 압록강 중상류, 渾江 일대의 적석총 조성 세력들이 서서히 결집하며 주변의 예(예맥)와 구별되는 세력으로 성장하면서 이후 별도로 貊이라 불리게 되는 단초를 열었다고 할 수

---

136) 以沃沮城為玄菟郡. 後為夷貊所侵徙郡句麗西北今所謂玄菟故府是也(『三國志』 권30 魏書 東夷 東沃沮)

137) 김현숙, 2007, 앞의 글, 46~47쪽.

138) 夷貊이라는 표현은 『史記』에 한 차례, 『後漢書』와 『三國志』에 수차 등장한다. 그런데 원고구려 지역 토착세력의 침공으로 玄菟郡治가 옮긴 기사 외에는 고구려(원고구려)를 지칭하는 것으로 사용되지 않고 모두 異種族에 대한 범칭 혹은 멸칭으로 사용되었을 뿐이다.

139) 『漢書』 卷28下 地理志下 玄菟郡條

140) 玄菟樂浪武帝時置, 皆朝鮮濊貉句驪蠻夷(『漢書』 卷28下 地理志下)

있다. 앞에서도 언급하였듯이 貊이 특정 종족명, 곧 고구려를 구성한 주된 종족을 뜻하는 單稱으로 다시 중국 사서에 출현하는 것은 기원 전후부터이다.[141] 그렇다면 이 시기를 전후하여 고구려를 본격적으로 貊이라 칭하게 된 이유는 무엇일까? 이는 부여계의 계루부 세력이 원고구려 지역으로 이동해 와 새로이 이 지역의 지배권을 장악하고 강한 세력으로 성장하며 중국 세력과 대항하기 시작한 것과 관련이 깊다고 생각된다.

특히 기원전후 시기부터 부여계 계루부 세력이 도착하여 고구려의 새로운 연맹주로 부상하기 전부터 이 지역에는 고구려로 불린 세력이 존재하였다.[142] 이 원고구려 세력이 漢으로부터 주목을 받기 시작한 것은 기원전 1세기 초엽 玄菟郡을 퇴축하면서부터다. 그리고 이 지역의 제세력이 본격적으로 중국 세력과의 대결을 개시한 것은 계루부 세력이 夫餘로부터 남하하여 원고구려 지역의 세력들을 규합해 강력한 군사력을 바탕으로 주변으로 팽창하기 시작하면서부터이다. 고구려는 건국 초기부터 중국 세력과 접촉하였고 충돌하기도 하였다.[143] 이후 고구려는 시간이 지날수록 국가의 역량을 더욱 확대시켜 지속적으로 漢 군현을 위협할 정도로 성장하였다. 이와 같이 고구려는 성장 과정 중에서 중국과의 대결을 거치면서 중국 세력에 의해 貊이라는 명칭으로 불리게 된 것이다.

고구려를 濊와 구분해 貊이라 칭한 배경이 단순히 위와 같은 정치

---

141) 『漢書』 권99中 王莽傳 및 『後漢書』 권1下 光武帝紀 二十五春正月條

142) 이것이 바로 사료에 보이는 桂婁部 이전에 연맹체의 주도권을 장악한 沸流國(消奴部)을 중심한 원고구려로 해석함이 자연스럽다.

143) 『三國史記』 高句麗本紀 琉璃王條에는 유리왕의 후궁 중에는 漢人의 딸도 있었고, 漢 군현을 襲取했음이 기록되어 있다. 이를 통해 볼 때 고구려는 이미 건국 초부터 중국 郡縣세력과 밀접한 정치적 관계를 맺고 있었고 相爭도 불사했음을 알 수 있다.

적 성장만은 아니었다. 원고구려 지역은 문화적으로도 북방의 부여를 중심한 예족과는 다른 점이 있었다는 사실도 고려할 필요가 있다. 압록강 중류역과 혼강 유역을 중심으로 분포하는 적석총의 존재가 바로 그것이다.[144] 예족의 일반적 묘제인 토광묘와 확연히 구분되는 적석총은 고구려의 대표적 묘제이다. 이는 분명 부여에서 남하해 온 유이민 집단인 계루부의 묘제가 아니라 비류국을 중심한 압록강, 혼강 유역의 토착세력의 그것임이 분명하다. 그러나 이러한 적석총의 조영이 양적으로나 질적으로 더욱 발달할 수 있었던 계기는 부여계 세력이 원고구려 지역으로 내려와 토착 세력과 결합하며 그 묘제를 수용, 발전시키면서부터였다.[145] 이것이 부여계 유이민과 토착세력의 결합으로 새로이 도약한 고구려가 부여를 중심으로 한 범예맥계 세력권 내에서 정치, 문화적으로 구분되어 독자적 존재로 발전해 가는 과정을 그대로 보여주는 증거라 하겠다. 결국 맥이라 함은 고구려가 정치, 문화적 성장으로 인해 본래 예맥계 세력의 맹주적 위치에 있던 부여에 버금갈 정도로 성장하면서 얻어진 호칭이라 하겠다.

이 시기 부여계 집단이 원거주지에서 이탈해 桓仁·集安 지역으로 진출하였음을 밝힐 수 있는 고고학적 증거는 환인의 望江樓 유적과 집안의 일부 고분에서 발굴된 부여계 유물들이다. 望江樓 유적은 桓仁縣 哈達村의 북으로 渾江에 면한 언덕에 위치한 6개의 적석총으로 이루어진 고분군이다. 이 고분의 입지 및 출토된 금귀걸이가 부여계 유적으로 인정되는 楡樹 老河深,[146] 西豊 西岔溝 유적의 것과 흡사

144) 강현숙, 2000, 「고구려고분연구」, 서울대학교 박사학위논문, 46~50쪽.

145) 無基壇 石槨績石塚의 추정 조영 상한 연대가 기원전 2세기 말엽이며, 그 대표적인 유적인 桓仁 望江樓 유적에서는 부여계 유물이 발견됐다. 더 발전된 형태인 基壇 石槨績石塚도 1세기 무렵부터 본격적으로 조영된다.(강현숙, 2000, 앞의 글, 100~106쪽)

해 고구려 건국 이전 환인 지역에서 활동한 卒本扶餘나 부여계 주민들에 의해 조성된 것으로 추정된다.[147] 이 유적의 정확한 조성 주체에 대해 약간의 논란이 있지만 토착 세력과 부여계가 융합한 대표적 고고학적 증거인 것만은 분명하다.[148] 이외에도 환인·집안 지역에서 부여와 관련된 유물이 다수 발견되었는데, 五道嶺溝門 고분에서 나온 도끼날형 화살촉과 氣象站 유적에서 나온 좁고 긴 창끝 등은 유수 노하심에서 출토된 것들과 매우 흡사하다.[149]

그렇다면 환인·집안 일대에 이러한 고고학적 흔적을 남긴 부여계통의 사람들은 어디서 어떠한 루트를 타고 이동해 온 것일까? 기록에 朱蒙, 琉璃, 卒本扶餘 등으로 나타나는 부여계 세력들은 기원전 1~2세기 무렵 여러 차례 자신들의 원주지에서 원고구려 지역으로 이동해 왔으리라 생각된다. 그 이동 경로는 환인·집안에 비교적 가까운 지역에서 조사된 부여계 문화 유적을 통해 주로 두 방면에서 이동해 온 것으로 추정되는데, 하나는 요령성 西豊縣, 길림성 東遼縣

---

146) 楡樹 大坡鄕 老河深 中層 유적의 문화 담당 주체에 대해서는 鮮卑설과 夫餘설로 갈리었으나, 묘제의 양식에서 선비적 특성이 거의 없으므로 현재는 부여쪽으로 가닥이 잡히고 있다. 묘제에 있어 부여와 선비는 같은 토광묘 계통이지만 선비 무덤의 경우 묘광이나 목관의 형태가 앞이 넓고 뒤가 좁은 사다리꼴로, 노하심 유적에서는 이러한 사다리꼴의 묘광이나 목관 흔적이 확인되진 않는다.(오영찬, 1999, 「楡樹 老河深 유적을 통해 본 부여사회」『한반도와 중국 동북 3성의 역사 문화』, 서울대학교출판부, 489쪽)

147) 梁志龍·王俊輝, 「遼寧桓仁出土青銅遺物墓葬及相關問題」『博物館研究』1994-(2); 王綿厚, 「西漢時期的高句麗'五部'與'第二玄菟郡'-關于高句麗早期歷史的若干問題之三」『東北史地』2005-(6).

148) 강현숙은 환인 望江樓 유적이 발달된 부여 지역의 문화를 적석총 조성 세력이 받아들여 그 유물을 부장한 것이라 인정은 하지만 그 묘제의 주인공이 부여계인 것은 아니라고 하였다.(1999, 「고구려 적석총의 등장에 대해」『경기사학』 3, 47~48쪽)

149) 리광희, 2005, 『고구려유물연구』, 과학백과사전출판사, 28·61쪽.

일대에서 남하하는 루트이며,[150] 다음은 기원전 1세기 무렵 부여의 중심지인 吉林市 일대에서 서남향으로 내려오는 루트로 학계에서 통설로 받아들여지는 경로이다. 吉林 지역이 초기 부여의 중심지이며 원부여 지역의 일부임은 앞에서 이미 살펴보았으므로 다수의 부여계 流移民들이 이곳에서 원고구려 지역으로 내려왔을 것임이 분명하다.[151]

다만 부여와 선비계 종족의 거주 접경지이며 내몽고 평원과 요령 북부 산지의 문화적 점이지대인 西豊·東遼 지역이 부여계 종족의 주된 활동 무대로 볼 수 있는지 여부에 대해서 의문이 제기될 수 있다. 이러한 물음에 답이 될 만한 고고학적 증거가 바로 서풍의 西岔溝 유적과 東遼의 彩嵐 유적이다.[152]

먼저 서차구 유적에 대해 살펴보면, 이 유적이 발견된 요령성 西豊 지역은 길림성 지역에서 요서, 요동반도 남부 지역으로 진출하기 위한 중요한 교통로 상에 위치하고 있다. 이 유적의 편년은 기원전 150년~기원후 50년 사이로 추정된다.[153] 유적이 발굴된 西豊 지역에서 청동기시대의 미송리식 토기나 요령식 동검이 출토되는 유적들이 다수 조사되었고,[154] 전국-전한대의 유적에서는 西團山 文化의 영향

---

150) 西豊, 東遼 일대에서 조사된 부여계 유적들을 근거로 이 일대를 고구려를 세운 주몽 세력의 본거지인 북부여로 비정한 설도 있다.(孫進己, 「高句麗的起源及前高句麗文化硏究」 『社會科學戰線』 2002-(2): 2005, 『穢貊族起源與發展』, 吉林文史出版社, 298~301쪽)

151) 고구려 초기 부여에 이르는 통로는 제3玄菟郡과 부여의 교역로를 통해 알 수 있는데, 撫順-鐵嶺-四平-長春을 거치는 大平原 橫斷路와 渾河-柳河-輝發河-松花江을 통과하는 河谷道 두 갈래가 있다. 하지만 실제로 고구려가 부여와의 교류에 이용한 것은 하곡도로 보고 있다.(여호규, 1997, 앞의 글, 179~184쪽)

152) 이 두 유적의 문화 양상을 前漢 시기 夫餘의 문화로 본 것은 田耘이 시초이다. (「兩漢夫餘硏究」 『遼海文物學刊』 1987-(2))

153) 孫守道, 1980, 앞의 글.

을 받은 것으로 알려진 高把豆 등이 다량 출토되는 것을 통해 볼 때 이 지역이 청동기시대에서 전한대까지 예맥계통의 주민들이 집중 거주한 지역이었다는 것을 알 수 있다.[155)]

이 지역의 高把豆는 탄소동위원소 연대측정법으로 측정한 결과 전국 시대 말~전한 초로 추정되는 서단산 문화에서 계기적으로 이어지는 泡子沿 유형, 黃魚圈 珠山M1, 邢家店墓地, 田家坨子의 陶器類와 연대, 형식, 유물의 조합상 등이 거의 일치한다.[156)] 그러한 高把豆(高柄豆)를 사용한 주민에 대해『三國史記』에서 주몽의 남하로에 등장하는 絡氏로 보는 견해도 있어 흥미롭다.[157)] 서풍 일대 서차구 문화의 주체가 絡氏인지 여부는 상고할 길이 없다. 하지만 현재까지 드러난 고고학상의 증거와 문헌을 종합적으로 고려해 볼 때 이 지역을 기원전 1세기 무렵까지 예맥(부여계)의 종족의 거주지나, 최소한 부여계 세력 남하 루트의 중요 기점 중 하나로 비정할 수는 있을 것이다. 특히 서차구 유적에서 출토된 주요 유물 중 하나인 銅柄鐵劍의 형식상 특징을 통해 볼 때 老河深, 彩嵐 유적의 철검과 상통하며 특히 철검의 觸角式 劍柄의 연원은 부여가 존재한 송화강 유역의 西荒山型과 舒蘭型劍柄이 분명하므로,[158)] 부여계 주민의 문화라 보아도 무방할 듯하다.

彩嵐 유적은 西岔溝 유적에서 동으로 30여 km 떨어진 東遼縣 彩嵐村에서 조사된 2개의 竪穴式 土壙墓이다. 이 고분에서 雙鳥回首形

154) 오강원, 앞의 글, 43쪽.

155) 曹桂林 等, 앞의 글.

156) 周向永, 2006, 앞의 글, 44쪽.

157) 周向永,「遼北東部山地靑銅文化族屬芻議」『遼寧大學學報』1993-(5).

158) 林澐, 1998,「西岔溝型銅柄鐵劍與老河深, 彩嵐墓地的族屬」『林澐學術文集』, 中國大百科全書出版社.

銅柄鐵劍, 구슬 달린 金銀耳飾, 透·浮彫 獸紋銅牌飾, 陶器 등 많은 유물이 나왔다. 이 유적에서 출토된 유물들은 그 양식상 흉노·선비와는 거리가 있고, 西岔溝나 楡樹 老河深문화에 더 가까워 부여 계통의 주민이 남긴 것으로 이해된다.[159] 그리고 이 유적에서 가까운 龍首山古城에서 발견된 토기편의 재질과 양식이 老河深 유적의 것과 일치한다.[160] 이러한 고고학적 증거들을 통하여 이 지역이 부여계 종족의 분포지였음을 알 수가 있다.

위에서 검토해 본 바와 같이 고구려 건국에 결정적 역할을 한 부여계 세력들은 西豊·東遼 지역과 吉林 지역에서 환인·집안 지역까지 이동해 온 듯하다. 그 구체적 경로 비정은 고구려가 부여를 정벌한 문헌기록이 참고가 되고, 고구려 시대에 사용된 교통로를 역추적함으로써 탐색이 가능하다. 관련 사료는 다음과 같다.

> **G** 王出師伐扶餘 次沸流水上…抵利勿林宿…王進軍於扶餘國南 其地多泥塗(『三國史記』卷13 高句麗本紀 大武神王 4, 5年)

고구려에서 부여로 통하는 교통로를 밝히기 위해서는 먼저 부여와 고구려의 경계에 대해 살펴볼 필요가 있다. 3세기 부여의 강역에 대해 동으로는 張廣才嶺과 威虎嶺 以西, 西界는 大安, 雙遼, 昌圖를 잇는 선, 남으로는 輝發河 상류와 吉林哈達嶺, 북으로는 嫩江과 동류 송화강 이남으로 파악하고 있다.[161] 여기서 중요한 것은 고구려와 맞닿아 있는 남쪽 경계이다. 여호규는 사료 G에 등장하는 고구려

---

159) 劉升雁,「東遼縣石驛公社古代古墳出土文物的研究」『博物館研究』 1995-(1).
160) 李君·蘇洪武 總纂, 1988,『遼源市文物志』, 吉林省文物志編委會, 26~27쪽.
161) 송호정, 1997, 앞의 글, 165~172쪽.

초기 대무신왕이 부여를 정벌하기 위해 북상하던 루트 상의 중요한 자연지물인 沸流水를 渾江으로, 利勿林을 龍崗山脈으로 비정하여 1세기 무렵 고구려와 부여의 경계를 용강산맥으로 보았다.[162] 고구려는 지속적 국력 신장으로 3세기 무렵에는 부여와의 경계선을 보다 북쪽의 吉林哈達嶺까지 넓힐 수 있었지만 초기에는 휘발하 상류, 용강산맥을 경계로 부여와 접하였으리라 생각된다.

부여의 중심지인 吉林 지역에서 고구려로 이어지는 교통로는 그 사이에 있는 城址의 분포를 통해 확인이 가능하다. 吉林-輝南-柳河로 이어지는 루트에는 부여 초기의 중심지이며 고구려까지 사용한 龍潭山城, 부여 시기 고구려로 통하는 교통로를 重鎭이었던 輝發城, 남쪽으로 龍崗山을 마주한 羅通山城, 청동기 시대부터 사용된 흔적이 있는 釣魚臺山城 등이 있어 그것을 연결한 선이 부여와 고구려 사이의 주요 교통로로 사용되었음을 시사한다.[163] 그리고 通化의 赤松柏山城은 漢代에 조성한 城을 고구려가 개축해 습용한 것인데,[164] 용강산보다 더 남쪽에 위치하고 있고 환인에 바로 맞닿아 있어서 이곳이 고구려에서 부여 지역으로 나아가는 시작점이며 관문과 같은 역할을 했음을 추측케 한다.[165]

吉林-遼源-西豊으로 이어지는 교통로상에도 부여 시기부터 사용된 것으로 보이는 龍水山城, 城子山山城 등이 있다.[166] 이를 통해

162) 여호규, 1997, 앞의 글, 179~181쪽.

163) 이종수, 2005, 「고구려의 부여진출 과정 연구」『고구려연구』 21, 344~351쪽.

164) 王綿厚, 2002, 『高句麗古城研究』, 文物出版社, 114쪽.

165) 赤松柏山城의 서북쪽에 규모가 더욱 큰 自安山城도 있는데 漢 郡縣이 설치되며 조성되었다가 고구려가 지방지배의 거점으로 활용하였을 가능성도 크다. (여호규, 1998, 『高句麗城 I ; 鴨綠江中上流篇』, 國防軍史研究所, 203~205쪽)

166) 李鍾洙는 이 루트를 부여의 국도에서 遼西로 이어지는 西南路로 파악하였다. (李鍾洙, 2004, 「夫餘文化研究」, 吉林大博士論文(中國), 49쪽)

이 지역에 부여계 주민들이 분포하였다는 사실을 확인할 수 있고, 또한 이들 부여계 집단이 중요한 이동 통로로 활용하였음을 알 수 있다. 서풍·요원지역은 서남쪽으로 제3玄菟郡 치소가 있던 撫順으로 바로 이어지고, 제2玄菟郡이 있던 新濱을 거쳐 환인·집안으로도 연결된다.[167] 다음은 당시 부여와 원고구려 지역 사이를 이어주던 교통로를 지도상에 표시한 것이다.

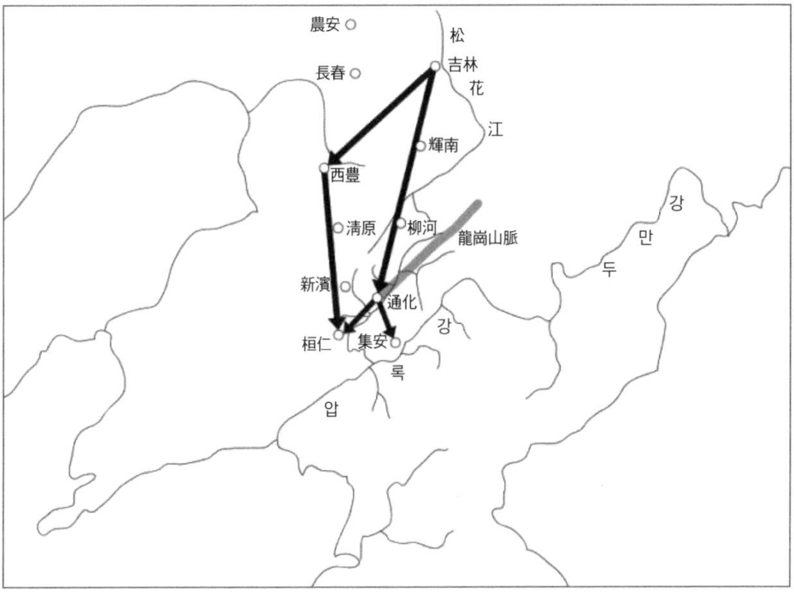

〈지도 4〉 부여 고구려 교통로

이러한 통로들을 통해 원고구려 지역으로 이동해 온 부여계 세력들은 토착 세력과 결합하면서 이 지역의 정치 주도권을 장악하고, 세력을 확장해 나가게 된다. 이것이 곧 사료에 보이는 주몽의 고구려

167) 漢 역시 이러한 교통로를 따라 玄菟郡을 두었다(和田淸, 앞의 책).

건국이다. 고구려는 그 과정에서 주변 소국을 정복하거나 부여나 한 등 상대적으로 큰 세력과도 교섭 및 항쟁을 하며 정치적 성장을 거듭하게 된다. 그 가운데 종족적으로 같은 예맥계인 부여와 분명하게 구분되는 존재로 자리매김하며 중국 세력으로부터 맥으로 칭해지게 된 것이다.[168)]

소결

고구려의 종족 기원과 관련한 기존의 이해는 한민족 기원문제와 맞물리어 예·맥·예맥 등의 명칭 문제에 중점을 두었다. 한국 학계에서 고구려의 종족 기원에 대한 의미 있는 연구들이 나와 선진 문헌의 貊과 고구려의 종족명으로서의 貊은 직접적인 상관관계가 없는 것으로 밝혀졌다.

예와 맥은 가장 이르게는 중국의 先秦 시기 문헌에서부터 개별적으로 등장한다. 서주 시기까지만 해도 맥은 주의 제후국에 해당하는 韓侯에 의해 통솔될 정도로 작은 정치체의 고유 명칭이었을 가능성이 높다. 하지만 춘추 시대 이후 맥의 용례에 변화가 생기기 시작한다. 이 시기 문헌에 등장하는 맥은 점차 불특정 이종족을 뜻하는 단어, 곧 중화주의적 화이관에 입각한 주변의 오랑캐 세력을 막연하게 표기하는 것으로 쓰이게 된다. 그리고 전국 시대 후기부터는 점차 북방 종족을 지칭하는 범칭 혹은 멸칭으로 굳어지게 된다. 이러한 변화

168) 『三國志』 東夷傳의 내용을 통해 볼 때 3세기 무렵 중국인들은 부여와 고구려가 종족적으로 같고, 언어, 습속, 문화 등 거의 모든 면에서 닮아 있음을 분명히 인지하고 있었다. 하지만, 그럼에도 불구하고 이들 두 국가를 각각 예와 맥으로 칭한 것은 고구려의 정치적 성장에 따라 고구려인을 부여인과 구분하기 위한 것이다.

는 반드시 계기적 변화로만 해석할 것은 아니고, 시간의 흐름에 따라 맥에 대한 새로운 개념의 부가로 이해하는 것이 옳다.

예는 이른 시기부터 중국 동북방의 종족을 지칭하는 호칭으로 사용되다가 맥이 북방 종족의 범칭으로 굳어지자, 이르면 전국 시대나 늦어도 전한 무렵에는 이와 결합해 '예맥'이라고 轉化되기도 하였다. 곧 중국 문헌에 등장하는 '예맥'이라는 연칭은 예와 맥 두 종족의 합칭이 아니라, 종족적으로 예를 일컫는 명칭이었던 것이다. 사실상 고구려가 맥으로 지칭되는 기원전후한 시기까지 예와 구분되는 종족으로서 맥은 존재하지 않았다.

고리국은 오늘날 중국 길림성 북부와 흑룡강성 남부의 松嫩 평원에 자리 잡고 있었다. 부여의 건국과도 밀접한 관계가 있는 고리국은 고구려의 건국 주체 중 하나가 부여계 유이민임을 상기할 때 고구려와의 연관성도 어느 정도 찾아진다. 그 정치적 영향력이 광범위한 지역에 두루 미쳤다고 보기는 어렵지만, 고리국의 문화는 후기 서단산 문화에도 영향을 주는 등 부여의 성립에 직접적 영향을 끼치게 된다. 고리 문화는 서단산 문화와 함께 원부여 문화로 일컬을 만한데, 이러한 유형의 문화는 북만주에서 요령성 북부까지 넓은 지역에 분포하며 부여와 고구려의 형성에도 많은 영향을 주었음을 추측케 한다.

예군 남려가 고조선의 압력으로 漢에 투항하자 한은 그로 대표되는 세력권에 창해군을 설치하려 하였다. 그 지리적 위치는 예맥족의 주된 분포지역 중 하나인 요동반도 남부와 천산산맥 이동 지역 및 압록강 중류·혼강 유역(원고구려 지역)으로 추정된다. 이 지역은 고조선과 한 사이에 위치해 두 세력이 전국 시대부터 전한 시기까지 일진일퇴의 공방을 주고받은 것으로 보인다. 이 지역 주민들의 주된 종족 구성은 예맥계였으리라 생각되고, 한과 고조선 사이에서 생존을 모색하던 이들 세력은 남려를 대표로 하여 결국 고조선의 압력을 피해 한에 투항하게 된 것이다. 그러나 흉노와의 대결이 완전히 마무리 되지 않았던 한은 이 지역에 창해군을 두려 한 계획을 철회하고, 흉노를 완전히 굴복시킨 이후 고조선을 멸하면서 요동군 동부도위와 현도군을 해당 지역에 각각 설치해 본격적인 지배를 시도한다. 이 같은 한 군현의 설치는 원고구려 지역에서 적석총을 조성하고 살던 제 세력이 저항을 위한 자각과 결집을 하는 계기가 되었다.

비슷한 시기에 부여에서 원고구려 지역으로 남하해 온 부여계 세력들이 토착집단과 동화·융합의 과정을 거치며 고구려를 세우고 본격적으로 주변 정복과 한 군현 세력과의 대결을 펼치게 된다. 기원전 후한 시기 중국 측 기록에 고구려를 지칭하는 貊이 등장하는 것은 이러한 연유에서라 생각한다. 기록에 의하면 고구려와 부여는 언어와 풍습이 유사하고 別種으로 표현될 정도로 종족적으로 가까웠다. 그리고 차이가 비교적 분명한 묘제면에서도 부여계 유이민이 원고구려 지역 주민들의 적석총을 적극적으로 수용한 것으로 보여, 부여계 세력이 원고구려 지역민과 융합하는 과정을 그려내기는 쉽지가 않다. 하지만 望江樓 유적 등 고구려 지역에서 발견된 부여 관련 유물·유적의 분석과 고구려 건국 이전부터 부여 지역으로 통하는 통로였을 것으로 추정되는 교통로 탐색을 통해 부여계 유이민의 원고구려 지역으로의 이동과 정착, 토착세력과의 동화를 거칠게나마 살펴볼 수가 있었다.

제2장
건국신화에 나타난 국가 형성

고구려 건국은 朱蒙 신화의 형태로 전한다.[1)] 주몽 신화는 고구려인이 직접 남긴 기록이며 그 속에는 고구려의 건국 과정이 묘사되어 있다. 이것은 고구려 초기사를 구명하는 데 주몽 신화가 어떤 위치를 갖고 있는지 잘 보여주는 것이다.

주몽 신화 속에는 단순히 건국 시조인 주몽의 이야기만 담겨있는 것이 아니라, 당시의 사회와 고구려를 형성한 다양한 소집단들의 明滅과 이합집산의 결과물적 상징으로 보이는 여러 인물들의 이야기가 담겨있다.

고구려 시조 주몽의 모후로 전해지는 河伯女 역시 주몽 신화에 등장하는 인물 중 하나이다. 하지만, 하백녀는 단순히 주인공인 주몽과 대립하거나 조력하는 여타의 인물들과는 구분될 정도로 상당한 비중

---

1) 고구려 건국 신화에 대한 주요 연구성과는 다음과 같다.
김기흥, 2001, 「고구려 건국신화의 검토」 『한국사연구』 113.
김두진, 1999, 『한국고대의 건국신화와 祭儀』, 일조각.
김상기, 1974, 「국사상에 나타난 건국신화의 검토」 『동방사논총』, 서울대출판부.
김화경, 1998, 「고구려 건국신화의 연구」 『진단학보』 86.
노중국, 1983, 「동부여에 관한 몇 가지 문제에 대하여」 『한국학논집』 10, 계명대 한국학연구원.
노태돈, 1993, 「주몽의 출자전승과 계루부의 기원」 『한국고대사논총』 5; 1999, 『고구려사연구』, 사계절.
이복규, 1998, 『부여·고구려 건국신화 연구』, 집문당.
이홍직, 1971, 「고구려의 흥기」 『한국고대사의 연구』, 신구문화사.

을 갖고 있다. 현전하는 사료를 통해 볼 때 하백녀는 시조신에 대응되는 위치인 母神적 지위로 추앙되기도 하였음을 알 수 있다.[2] 이는 분명 하백녀로 상징되는 존재가 초기 고구려 사회에서 정치·사회적으로 중요한 위치에 있었거나, 적어도 주몽의 고구려 건국과 큰 연관성이 있음을 추측할 수 있게 하는 부분이다.

그러나 朱蒙의 모후로 나오는 하백녀에 집중하여 진행한 연구는 드문 편이다. 일부 그에 천착한 연구도 대부분 하백녀의 종교(祭儀)적이고 地母神적인 성격을 밝히는 데만 주력해,[3] 초기 고구려사회에서 하백녀 혹은 여성으로 표상된 실체와 그가 고구려 건국에 미친 영향을 파악하는 것에는 소홀하였다. 이 장에서는 고구려 건국 신화에서 주몽의 절대적 조력자이며 배경으로 나오는 하백녀로 상징되는 실체가 무엇인지 밝히고, 그가 주몽의 고구려 건국에 어떠한 역할을 하였는지와 초기 고구려 역사에서 가진 정치·사회적 역할과 의의에 대해 고찰해 보고자 한다.

1. 주몽 신화의 검토

주몽 신화는 그 原形이 扶餘의 시조 설화인 東明神話로,[4] 양자는

---

2) 일부 史書에는 神母 柳花를 始祖神으로 칭하는 경우도 있다.(『周書』 高句麗傳)

3) 河伯女의 地母神적 성격을 밝힌 연구는 다음과 같다.
김준기, 1994, 「고대신화에 나타난 지모신앙」 『한국민속학보』 4.
김철준, 1975, 「동명왕편에 보이는 신모의 성격」 『한국고대사연구』, 지식산업사.
장지훈, 1999, 「한국고대의 지모신 신앙」 『사학연구』 58·59.
최희수, 1993, 「조선 설화와 만족 설화연구; 주몽설화를 중심으로」 『한민족』 4.
한영화, 1999, 「고구려의 지모신신앙과 母處制」 『사학연구』 58·59.

4) 현재 학계에서는 '동명 신화'를 '주몽 신화'의 원형으로 부여 건국신화로 인정하는 것이 일반적이다. 하지만, 과거 이병도는 동명과 주몽을 同名異寫로 보아 고

많은 부분에서 서로 닮아 있어 그동안 학계의 주목을 받아왔다. 동명 신화는 주인공이 세운 국가나 문자로 정착된 시기 등이 주몽 신화에 비해 이른 것이어서 주몽 신화의 형성에 많은 영향을 미쳤을 것이 틀림없다. 그러므로 주몽 신화를 분석하기에 앞서 이를 먼저 살펴볼 필요가 있다. 동명 신화는 중국의 여러 문헌에 전해지고 있으나 1세기와 3세기 무렵의 문헌인 『論衡』과 『魏略』의 것이 가장 이른 시기의 것이고 원형에 가까운 것이다. 다음은 두 사서에 실린 동명 신화의 내용이다.

A-(1) 北夷槖離國王侍婢有娠 王欲殺之 侍婢曰 有氣大如鷄子 從天而下我 故有娠 後産子 損於猪溷中 猪以口氣噓之 不死 復徙置馬欄中 欲使馬藉殺之 馬復以口氣噓之 不死王疑以爲天子 令其母收取奴畜之 名東明 令牧牛馬 東明善射 王恐奪其國也 欲殺之 東明走 南至掩淲水 以弓擊水 魚鼈浮爲橋 東明得渡 魚鼈解散 追兵不得渡 因都王夫餘 故北夷有夫餘國焉(『論衡』 2 吉驗篇)

A-(2) 舊志又言, 昔北方有槀離之國者 其王者侍婢娠 王欲殺之 婢云 有氣如鷄子 來下我 故有娠 後生子 王捐之於溷中 猪以喙噓之 徙置馬閑 馬以氣噓之 不死 王疑以爲天子也 乃令其母 收畜之 名曰東明 常令牧馬 東明善射 王恐奪其國也 欲殺之 東明走 南至施掩水 以弓擊水 魚鼈浮爲橋 東明得度 魚鼈乃解散 追兵不得渡 東明因都王夫餘之地(『三國志』 권 30 魏書 東夷傳 所引 魏略)

구려 건국 전승을 부여로 誤傳한 것으로 보기도 하였다. 이병도의 이러한 견해는 일인학자 那珂通世의 것을 그대로 계승한 것이다(那珂通世, 1984, 「朝鮮古史考 第四章 高句麗考」 『史學雜誌』 5-9, 東京帝國大學史學會; 이복규 譯, 1995, 『국어교육』 87·88, 359~360쪽 참조).

사료 A-(1)과 A-(2)에서 확인할 수 있듯이 동명 신화의 기본 구성은 널리 알려진 주몽 신화와 거의 같다.[5] 그러나 이 문헌들에서는 시조의 탄생과정에 있어 卵生[6]에 관한 것이 없을 뿐더러, 건국 시조의 모친인 河伯女(柳花)에 관한 기사 역시 찾아볼 수 없다. 다만 王의 侍婢가 日光을 받아 男兒를 産生하였다고 기술한다. 이로 미루어 고구려 시조 신화의 원형격인 부여 신화에는 아직 국가 건립에 중요한 역할을 한 始祖母에 대한 인식이 희박하였거나,[7] 아예 없었다고 생각된다.

이에 대해 이은봉은 유목민들에게는 주로 天父(天降) 신화가 나타나고, 농경민족들은 일반적으로 大地母神의 전승이 강하다고 본 바가 있다. 이 견해에 비추어 볼 때 고구려는 본 出自地인 扶餘보다 남쪽에 위치하여 부여에 비해 농경문화의 영향을 강하게 받아 본래의 유목민적 건국신화의 바탕 위에 농경문화의 전통을 흡수하였음을 추측할 수도 있겠다.[8] 그러나 이것은 신화내용에 대한 역사학적 인식

---

5) 이러한 신화의 모티프나 구성의 유사성으로 인해 김정학은 부여와 고구려의 시조신화를 함께 고찰하면서 동명 신화 관계 기록들을 논형계 자료, 고구려 시조신화 기록들을 광개토왕비계 자료와 魏書계 자료의 세 계통으로 나누어 검토한 바 있다. 하지만, 그 역시 기본적으로는 동명 신화와 주몽 신화를 별개의 것으로 본다.(김정학, 1948, 「조선신화의 과학적고찰(1)」『사해』 1; 1990, 『한국상고사연구』, 범우사, 19~25쪽)

6) 박시인은 알타이계 대이동 민족에게는 日神 신앙이 있었는데, 이 신앙에 기반을 두어 天降한 알에서 시조가 탄생했다는 신화(동명설화)가 형성되고 이것이 민족의 이동과 함께 각 지역으로 퍼져나갔다고 보아, 흉노·오환·부여·고구려는 물론 가야와 신라의 시조 설화들도 모두 동일한 모티프에 의해 만들어진 소위 북방계 난생설화로 이해하였다.(박시인, 1966, 「동명왕 난생이주설화의 연구-알타이계 시조신화-」『서울대학교논문집』 12, 438쪽) 필자는 난생설화의 북방 기원설에는 동의하지만, 상고시기 한반도와 몽골, 만주에 걸쳐 분포하던 전 민족(혹은 종족)이 동일한 사고와 신화체계를 보유하고 있었다는 점은 찬성할 수가 없다.

7) 부여에서도 고구려의 河伯女와 같은 모계 신격이 존재하였을 것이라는 견해도 있다.(조현설, 2003, 『동아시아 건국신화의 역사와 논리』, 문학과지성사, 252쪽)

이 결여된 것으로 뒤에서 다시 논하겠다.

동명 신화에서 문제가 되는 것은 부여 시조의 출자국이 槖離나 櫜離 중 어느 것으로 봄이 타당한가 하는 점이다. 일반적으로는 『魏略』의 사료적 가치가 높음을 신빙해 '고리'로 받아들인다.[9] 그리고 이와 같은 명칭의 유사성을 근거로 과거 이병도 등은 부여 동명 신화를 고구려 건국신화가 중국에 잘못 전해진 것으로 간주하기도 하였다. 『논형』의 찬술 연대(1세기 무렵)가 『위략』의 그것(3세기 무렵)보다 앞서기 때문에 동명 출자지의 정확한 명칭은 탁리로 보는 것이 타당해 보인다. 그러나 동명의 출자지에 대해 동명 신화 관계 기타의 기록들에도 대부분 '고리'로 나타나고, 『위략』이 비록 3세기 대에 저술된 것이기는 하지만 A-(2)에서 보이듯 그 기록의 底本을 舊志로 들고 있어 실제로는 더 앞선 시기의 문헌을 근거로 했음을 알 수 있다. 그러므로 종합적으로 판단해 볼 때 동명의 출자지는 '고리'로 보는 것이 옳을 듯하다. 어쨌든 분명한 점은 늦어도 1세기 무렵에는 부여 계통의 시조설화가 외국인 중국에서 문자화될 정도로 상당히 널리 퍼져있었다는 점이다.

다음으로 고구려 건국신화인 주몽 신화에 대해 검토해 보기로 하자. 주몽 신화를 전하는 주요 사료는 다음과 같다.

B-(1) 惟昔始祖鄒牟王之創基也 出自北夫餘 天帝之子 母河伯女郎 剖卵降出…命駕巡幸南下 路由夫餘奄利大水 王臨津曰 我是皇天之子 母河伯女郎 鄒牟王(「廣開土王碑」)

---

8) 이은봉, 1984, 『한국고대종교사상』, 집문당, 152~153쪽.

9) 송호정, 1997, 「부여의 성립」『한국사4-고조선·부여·삼한-』, 국사편찬위원회, 154쪽.

B-(2) 河伯之孫 日月之子 鄒牟聖王 原出北夫餘(「牟頭婁墓誌」)

B-(3) 高句麗者出於夫餘 自言先祖朱蒙 朱蒙母河伯女 爲夫餘王廢於室中 爲日所照引身避之 日影又逐 旣而有娠 生一卵 大如五升 夫餘王棄之與犬 犬不食 棄之與豕 豕又不食 棄之於路 牛馬避之 後棄之野 衆鳥以毛茹之 夫餘王割剖之 不能破 遂還其母 其母以物裹之 置於暖處 有一男破殼而出 及其長也 字之曰朱蒙 其俗語 朱蒙者善射也 夫餘人以朱蒙非人所生 將有異志 請除之 王不聽 命之養馬…夫餘之臣又謀殺之 朱蒙母陰知 告朱蒙曰 國將害汝 以汝才略 宜遠適四方 朱蒙乃與烏引烏違等二人棄夫餘東南走.(『魏書』 권 100 列傳 88 高句麗)

B-(4) 先是 扶餘王解夫婁 老無子 祭山川求嗣 其所御馬 至鯤淵 見大石相對流淚 王怪之 使人轉其石 有小兒金色蛙形 王喜曰 此乃天賚我令胤乎 乃收而養之 名曰金蛙 及其長 立爲太子 後其相阿蘭弗曰 日者 天降我曰 將使吾子孫 立國於此 汝其避之 東海之濱 有地 號曰迦葉原 土壤膏腴 宜五穀 可都也 阿蘭弗 遂勸王 移都於彼 國號東扶餘 其舊都有人 不知所從來 自稱天帝子解慕漱 來都焉 及解夫婁薨 金蛙嗣位於是時 得女子於太白山南優渤水 問之 曰我是河伯之女 名柳花 與諸弟出游 時有一男子 自言天帝子解慕漱 金蛙異之 幽閉於室中 爲日所炤……因而有孕 生一大卵…有一男兒 破殼而出 年甫七歲 嶷然異常 自作弓矢射之 百發百中 扶餘俗語 善射爲朱蒙 故以名云 金蛙有七子 常與朱蒙遊戱 其技能皆不及朱蒙 其長子帶素 言於王曰 朱蒙非人所生 其爲人也勇 若不早圖 恐有後患 請除之 王不聽 使之養馬…王子及諸臣 又謀殺之 朱蒙母陰知之 告曰 國人將害汝 以汝才略 何往而不可 與其遲留而受辱 不若遠適以有爲 朱蒙乃與烏伊摩離協父等三人爲友 行至掩淲水…朱蒙行至毛屯谷 遇三人 其一人着麻衣 一人着衲衣 一人着水藻衣 朱蒙問曰 予等何許人也 何姓何名乎 麻衣者曰 名再思 衲衣者曰 名武骨

水藻衣者曰 名黙居 而不言姓 朱蒙賜再思姓克氏 無骨仲室氏 黙居少室氏 乃告於衆曰 我方承景命 欲啓元基 而適遇此三賢 皆非天賜乎 遂揆其能 各任以事 與之倶至卒本川(『三國史記』 권13 東明聖王本紀)

B-(5) 高句麗……始祖東明聖帝姓高氏諱朱蒙. 先是北扶餘王解夫婁旣避地于東扶餘 及夫婁薨 金蛙嗣位. 于時得一女子於太白山南優渤水. 問之. 云我是河伯之女 名柳花 與諸弟出遊 時有一男子自言天帝子解慕漱 誘我於熊神山下鴨淥邊室中私之. 而往不返. 父母責我無媒而從人 遂謫居于此. 金蛙異之 幽閉於室中 爲日光所照…因而有孕 生一卵…有一兒破殼而出 (『三國遺事』 권1 紀異 2 高句麗)

B-(6) 古記云(중략)天帝降于訖升骨城 乘五龍車 立都稱王 國號北扶餘 自稱名解慕漱 生子名夫婁 以解爲氏焉 王後因上帝之命 移都于東扶餘 東明帝繼北扶餘而興 立都于卒本州 爲卒本扶餘 卽高句麗之始(『三國遺事』 권1 北扶餘)

始祖母인 河伯女가 고구려 건국신화에 본격적으로 등장하기 시작하는 것은 5세기 초의 금석문인 「廣開土王碑」 (사료 B-(1))와 「牟頭婁墓誌」 (사료 B-(2))부터이다. 그래서 학계에서는 고구려 건국신화가 늦어도 4세기 후반 무렵에는 문자로 정착된 것으로 본다.[10] 이는 고구려의 역사서인 『留記』가 늦어도 소수림왕대에는 편찬되었다고 생각되기에,[11] 그 시기에는 왕실의 시조 신화가 온전하게 정립되었

10) 노태돈은 4세기 중반 이후 부여가 고구려와 선비의 공격으로 세력이 완전히 약화되고, 고구려는 소수림왕대(4세기 후반)에는 국가체제의 정비를 위한 일련의 정책들을 실시하였으므로 이 시기 국제역학적·국내정치적 이유로 인해 고구려 시조의 '북부여출자설'이 정립된 것으로 보았다.(노태돈, 1993, 「주몽의 출자전승과 계루부의 기원」 『한국고대사논총』 5; 1999, 앞의 책, 44~52쪽)

다고 볼 수 있는 것이다.

다만, 그 기원을 어느 시기까지 소급할 수 있을 것인가는 반드시 짚고 넘어갈 필요가 있다. 분명히 1세기 무렵 이전에 동명 신화가 扶餘를 위시한 예맥계 사회에 널리 퍼져있었고, 부여를 대신해 예맥계 사회의 새로운 맹주가 되기를 바랐던 고구려는 그 동명 신화를 근간으로 해 자신의 시조신화인 주몽 신화를 만든 것이 확실하다. 이것은 고구려가 영역확장을 통해 동북아의 확실한 강자로서 위치를 차지해 자신만의 천하관[12]을 표방하게 되는 4세기 후반 이후에는 자국의 건국신화로 자리매김하게 되는 것이다.

이렇게 고구려가 동명 신화를 자신의 건국신화인 주몽 신화로 윤색해 왕실의 권위를 높이는 작업을 시작한 것은 대체로 1세기 말엽의 태조왕대부터로 보인다. 태조왕대가 계루부가 중심이 된 고구려사에서 중요한 의의를 가짐은 그가 國祖王으로 칭해졌다는 기사와[13] 본격적 高氏王[14]의 시대를 열었다는 점에서 찾아볼 수 있다. 본래 고구려의 계루부 왕실 교대에 대해서는 동명왕대, 유리왕대, 태

---

11) 이기백은『留記』의 편찬 시기를 신라·백제의 사서 편찬 시기와 함께 고려하여 4세기 후반 소수림왕대와 광개토왕대 어간으로 추정하였다.(1976,『우리역사를 어떻게 볼 것인가』, 삼성문화문고, 19~21쪽) 이기동 역시 이에 동의하고, 그 근거로『三國史記』고구려본기 기사를 검토할 때 미천왕대까지의 기록과 고국원왕대 이후의 역사기술에서 어떠한 단층이 느껴지기 때문이라 하였다.(1994,「고대의 역사인식」『한국의 역사가와 역사학』(상), 창작과 비평사, 29~30쪽)

12) 고구려가 중국과 竝置해 독자적 천하관, 곧 자신만의 세계관과 질서의식을 표방하게 되는 과정에 대해서는 양기석과 노태돈의 논문이 참고가 된다.(양기석, 1983,「4~5C 高句麗 王者의 천하관」『호서사학』11: 노태돈, 1988,「5세기 금석문에 보이는 고구려인의 천하관」『한국사론』19)

13)『三國史記』권15 高句麗本紀 太祖王條.

14)『三國遺事』의 王曆篇에는 제6대 태조왕 이전의 5왕 중 시조 동명성왕을 제외한 4왕이 解氏로 나오고,『三國史記』에도 그에 해당하는 왕들의 諱에 '解'字가 첨가되어 있어 태조왕 이전의 王姓은 解가 아닌가하는 의구심을 갖게 한다.

조왕대 등 의견이 분분하나, 이미 동명왕대에 계루부가 고구려의 지배권을 장악한 것은 확실해 보인다. 다만 태조왕대는 왕실의 방계, 혹은 계루부 내에서 새로이 성장한 소집단이 권력을 차지하였다 생각된다.[15] 이로 인해 新王은 자신의 권위를 확보하고 王家의 신성성을 보장받기 위해 계루부 고구려의 실질적 개창자인 주몽과의 직접적 연결을 시도하였고 그러한 노력의 일환으로 주몽 신화가 만들어진 것이 아닐까 한다.

그 후 6세기에 편찬된 北魏의 正史인 『魏書』(사료 B-(3))에는 외국인 고구려 건국 설화를 매우 자세하게 소개하고 있다. 이는 그만큼 고구려의 국제적 위상이 높아졌음을 반영할 뿐만 아니라, 이미 고구려의 주몽 신화가 국내외로 상당히 광범하게 유포되었음을 추측케 한다. 여기서 특기할 만한 것은 그 속에 始祖母인 河伯女가 시조의 위기 상황을 미리 알고 그 탈출을 도우면서 주몽이 고구려를 건국함에 있어 중요한 역할을 하였음을 전하는 내용이 포함되어 있는 것이다. 그리고 이러한 『魏書』 계열의 자료에는 고구려 시조의 이름을 朱蒙이라고 표기하여 고구려 금석문에 보이는 鄒牟와는 약간의 차이가 있다. 물론 이는 동일음에 대한 異寫에 불과한 것이나, 『魏書』에 기록된 朱蒙이라는 명칭이 이후 국내와 중국 史書에 그대로 계승되고 있다는 점에서 그 의의가 있다. 『魏書』의 고구려 건국 설화는 이후의 중국 사서인 『北史』와 『周書』, 『隋書』에도 큰 변형 없이 轉載되었다.

고구려의 始祖母를 柳花라는 고유 명사로 지칭하는 것은 12,3세기의 한국 문헌인 『三國史記』(사료 B-(4))와 『三國遺事』(사료 B-(5))

15) 이에 대해서는 김현숙의 연구가 참고된다(1994, 「고구려의 해씨왕과 고씨왕」 『대구사학』 47).

에서 처음으로 보인다. 고려 초기 광종대의 저술로 보이는 『舊三國史』[16]를 참고해서 이규보가 쓴 「東明王篇」에도 유화가 보이므로 『舊三國史』에 먼저 柳花라는 고유명사가 등장하였을 가능성이 크다. 이와 같은 고구려의 시조모 柳花의 득명 과정은 당시 고구려 계승의식을 표방하면서 북진 정책을 추진하고 西京(平壤)을 중시하던 고려의 정치적 상황과도 맞물린 것이라 생각된다. 특히 조선 초의 지리지인 『新增東國輿地勝覽』에는 평양을 버드나무 도읍, 곧 柳京[17]이라 지칭하고 있어 고려 시대의 고구려 인식과 관련지어 검토해 볼 여지가 있다.

그리고 한국 사료(B-(4), B-(5), B-(6))에는 解慕漱와 解夫婁, 金蛙 등의 구체적 주변 인물들도 나타나고 있다. 이들은 본래 별개의 설화들로서 고구려의 영역확장과 더불어 그 치하에 들어오게 됨으로 말미암아 고구려 건국신화에 종속적으로 부가되었을 가능성이 크다. 그 구체적 시기에 대해서는 논자들마다 다양한 의견을 개진한 바가 있으나,[18] 대체로 6세기 중반 이후로 본다.

그러나 고구려 건국신화를 전하는 사서들을 시대순으로 펼쳐서

---

16) 末松保和는 舊三國史의 편찬년대를 穆宗 이전 곧, 광종~성종 연간으로 본 바가 있다.(1944, 「舊三國史と三國史記」『靑丘史草』 2, 4쪽)

17) 『新增東國輿地勝覽』 권51 平安道 平壤府條

18) 島田好는 『三國史記』 高句麗本紀 및 「東明王篇」에 실린 주몽 신화의 해모수설화와 금와설화가 5세기 이후에 첨가되었다고 보았다.(島田好, 1934, 「東扶餘の位置と高句麗の開國傳說」 『靑丘學叢』 16, 91~94쪽) 그리고 서영대는 고구려가 문자왕대에 부여를 완전히 통합하면서 그들의 반발을 최소화하고자 부여와 고구려의 왕실이 본래 한 뿌리에서 났음을 강조하고, 부여의 시조 전승인 해모수신화를 자신들의 주몽 신화에 삽입하였다고 이해하였다.(1997, 「고구려 왕실 시조신화의 유형」 『일경이충희선생화갑기념동서문화논총』 Ⅱ, 66~72쪽) 노태돈은 6세기 중반 이후의 정치 변동 속에서 동부여 지역 출신들이 정권을 장악하면서 금와왕 설화와 주몽의 소위 '동부여출자설'이 첨가되었다고 보았다.(노태돈, 1999, 앞의 책, 33~44쪽)

그 구조를 분석해 보면 기존의 통설에 문제가 있음이 발견된다. 〈표 1〉은 각 시기별 사료에 실린 주몽 신화의 구조를 분석하고, 도표화한 것이다.

〈표 1〉 각 사료에 전하는 주몽 신화의 구조

出典	편찬시기	주인공명	出自	父系	母系
廣開土王碑	414	鄒牟王	北夫餘	天帝	河伯女郞
牟頭婁墓誌	5C초	鄒牟王	北夫餘	日月	河伯
魏書 高句麗傳	551～554	朱蒙	夫餘	日	河伯女
周書 高麗傳	636	朱蒙	夫餘	日	河伯女
隋書 高麗傳	636	朱蒙	夫餘	日光	河伯女
北史 高句麗傳	627～649	朱蒙	夫餘	日	河伯女
通典 高句麗傳	801	朱蒙	夫餘	日	河伯女
東國李相國集 (舊三國史?)	1193 (10세기 후반?)	朱蒙 東明王	東扶餘	解慕漱	河伯女 (柳花)
三國史記	1145	朱蒙 東明聖王	東扶餘	解慕漱	河伯女 (柳花)
三國遺事	1281～1283	東明聖帝 (朱蒙)	北扶餘	解慕漱	河伯女 (柳花)

〈표 1〉에 보이듯 9세기 초엽에 편찬된 『通典』에도 해모수나 해부루, 금와에 대한 기록은 전하지 않는다.[19] 이는 곧 이들과 관련된 기

19) 高句麗後漢朝貢 云 本出於夫餘 先祖朱蒙 朱蒙母河伯女 爲夫餘王妻 爲日所照 遂有孕有生 及長名曰朱蒙 俗語善射也 國人欲殺之 朱蒙棄夫餘 東南走 渡普述水至紇升骨城 遂居焉 號曰句麗 以高爲氏(『通典』 권186 邊防 東夷下 高句麗)

사가 부기되는 시기를 비정함에 있어 보다 신중을 기할 필요가 있음을 의미한다. 사료를 통해 엄밀히 따져보면 해모수나 금와와 관련된 설화가 고구려 건국신화에 첨가되는 시기는 9세기 이전으로 올라갈 수 없다는 것이 필자의 생각이다.

물론 이것이 해모수 설화 등이 이 시기에 만들어졌다는 의미는 아니다. 이들 설화가 나름대로 독자적 체계를 갖추고 전해지기 시작한 것은 그보다 이전부터라 생각된다. 다만 그것이 고구려 건국신화와 결합되어 문자화되는 시기의 비정에 있어서 기존에 생각하였던 것보다는 그 하한선을 조금 더 내려 보는 것이 옳다는 의미이다.

지금까지 주몽 신화의 하백녀와 그 전승이 시대에 따라 변화해 온 과정을 살펴보았다. 여기서 다시 東明神話로 논의를 돌려 보면, 앞에서 설명하였듯 부여 건국신화인 동명 신화와 고구려 건국신화인 주몽 신화는 큰 틀에서 유사한 설화이다. 부여의 것이 원형이고 고구려가 그것을 모방해 자기 집단의 건국신화로 윤색한 것이다.

가장 이른 시기의 주몽 신화인 B-(1)(金石文)과 B-(3)을 동명 신화 A-(1)과 기본 화소 분석을 통해 다시금 비교해 보자. 두 신화의 주인공은 모두 氣, 혹은 日에 의해 감응되어 출생하고 곧바로 버려졌으나 오히려 동물들에게 보호를 받는 신령스런 존재로 다시 거두어들여져 성장한다. 이후 모두 善射者로 성장하고 養馬의 임무를 맡았으나, 집권 세력의 견제를 받아 탈출해 큰 강을 건너 남하하여 새 국가를 건국하기에 이른다는 점이 두 신화의 전체 줄거리이며 공통점이다. 하지만, 글머리에서 언급한 바와 같이 주몽 신화에는 하백녀라는 母의 존재가 분명히 드러나 있다. 그리고 아들의 위험을 미리 알고 南走를 권유하는 중요한 존재로 나타난다. 곧 시조의 卵生과 함께 시조모의 존재는 주몽 신화가 동명 신화와 구분되는 특징임을 알게 하는 사실이다.

곧 주몽 신화 단계에서 나타난 중요한 變改로서 난생의 요소와 시조모의 존재가 설정이 되었던 것이다. 이 가운데 난생설화는 시조의 신성성을 강조하기 위한 허구적 성격이 강하다. 이는 당시 동북아 지역에 널리 퍼져 있던 영웅 신화의 구성 요소 중 하나로, 고구려 역시 부여신화의 뼈대 위에서 자신들에게 어울리는 영웅 신화를 구성하는 중에 새로이 始祖王의 신성성을 강조하는 기제로 활용한 것이라 생각된다.

그러나 시조모, 곧 河伯女의 설정은 시조의 영웅적 면을 강조하거나 신성함을 고양하는 데 그리 도움이 되는 것은 아니다. 심지어 일부 外國(中國)의 기록을 통해서 보면 시조모가 始祖王보다 더 높은 권위를 갖고 있는 것처럼 서술되어 있어, 오히려 시조왕의 권위와 격이 낮아지는 것처럼 보이기도 한다. 그렇다면 사실상 시조의 영웅성을 강화하는 측면에서는 그다지 도움이 되지 않는 시조모, 곧 하백녀의 존재를 왜 굳이 건국신화 속에 중요한 요소로 첨가시켜야 하였을까? 이는 분명 어떠한 역사적 원인에서 비롯된 것이라 생각된다. 자세한 것은 다음 절에서 고찰하도록 하겠다.

2. 주몽의 건국과 河伯女

(1) 고구려 건국과 관련된 河伯女의 실체

고구려 시조 설화에 등장하는 始祖母인 河伯女(柳花)에 대해서는 김철준이 「東明王篇」에 神母(河伯女)가 始祖의 위급시에 비둘기를 시켜 麥子를 보내준 기사에 대해 하백녀가 농업신적 성격이 강함을 주장한 바 있다.[20] 이후의 김두진, 장지훈 등도 기본적으로 김철준의 견해에 동의하며 하백녀가 농경과 밀접한 水神의 딸이며, 곡물신으로 묘사된 것으로 보아 농경문화적 성격이 강한 地母神으로 고구려인들에 의해 崇仰되었다고 보았다.[21] 한영화는 하백녀를 농업신격인 지모신으로 보는 것에서 한 발 더 나아가, 하백녀와 서옥제의 존재를 통해 고구려의 모계사회 遺存을 논하기도 하였다.[22]

그런데 여기서 한 가지 더 생각해야 할 것은 앞 절에서 잠시 살펴본 것처럼 河伯女가 高麗 초 이후에는 '柳花'라는 고유 명칭으로 나타난다는 점이다. 이것은 앞에서도 언급한 것처럼 평양을 중시하고 북진정책을 추진하였던 고려 초의 역사인식이 반영된 결과일 가능성이 크고, 또한 여러 측면에서 시사하는 바가 크다.[23]

'유화' 명칭은 평양과의 관련성 외에도 북방 종족들이 버드나무를 신성시한 습속과도 모종의 연계 고리를 갖고 있지 않을까 한다. 우선 흉노·선비·돌궐·거란 등의 북방 유목 민족들은 버드나무를 神木으로 숭상하였으며, 이는 오늘날 몽골족에게까지 그 전통이 남아있다

20) 김철준, 앞의 글 참조.

21) 김두진, 앞의 글: 장지훈, 앞의 글.

22) 한영화, 앞의 글.

23) 8세기 말엽에 편찬된 일본 사서인 『續日本記』 권39 桓武天皇 延曆 8年條에는 "百濟遠祖都慕王者 河伯之女 感日精而所生"이란 기록이 있다. 여기에 나오는 도모왕이 부여의 동명인지 고구려의 주몽인지에 대해 학계의 논란이 있으나, 필자의 소견에 이것은 당시 이미 주몽 신화가 최종적으로 동명 신화를 흡수해 버린 상황에서 양자가 혼재된 양상이 반영된 기록이라 생각된다. 이는 두 신화가 유사한 모티프를 갖고 있고, 종족적으로 가까운 관계에 있었으며 후에는 역사적으로 부여가 고구려에 통합되었으므로 후대 사람, 특히 외국인의 관점에서는 더욱 구분하기가 어려웠을 것이다. 이와 유사한 예는 『梁書』 高句驪傳에서도 발견된다. 중요한 것은 이 시기 혹은, 『通典』이 편찬되던 9세기 초엽까지도 柳花라는 명칭은 보이지 않는다는 점이다. 이것은 신화에 역사성이 강하게 반영되고, 정치적 상황에 따라 얼마든지 첨삭이 가해지고 변개가 일어날 수 있다는 점을 다시금 환기시켜 준다.

고 한다.[24] 이러한 버드나무 숭배는 수렵 민족인 여진족과 후대의 만주족에게서도 발견된다.[25] 이를 통해 볼 때 고려 건국을 전후한 어느 시기에 어떠한 계기를 통하여 북방적 요소가 주몽 신화에 가미되어 '유화'라는 하백녀의 고유 명칭이 나타났을 가능성 역시 크다고 생각된다.[26]

결국 기존의 시조모에 대한 명칭이 하백녀에서 유화로 바뀌는 것은 그저 단순한 명칭 변개가 아니라, 역사적 상황의 변화와 함께 수반된 중요한 변화로 상정할 수 있다는 점이 중요하다. 곧 신화에는 역사성이 강하게 반영된다는 것이다. 그리고 한 가지 더 분명한 것은 유화 명칭의 등장 단계에서는 시조모의 존재가 단순히 농경민족적 전통의 지모신적 성격에만 한정된 것이 아니라는 사실이다. 이전의 하백녀의 존재 역시 마찬가지로 보인다. 주몽 신화에서 하백녀로 상징되는 존재의 실체에 대해 다시금 역사학적 고찰을 통해 구명해 볼 필요가 있다.

『삼국사기』 고구려본기 동명왕조에 따르면 주몽은 22세에 고구려를 건국해서 40세에 세상을 뜬다. 동명왕조의 기록상의 나이를 있는 그대로 받아들이기는 힘들지만, 상당히 젊은 나이에 국가를 창업한 것은 틀림없는 듯하다. 그렇다면 그가 그렇게 젊은 나이에 건국의 대

24) 江上波夫, 1948, 「匈奴の祭祀」 『ユウラシア古代北方文化』, 東京, 1948, 227~231쪽.

25) 최희수, 1993, 『조선설화와 만족설화 비교; 주몽설화를 중심으로』, 교문사.
박원길, 1998, 『북방 종족의 샤마니즘과 제사습속』, 국립민속박물관 학술총서5.

26) 이것은 高麗가 國初에 北進을 국시로 해, 북방영토 수복에 대한 강렬한 열망을 가졌던 것과 관련이 있어 보인다. 당시 고려는 이러한 북진 정책의 일환으로 西京(平壤)을 중시하고, 북으로 영토를 확장하고자 하였으며, 발해 멸망 후 많은 유민들을 수용하고 여진족들을 회유하기도 하였다. 이러한 일련의 고려 對北方 정책이 당시에 진행된 史書 편찬 작업에도 상당한 영향을 끼쳤던 것이라 생각된다.

업을 이룰 수 있었던 세력 기반은 무엇일까? 일반적으로는 주몽이 북부여에서[27] 나올 때 그가 이끌고 왔던 일종의 무사단적 성격의 집단과 주몽의 새 부인이 되는 졸본부여의 토착세력 대표인 소서노로 보고 있다.

주지하듯 신화의 내용과 거기에 등장하는 인물은 극히 상징적으로 정형화된 것이다. 특히 고대국가의 건국신화는 지배 이데올로기 확립 차원에서 제집단과의 투쟁이나 정복, 혹은 타협의 과정을 축약하거나 극히 雅化시켜 표현한다. 주몽 신화의 등장인물들 역시 단순한 개인이 아니라 어떠한 정치세력이나 집단의 대명사로 사용되었다고 해석하는 것이 합리적일 것이다.

그러므로 주몽은 (북)부여 중심세력의 압박을 견디지 못하고 자신의 세력[28]을 이끌고 졸본 방면으로 남하하였고, 남하과정 중에 몇몇의 소집단[29]을 흡수하였다. 그리고 졸본 지역에 이르러 소서노로 대표되는 그 지역의 토착세력과 일종의 혼인 동맹을 맺어 계루부의 기

27) 한국의 史書에는 주몽이 東扶餘에서 出自한 것으로 나온다. 하지만 당시의 금석문과 중국의 기록들을 검토해 보면 실상 주몽의 동부여 출자설은 5세기 이후에 나온 것이고, 주몽 건국 당시의 부여는 북부여로 보는 것이 학계의 통설이다.(노태돈, 1999, 앞의 책: 노중국, 1983, 「동부여에 관한 몇 가지 문제에 대하여」『한국학논집』 10, 계명대 한국학연구원 참조.) 그러나 앞에서도 언급하였지만, 8·9세기 무렵의 문헌에 東扶餘에 관한 기사가 없다. 그러므로 동부여 출자설이 나온 시기도 보다 후대로 내려 잡아야 할 것이다.

28) 그에 해당하는 존재가 곧 B-(3)에 등장하는 烏引, 烏違 및 B-(4)의 烏伊, 摩離, 陜父 등이라 생각된다.

29) 앞의 사료 B-(4)에 再思, 無骨, 默居로 기록된 이들이 그 세력집단을 대표하는 것이 아닌가 한다. 김현숙은 이들을 毛屯谷 지역의 토착세력으로 보고, 주몽의 주요 세력기반의 하나인 것으로 보았다.(1993, 「고구려 초기 나부의 분화와 귀족의 성씨」『경북사학』 16, 6~7쪽) 필자 역시 이 견해에 전적으로 동의하며, 더 나아가 이들이 계루부를 구성하던 하부 집단 중 일부였을 것으로 조심스레 추측해 본다.

반을 확립하였던 것으로 이해할 수 있다.[30]

졸본지역의 토착세력인 소서노 집단 외에도 주몽의 건국에 있어 매우 중요한 또 다른 세력이 있었다. 그것이 바로 주몽의 모계로 묘사되며, 하백녀로 대표되는 세력이다. 앞의 사료 B-(3), B-(4)를 통해 알 수 있듯이 주몽은 부여에서 탈출할 때부터 모친 하백녀의 도움을 받았다. 이는 그 신화 속 사건의 사실 여부를 떠나서, 주몽이 하백녀로 대표되는 세력으로부터 큰 영향과 도움을 받았던 것이 확실함을 보여주는 것이다. 혹은 하백녀로 상징된 실체가 주몽 세력의 모집단일 가능성도 크다.

고구려의 건국신화는 그 내용의 구성에서 여타의 난생신화인 신라의 석탈해나 가야의 수로왕 신화처럼 비현실적이고 허구성이 강한 성격을 띠는 것이 아니다. 주몽 신화는 역사적 사실을 바탕해 신화적 내용을 덧칠하여 그저 미화시킨 것에 불과하며, 높은 實話的 특성을 갖는다.[31] 이는 주몽 집단으로 대표되는 계루부가 원고구려로부터 출발한 것이 아니라, 사실상 그 이전부터 존재하던 고구려라는 정치체를 정복해 그 통치권을 확보한 것에 불과하다는 역사적 사실에서 기인하기 때문이다.

고구려의 건국 기년은 『삼국사기』를 따른다면 기원전 37년이지만, 실질적으로는 이보다 훨씬 빠른 시기에 이미 고구려라 불린 정치체가 존재하였던 것으로 보인다.[32] 그 증거로 기원전 3세기 무렵부터

30) 주몽이 고구려를 건국함에 있어 졸본 부여 토착세력인 소서노의 도움을 받았던 사실은 『三國史記』 百濟本紀 始祖溫祚王條에 실려있다.

31) 이러한 정복 국가의 사실적 시조 신화는 백제의 온조와 비류설화에서 더욱 극명하게 드러난다.

32) 이기백은 三國史記에 전하는 고구려의 건국 연대를 신라인에 의한 조작으로 보고, 실질적 고구려의 건국은 B.C. 75년 이전 혹은 B.C. 107년 이전까지 거슬러 올라가야 한다고 본 바가 있다.(1985, 「고구려의 국가 형성 문제」 『한국고대의

압록강 유역에 본격적으로 등장하기 시작하는 적석총[33]의 존재와 기원전 2세기 무렵에 설치되는 漢 玄菟郡의 首縣인 高句驪縣[34]의 존재 등을 들 수 있다. 곧 부여에 그 기원을 두는 주몽 집단이 원고구려 영역인 졸본 지역을 정복하면서 고구려의 정치적 헤게모니를 장악한 것이다. 그리고 자신들의 통치권 확립을 위해 주변의 세력들과 투쟁하거나 연합하는 과정이 후대에 신화의 형태로 덧입혀져 주몽 신화로 전승되었을 가능성이 크다.

김기흥의 연구에 의하면 한국측 史書에 기재된 주몽의 출자지 동부여는 부여(農安·吉林지역에 중심을 둔) 내에서 동쪽으로 약간 떨어진 지역에 위치한 세력이고[35], 그 집단의 중심세력이 금와왕계로서 주몽은 그에 예속된 하부 집단적 성격을 지닌 것으로 파악된다.[36] 이 견해를 수용한다면 주몽은 본래 신화에서 하백녀로 지칭되는 세력을 구성하던 집단의 일부분으로, 기원전 1세기를 전후한 시기에 동부여 지역의 모집단에서 분리되어 남하한 것으로 볼 수 있겠다.

그러나 주몽 세력은 모집단으로부터 분리되고 고구려를 건국한 이후에도 하백녀 세력과 여전히 긴밀한 관계를 유지하였던 것으로

국가와 사회』; 1996, 『한국고대정치사회사연구』, 일조각, 53~54쪽)

33) 박경철, 「B.C. 1000年紀 後半 적석총 축조 집단의 정치적 존재양식」 『한국사연구』 98, 1997, 3쪽)
강현숙은 3세기까지 고구려의 중심 묘제였던 竪穴式 石槨積石塚이 B.C. 2세기 무렵부터는 본격적으로 축조되었다고 보았으며, 그 직접적 원형이 되는 초기 적석묘는 B.C. 3~4세기대로 소급된다고 보았다.(강현숙, 2000, 「고구려고분연구」, 서울대학교 박사학위논문, 173~180쪽)

34) 『漢書』 권28 地理志 玄菟郡條.

35) 물론 고구려 건국 초기의 동부여와 3세기말 부여가 모용씨의 침략을 받았을 때 부여족의 일부가 동쪽으로 이동해 건국한 4세기 무렵의 동부여는 구분되는 실체이다.(김기흥, 2001, 앞의 글, 12쪽)

36) 윤성용, 2005, 「고구려 건국신화와 제의」 『한국고대사연구』 39.

보인다. 이는 아마도 당시 예맥계 사회에서 가장 강성하고 맹주와 같은 위치에 있었던 부여와의 관계를 고려한 것이라 생각된다. 왜냐하면 하백녀 세력은 부여 금와왕과의 對偶婚의 대상으로 표현될 만큼 부여 중심세력과 밀접한 관계를 맺고 있었고, 부여 역시도 하백녀 세력을 중시한 듯하다.[37] 이를테면 주몽에 의한 건국 이후의 특정 시기[38]까지 고구려는 본 출자지이며 북방의 강국인 부여에 대해 저자세를 취할 수밖에 없었고, 부여와의 교섭창구로서 母集團인 하백녀 세력을 활용하고 그 도움을 받기도 하였던 것이다. 부여도 그것을 용인하였던 듯하다. 이는 동명왕 14년에 시조모인 유화(하백녀)가 부여에서 사망했을 때 부여에서는 그녀를 위해 태후묘를 세워주고, 동명왕은 사절을 보내 방물을 바치며 감사를 표하였다는 기록으로 알 수 있다.[39]

그렇다면 주몽의 모집단은 무슨 이유에서 하백녀라 칭해졌던 것일까? 이를 다시 풀어서 본다면 왜 河伯, 거기서 더 나아가 女를 시조왕의 모집단으로 설정하였는가 하는 두 단계의 물음에 답하여야 한다. 후자에 대해서는 다음 항에서 다시 살피기로 하고, 여기서는 먼저 河伯에 대해서 고찰해보기로 하자.

하백은 원래 중국신화에서 黃河의 水神이다.[40] 곧 물의 신인 것이

37) 『三國史記』나 『三國遺事』에는 비록 설화상의 인물로 등장하기는 하지만, 부여의 중심세력으로 해모수, 해부루, 금와왕 등이 나온다. 이들은 서로 연관을 맺고는 있으면서도 구분되는 집단으로 묘사된다. 그러나 이들 중 해모수나 금와왕 세력은 모두 柳花(河伯女)를 자신들의 배우자로 지목을 하는데, 이것은 河伯女 세력이 부여에서 정치적으로나 지정학적으로 상당히 중요한 위치를 점하고 있었으므로 반드시 포섭하고 통제할 필요성이 있었기 때문이라 생각된다.

38) 大武神王 즉위 이전까지가 아닐까 한다.

39) 十四年 秋九月 王母柳花薨於東扶餘 其王金蛙 以太后禮葬之 遂立神廟 冬十月 遣使扶餘饋方物 以報其德(『三國史記』 권13 高句麗本紀 始祖東明聖王條)

다. 부여의 동명 신화에서 보이지 않던 水神이라는 요소가 주몽 신화에 등장한 것은 水神이 분명 고구려의 주몽 세력과 밀접한 관련이 있음을 시사한다.[41] 추측컨대 河伯은 주몽 세력의 모태가 되었던 세력이 自族의 主神으로 水神을 모시던 것을 주몽에 의한 계루부 중심 고구려 건국과 이후 중국 문화가 전래되면서 하백이라는 명칭으로 雅化하여 표현한 것이라 할 수 있겠다.

고구려 왕실이 물 혹은 물의 신을 신성하게 여겼음은 사적의 여러 군데서 눈에 띈다. 먼저 고구려는 전 국가적 차원에서 가장 중요하게 여긴 제의였던 東盟祭를 행할 때 주요 神인 襚(隧)神을 동굴에서 모셔와 國東 水上에 제사를 지냈다고 한다.[42] 그리고 조금 후대의 기록이기는 하지만『隋書』에 따르면 고구려인들은 매년 초 패수가에서 놀이를 하는데 왕이 직접 나가 구경을 하다가 끝나면 자신의 의복을 물에 던지고, 군중들은 그것에 물과 돌을 뿌리거나 던지는 행사가 있었다.[43] 이 행사의 의미에 대해서는 풍년을 기원하는 놀이라는 설,[44] 始祖靈의 힘을 받아 왕의 재생을 꾀하는 의례로 보는 설이 있다.[45] 그 행사의 성격이 무엇이건 간에 분명한 것은 고구려 초기와 중, 후기 모두 물가에서 거국적 제의(혹은 의례)가 행하여졌다는 사실이다. 이것을 통해볼 때 수도가 위치한 지역(초기의 集安, 후기의

---

40) 遠珂, 1993,『中國神話通論』, 巴蜀書社(成都), 230쪽.

41) 조법종은 주몽 신화와 단군신화의 구성 요소를 비교하면서 주몽 신화가 天帝신앙과 水神신앙이 결합된 형태로 나타나며, 주몽세력이 水神적 성격을 가졌음을 언급하였다.(조법종, 2001,「고구려사회의 단군인식과 종교문화적 특징」『한국고대사연구』 21, 200~201쪽)

42) 十月會祭 祭天名曰東盟…襚穴神於國東水上祭之(『翰苑』 권30 蕃夷部 高句麗)

43)『隋書』 권81 東夷列傳 高麗

44) 井上秀雄, 1977,『東アジア民族史』, 平凡社, 172쪽.

45) 나희라, 2005,「신라의 건국신화와 의례」『한국고대사연구』 39, 75~76쪽.

平壤)을 넘어서서 고구려 왕실이 물과 관련된 행사(祭儀)를 매우 중시하였음을 알 수 있다. 이와 같은 사실에 덧붙여 고구려 왕실이 물의 신을 상징하는 龍[46]을 신성시하였음을 짐작케 하는 기사도 있어 유의를 요한다.[47]

앞에서 언급한 동명 신화류의 천강신화는 기원전 1세기를 전후한 시기 예맥계 사회에 보편적으로 퍼져 있었던 것으로 보인다. 하지만 天神系 신화는 큰 세력집단이 작은 세력집단을 누층적으로 지배·통제하며 연맹국가로 발달하는 과정에서 점차 정치권력을 장악한 집단의 전유물로 되어 갔다. 그리고 주변의 군소 부족이나 부족 연맹체들은 겨우 자신들만의 전통적 토템을 숭배하는 정도였을 것이다.[48]

주몽의 모집단 역시 부여의 중심이 아니라 주변세력으로, 이들은 전통적으로 水神을 섬기던 집단으로 볼 수가 있겠다. 이들 중 일부가 졸본지역으로 이동해 와 고구려의 지배권을 장악하고 계루부 왕실을 세우는데, 그것이 바로 주몽세력이다. 이후 고구려 왕실은 시조왕의 영웅성과 현 왕실의 신성함을 강조하기 위해 부여의 천강 신화를 仍用하였고, 동시에 자신들의 전통신앙의 대상인 水神은 모계 설화의 형태로 주몽 신화에 정착시켰던 것이다. 또한 매년 전 국가적으로 가장 중요한 제의(동맹)나 새해를 맞이하는 행사를 물가에서 치름으로

---

46) 고대에 龍이 水神으로 숭배되었음은 장지훈이 정리하였다.(장지훈, 1997, 『한국 고대 미륵신앙연구』, 집문당, 227~229쪽)

47) 「廣開土王碑」에는 시조 鄒牟王(朱蒙)이 승하할 시에 하늘이 黃龍을 보내어 왕이 이를 타고 승천하였다고 한다.(始祖鄒牟王…不樂世位因遣黃龍來下迎王王於忽本東罡黃龍負昇天) 그리고 주몽의 葬地 이름도 龍山으로 전한다.(十九年 夏四月 王子類利 自扶餘與其母逃歸 王喜之 立爲太子 秋九月 王升遐 時年四十歲 葬龍山 號東明聖王(『三國史記』 권 13 高句麗本紀 始祖東明聖王))

48) 『三國志』 권30 魏書 東夷傳 濊條에 東濊人들이 호랑이를 신으로 섬겼다는 기사를 통해서도 확인할 수 있다.

써 자신들의 전통을 유지·기억하고자 한 것이 아닐까 한다. 그리고 중국 측 사서가 하백녀를 고구려의 시조신[49]으로까지 묘사한 것은 고구려의 계루부 왕실이 자신들의 전통적 水神 신앙을 강하게 유지하고 있었음을 알 수 있게 해준다.[50]

(2) 女性神으로서의 河伯女와 隧神

앞에서 주몽의 고구려 건국에 있어 河伯(女)으로 대표되는 세력이 끼친 영향과 그 실체에 대해 살펴보았다. 여기서는 두 번째 의문인 河伯이 어떻게 女性과 결합되어 河伯女라는 표현으로 사료에 남게 되었는가를 고찰해 보겠다. 본래 황하의 수신인 하백에 대한 어떠한 전승에서도 하백의 '딸'이라는 요소는 전해지지 않는다.[51] 그렇다면 이 역시 고구려의 특수한 상황을 반영한 것이라 보아도 크게 무리가 없겠다.

주몽의 천강 신화적 화소는 부여의 동명 신화에서 가져온 것이다. 그리고 모계로 설정된 하백이 母集團의 상징임을 밝혔다. 그렇다면 이 모집단의 상징에 결합된 女는 주몽 세력이 정복한 고구려의 토착 세력과 관련이 있거나, 혹은 거기서 어떠한 영향을 받아서 나타난 요

49) 又有神廟二所 一曰夫餘神, 刻木作婦人之象 一曰登高神云是始祖夫餘神之子. 並置官司, 遣人守護 蓋河伯女與朱蒙云(『周書』 권49, 異域列傳 高麗)

50) 水神은 계루부 왕실의 전통 신앙으로 매우 높게 숭앙되었으며, 그것은 이후 고구려의 지배층이나 피지배층 모두에게 매우 강하게 각인되었던 듯하다. 시대가 흐를수록 중국 유교문화의 영향력이 확대됨으로 인해 왕실에서는 父系인 天神이 더욱 강조되었다. 그래도 고구려인들에게 水神은 天神에 버금가는 신성성을 유지한 듯하다. 이를 방증하는 것이 신흥세력인 淵蓋蘇文 가문이 자신들의 권위와 신성성 확보를 위해 水生신화를 모칭한 예가 아닐까 한다.(「泉獻誠墓誌」, 『三國史記』 권49 蓋蘇文傳)

51) 조현설, 앞의 글, 179쪽.

소라 생각된다. 여기서 실마리를 얻을 수 있는 것이 隧神의 존재가 아닐까 한다. 다음은 隧神에 관한 기록이다.

> 以十月祭天 國中大會 名曰東盟…其國東有大穴 名隧穴 十月國中大會 迎隧神 還於國東上祭之 置木隧於神坐(『三國志』 권30 魏書 東夷 高句麗傳)

위 사료에 등장하는 隧神은 평소에는 동굴에 모셔져 있다가, 고구려의 국가제사로 왕이 참가하는 10월의 동맹제 때 祭를 올리는 대상으로 중시되었다.[52] 이 隧神에 대해서는 농업 생산과 관련된 大地母神으로 시조모인 하백녀 유화로 보는 것이 보편적 해석이다.[53] 서영대 역시 수혈 속의 隧神은 유폐 상태의 유화를 상징화한 것으로 보고, 동굴이 대지모신의 자궁 등 여성원리와 통한다는 점을 생각하면 그 실체가 여성인 유화일 가능성이 높다고 보았다.[54] 김기흥은 『周書』의 내용을 근거로 隧神을 여신이면서 天神의 아내의 위상을 갖고 있었으며, 본래 그 지역 대지의 신이었으나 천신의 아내로서 하늘의 아들인 주몽의 어머니로 자리하였을 것이라 추측하였다.[55]

또한 隧神의 실체에 대해 기본적으로는 압록강 중류 지역의 곰 토템에 기반을 두지만, 구체적 신앙의 대상으로서는 熊女 곧 여성으로 상징화된 山神이었다는 견해가 제출되어 주목된다.[56] 이 견해를 토

---

52) 서영대는 수신을 맞이하는 행사가 고구려의 국가제사인 동맹제의 중요한 부분을 구성하는 의례인 것으로 보았다.(서영대, 「고구려의 국가제사」 『한국사연구』 120, 2003, 9～10쪽)

53) 김화경, 1998, 앞의 글, 35～36쪽.

54) 서영대, 2003, 앞의 글, 12～15쪽.

55) 김기흥, 2001, 앞의 글, 19쪽.

56) 김성환, 2000, 「단군신화의 기원과 고구려의 전승」 『단군학연구』 3, 참조.

대로 김현숙은 고구려의 벽화와 사료의 재분석을 통해 隧神이 웅녀였을 가능성이 높다고 보았다. 그리고 隧神은 『周書』에 등장하는 부여신(하백녀), 등고신(주몽)과 함께 고구려의 3대신으로 숭앙되어졌으며, 고구려 지역에서 광범위하게 숭배되고 있던 隧神의 권위는 오히려 하백녀와 주몽의 그것을 압도할 정도였다.[57]

이는 상당히 설득력 있는 견해라 하겠다. 부여에서 출자한 이주세력으로 고구려의 정치적 주도권을 장악한 계루부 왕실로서는 그 지역 토착 세력의 협조와 진정한 승복을 이끌어 내어 통치권을 확립하는 것이 제일의 과제였을 것이다. 그러한 목표의 완성을 위한 수단 중 하나로 유리왕대에는 국내성으로의 천도를 감행한 듯하다. 고대 사회에서 종교 및 제의는 신분 및 계층을 막론하고 사람들에게 상당한 영향력을 행사하였다. 그러므로 고구려 왕실은 자신들의 왕권 확립을 위해 새로이 遷都한 지역에서 모셔지는 전통 신에게 성스러운 장소에서 왕이 직접 경의를 표함으로써 민심을 잡고자 하였다. 그것이 곧 隧神祭로 행해진 것이다. 이러한 국왕의 활동은 민심의 확보와 동시에 隧神의 권위를 왕에게 加上함으로써 왕실의 신성함을 더욱 강화하게 되는 부수적 효과까지 얻을 수 있었다.

세밀한 분석을 통해 도출된 김현숙의 이해에 필자도 전체적 맥락에서 이의가 없다. 다만 한 가지 재고의 여지가 있는 것은 고구려에서 수신을 하백녀, 주몽과 함께 3대신으로 모셨다는 것이다. 물론 3개의 神坐가 모두 별개의 것이므로, 실체가 다른 별개의 신들을 모신 것일 가능성도 충분하다. 아니, 본래 세 신은 전혀 다른 별개의 신으

隧神을 熊女神으로 본 견해는 이병도가 최초로 제기하였다.(1959, 『韓國史』 고대편, 을유문화사, 251쪽)

57) 김현숙, 2005, 「三國遺事 내 주몽의 출자 기사를 통해 본 국가계승의식」 『삼국유사연구』 창간호, 2005, 76~78쪽.

로 출발한 존재들이다. 하지만, 적어도 계루부에 의해 고구려의 지배권이 접수되고, 유리왕의 국내성 천도가 감행된 이후에는 하백녀(부여신)와 隧神은 사실상 같은 실체의 다른 표현형으로 설정되었을 공산이 크다.

김현숙 역시 고구려 후기에는 동굴신 즉 웅녀신에 대한 숭배는 퇴조하였고, 대신 이전의 웅녀신이 깃들어 있던 동굴 그 자체가 국가적 차원에서 제사를 올리는 聖所가 되었다고 보았다. 이러한 변화가 반영된 것이 『舊唐書』의 '神隧'라는 표현이라 하였다.[58] 가능성 있는 해석이라 보인다. 하지만, 필자는 이러한 변화가 氏의 주장보다 훨씬 빠른 시기에 앞에서 설명한 과정들을 거쳐서 고구려 왕권에 의해 적극적으로 시도되었을 가능성이 높다고 본다.

그리고 隧神에 관한 기록이 고구려 자체의 것이 아니라 중국의 사서에 기재된 것임도 고려해야 할 것 같다. 어디까지나 관찰자였을 중국인의 시각에는 國東大穴에 모셔서 1년에 한번 제사를 모시는 隧神과 사당에 모셔져 숭앙되었던 부여신(하백녀)이 구분되는 존재로 보였을지 몰라도, 고구려인들에게는 당시에는 이미 거의 동일한 상징체로 받아들여지고 있지 않았을까 추측된다. 그리고 기록을 다시금 검토해 볼 때 隧神과 부여신은 같은 여성성을 갖고 있고, 나무로 조각되었다는 점에서도 두 神은 매우 높은 유사성을 갖고 있다. 또한 앞에서 살펴본 것처럼 하백녀(부여신)가 지모신격의 곡령신적 여신상을 지니고 있었던 것과 마찬가지로 隧神도 곡령신적 성격이 있었다.[59] 이러한 것들이 사실상 이른 시기부터 隧神과 부여신이 고구려

58) 김현숙, 2005, 앞의 글, 78~79쪽.

59) 『魏略』에는 穟神이라고 표현하고 있는데, '穟'는 벼의 이삭을 뜻하는 글자이다. 이는 隧神 역시 河伯女와 마찬가지로 곡령신적 성격을 지니고 있었음을 알려주는 것이다.(『翰苑』 권30 蕃夷部 高句麗조)

인들에게 동일하게 받아들여졌을 가능성을 보여주는 요소이다.

어쨌든 隧神의 실체에 대해서 대부분의 연구자들이 그 여성성과 隧穴이 있던 지역의 전통적 신앙을 반영하고 있음에는 공통된 인식을 갖고 있는 듯하다.[60] 곧 혼강과 압록강 중류 지역의 원고구려 지역에서는 여성신을 숭배하는 전통이 있었음을 알 수가 있다.

지금까지의 논의를 종합해서 판단하여 본다면, 부여의 주변세력(하백녀로 상징된)에서 출자한 주몽집단은 정복활동을 통해 고구려로 이동해 왔다. 그리고 그 지역의 정치적 주도권을 장악하는 과정에서 왕실의 권위 강화를 위해 부여의 천강신화를 모칭해 부계를 천신으로 설정하고, 원고구려 지역에 널리 퍼져있던 웅녀 신앙과 自族의 전통적 水神을 결합시켜 하백녀의 형태로 모계 신화로 정착시켰다고 할 수 있다. 덧붙여 원고구려 지역에서 곰 토템이 웅녀로 여성화되어 있었던 것은 이 지역이 농경사회의 특성을 지닌 데서 기인한다. 곧 농경문화적 大地母神·穀靈神 숭배 관념이 곰 토템과 결부되어있었기 때문인 것이다.

주몽으로 대표되는 계루부 집단은 부여에서 출자해 원고구려 지역을 장악하는 과정에서 자신들의 고유한 水神과 지역의 토착신앙을 융합시켜 하백녀를 탄생시켰다. 국동대혈은 원고구려 지역 사람들이 신성시하던 熊女神(隧神)을 모신 곳이었으므로, 王은 정통성의 확보와 民에 대한 효율적 지배를 위해 해마다 큰 祭를 올리며 그것

---

60) 김두진도 수신의 실체를 지모신으로 보았고, 수신제를 연맹왕국 내에 흡수되어 있었던 성읍국가의 지배자가 자기의 조상신에게 올린 것이라 파악하였다.(김두진, 앞의 책, 103~104쪽) 그러나 氏가 기본적으로 동맹제와 수신제를 별개의 것으로 보고, 각각 국왕과 재지 세력가가 제례를 올린 것으로 해석한 것은 잘못이다. 수신제는 동맹제의 일부로 행해진 것이고 국왕이 직접 주재한 것으로 봄이 타당하다. 다만, 수신제의 기원을 그 지역의 전통 신앙 제의에서 찾은 것은 의미가 있다 하겠다.

을 전 고구려인들에게 보여주었던 것이다. 그러므로 神廟에 모셔졌던 부여신(하백녀)은 보다 인격화된 존재이며 隧神은 이를 원고구려 지역의 전통 신을 섬기던 성스러운 장소에서 모셨던 존재로, 부여신과 동일하나 상징성이 더욱 강한 실체였던 것이다.

기원 1세기를 전후한 시기의 예맥계 원고구려 사회에서는 지모신을 중요하게 숭배하던 농경문화의 영향 때문인지는 몰라도 여성의 정치·사회적 역할에 큰 비중을 두고 전하는 설화들이 더 있어 흥미를 끈다. 다음은 그와 관련된 사료들이다.

> **C-(1)** 百濟始祖溫祚王…母召西奴 卒本扶餘人延陀勃之女…後朱蒙不容於扶餘 以前漢建昭二年春二月 南奔至卒本 立都 號高句麗 娶召西奴爲妃 其於開基創業 頗有內助 故朱蒙寵接之特厚(『三國史記』 권23 百濟本紀 溫祚王 卽位年條)

> **C-(2)** 琉璃明王立 諱類利 或云孺留 朱蒙元子 母禮氏 初朱蒙在扶餘 娶禮氏女有娠 朱蒙歸後乃生 是爲類利…母曰 汝父非常人也 不見容於國 逃歸南地 開國稱王 歸時謂予曰 汝若生男子 則言我有遺物 藏在七稜石上松下 若能得此者 乃吾子也(『三國史記』 권13 高句麗本紀 琉璃明王條)

사료 C-(1)은 주몽의 고구려 건국에 있어서는 모인 하백녀 외에도 졸본지역에서 새로이 맞이한 처인 소서노 또한 그 역할이 상당하여 주몽이 창업의 기틀을 놓는 데 내조의 공이 커 주몽이 특별히 후대하였다는 내용이다. 앞서도 언급하였지만, 고대 사회의 혼인은 단순한 개인 간의 결합 차원을 넘어 세력집단과 세력집단의 통합이나 제휴를 상징적으로 표현한 것이다. 그러므로 주몽이 부여에서 遊離하여 온 세력이라는 사실을 염두에 둔다면, 소서노 설화는 사실상 재지의 소서노 세력이 이들과 연합 혹은 복종하였음을 상징화한 기사로 보는 것이 자연스럽다.

C-(2)는 주몽의 첫 부인으로 나오는 禮氏에 관한 기록으로, 그 기본 모티프가 주몽의 모인 하백녀와 닮았다는 점에 유의할 필요가 있다. 유리왕 설화 자체가 주몽 설화와 매우 유사한 구조를 가질 뿐만 아니라,[61] 하백녀가 주몽의 건국에 도움을 준 것처럼 예씨도 아들인 유리의 즉위에 도움을 준 것으로 나온다.[62] 유리가 시조인 주몽과 유사한 독자적 설화까지 보유하고 있다는 것은 기록처럼 그를 단순히 주몽의 嗣王으로 한정시키기에는 무언가 부족하다는 인상을 준다. 사실 유리왕은 국내성 천도 등 여러 정치적 행보를 통해 볼 때 고구려 초기 왕계에서 상당히 큰 의의를 지닌 존재로 이해함이 타당할 것 같다.[63] 이처럼 고구려 건국 초기의 중요한 시기에 여성의 역할이 강조된 기사가 散見되는 것은 여성신 숭배의 전통이 있던 원고구려 지역의 특성에서 연유한 것이라 짐작된다.

---

61) 유리왕 설화는 『三國史記』 고구려본기 유리왕 즉위년조에 전한다.

62) 유리왕 설화가 고구려의 정치적 주도권을 계루부가 장악하기 이전 원고구려의 연맹장적 성격을 띠었던 消奴部의 解氏 始祖王 설화로 보는 견해가 있어 주목된다(김용선, 1980, 「고구려 유리왕고」 『역사학보』 87). 필자는 유리왕이 소노부의 시조왕에 해당되는 존재라는 그의 주장에 동의하지는 않는다. 하지만 본고는 유리왕의 실체나 성격을 究明하는 데 그 초점을 두고 있는 것이 아니므로 그에 대한 구체적 논급은 피하고자 한다. 다만 김용선의 견해가 유리왕이나 주몽과 관련되어 王母(始祖母)로 등장하는 女性神話가 원고구려 지역에서 유래한 것임을 밝히는 데에는 중요한 연구사적 의의가 있다 느껴져 소개를 하였다.

63) 김용선은 「廣開土王碑」에서 "始祖鄒牟王之創基也…顧命世子儒留王 以道興治 大朱留王 紹承基業"라 하여, 일반적 금석문의 조상에 관한 기재 방식을 벗어나 특이하게 2대, 3대왕을 강조함에 착안해 유류왕(유리왕)이 시조왕에 못지않은 정치적 중요성을 지니고 있었을 것이라 추측하였다.(김용선, 앞의 글, 347~350쪽)

소결

고구려의 건국을 전하는 주몽 신화는 기본적으로 부여의 동명 신화에 그 원형을 두고 있으나, 하백녀라는 독특한 화소를 도입함으로써 자기 세력의 정체성을 강화하였다. 본래 동명 신화는 예맥계 사회에 널리 퍼져있던 천강신화로, 점차 부여의 건국신화로 정형화하면서 최고의 권위를 갖게 된다. 고구려는 건국 초기에 예맥계 사회의 맹주 역할을 하였던 부여의 동명 신화를 모칭함으로써 왕실의 신성함과 권위를 더하고자 하였다.

하지만, 본래 水神을 自族의 전통 신앙으로 하고 있었던 고구려인들로서는 자신들의 전통 신앙 역시도 매우 중시하였다. 그것은 사료상에 나타나는 고구려 왕실과 물이 연관된 여러 祭儀, 설화 등의 기록을 통해 확인할 수 있다. 이것이 건국신화가 문자화되는 4세기 무렵의 단계에서는 이미 건국 신화에서 부계보다 더욱 중요한 모계의 모티프로 설정된 배경인 것이다.

그리고 그 水神이 하백녀라는 여성성을 갖게 된 것은 계루부가 부여로부터 이동해 와 주도권을 차지한 원고구려 지역이 전통적으로 大地母神 숭앙의 습속이 강하였으므로 통치의 정당성과 효율성을 구하기 위해 왕권에 의해 의도적으로 통합 작업이 이루어진 결과라 파악된다. 그러한 노력의 표상체가 隧神인 것이다. 혼강과 압록강 유역의 원고구려 지역에서 유달리 여성의 정치·사회적 역할을 강조하는 설화가 많이 전함은 이 지역이 여성신을 섬기던 전통이 강하였음을 보여주는 것이다.

제3장
고구려 시조 주몽의 출자지 검토

주몽은 고구려의 시조왕으로 그의 행적은 사서와 금석문 등에 설화의 형태로 자세히 전하고 있다. 그의 출자지에 대해 문헌에는 부여, 북부여, 동부여 등으로 나오는데, 그 중에서 고구려 당대인이 남긴 기록에는 북부여로 전하고 있어 가장 신빙성 있게 받아들여지고 있다. 이것은 이전부터 전승되는 구전이나 기록 등을 근거로 당시에 작성되었을 가능성이 크기에 어느 정도 신빙성을 갖추고 있다 생각된다. 하지만 시조왕의 실제 출자지 여부를 떠나 모종의 정치적 필요성에 의해 북부여설이 생겨났을 가능성도 배제할 수는 없다.[1)]

그런데 지금까지 주몽의 출자에 대한 학계의 논의는 주몽이 구체적으로 어떠한 환경과 배경을 지닌 곳에서 원고구려 지역으로 이동해 왔는지에 주목하기보다는 문헌에 보이는 북부여, 부여, 동부여와 같은 지역(혹은 국가)에서 선택하는 형태의 논의가 주로 이루어져 왔다. 여기에서 파생된 논쟁은 방위명 부여의 실체, 동부여의 위치 등으로 확산되기도 하였다.[2)]

본장은 이러한 문제의식을 바탕으로 관련 기록과 고고 유적에 대

1) 그러한 가능성을 인정한 것이 노태돈이 제시한 주몽 동부여 출자설의 성립 배경론이다.(노태돈, 1989, 「부여국의 경역과 그 변천」『국사관논총』 4, 국사편찬위원회)

2) 관련 논의는 다음의 글들이 참고가 된다.
박경철, 2005, 「새로운 부여사상 정립을 위한 몇 가지 과제」『선사와 고대』 23.
송기호, 2005, 「부여사 연구의 쟁점과 자료 해석」『한국고대사연구』 37.

한 분석 등을 토대로 주몽으로 상징되는 집단의 성격과 출신지로 비정해 볼 만한 지역에 대해 조금 더 상세히 고찰해 보고자 한다. 우선 1절에서는 주몽 설화를 중심으로 관련 기록들을 검토하여 주몽 집단의 성격에 대해 살펴보고, 이어 2절은 주몽이 부여로부터 이탈한 시점으로 여겨지는 기원 전후 시기의 부여 유적을 중심으로 주몽 집단의 원주지로 상정할 만한 곳이 있는지 검토해 보겠다.

1. 주몽 집단의 성격

고구려 건국 신화인 주몽 신화는 고구려 시조 주몽의 사적에 대해 가장 잘 알 수 있는 기록이다. 주지하듯 주몽 신화는 부여의 동명 신화에서 파생해 고구려의 색깔이 가미되면서 건국 신화로 정착된 것이다.[3] 주몽 설화의 기본 형태는 원형인 동명 설화를 모칭한 것이지만, 구체적인 부분에서는 당시 고구려의 상황을 반영한 내용을 많이 담고 있어 상당한 역사성을 갖고 있다. 이 장에서는 주몽 신화 관련 문헌 기록의 분석과 동명 신화와의 비교 등을 통해 주몽과 그로 대표되는 집단의 성격에 대해 살펴보고자 한다. 다음은 주몽 신화와 관련한 주요 기록들이다.

A-(1) 北夷櫜離國王侍婢有娠, 王欲殺之. 婢對曰有氣大如鷄子, 從天而下, 我故有娠. 後産子, 捐於猪溷中, 猪以口氣噓之, 不死. 復徙置馬欄中, 欲使馬藉殺之, 馬復以口氣噓之, 不死. 王疑以爲天子, 令其母收取, 奴畜之, 名東明, 令牧牛馬. 東明善射, 王恐奪其國也, 欲殺之. 東明走, 南至掩淲水, 以弓擊水, 魚鼈浮爲橋,

3) 이복규, 1998, 「부여 건국신화와 고구려 건국신화의 관계」 『부여·고구려 건국신화 연구』, 집문당 참조.

東明得渡. 魚鼈解散, 追兵不得渡. 因都王夫餘, 故北夷有夫餘國焉. 東明之母初姙時, 見氣從天下. 及生, 棄之, 猪馬以氣吁之而生之. 長大, 王欲殺之, 以弓擊水, 魚鼈爲橋. 天命不當死, 故有猪馬之救命. 當都王夫餘, 故有魚鼈爲橋之助也.(『論衡』 권2 吉驗篇)

A-(2) 惟昔始祖鄒牟王之創基也, 出自北夫餘, 天帝之子, 母河伯女郞. 剖卵降世 生而有聖□□□□□. □命駕, 巡幸南下, 路由夫餘奄利大水. 王臨津言曰, 我是皇天之子, 母河伯女郞, 鄒牟王, 爲我連葭浮龜. 應聲卽爲連葭浮龜. 然後造渡, 於沸流谷, 忽本西, 城山上而建都焉. 不樂世位, 因遣黃龍來下迎王. 王於忽本東罡, 履龍頁昇天. 顧命世子儒留王, 以道興治, 大朱留王紹承基業.(「廣開土王碑」)

A-(3) 高句麗者, 出於夫餘, 自言先祖朱蒙. 朱蒙母河伯女, 爲夫餘王閉於室中, 爲日所照, 引身避之, 日影又逐. 旣而有孕, 生一卵, 大如五升. 夫餘王棄之與犬, 犬不食 棄之與豕, 豕又不食棄之於路, 牛馬避之後棄之野, 衆鳥以毛茹之. 夫餘王割剖之, 不能破, 遂還其母. 其母以物裹之, 置於暖處, 有一男破殼而出. 及其長也, 字之曰朱蒙, 其俗言 朱蒙者, 善射也. 夫餘人以朱蒙非人所生, 將有異志, 請除之, 王不聽, 命之養馬. 朱蒙每私試, 知有善惡, 駿者減食令瘦, 駑者善養令肥. 夫餘王以肥者自乘, 以瘦者給朱蒙. 後狩于田, 以朱蒙善射, 限之一矢. 朱蒙雖矢少, 殪獸甚多. 夫餘之臣又謀殺之. 朱蒙母陰知, 告朱蒙曰國將害汝, 以汝才略, 宜遠適四方. 朱蒙乃與烏引·烏違等二人, 棄夫餘, 東南走. 中道遇一大水, 欲濟無梁, 夫餘人追之甚急. 朱蒙告水曰我是日子, 河伯外孫, 今日逃走, 追兵垂及, 如何得濟於是魚鼈並浮, 爲之成橋, 朱蒙得渡, 魚鼈乃解, 追騎不得渡. 朱蒙遂至普述水, 遇見三人, 其一人著麻衣, 一人著納衣, 一人著水藻衣, 與朱蒙至紇升骨城, 遂居焉, 號曰高句麗, 因以爲氏焉. 初, 朱蒙在夫餘時, 妻懷孕, 朱蒙逃後生一子, 字始閭諧. 及長, 知朱蒙爲國主, 卽與母亡而歸

之, 名之曰閭達, 委之國事. 朱蒙死, 閭達代立.(『魏書』 권100 高句麗傳)

A-(4) 始祖東明聖王姓高氏諱朱蒙. 先是扶餘王解夫婁老無子祭山川求嗣. 其所御馬至鯤淵, 見大石, 相對流淚. 王怪之使人轉其石有小兒金色蛙形. 王喜曰, 此乃天賚我令胤乎. 乃收而養之, 名曰金蛙. 及其長, 立爲太子. 後其相阿蘭弗曰, 日者天降我曰, 將使吾子孫, 立國於此. 汝其避之. 東海之濵有地, 號曰迦葉原, 土壤膏腴冝五穀, 可都也. 阿蘭弗遂勸王, 移都於彼, 國號東扶餘. 其舊都有人, 不知所從來, 自稱天帝子解慕漱, 來都焉. 及解夫婁薨, 金蛙嗣位. 於是時, 得女子於大白山南優渤水. 問之曰我是河伯之女, 名柳花. 與諸弟出遊, 時有一男子, 自言天帝子解慕漱, 誘我於熊心山下, 鴨渌邊室中私之, 即往不返. 父母責我無媒而從人, 遂謫居優渤水. 金蛙異之, 幽閉於室中, 爲日所炤, 引身避之, 日影又逐而炤之. 因而有孕, 生一卵, 大如五升許. 王棄之與犬豕, 皆不食. 又棄之路中, 牛馬避之. 後棄之野, 鳥覆翼之. 王欲剖之, 不能破, 遂還其母. 其母以物裹之, 置於暖處, 有一男兒破殼而出, 骨表英奇. 年甫七歲, 嶷然異常, 自作弓矢射之, 百發百中. 扶餘俗語, 善射爲朱蒙, 故以名云. 金蛙有七子, 常與朱蒙遊戯, 其伎能皆不及朱蒙. 其長子帶素言於王曰, 朱蒙非人所生, 其爲人也勇. 若不早圖, 恐有後患, 請除之. 王不聽, 使之養馬. 朱蒙知其駿者, 而減食令瘦, 駑者善養令肥. 王以肥者自乘, 瘦者給朱蒙. 後獵于野, 以朱蒙善射, 與其矢小, 而朱蒙殪獸甚多. 王子及諸臣又謀殺之. 朱蒙母陰知之, 告曰國人將害汝. 以汝才略何往而不可. 與其遲留而受辱, 不若遠適以有爲. 朱蒙乃與烏伊·摩離·陜父等三人爲友, 行至淹淲水, 欲渡無梁. 恐爲追兵所迫, 告水曰, 我是天帝子, 何伯外孫. 今日逃走, 追者垂及如何. 於是, 魚鼈浮出成橋, 朱蒙得渡. 魚鼈乃解, 追騎不得渡. 朱蒙行至毛屯谷, 遇三人. 其一人着麻衣一人着衲衣一人着水藻衣. 朱蒙問曰子等何許人也何姓何名乎. 麻衣者曰名再思. 衲衣者曰名武骨.

水藻衣者曰名默居. 而不言姓. 朱蒙賜再思姓克氏, 武骨仲室氏, 默居少室氏, 乃告於衆曰, 我方承景命, 欲啓元基, 而適遇此三賢, 豈非天賜乎. 遂揆其能, 各任以事, 與之俱至卒本川. 觀其土壤肥美, 山河險固, 遂欲都焉, 而未遑作宮室, 但結廬於沸流水上居之. 國號高句麗, 因以高爲.(『三國史記』 권13 高句麗本紀 東明聖王 1年)

먼저 A-(1)은 주몽 신화의 원형이 되는 부여 건국 신화인 동명 신화이다. 여기에는 주몽 신화의 주요 화소인 왕의 여인이 임신하여 그 아이(알)를 낳자 방기하였으나 각종 동물들이 그를 보호하였음, 아이가 활을 잘 쏘았음[善射者], 도망할 때 큰 강을 만나자 물고기 등이 다리를 만들어 건너게 해주었다는 내용[魚鼈浮橋] 등 주요 화소가 주몽 설화의 그것과 거의 유사함을 알 수가 있다. 동명 설화가 1세기 무렵 중국 문헌에 이미 정리된 형태로 등장하고, 고구려가 자신의 시조가 부여에서 기원하였음을 천명한 사실 등을 통해 볼 때, 주몽 신화의 해당 모티프는 모두 동명 신화에서 가져왔다고 보아도 무방하다.

A-(2)는 고구려인이 직접 남긴 기록으로, 현전하는 주몽 신화 관련 기록 가운데 확인되는 최고의 것이다. 시조 추모왕은 북부여 출신으로 모친이 하백의 딸이며, 알을 깨고 태어났고, 남하 중 큰 강에 막히자 갈대와 거북이 다리를 만들어 주어 건넜다는 내용 등이 보인다. 후술할 A-(3)이나 A-(4)에 비해 매우 축약적 특성을 보이는데, 이것은 해당 기록이 비문이라는 특징이 반영된 것으로 생각된다.

A-(3)은 주몽 신화 관련 기록 중 문헌으로 정리된 가장 오랜 기록이다. 여기에는 A-(2)에 보이는 요소들 외에 시조모인 하백녀가 햇빛에 의해 회임하였다는 내용 즉 일광감정(日光感情)의 모티프가 등장

하고 있다. 그리고 주몽이 부여 왕으로부터 부여받은 양마(養馬)의 직임과 구체적 활동 양상을 전하고 있다. 또 한 가지 특징은 주몽을 해하려는 부여 왕의 의도를 눈치 채고 시조모인 하백녀가 주몽으로 하여금 도피를 권유하는 모습이다. 그리고 주몽은 동료이자 조력자인 오인, 오위 등과 함께 탈출하여 흘승골성에 이르러 고구려를 건국하였음을 전한다. 말미에는 주몽이 부여에 있을 때 임신한 부인이 주몽의 도망 후 낳은 아들이 찾아 와 왕위를 계승하였다는 내용도 부기되어 있다.

A-(4)는 한국 사서에 보이는 가장 오래된 기록이다. 기본 틀과 화소는 A-(3)과 거의 같음을 알 수가 있다. 하지만 시기가 가장 늦고 본국의 기록을 직접 계승하였을 가능성이 높은 기록인 만큼 그 내용이 정교하고 풍부하다. 여기서 보이는 특징은 시조모 하백녀의 이름이 유화라는 고유 명사로 등장한다는 점과 주몽의 출신지가 동부여로 나타난다는 점이다. 그리고 말미에는 주몽 등장 이전 원고구려의 연맹장으로 추정되는 비류국 관련 기사가 부기되어 있다.[4)]

이상의 논의를 종합하여 주몽 신화를 동명 신화와 비교해 보았을 때 발견되는 공통 화소와 독자 화소를 표로 정리해 보면 〈표 1〉과 같다.

A-(1)의 부여 건국 설화는 후한서나 위략 등에도 보이지만 그 내용은 거의 동일하다. 이것은 적어도 당시 부여 지배층이 표방하고 중국에까지 전해진 건국 설화가 논형 단계의 그것과 같음을 알게 해준다. 이를 모칭한 고구려 건국 설화는 〈표 1〉의 공통 화소를 제외한 나머지 화소들이 고구려 건국 집단 고유의 것에 해당된다.[5)] 즉 일광

4) 비류국이 주몽 등장 이전 원고구려 지역의 연맹장 역할을 하였음은 김현숙, 2007, 「고구려의 종족기원과 국가형성과정」 『대구사학』 89, 11~17쪽 참조.

〈표 1〉 주몽 신화를 동명 신화와 비교했을 때 나타나는 공통 화소와 독자 화소

<table>
<tr><th>공통 화소</th><th>독자 화소</th><th>비고</th></tr>
<tr><td rowspan="7">(대우혼에 의한) 왕의 자식
生子의 방기 후 동물이 보호

善射者

魚鼈浮橋</td><td>河伯女</td><td>『삼국사기』 등에는 고유명사 柳花로 나옴</td></tr>
<tr><td>日光感情</td><td></td></tr>
<tr><td>卵生</td><td></td></tr>
<tr><td>養馬</td><td></td></tr>
<tr><td>주인공 행적에 대한 모친의 도움</td><td></td></tr>
<tr><td>동행하는 조력자의 존재</td><td></td></tr>
<tr><td>부여에서 태어난 아들이 와서 계위</td><td></td></tr>
</table>

감정, 양마, 난생, 하백, 시조모의 역할 등과 같은 주몽 신화에만 보이는 화소들은 고구려 건국 세력들이 추가한 것임이 분명하다. 이는 고구려 건국 세력이 부여계이기는 하지만 동명 신화를 내세운 당시 부여의 핵심 지배층과는 달리 하백, 난생, 말, 시조모 등의 요소에 익숙하거나 그것과 가까운 환경에 처해진 집단일 가능성이 높음을 암시한다. 그 가운데 동아시아 남방과 북방을 모두 아우르며 등장하는 난생 모티프를 제외한 나머지 요소들은 각자 독특한 기원과 성격을 갖고 있다. 이에 대하여 개별적으로 검토해 보고자 한다.

먼저 주몽 신화에 보이는 일광감정에 대해서 살펴보자. 일광감정은 유목 종족 신화의 주된 모티프로 알려졌다. 三品彰影은 이러한 일광감정형 설화의 성립 배경에 대해 보편적인 感生 설화가 내륙아시아 초원 지대의 유목 종족 특유의 태양 숭배 사상과 결합하면서 탄생

5) 비교신화학이나 기호학의 원리상 후속 설화(주몽 설화)에서 선행 설화(동명 설화)와 공통되는 화소는 선행 설화의 것을 그대로 모방한 것이므로 분석 대상에서 제외하여도 무방하다. 세계사에서 이러한 설화 습합의 대표적인 예는 로마인들이 그리스인들과 접촉하며 그리스 신화를 자신의 신화로 만들어 간 사례가 있다.(E.K. Galinsky, 1969, *Aeneas, Sicily, and Rome*, Princeton, New Jersey, 12~140)

한 것으로 파악하였다.[6] 북위 태조 도무제,[7] 요 태조 야율아보기,[8] 몽골 태조 칭기즈칸[9] 등이 그 전형적인 예이다. 논자에 따라서는 단선비를 세운 단석괴[10] 탄생 설화 역시 일광감정의 한 유형으로 파악하기도 한다.[11] 이들 설화의 특징은 시조의 탄생에 있어 빛 즉 일광이 핵심 잉태 매개체로 등장하고 있다는 점이다. 일반적인 感生 설화에 비해 신성성이 더욱 강조된 형태인 것이다.

동명 신화와 달리 주몽 신화에 일광감정의 화소가 들어간 것은 주몽 신화 단계에서 유목 종족의 문화 인소가 결합한 것으로 이해된다.[12] 양자 간에서 누가 먼저 영향을 끼쳤는가를 따지는 것보다 더욱 중요한 점은 주몽 집단이 부여 중심 세력에 비해 북방 유목 세력과 그러한 문화적 영향을 수수하기에 더욱 용이한 위치에 있었다는 사실이다. 이것은 주몽 집단이 부여 왕실보다 더 기마 유목 문화의 영향력을 강하게 받은 지역 출신임을 암시하는 것이다.

---

6) 三品彰影, 1971, 『神話と文化史』, 平凡社, 501～528쪽.

7) 太祖道武皇帝諱昭成皇帝之嫡孫獻明皇帝之子也. 母曰獻明賀皇后. 初因遷徙遊于雲澤既而寢息夢日出室內寤而見光自牖屬天歘然有感. 以建國三十四年七月七日生太祖於參合陂北其夜復有光明.(『魏書』 권2 太祖道武帝托跋珪紀)

8) 太祖大聖大明神烈天皇帝姓耶律氏諱億字阿保機. 小字啜里只契丹迭剌部霞瀨益石烈鄉耶律里人. 德祖皇帝長子母曰宣簡皇后蕭氏. 唐咸通十三年生. 初母夢日墮懷中有娠及生.(『遼史』 권1 太祖 耶律阿保機紀上)

9) 太祖法天啟運聖武皇帝諱鐵木真姓奇渥溫氏蒙古部人. 其十世祖孛端叉兒母曰阿蘭果火嫁脫奔咩哩犍, 生二子長曰博寒葛答黑次曰博合覩撒里直. 既而夫亡阿蘭寡居夜寢帳中夢白光自天窗中入化為金色神人來趨臥榻. 阿蘭驚覺遂有娠產一子即孛端叉兒也.(『元史』 권1 太祖鐵木真紀)

10) 桓帝時鮮卑檀石槐者其父投鹿侯初從匈奴軍三年其妻在家生子. 投鹿侯歸怪欲殺之. 妻言嘗晝行聞雷震仰天視而雹入其口因吞之遂妊身十月而產此子必有奇異且宜長視. 投鹿侯不聽遂弃之. 妻私語家令收養焉名檀石槐.(『後漢書』 권90 鮮卑傳)

11) 박원길, 2002, 「몽골비사에 나타난 몽골족 기원설화의 분석」『몽골학』 14, 82쪽.

12) 나경수, 1988, 「한국 건국신화 연구」, 전남대학교 박사학위논문, 58～59쪽.

주몽 신화가 유목 문화와 관련이 있음을 보여주는 것은 비단 그 속에 등장하는 화소만이 아니다. 서사구조 역시 매우 유사함을 알 수가 있다. 다음은 관련 자료이다.

> 알란 고아는 도분 메르겐에게 와서 두 아들을 낳았다. 부구누테이, 벨구누테이라는 이름을 가진 자들이었다……그러다가 도분 메르겐이 죽었다. 도분 메르겐이 죽은 뒤에 알란 고아는 남편도 없이 세 아들을 낳았다. 부쿠 카타기, 부카투 살지, 보돈 차르 몽칵이라는 이름을 가진 자들이었다. 먼저 도분 메르겐에게서 태어난 아들 벨구투테이와 부구누테이는 자기들의 어머니 알란 고아가 안 보는 데서, "우리 어머니는 형제도 친척도 없고, 남편도 없이 이 세 아들을 낳았다. 집안에는 단지 마알릭 바야우드 사람이 있다. 이 세 아들은 그의 것이다"라며 수근댔다……그러자 어머니 알란 고아가 말했다. "너희들 벨구누테이와 부구누테이, 내 아들들아 내가 이 세 아들을 낳았다. [너희는] 누구의 어떤 아들들인가 하고 의심하여 숙덕댄다. 너희들이 의심하는 것도 옳다. 밤마다 밝은 노란색 사람이 天窓이나 문의 윗틈새로 빛을 따라 들어와 내 배를 문지르면, 그의 빛이 내 배로 스며드는 것이었다……알란 고아가 죽은 뒤 형제 다섯이 가축과 식량을 나누는데 벨구누테이, 부구누테이, 부쿠 카타기, 부카투 살지 넷이 서로 나누어 가졌다. 보돈차르는 어리석고 약하다고 가족으로 치지 않고, 몫을 주지 않았다. 보돈차르는 "가족으로 여기지 않는데 여기 있으면 무엇 하나" 해서 등마루에는 안장에 쓸린 상처가 있고, 꼬리는 뭉툭하며, 검은 색 등에 푸르스름한 빛을 띤 흰색 말을 타고 죽으면 죽고 살면 살리라고 하면서 오난강을 따라 내려가버렸다. 발준 아랄에 이르러 거기다 풀막을 짓고 살았다.(『몽골비사』[13])

위의 자료는 몽골비사에 나오는 몽골 시조 설화인 알란 고아 설화

---

13) 번역은 유원수 역주, 1994, 『몽골비사』, 혜안, 10절~24절을 참고하였다.

인데 주인공인 보돈차르는 모친 알란 고아가 일광감정으로 잉태해 탄생하였고, 모친 사후 형제들에게 핍박을 받자 외모가 볼품없는 말을 타고 원주지를 이탈해 새로운 곳에 정착한다는 내용이다. 서사구조와 모티프가 주몽 설화의 그것과 놀랄 정도로 일치함을 확인할 수가 있다. 이것은 적어도 어느 시점에는 초기 고구려 지배 집단과 북방 초원 지대의 유목 세력 양자가 서로 영향을 주고받을 수 있는 상황이었음을 추정케 한다.

또한 사료 A-(3)과 (4)에서 확인되듯이 養馬 관련 서술이 동명 설화 단계보다 훨씬 구체화되고 풍부한 것을 알 수 있다. 그리고 등장하는 말에 대한 묘사 역시 알란 고아 설화에 보이는 그것과 유사해 유목 기마 민족들의 정서와 통하는 것임을 보여준다. 이것은 주몽 집단이 일반적으로 목축 경제에도 익숙한 것으로 알려진 부여 내에서도 기마 유목 문화에 더욱 익숙하고 가까운 집단임을 알게 해준다.

이어서 고구려 시조의 모친으로 나오는 河伯女에 대해 살펴보자. 주몽 설화에는 시조모에 대해 '왕의 시비'라고 다소 두루뭉술하게 처리한 동명 설화와 달리 '河伯女(郞)'라고 구체적인 형태로 기술되어 있다. 〈표 1〉에서 확인되듯 주몽 신화의 원형인 동명 신화와 주몽 신화에는 모두 큰 강을 건너는 화소가 있다. 이것은 시조 주몽의 신성성을 강조하기 위해 동명 신화의 그것을 그대로 차용한 것이라고 보아도 크게 무리가 없겠다. 그런데 주몽 설화에는 '어별부교' 화소 속에 동명 설화에는 보이지 않는 요소가 하나 더 등장하고 있는데, 하백의 존재가 그것이다. 하백은 주지하다시피 강, 즉 물의 신이다. 압록강을 낀 고구려나 송화강변에 위치한 부여 모두 水神 신앙이 있었을 개연성은 높다.[14] 하지만 주목할 부분은 그 명칭이 하백이라는

14) 원고구려 지역에서 수신이 중요한 신앙의 대상이 되었음은 여러 차례 지적되었

점이다.

하백은 엄밀히 말하면 단순한 물의 신이 아니라 황하를 주관하는 신이다.[15] 곧 통상적인 물의 신이 아니라 특정 하천과 연계되어 매우 漢化된 인격신인 것이다. 그리고 그 신앙의 배경도 잦은 범람과 河道의 변경으로 인한 치수가 필수적인 환경에서 배태되었다.[16] 이러한 특징을 가진 수신이 고구려 건국 설화의 초기 형태부터 등장하고 있다는 사실에 주목할 필요가 있다. 다음은 관련 사료들이다.

B-(1) 惟昔始祖鄒牟王之創基也. 出自北夫餘天帝之子母河伯女郎(「廣開土王碑」)

B-(2) 河泊之孫日月之子鄒牟聖王(「牟頭婁墓誌」)

B-(3) 始祖鄒牟王之創基也□□□子河伯之孫(「集安高句麗碑」)

위 사료들은 모두 5세기 무렵 고구려인들이 직접 남긴 기록이다. B-(1)은 광개토왕비문의 일부로, 시조의 모친이 하백의 딸임을 밝히고 있다. B-(2)는 5세기 중반에 작성된 것으로 추정되는 모두루묘지의 일부로, 시조 주몽[추모] 가문의 신성성을 밝힘에 있어 하백의 손자임을 들고 있다. B-(3)은 근래에 발견된 집안고구려비인데, 여기도

다.(김창현, 2005, 「고려시대 평양의 동명 숭배와 민간신앙」『역사학보』 188, 113쪽; 조영광, 2006, 「하백녀신화를 통해서 본 고구려 국가형성기의 상황」『북방사논총』 12, 282~284쪽)

15) 遠珂, 1993, 『中國神話通論』, 巴蜀書社, 230쪽.

16) 하백이라는 명칭은 殷商대부터 이미 보이는데 당시에는 고대 황하 유역에 존재하던 특정 집단의 명칭이었으나,(何光岳, 1988, 「河神的崇拜及河伯族的来源与迁徙」『中南民族学院学报』 1988-1, 21~24쪽) 춘추전국 시대를 거치며 河神의 대명사처럼 되었다고 한다.(王郡, 2015, 「河伯發展演變探究」, 曲阜師範大學碩士學位論文, 8~9쪽)

시조가 하백의 손자라고 적기하고 있다. 이를 통해 볼 때 적어도 5세기 단계에서 고구려인들은 시조의 출자가 하백과 관계가 있다고 강하게 인식하고 있었음을 알 수가 있다.

6세기까지도 자족의 전통적 신앙과 그 대상 및 명칭에 대한 자주성을 강하게 유지하고 있던 고구려가 시조모에 대해서는 유독 하백이라는 중국적 색채를 가진 이름을 붙인 것은 의아한 일이 아닐 수 없다. 다음은 고구려인들이 후기까지 갖고 있던 자국 신앙체계 및 문화에 대한 자부심과 전통을 고수하고 있던 고구려인들의 모습을 보여주는 사료이다.

> 敬信佛法, 尤好淫祀. 又有神廟二所 一曰夫餘神, 刻木作婦人之象, 一曰登高神. 云是其始祖夫餘神之子. 竝置官司, 遣人守護. 蓋河伯女與朱蒙云.(『周書』 권49 高麗傳)

위 사료에서 확인되듯 6세기 무렵 고구려에서 최고로 숭앙되던 신은 시조신인 등고신과 시조모인 부여신이다. 이들의 명칭에서는 전혀 漢 문화의 흔적을 찾을 수가 없다. 등고신은 可汗神으로도 불려 오히려 내륙아시아 초원 지대의 유목 문화적 전통과 접점을 찾는 것이 더욱 빠를 정도이다.[17] 그리고 3세기부터 확인이 되는 수신에 대한 전통 역시 후기까지 남아 있어 수신제와 목수라는 명칭도 확인이 된다.[18]

---

17) 其俗多淫祀事靈星神日神可汗神箕子神. 國城東有大穴名神隧皆以十月王自祭之.(『舊唐書』 권199上 高麗傳)

18) 『三國志』에는 그 의례의 진행 과정이 매우 자세히 묘사되어 있다.(其國東有大穴名隧穴. 十月國中大會迎隧神還于國東上祭之置木隧于神坐.(『三國志』 권30 魏書 高句麗傳)) 해당 의례는 평양 천도 이후에도 크게 바뀌지 않은 것으로 보인다.

그렇다면 이러한 현상에 대해 고구려가 초, 중기에 한 문화를 받아들였다가 후기에 이르러서는 포기한 것으로 해석해야 하는 것일까. 당연히 그것은 지나친 억측으로 치부될 것이다. 결국 가장 합리적인 추론은 시조 혹은 시조모와 관련해 아주 이른 시기에 한 문화적 요소가 존재하다가 시간이 지나면서 점차 그 색채가 옅어진 정도로 상정해 볼 수 있겠다.

그러므로 고구려인들이 단순히 물의 신이라는 의미로 하백이라는 한자식 표현을 가장 존숭되던 시조모에게 붙인 것은 아니라 생각된다. 결국 그 이전 어느 시기에 한 문화의 영향으로 하백이라는 명칭을 접하고 모칭한 잔영이 남은 것이라고 해석하는 편이 자연스럽다. 중국 황하 유역에서 기원한 하백 설화가 고구려에 영향을 미쳤다는 지적은 일단 주의를 기울일 필요가 있다.[19] 중원 문화인 하백 관련 모티프가 고구려에 영향을 준 것에 대해 동이의 영향으로 파악하는 견해도 있다.[20] 주몽 신화에 보이는 하백녀 화소의 전래 과정에 대한 중국 학자들의 견해에 모두 동의하기는 어렵지만 그 인소가 중원에서 기원하여 어느 시기에 주몽 신화에 습합된 것은 분명하다.[21]

덧붙여 시조모와 관련하여 주몽 설화에서 한 가지 더 유의되는 점은 A-(4)에 보이는 유화라는 고유 명칭이다. 버드나무가 유목, 수렵 민족들에게 신성한 나무로 여겨지며 숭배의 대상이었다는 것은 이미 여러 차례 제기된 바가 있다. 몽골, 만주 일원에 분포하던 유목, 수렵 민족들 사이에 버드나무 숭배의식이 광범하게 분포하였음은 이미 지

19) 曺德全, 2001,「高句麗建國神話的本源及演變」『高句麗史探微』, 中華國際出版社.

20) 耿鐵華, 2005,「高句麗神話解釋」『通化師範學院學報』 2005-3.

21) 서영대는 하백이 황하의 수신인 것은 맞지만 그 실체는 고구려의 전통적 수신이라고 보았다.(서영대, 1991,「한국고대 신관념의 사회적 의미」, 서울대학교 박사학위논문)

적되기도 하였다.[22] 만주족 시조 설화에 등장하는 시조모 포구룬[佛古倫]은 버들엄마[포도마마, 柳媽媽]라는 뜻으로, 만주족에게 버드나무가 시조모신으로 여겨진 것을 알 수 있다.[23] 그 모티프가 주몽 설화를 연상시킨다고 한다.[24] 몽골족도 버드나무를 신성시해 제의 등에 사용하였다고 한다.[25]

이러한 사실들을 종합해 볼 때 유목, 수렵 민족들이 버드나무를 신목으로 숭배한 것은 분명해 보인다. 그러나 주몽 설화에서 유화라는 명칭의 등장이 지나치게 늦고,[26] 만주족의 포도마마 설화나 『몽골비사』 등에 보이는 것처럼 버드나무와 그 신성성이 각별히 강조되고 있지 않기 때문에 그 명칭의 유래를 북방 문화적 전통에서 찾는 것은 다소 무리가 있다.[27]

주몽 신화에서 또 하나 주목되는 부분은 용 관련 화소이다. 주지하듯 용은 그 기원이 중국으로 군주의 상징이며, 도교에서 중요하게 다루는 신이기도 하다. 용은 고대 중국 사회에서 물과 관련해 신적인 능력을 발휘하는 존재로 묘사되기도 하였다.[28] 그런데 문화적으로 고구려가 군주의 표상으로 용 관련 상징을 채용한 사례는 확인되지 않으며, 후기에나 도교의 본격적인 수용과 함께 사방신의 일원으로

22) 江上波夫, 1948, 『ユウラシア古代北方文化』, 全國書房, 227~231쪽.

23) 김재용·이종주, 2004, 『왜 우리 신화인가』, 동아시아출판사.

24) 최혜영, 2008, 「버드나무 신화소를 통해 본 유라시아 지역의 문명 교류의 가능성 혹은 그 접점」 『동북아역사논총』 22, 190쪽.

25) 박원길, 2014, 「몽골비사의 보르칸-칼돈고」 『고조선단국학』 30, 117~118쪽.

26) 柳花가 보이는 가장 이른 시기의 기록이 『삼국사기』이며, 「동명왕편」이 『구삼국사』를 전재한 것이라는 가정을 인정하더라도 10세기를 올라가지 않는다.

27) 주몽 설화에 보이는 유화 명칭의 등장은 해당 기록이 처음으로 확인되는 고려 시기의 정황과 결부해 이해하는 것이 자연스럽다.(조영광, 2006, 앞의 글, 277~278쪽)

28) 조법종, 2002, 「한국 고대사회의 용 관련 문화」 『사학연구』 65, 5~6쪽.

받아들여진 것으로 보인다.[29] 그런데 주몽 관련 사적에서 용이 빈번하게 등장하고 있어 주목된다.

> **C-(1)** 惟昔始祖鄒牟王…不樂世位, 因遣黃龍來下迎王. 王於忽本東罡, 履龍頁昇天.(「廣開土王碑」)
>
> **C-(2)** 王升遐, 時年四十歲. 葬龍山號東明聖王(『三國史記』 권13 高句麗本紀 東明聖王 19年 秋九月)
>
> **C-(3)** 黃龍見於鶻嶺.(『三國史記』 권13 高句麗本紀 東明聖王 3年 春三月)
>
> **C-(4)** 王大子解明在古都有力而好勇. **黃龍國**王聞之, 遣使以強弓爲贈. 解明對其使者, 挽而折之曰, 非予有力弓自不勁耳. 黃龍王慙. 王聞之怒告黃龍曰解明爲子不孝請爲寡人誅之(『三國史記』 권13 高句麗本紀 琉璃王 27年 春一月)

위 기록들은 고구려사 전체에서 보이는 용 관련 기록인데, C-(1)은 주몽의 사망을 황룡[용]과 연관시켜 전하고 있다. 이것은 여타 문헌에 전하는 주몽 신화에서는 확인되지 않는 화소로서 광개토왕비 단계 이후에는 사실상 사라진 것이라 보아도 무방하다. 주몽과 연계된 용 모티프가 주몽 신화가 본격적으로 문헌에 기재되기 시작하는 5~6세기보다 오래되었음을 시사하는 것이기도 하다. 이는 C-(2)가

29) 고구려 후기 벽화고분의 사신도는 수도인 평양으로 유입되어 집안 등지로 확대되었다고 여겨지는데,(정호섭, 2011, 『고구려 고분의 조영과 제의』, 서경문화사, 149쪽) 이를 통해서 볼 때 용에 대한 고구려인의 인식은 고구려 중·후기 이후에야 서서히 확산되기 시작한 것으로 추정된다. 그런데 후대의 다른 왕들과는 달리 유독 시조왕의 사적에만 용 관련 기록이 산견되는 것은 주몽이 후대의 다른 왕들에 비해 용 관련 문화에 더 많이 노출되어 있었던 정황을 어느 정도 반영한 것이라 하겠다.

단순히 주몽의 장지를 용산으로 표기하고 있는 것을 볼 때도 확인이 가능하다.[30] C-(3)은 골령에 황룡이 나타났다는 내용으로 역시 주몽 대에 해당된다. C-(4)는 유리왕대 황룡국 관련 기사로, 고구려에 직접 해당하는 것은 아니지만 당시 고구려 내정과 매우 밀접하게 연관된 내용이므로 짚고 넘어갈 필요가 있다. 특히 주몽과 동일 집단 출신으로 보이는 유리와 관련된 기록이므로 사실상 같은 범주로 해석해도 무방할 것 같다. 주몽과 유리의 관계에 대해서는 후술토록 하겠다. 해당 시기 주몽-유리 집단이 용 관련 인소와 모종의 관계가 있음을 짐작케 한다.

제왕의 상징인 용이 시조 왕과 관련해 기록에 남은 것은 매우 당연해 보인다. 하지만 주목할 부분은 그것이 전체 고구려사에서 오직 주몽과 유리 대에만 한정해 나타난다는 점이다. 용 관련 기사가 전 시기에 걸쳐 다양하게 등장하는 신라와 백제의 경우와 비교해 볼 때도 상당히 특이한 것이다. 그와 같은 현상의 배경에 대하여 고대 한반도 삼국 중 고구려가 신라와 백제에 비해 중국적 용 관념과 신앙이 약하게 나타났기 때문이라는 견해가 있다.[31] 유념할 필요가 있는 지적이다.

이것은 고구려가 신라나 백제처럼 용 관념을 적극적으로 수용해 활용한 것이 아니라 특정 시기에 파편적 기억으로 남은 사실을 기록한 것임을 방증하는 것이다.[32] 그리고 그것이 시조 주몽에 집중되어

30) 용산이라는 지명은 이후 문자왕대에 한 번 더 등장하지만 단순히 田獵地로만 나오고 있어 특별한 의미를 부여하기는 어렵다.(王獵於龍山之陽五日而還.(『三國史記』 권19 高句麗本紀 文咨王 15年 秋八月))

31) 조법종, 앞의 글, 13~14쪽.

32) 고구려 중·후기 벽화고분에서 청룡도가 집중적으로 그려지는 것은 해당 시기 도교의 수용으로 사방신으로서 청룡을 수용한 것이므로 시조 주몽의 용 관련 사적과는 분명히 그 결이 다르다.

있다는 점은 주몽이 당대에 그러한 문화에 자연스럽게 노출되어 있었고 원고구려 지역의 지배권을 장악한 후 자신의 권위와 신성성을 높이기 위한 도구로 활용하였을 개연성이 높음을 추정케 한다.

고구려와 황룡의 관계에 대해서는 문헌에 보이는 황룡이 5세기 이후 고구려의 별칭이었다는 견해,[33] 동명왕 전승과 관계가 있다는 주장[34] 등이 제기되었다. 그리고 고구려 고분 벽화 등에 묘사된 황룡의 경우 왕을 상징하는 존재,[35] 오행 신앙과 관련하여 사신에 오행의 중심을 상징하는 신수를 더하여 오신으로 완성시키는 존재[36] 등이라는 해석이 나왔다.

위의 견해들을 종합해 볼 때 고구려에서 용은 5세기 이후 중국 문화의 수용과 함께 들어온 것임을 추론할 수가 있다. 그런데 그 수용 양상은 사신도를 제외할 때, 그리 적극적이거나 광범위하였다고는 볼 수 없을 것 같다. 만약 고구려가 용을 왕권과 최고 권위의 상징 등으로 수용하고 이를 적극적으로 활용코자 하였다면 보다 다양한 기록과 유적, 유물 등에서 그 흔적을 찾을 수 있을 것이다. 결국 고구려가 용을 왕권을 의미하는 초월적 상징으로 활발히 사용하였다고

---

33) 주보돈은 『文館詞林』에 보이는 황룡을 고구려로 이해한 바가 있다.(주보돈, 1992, 「『文館詞林』에 보이는 한국고대사 관련 외교문서」, 『경북사학』 15, 171쪽) 고구려가 황룡으로 불린 배경에 대해서는 5세기 초반 본래 황룡국으로 칭해졌던 북연이 북위에 멸망하면서 그 인적·물적 유산의 다수가 고구려로 흡수되었고, 북연의 수도이던 황룡성(오늘날 랴오닝성 차오양)에 미치는 고구려의 영향력 등을 염두에 둔 것이라는 견해가 제출되었다.(김진한, 2018, 「고구려 별칭, 황룡에 대한 검토」 『정신문화연구』 41-1, 67~68쪽) 그러므로 고구려는 황룡을 자칭한 적이 없을 뿐만 아니라, 유리왕대 기사와는 더욱 관련이 없다.

34) 서영대, 1985, 「『삼국사기』와 원시종교」 『역사학보』 105, 61~62쪽.

35) 최택선, 1987, 「고구려 사신도무덤의 등급에 대하여」 『조선고고연구』 1987-3, 23쪽.

36) 전호태, 1993, 「고구려의 오행신앙과 사신도」 『국사관논총』 48.

보기에는 어려울 것 같다.[37)]

이와 같은 상황을 고려한다면 시조왕 주몽과 관련된 용 모티프는 고구려에서 매우 독특한 현상임을 알 수가 있다. 만약 5세기 무렵에 용 관념이 수용되고 그 당시 주몽 설화가 완성되면서 시조왕에게 신성한 용의 이미지를 투영시켰다는 가정이 성립되려면 주몽 이후의 왕들에게도 그와 유사하게 적용된 사례가 나와야 한다. 하지만 기록상 그러한 정황은 전혀 찾아지지 않는다. 그렇다면 주몽 관련 사적에 등장하는 용은 주몽 당대에 일시적으로 활용된 상징체계로서, 그 파편적 기억이 후대까지 전승된 것으로 이해함이 자연스럽겠다.

그리고 주몽의 활동 연대가 기원전 1세기를 전후한 시기임을 감안할 때, 아직 국가 체제가 제대로 정비되지 않은 시기의 고구려가 국왕의 신성성 확보와 왕권 강화 등을 위해 일시적으로 중국식 용 관념을 수용하였다고 보기는 어려울 것 같다. 그보다는 주몽이 그와 같은 한 문화를 자연스럽게 접촉할 수 있는 환경에 있다가 고구려로 이주해 왔고, 해당 지역의 지배권을 장악하는 과정에서 자신에게 익숙한 용의 이미지와 관념을 표방하였고 그것이 설화의 형태로 전승된 것이 아닐까 한다. 그러나 본래 용 혹은 용 관련 신앙과 큰 관련이 없던 고구려에 정착하면서 후대 왕들은 이를 표방하기보다는 전통적인 천손 의식이나 현지의 수신 신앙 등을 복합적으로 활용해 국왕의 권위를 높이고 신성함을 강조하였던 것으로 보인다. 요컨대 고구려사에서 왕권과 관련된 초월적 이미지로서의 용은 漢 문화에 비교적 익숙하였던 주몽 당대에만 존재하였던 돌출적 현상으로 파악된다.

---

37) 고분 벽화에서도 용은 여러 소재들 중 하나로 활용되고 있을 뿐, 왕권과 관련된 초월적 상징으로 확고히 위치지어졌다고 특정할 만한 양상은 발견되지 않는다. 고구려 고분 벽화의 소재와 위계 등에 대해서는 전호태, 1997, 「고구려 후기 사신계 고분벽화에 보이는 선·불 혼합적 내세관」『울산사학』 7이 참고가 된다.

고구려 초기 지배 집단에서 한 문화의 영향이 강하게 보이는 것은 주몽 외에 유리 관련 사적을 통해서도 확인이 가능하다. 유리는 모든 기록에 주몽의 아들로 묘사될 정도로 주몽과 밀접한 관계에 있다.[38] 실제 주몽과 유리가 생물학적 부자 관계였다고 보이지는 않지만 최소한 의제적 부자 관계를 형성하였던 것은 사실인 것 같다. 이것은 여러 기록과 정황을 통해서 확인이 가능하다.

우선 유리 역시 스스로 주몽과 같은 이름을 칭한 것으로 보인다. 다음 기록을 통해서 확인이 가능하다.

尤誘高句驪侯騶至而斬焉(『漢書』 권99 中 王莽傳 中)

위 사료는 왕망이 장수 嚴尤로 하여금 고구려후 騶를 꾀어내어 죽였다는 기록이다. 여기서 주목할 부분은 해당 사건이 일어난 시점과 당시 고구려 수장의 이름이다. 시기는 왕망의 시건국 2년(A.D. 10년)으로, 고구려 왕의 이름은 추로 나오고 있다. 삼국사기에 의하면 당시 고구려의 왕은 유리왕이다. 그런데 중국 기록에는 그의 이름을 추라고 기록하였다. 추는 주몽 이름의 또 다른 표현인 추모를 연상케 하는 명칭이다. 특히 추모라는 명칭은 고구려인들이 직접 칭한 시조왕의 휘임을 감안한다면, 당시 고구려인들이 왕망에게 직접 밝힌 자

---

38) 기록의 일례를 들면 다음과 같다.

瑠璃明王立. 諱類利或云孺留. 朱蒙元子母禮氏. 初朱蒙在扶餘娶禮氏女有娠朱蒙歸後乃生是爲類利. 幼年出遊陌上彈雀誤破汲水婦人瓦器. 婦人罵曰此兒無父故頑如此. 類利慙歸問母氏我父何人今在何處. 母曰汝父非常人也. 不見容於國逃歸南地開國稱王. 歸時謂予曰汝若生男子則言我有遺物藏在七稜石上松下. 若能得此者乃吾子也. 類利聞之乃往山谷索之不得倦而還. 一旦在堂上聞柱礎間若有聲. 就而見之礎石有七稜. 乃搜於柱下得斷劍一段遂持之與屋智句鄒都祖等三人行至卒本見父王以斷劍奉之. 王出己所有斷劍合之連爲一劒. 王悅之立爲大子至是繼位.(『三國史記』 권13 高句麗本紀 琉璃王 1年)

신들의 왕명을 중국인들이 기록한 것이라고 보아도 크게 무리는 없겠다.

왕망의 군대에 의해 살해당한 것이 정말 고구려의 군주인지는 알 수 없지만,[39] 분명한 점은 당시 고구려 왕의 이름이 추였다는 것이다. 후세 고구려인들이 기록한 시조왕의 휘 추모와 유사한 점이 주목된다. 『삼국사기』 왕대를 기준으로 한다면 유리왕에 해당하는 인물이 추로 칭해졌다는 것은 그 이전 왕인 주몽, 즉 추모와의 관계를 짐작케 하는 부분이다. 예맥계 국가인 고구려와 부여에서 전 왕의 이름을 승습하였다고 볼 수 있는 사례가 확인되며,[40] 부여에서 고구려로 온 후발 이주 세력인 유리로서는 자신들보다 앞서 정착한 주몽 세력과의 결합력을 강화하기 위해 의도적으로 그 이름을 모칭하였을 가능성도 충분하다.

재위 시기로 보아 유리임이 분명한 그 당시 고구려 수장이 왜 자신을 추로 칭하였던 것일까? 이것은 결국 당시 고구려 사회에서 갖는 주몽의 위상과 밀접한 관계가 있다 생각된다. 주몽 세력과 매우 가까운 성격을 지녔던 유리 집단은 갓 고구려의 지배권을 장악한 주몽 집단과 결합하며 그에 이어 왕권을 차지한 것으로 파악된다.[41]

설화의 내용을 통해 볼 때 직접 혈연관계를 상정하기 어려운 주몽

---

39) 『삼국사기』에는 사망한 이가 장수 延丕로 나온다.

40) 물론 이름을 그대로 똑같이 따라한 것은 아니지만, 동천왕의 경우 증조부인 태조왕 궁의 이름을 따와 고구려어로 닮았다는 의미인 '위'자를 덧붙여 위궁이라 칭한 사례가 있고(동천왕의 이름은 사실상 궁으로 불렸던 것으로 추정된다.) 부여 역시 구태왕과 그 후손인 위구태왕이 있었던 것으로 파악된다.(박대재, 2008, 「부여의 왕권과 왕위계승-2~3세기를 중심으로」 『한국사학보』 33)

41) 유리 설화에서 모친 예씨가 부여 탈출의 조력자로 등장하는 모습이나 유리가 동료들과 함께 부여를 떠나 고구려로 오는 화소 등은 주몽 설화와 매우 유사하다. 두 집단은 고도의 동질성을 바탕으로 그러한 설화를 만들어 낸 것이 분명하다.

과 유리는 같은 부여계라는 공통점과 새로 이주한 고구려에서 상대적으로 소수 집단이라는 약점이 동시에 작용하여 의제적 부자관계를 형성하며 왕권을 공유한 것으로 보인다.[42] 그 과정에서 선주 집단인 주몽의 권위와 세력을 후발 주자인 유리가 흡수하기 위해 같은 이름을 사용한 것은 매우 효과적인 통합책이라 생각된다.

물론 이와 같은 주몽 집단과 유리 집단의 융합에는 단순히 부여계라는 동질성 이상의 친연성이 바탕되었기에 가능한 것이다. 그 중 가장 기본이 되는 것은 동일한 출자지, 즉 같은 지역 출신이었다는 점을 꼽을 수가 있겠다. 그런데 여기서 주목할 점은 부여 출신인 고구려 왕실이 같은 부여계라고 해서 모두 자신들의 계루부로 흡수한 것은 아니라는 것이다.

> 扶餘王從弟謂國人曰我先王身亡國滅民無所依王弟逃竄都於曷思. 吾亦不肖無以興復. 乃與萬餘人来投王封爲王安置掾那部.(『三國史記』 권14 高句麗本紀 大武神王 5年 秋七月)

위 기록은 대무신왕에게 부여 왕의 종제가 내투해 오자 그를 연나부에 안치하였다는 기록이다. 부여 왕의 종제는 부여의 최고 왕족 중 하나였을 터인데, 고구려는 그를 왕의 부인 계루부가 아니라 연나부에 둔 것이다. 물론 이 시기에 완성된 형태의 5부가 존재하였다고 볼 수는 없다. 하지만 적어도 이후의 시점이 반영된 것이라 할지라도 부여왕 종제 집단은 연나부로 편제되는 세력에 속하게 되었음을 의미한다. 이것은 부여계인 고구려 계루부 왕실이 1세기 무렵 부여 왕실과는 이질적 성격의 집단이었음을 추측케 하는 대목이다. 반면 유리는 주몽에 의해 즉각 수용되어 부자 관계라는 전승을 남기며 같은

---

42) 조영광, 2010, 「고구려 5나부의 성립과정과 영역 검토」 『대구사학』 98, 5~6쪽.

계루부 왕실의 계보를 이루게 된다. 양자는 부여 내부에서도 동일 지역 출신 집단으로 보아도 크게 무리가 없겠다. 이것이 사실상 두 개의 설화로 보이는 주몽과 유리 설화가 매우 자연스럽게 같은 설화로 연결된 배경이다.

그런데 유리 관련 사적에도 주몽과 마찬가지로 한 문화의 영향이 강하게 보이고 있어 주목된다. 우선 유리가 한인 첩을 두고 있었다는 사실이다.[43] 이는 적어도 공식 기록상 고구려 왕들 중 유일한 사례이다. 이것은 정치적 고려 때문인 것으로 볼 수도 있겠지만 뒤에 이어지는 황조가의 내용이나 떠나버린 화희를 뒤좇아 간 유리의 행적 등을 보면 오히려 동족인 골천인 딸과의 혼인이 정치적 선택이며, 한인 화희에 대한 감정이 더 컸음이 확인된다. 고대 사회에서 이종족 출신의 이성에게 그러한 감정을 보인다는 사실은 그만큼 유리가 한 문화 혹은 한인 집단에 익숙한 정서를 가지고 있었음을 대변해 주는 것이기도 하다.

그리고 속단하기는 어렵지만 유리의 모친이 매우 한화된 성씨인 예씨로 기록된 점도 의미심장하다. 설화 속 내용이라 섣불리 판단하기는 어렵지만, 비교적 이른 시기부터 성씨를 사용한 것으로 보이는 고구려 지배층에서 거의 찾아지지 않는 한화된 성씨라는 점은 예씨의 출신에 대해 조금 더 사고의 폭을 넓힐 필요가 있음을 보여준다. 유리 역시 주몽과 마찬가지로 부여에서도 비교적 한 문화에 대한 노출이 많고 한인과의 접촉 또한 용이한 지역 출신임을 알게 해준다.

---

43) 王妃松氏薨. 王更娶二女以繼室. 一曰禾姬鶻川人之女也. 一曰雉姬漢人之女也. 二女爭寵不相和王於涼谷造東西二宮各置之. 後王田於箕山七日不返二女爭鬪. 禾姬罵雉姬曰汝漢家婢妾何無禮之甚乎. 雉姬慙恨亡歸. 王聞之策馬追之雉姬怒不還. 王嘗息樹下見黃鳥飛集乃感而歌曰翩翩黃鳥雌雄相依念我之獨誰其與歸. (『三國史記』 권13 高句麗本紀 琉璃王 3年 冬十月)

2. 주몽의 원주지 탐색

앞 장에서 주몽 집단이 부여 출신이지만 내륙아시아 초원의 유목 문화와 더불어 한 문화의 영향도 강하게 받은 세력임을 밝혔다. 이 장에서는 주몽이 고구려로 이주한 시점으로 추정되는 기원전후한 시기 부여계 제집단의 거주지 중 문화 양상과 성격이 그와 부합되는 곳이 어디인지를 검토해 주몽의 원주지를 추적해 보고자 한다.

먼저 부여 초기 유적에 대해서 간단히 살펴보자.

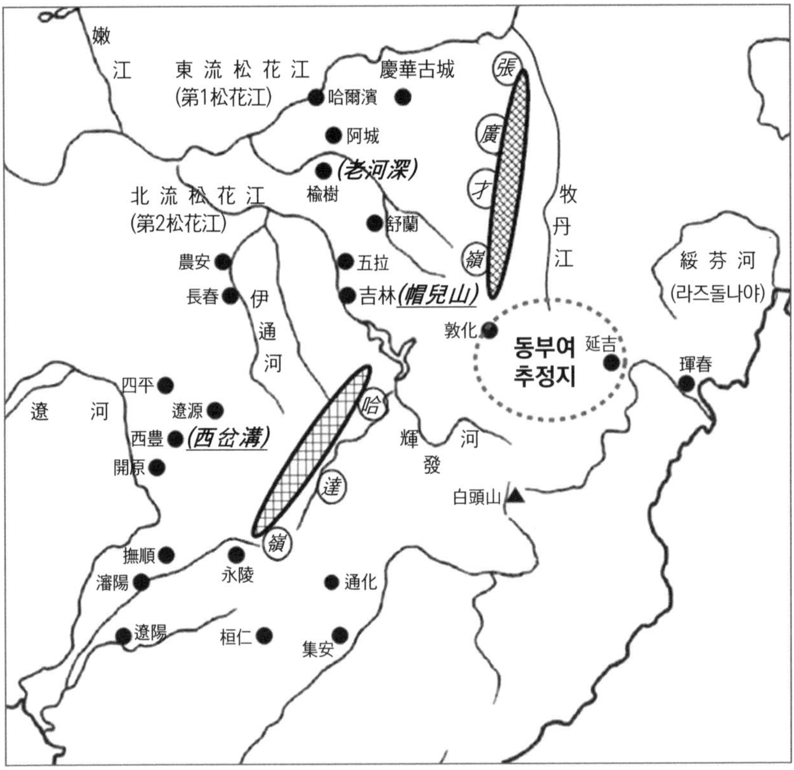

〈지도 1〉 부여 초기 유적지 및 동부여 추정지[44]

현재까지 조사된 초기 부여 유적은 대략 5~6곳에 이르며, 이들 유적은 지리적으로 길림성 중북부, 길림시 일원, 휘발하 유역, 길림·요령 접경지 등 크게 4개의 권역으로 분류할 수 있다. 그리고 이들 유적의 소재지에 동부여[45] 추정지를 더해서 초기 부여계 집단의 거주지로 간주하여도 크게 무리는 없을 것이라 생각된다. 아울러 부여 초기 유적지의 소재지와 특징을 간단히 정리해 보면 다음과 같다.

〈표 2〉 부여 초기 유적지 비교

권역	주요 유적(소재지)	유적 특징	비고
吉林 중북부	**老河深**(楡樹)[46]	북방 초원 문화의 영향 강함 토기의 제작 형식 등이 포자연 문화와 유사 한계 유물 출토	
吉林 吉林市 일원	**帽兒山**(吉林),[47] 泡子沿前山(吉林),[48] 學古東山(永吉)[49]	부여 중심 문화 한 문화의 영향	
吉林 輝發河 유역	西荒山屯(樺甸),[50] 西山(磐石)[51]		유적 편년을 대체로 서단산 문화 말기로 함
吉林, 遼寧 접경지	**西岔溝**(西豊), 彩嵐(東遼)[52]	부여 문화, 북방 초원문화, 한 문화의 특징이 공통적으로 나타남	조영 주체의 족속에 대한 논란

44) 동부여 추정지는 이승호, 2018, 『夫餘 政治史 硏究』, 동국대학교 박사학위논문, 75쪽 참조.

45) 동부여의 경우 존재 시기와 구체적 위치 비정에 논란이 있다. 다만 본문에서는 주몽 설화에 보이는 바와 같이 동부여가 고구려 초기부터 존재한 것으로 가정하였을 때 가장 일반적으로 받아들여지는 비정지를 초기 부여족의 거주 가능성이 있는 지역 중 하나로 상정한 것이다.

46) 吉林省文物考古硏究所 編, 1987, 『楡樹老河深』, 文物出版社.

47) 吉林市博物館, 1998, 「吉林市帽兒山漢代木槨墓」 『遼海文物學刊』 1998-2.

48) 吉林市博物館, 1985, 「吉林市泡子沿前山遺趾和墓葬」 『考古』 1985-6; 張立明, 1986, 「吉林泡子沿遺趾及其相關問題」 『北方文物』 1986-2.

49) 尹郁山, 1985, 「吉林永吉學古墓淸理簡報」 『博物館硏究』 1985-1.

〈표 2〉에서 보이는 바와 같이 초기 부여 유적지는 지린성 중북부에서부터 남부 및 요령성 접경에 이르기까지 광범하게 분포하고 있다. 帽兒山 유적 등 길림시 일원에 분포하고 있는 유적들은 전기 부여 중심지의 유적이며,[53] 휘발하 유역의 유적들은 부여 기반 문화인 서단산 문화의 흔적이 강하게 남아 있어 초기 부여인의 활동 범위를 알려 주는 것이다. 그런데 이 중에서 주목되는 유적은 부여 영역의 북부 지역에 소재한 老河深과 서부의 西岔溝·彩嵐 유적이다. 이 두 유적은 부여 문화의 바탕 위에 내륙아시아 초원 지대의 유목 문화와 한 문화의 영향이 동시에 나타나고 있기 때문이다.

하지만 노하심 유적의 경우 주몽 집단의 출자지로 보기에는 지리적으로 문제가 있다. 〈지도 1〉에서도 확인되듯이 해당 지역의 세력이 부여로부터 이탈해 원고구려 지역으로 진출하려면 반드시 부여 중심지를 거쳐야만 한다. 이 경우 길림시 일대에 소재한 부여 중심 세력이 그들의 통과와 이탈을 순순히 방관하지는 않았으리라 생각된다. 그리고 漢 문화의 수용에 대해서도 명백한 한계가 있다. 라오허선 유적이 있는 榆樹 지역은 중국계 문물이 들어오는 데는 큰 제약이 없었지만 주몽 집단에게 확인되는 중국식 관념이나 문화까지 수용하기는 힘든 곳이다. 당시 한인 집거지와는 매우 멀리 떨어져 있어 교역을 제외하면 한인들과의 직접적 접촉은 사실상 불가능한 지리적 위치이다.

---

50) 王桂珠 等, 1986, 『樺甸縣文物志』, 吉林省文物志編委會, 34~41쪽.

51) 張永平, 1993, 「磐石縣西山竪穴巖石墓」 『博物館研究』 1993-2.

52) 劉聲雁, 1994, 「東遼縣石驛公社古代墓群文物」 『博物館研究』 1983-3.

53) 그동안 부여 전기의 중심지에 대해서는 吉林省 長春, 農安, 吉林 등 다양한 견해가 제출되었으나 대체로 吉林 일대로 보는 것에 학계의 의견이 모아졌다.(李健才, 1982, 「夫餘的疆域和王城」 『社會科學戰線』 1982-4; 武國勛, 1983, 「夫餘王城新考-前期夫餘王城的發現」 『黑龍江文物叢刊』 1983-3)

반면 서차구의 경우 부여, 내륙아시아 초원의 유목, 한 문화의 접경지이자 중요 교통로 상에 위치하여 주몽 집단에게서 찾아지는 강한 유목 문화와 한 문화의 수용에 매우 유리한 곳임을 알 수 있다. 그러므로 서차구(채람 포함) 유적에 특히 주의를 기울일 필요가 있다. 그에 대해 조금 더 자세히 살펴보기로 하자. 다음은 서차구 고분에서 발견된 주요 유물들이다.[54)]

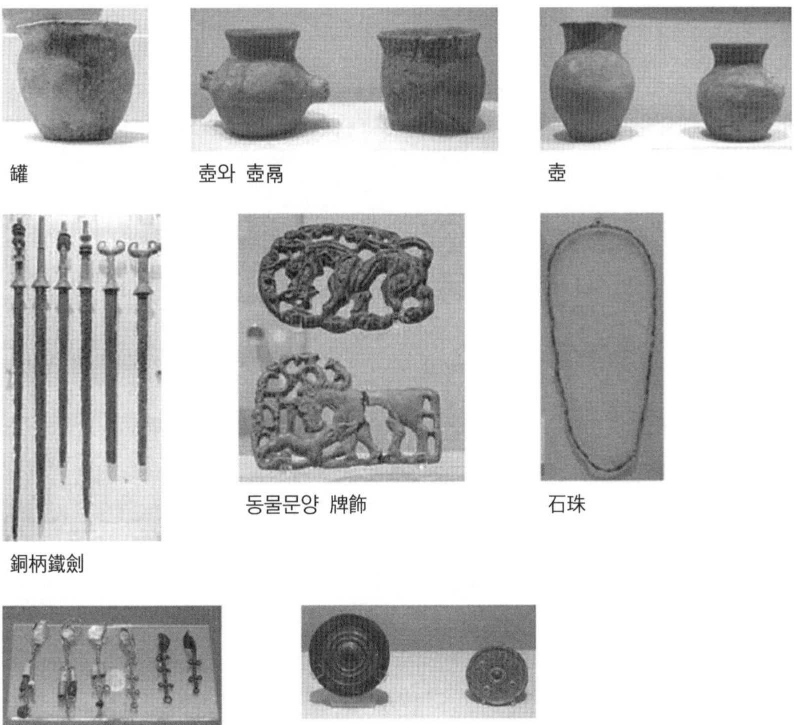

罐 / 壺와 壺鬲 / 壺 / 銅柄鐵劍 / 동물문양 牌飾 / 石珠 / 耳飾 / 銅鏡

〈그림 1〉 서차구 출토 주요 유물

---

54) 유물 사진은 김혜정·김보람, 2018, 『고대국가 부여』, 국립문화재연구소, 175~177쪽에서 인용.

서차구 유적은 1959년 발굴 이래 조성 주체를 둘러싸고 그동안 많은 논란이 있었다. 서차구 유적의 족속에 대해서는 흉노,[55] 선비,[56] 오환,[57] 부여[58] 등 다양한 견해가 제기되었다. 하나의 유적을 두고 그 해석에 대해 많은 논란이 있다는 것은 유적의 문화 유형이 그만큼 복잡한 양상을 띠고 있기 때문이다.[59] 서차구 유적의 담당 종족에 대해 이처럼 학계의 견해가 갈리는 것은 도굴 등으로 유적이 교란되어 심도 있는 연구를 진행하기가 어려운 측면도 있지만, 가장 근본적인 이유는 출토 유물의 복합성 때문이다. 결국 북방 초원 문화, 부여 계통 문화, 한 문화의 영향을 받은 유물이 복합적으로 출토되는 현상은 해당 유적의 주체 사회의 성격을 그대로 보여주는 것이라고 하겠다.

현재는 흉노와 선비설은 거의 부정되고 있으며,[60] 부여설을 지지하는 연구자가 다수인 가운데 오환설이 지속적으로 제기되고 있는 상황이다.[61] 그런데 오환설은 대표적인 오환 유적 혹은 표지 유물과

---

55) 孫守道, 1960,「匈奴西岔溝文化古墳群的發現」『文物』1960-8·9.

56) 靳維栢, 1988,「關于鮮卑早期文化的再認識」『北方文物』1988-3.

57) 曾庸, 1961,「遼寧西豐西岔溝古墳群爲烏桓文化遺迹論」『考古』1961-1.

58) 서차구 유적이 부여 혹은 예맥계에 의해 조영되었다는 견해를 처음 제기한 것은 公孫燕이다.(公孫燕, 1962,「論濊貉之'貉'非東胡人-兼考漢初濊貉地望」『考古』1962-8) 그러나 그의 견해는 전적으로 문헌 사료에만 의존하고 있어 한계가 있다.

59) 발굴 초부터 그 주인공으로 내륙아시아 초원 지대의 유목 종족들이 거론된 것은 유물의 출토 양상 때문이다. 서차구 고분 출토 유물 중에서 동물문양 패식과 동복[銅鍑] 등은 내륙아시아 초원 지대의 유목 종족 문화의 표지 유물이다.(潘玲, 2003,「伊沃爾加城址和墓地及相關匈奴考古問題研究」, 吉林大學博士學位論文) 그리고 동경, 한자가 새겨진 동모, 그리고 다양한 중국 동전 등은 모두 한 문화의 영향을 받은 것이다.

60) 흉노, 선비설이 부정되는 가장 큰 근거는 기발견된 흉노, 선비 유적과 비교할 때 묘제가 일치하지 않고, 토기 제작 기법 등도 상이하기 때문이다.

61) 范恩實, 2012,「論西岔溝古墳群的族屬-兼及烏桓, 鮮卑考古文化的探索問題」『社

서차구를 비교 검증하는 작업을 거친 것이 아니라는 치명적인 약점이 존재한다. 오환설은 서차구 출토 양상이 기존에 제기된 흉노, 선비, 부여의 전형적인 그것과 차이가 있기 때문에 남은 대안으로서 선택하는 경우가 대부분이다. 따라서 아직까지 오환의 물질문화 특성에 대한 고고학적 검토가 거의 이루어지지 못한 상황임을 고려할 때 그러한 주장을 그대로 수용하기는 어렵다.

한국에서도 서차구 유적의 조영 주체에 대해 유보적인 입장을 취하고 있는 연구가 있다. 대표적으로 이종수의 연구를 들 수 있는데, 서차구 고분군의 묘제에 대해서는 그 입지와 배열, 장례습속 등을 통해 볼 때 松嫩 평원의 토광묘에서 기원하였음을 밝혔다. 그리고 해당 고분군에서 출토된 토기를 절대 다수를 차지하는 토착 형식의 토기, 송눈 평원 지역의 영향을 받은 토기, 요동 지역 한 문화의 영향을 받은 토기 등 크게 세 가지로 분류하였다.[62] 이는 그 지역의 지리, 문화적 특성을 그대로 보여주는 것으로, 기저 생활 유물인 토기의 측면에서 보았을 때 서차구 일대가 지역 토착 문화의 기반 위에 부여, 한 문화의 영향을 강하게 받은 것을 알 수가 있다. 이종수는 서차구 고분 토기의 경우 토착 寶山 문화를 계승한 것으로 주변의 다양한 문화를 흡수하며 기원전 2세기 무렵 새로운 형태의 서차구식 고분 유적을 조성한 것으로 파악하였다.[63]

그런데 이종수 또한 보산 문화를 예맥계 문화로 파악하고 있으므로 예맥계인 주몽 집단이 해당 지역에서 출자하였을 가능성을 부정

會科學戰線』 2012-4.

62) 이종수, 2007, 「서차구 고분군의 성격과 사용집단에 대하여」 『백산학보』 77, 2007, 114~117쪽.

63) 이종수, 2007, 위의 논문, 123~124쪽.

하는 근거가 되지는 못한다.[64] 다만 서차구 단계에 이르러 북방 유목 문화의 영향이 더욱 강해지는 양상을 볼 때, 내륙아시아 초원 지대로부터 더욱 강한 압박이 이루어져 당지에 거주하고 있던 부여계 세력들에게 문화 접변 차원을 넘어 최종적으로 이탈 혹은 이동이라는 결과를 초래한 동인으로 작용하였을 가능성은 충분하다.

서차구 유적의 하한으로 비정되는 기원전 1세기 무렵 오환의 활동 영역은 오늘날 내몽고자치구 赤峰의 老哈河 일대로 비정된다.[65] 서차구, 차이란 유적이 소재한 西豐, 遼源 일대는 요하 이동에 위치하여 오환의 영역에 포함될 수 있을지 의문스럽거니와 설령 포함된다고 할지라도 최외곽의 접경지 혹은 교차지일 수밖에 없다. 이는 앞서 언급한 유물의 출토양상으로도 충분히 설명된다. 그리고 문화 중심지로부터의 거리나 이동의 수월성 등을 고려한다면 오환이나 선비보다 부여계 집단일 가능성이 훨씬 높다. 그러므로 현재로서는 부여설을 가장 신빙성 있는 견해로 받아들이는 것이 옳다.

서차구 유적 출토 유물을 분석해 조영 주체를 부여로 판정한 것은 田耘이 시초이다.[66] 그는 서차구 유적과 기발굴된 흉노 및 선비 등을 비교하여 철검의 제작 기법, 토기의 기형이나 묘제 등이 맞지 않음을 근거로 흉노나 동호계 종족설을 부정하였다. 오히려 묘제와 장례습속이 부여 유적인 노하심과 유사함을 근거로 서차구 역시 부여계 유적으로 봄이 옳다고 하였다.[67]

---

64) 이종수는 서차구, 채람 유적의 족속에 대해 오환일 확률이 높음을 언급하면서도 부여일 가능성에 대해서도 부정하지 않았다.(이종수, 2009, 『송화강유역 초기철기 문화와 부여의 문화기원』, 주류성, 224~229쪽)

65) 馬長壽, 2006, 『烏桓與鮮卑』, 廣西師範大學出版社, 25쪽.

66) 田耘, 1984, 「西岔溝古墓群族屬問題淺析」『黑龍江文物叢刊』 1984-1.

67) 리뎬푸[李殿福] 또한 이에 동의하며 서차구 유적 등의 족속에 대해 부여설이 힘

최근 오강원 역시 부여설에 힘을 실었는데, 그러한 판정의 근거는 서차구, 채람 유적에서 출토된 토기의 기형이 선부여 문화인 漢書 문화 계통을 들었다.[68] 그는 이미 서차구 출토 토기가 부여 중심 문화인 파오쯔엔 문화를 계승하였음을 밝힌 바가 있다.[69] 다음 〈그림 2〉가 참조된다.[70]

서차구 출토
적색마연 장경호

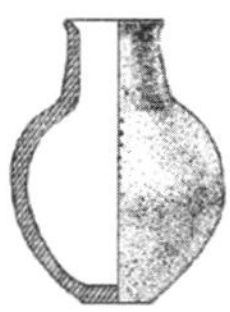

坦途北崗子
출토 장경호
(한서문화)

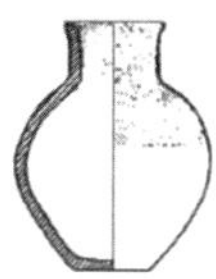

大道街子M3호분
출토 장경호
(한서문화)

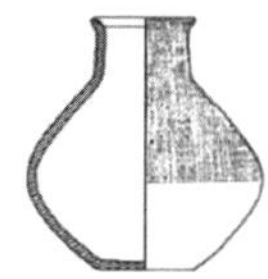

平洋 M159호분
출토 장경호
(한서문화)

서차구 출토
종향대상파수배

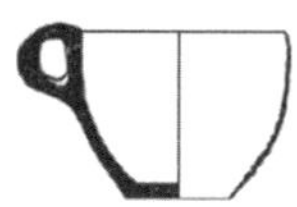

大安 한서유적F104
종향대상파수배
(한서문화)

小拉合2기층F0003
종향대상파수배
(한서문화)

〈그림 2〉 서차구와 한서 문화의 관련성을 보여주는 토기

을 얻게 된다.(李殿福, 1985, 「漢代夫餘文化芻議」『北方文物』 1985-3)

68) 서차구 유적에서 출토된 비문적색마연·적색마연 장경호는 부여 선행 문화로 파악되는 白金寶, 한서 문화의 적색마연 장경호와 기형, 문양, 시문 수법 등이 동일하므로 그 전통을 이어받은 것이라 할 수 있으며, 종향대상파수배, 구연외각목문·구연돌대문 토기 역시 그와 궤를 같이 한다.(오강원, 2018, 「서풍현 서차구 고분군의 문화적 성격과 계통-토기 분석을 중심으로」『호남고고학보』 58, 97~99쪽)

69) 오강원, 2000, 「中滿地域의 初期鐵器文化=泡子沿式文化의 성립과 전개양상」『전환기의 고고학Ⅲ』, 제33회 한국상고사학회 학술발표대회문집, 50쪽.

70) 그림은 오강원, 2018, 앞의 글, 98~99쪽에서 인용하여 재편집한 것임.

서차구 유적이 주몽 집단의 출자와 관련해 중요한 또 하나의 요인은 桓仁의 望江樓 유적과의 연관성 때문이다. 망강루 유적은 초기 고구려 유적으로 묘제 양식은 고구려 고유의 적석총이지만 출토 유물이 노하심, 서차구 유적과 비슷한 형식의 것이 많다. 따라서 초기 고구려와 부여의 연관성을 보여주는 대표적인 유적으로 인식되고 있다. 梁志龍은 서차구와 환인 망강루 유적에서 발굴된 유물의 유사성에 주목하여, 망강루 유적이 부여와 고구려 문화의 요소를 모두 갖고 있다고 보고 고구려 시조가 부여에서 왔음을 증명한다고 주장하였다.[71] 이것은 곧 서차구 유적의 주체를 부여로 인정한 것을 의미하는 것이기도 하다. 특히 금제 이식의 경우 노하심, 서차구 유적에서 출토된 그것과 매우 유사해 많은 연구자들이 초기 고구려와 부여를 이어주는 대표적인 고고학적 증거로 주목하였다.

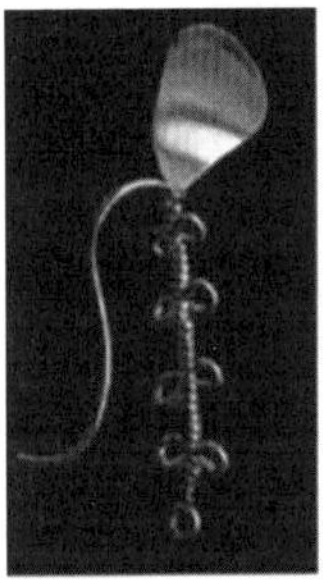

望江樓

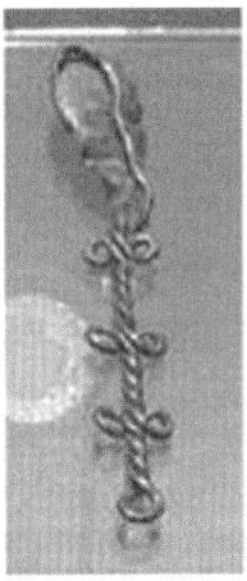

西岔溝

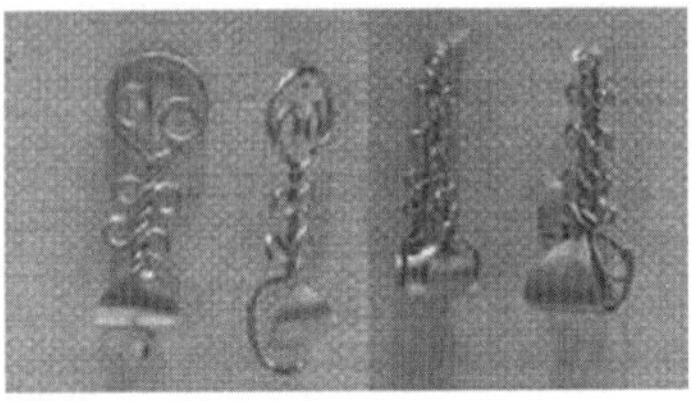

老河深

〈그림 3〉 왕장러우, 서차구, 라오허선 출토 금제 이식

이한상은 위와 같은 형식의 이식을 부여식 이식으로 정의하고, 그

71) 梁志龍·王俊輝, 1994, 「遼寧桓仁出土青銅遺物墓葬及相關問題」『博物館研究』 1994-2.

출토지를 부여의 강역으로 추정하기도 하였다.[72] 그러한 이식은 선비 등 유목 종족 문화의 영향을 받아 제작한 것은 분명해 보이나, 모양이 선비의 그것과 정확히 일치하지는 않는다. 오히려 平洋, 모아산, 서차구, 채람, 노하심, 망강루 등에서 출토된 이식은 상호 간 제작 기법과 양식상 매우 높은 유사성을 보여 주고 있으므로 부여 중심지인 吉林 지역을 중심으로 주변으로 확산하는 문화 양상을 보여 주는 것이라 하겠다. 환언하면 해당 양식의 유물의 출토 지역을 부여계 주민의 이동과 분포지로 해석할 여지가 충분하다 생각된다.

그리고 해당 유적에서 출토된 철제 차관과 구슬 장식, 유리 이식 등은 노하심 유적에서 나온 것과 비슷한데, 이것은 한대 촌락 유적인 遼陽 三道壕 유적의 그것과 유사해 한대의 형식을 따른 것임을 알 수 있다.[73] 즉 왕장러우와 라오허선을 비교했을 때 공통성을 띠는 유물은 이식 정도를 제외하면 양자 간의 직접 교류의 결과라기보다는 대체로 한 문화의 영향으로 제작된 것이라는 의미이다.

하지만 서차구와 유사한 유물들은 두 지역에서만 나타나고 공유하는 특수성을 띠는 것들이 많다. 망강루 발굴에 참여하였던 王綿厚가 출토된 다양한 유물들이 서차구 형식에 해당된다고 한 것은 매우 중요한 지적이다.[74] 이는 유물을 통해 초기 고구려와 부여의 관계를

72) 이한상, 2013, 「이식으로 본 고대 동북아시아 각국 사이의 교류」『백제문화』 49, 184~186쪽.

73) 李新全, 2005, 「五女山山城及其周圍的高句麗早期遺迹」『고구려 문화의 역사적 의의』, 고구려연구재단; 梁志龍·李新全, 2009, 「本溪地區高句麗考古三十年」『高句麗與東北民族研究』, 吉林大學出版社.

74) 왕장러우 출토 토기는 대부분 가는 모래로 만든 회갈색으로 태토는 거칠다. 기형은 서차구식의 회갈색 관(罐)과 단경호 위주이다. 그리고 철검이나 차식(車飾), 석주(石珠) 등도 서차구 유형에 속하는 것들이라고 한다.(王綿厚, 2009, 「試論桓仁望江樓積石墓與卒本夫餘-兼論高句麗起源和早期文化的內涵與分布」『東北史地』 2009-6, 35쪽)

알게 해줌과 동시에 망강루 유적을 조영한 집단이 서차구 유적과도 깊은 관련이 있음을 방증하는 것이다.[75]

이러한 문화적 유사성 외에도 서차구 유적이 소재한 길림, 요령 접경 지역은 초기 부여 세력권의 외곽에 위치하여 그 이탈이나 이동 또한 상대적으로 용이하였으리라 생각된다. 서차구 유적이 소재한 시평 지역은 부여 후기 왕성의 소재지로 거론되기도 하였던 만큼,[76] 이른 시기부터 부여계 주민들의 이동 경로로 활발히 이용되었을 것이다.

후한서에 의하면 부여는 본래 현도군에 복속하였다고 한다.[77] 후한대의 부여가 현도군에 속하였던 시기를 정확히 알기는 어려우나 2세기 말 공손도가 등장하면서 요동군에 복속하게 되므로, 부여가 현도군과 교류하였던 시점은 그 이전이 된다. 이것은 현도군치가 신新濱이나 撫順에 있었던 제2 혹은 제3 현도군 시절이 된다. 서풍, 東遼 지역은 부여 중심지인 길림에서 현도군치인 무순으로 가기 위해서 반드시 거쳐야 하는 이동선 상에 있으며, 신빈 역시 그리 멀리 떨어진 곳이 아니므로 해당 지역을 거점으로 부여인들이 현도군과 활발히 교류하였을 가능성은 충분히 존재한다.

서차구 유적과 같은 부여계 유물, 유적이 소재한 서풍과 동료 일대를 주몽의 출자지로 볼 만한 근거는 사료를 통해서도 찾을 수가 있

---

75) 서차구 유적에서 발굴된 것과 같은 형태의 청동방울이 고구려 초기 유적인 왕장러우에서도 찾아진다. 앞서 살펴본 금제 이식, 석주(石珠) 등과 함께 고구려 초기 지배 집단의 출자지를 가늠케 해주는 중요한 유물 중 하나이다.

76) 王綿厚, 1990,「東北古代夫餘部的興衰及王城變遷」『遼海文物學刊』1990-2. 이종수는 시평과도 가깝고, 차이란 유적이 소재한 둥랴오의 지근에 있는 랴오위안의 용수산성을 부여 후기 왕성을 비정하기도 하였다.(李鍾洙, 2004,「夫餘文化研究」, 吉林大博士學位論文, 143쪽)

77) 夫餘本屬玄菟獻帝時其王求屬遼東云.(『後漢書』 권85 夫餘傳)

다. 다음은 관련 기록이다.

D-(1) 王見沸流水中有菜葉逐流下知有人在上流者因以獵往尋至沸流國. 其国王松讓出見曰寡人僻在海隅未嘗得見君子今日邂逅相遇不亦幸乎. 然不識吾子自何而来. 荅曰我是天帝子来都於某所. 松讓曰我累世爲王. 地小不足容兩主. 君立都日淺爲我附庸可乎. 王忿其言因與之鬪辯亦相射以校藝松讓不能抗.(『三國史記』 권13 高句麗本紀 東明聖王 1年)

D-(2) 惟昔始祖鄒牟王之創基也. 出自北夫餘天帝之子母河伯女郎. 剖卵降世生而有聖□□□□□. □命駕巡幸南下.(「廣開土王碑」)

D-(3) 朱蒙乃與烏引烏違等二人, 棄夫餘東南走.(『魏書』 권100 高句麗傳)

먼저 살펴볼 것은 주몽과 원고구려 지역의 기존 맹주인 비류국과의 관계이다. 사료 D-(1)은 졸본으로 진출한 초기 주몽은 비류수(현 富爾江)에 채소잎이 떠내려 오는 것을 보고 그 상류에 사람이 사는 것으로 짐작하고 거슬러 올라가 상류의 세력인 송양과 조우하고 그를 굴복시켰다는 내용이다. 이 기록은 주몽의 이주 당시 현지 세력인 비류국 송양과 이주 집단인 주몽과의 갈등과 복속·피복속 관계를 함축적으로 묘사한 것이다. 역사적 사실성에 근거한 기록일 가능성이 크다.

여기서 주목할 부분은 주몽이 부이강 상류에 위치한 송양의 비류국에 대해 처음 접하는 세력처럼 인식하고 행동하고 있다는 점이다. 물론 설화적 윤색이 가해진 상황 설정일 수도 있지만, 그렇게 윤색하였다는 합리적 이유와 근거가 없으므로 당시 정황을 그대로 묘사한 것으로 보아도 무방할 듯하다.

비류국의 위치를 정확히 비정하기는 어렵지만 대략 혼강의 지류인 부이강 상류의 신빈이나 通化 지역일 가능성이 높은데,[78] 만약 주몽이 북부여의 중심지 혹은 동부여 출신이라면 졸본으로의 이주 과정에서 이들의 존재를 몰랐다거나 맞닥뜨리지 않았다는 것은 납득하기가 어렵다. 왜냐하면 신빈이나 통화는 북부여의 중심지인 지린이나 동부여의 소재지로 추정되는 蛟河 혹은 延邊 일대 등에서 졸본인 환인 지역으로 들어오기 위해서는 반드시 거쳐야만 하는 지역이기 때문이다.

그리고 주몽 설화의 내용인 D-(2), (3)에 보이는 주몽이 남(동남)쪽으로 갔다는 표현 역시 간과할 수가 없다. 동부여의 소재지로 추정되는 연변 지역은 물론이거니와 전기 부여의 중심지인 길림에서도 혼강 유역인 환인으로 진출하기 위해서는 서남향으로 가야 한다. 설화에 주몽의 이동 경로가 정확히 반영되지 않았을 수도 있지만, 시조왕의 대략적 도피 방향까지 완전히 틀리게 전승되지는 않았으리라 생각된다. 주요 초기 부여 유적 소재지와 동부여 추정지에서 졸본 지역으로의 이동 경로를 표시해 보면 다음과 〈지도 2〉와 같다. 이동 경로를 살펴보아도 서차구 유적이 소재한 길림·요령 접경 지역이 문헌 기록과 가장 부합함을 알 수 있다.

78) 비류국의 중심지를 부이강 유역 신빈의 흑구산성, 전수호산성 일대로 보는 견해가 제출되었다.(撫順市博物館·新賓縣文化局, 1985, 「遼寧省新賓縣黑溝高句麗早期山城」『文物』1985-2; 박찬규, 2004, 『초기고구려사 연구』, 한국학술정보(주), 95쪽) 김현숙은 흑구선성 일대 뿐만 아니라 부이강 유역의 동고성, 서고성, 소황구고분군 등이 소재한 지역들도 모두 비류국의 영역으로 추정하였다.(김현숙, 2017, 「고구려 초기 왕성의 위치와 국내 천도」『선사와 고대』54, 117쪽.

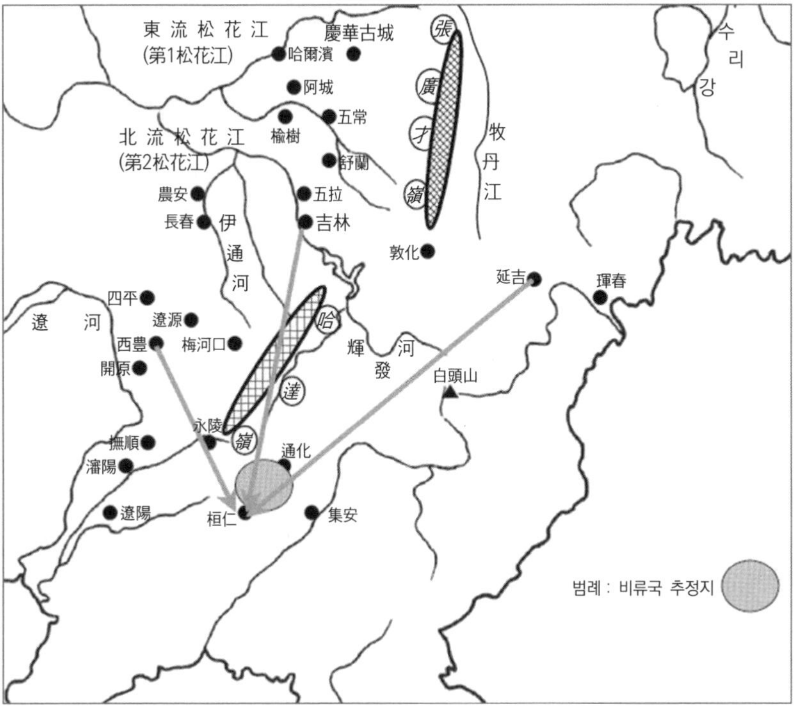

〈지도 2〉 부여 초기 유적지 및 동부여 추정지에서 졸본으로의 이동 경로

소결

고구려 건국신화인 주몽 신화는 주몽 집단의 특성을 가장 잘 보여주는 자료이다. 주몽 신화는 기본적으로 부여 동명 신화의 모티프를 차용하였으나, 독자적인 부분도 꽤 나타난다. 하백녀, 일광감정에 의한 회임, 난생, 양마, 탈출 등에 대한 모친의 도움, 조력자들과 함께 도망하는 화소 등이 그것이다. 이 중에서 일광감정, 양마 등은 내륙아시아 초원지대 유목 종족들의 시조 설화에 빈번하게 나타나는 요소이며, 주몽 신화의 전체 서사 구조 또한 몽골의 시조모 설화인 알

란 고아 설화의 그것과 거의 일치해 양자 간에 연결 지점이 있음을 시사해 준다.

주몽 집단의 성격과 관련하여 발견되는 또 하나의 특징은 漢 문화의 영향이 강하다는 점이다. 먼저 주몽 설화에서 시조 주몽의 모친이자 큰 조력자로 등장하는 하백녀는 부여 시조 설화에는 보이지 않는 중요한 화소이다. 동명의 모친으로 나타나는 侍婢와는 차이가 있다. 유리 설화에도 유리의 모친 예씨가 유사한 화소로 등장한다. 유리는 주몽의 아들로 설정될 만큼 동질성 높은 집단으로 추정된다. 주몽의 모친인 하백녀는 설화의 구조상 주몽, 유리 집단이 이동해 정착한 원고구려 지역인 혼강과 압록강 일대의 토착 대지모신, 수신 신앙 등이 결합해 발현된 화소일 가능성이 크다. 그런데 여기서 주목할 부분은 주몽의 모친이 하백녀라는 명칭을 달고 있다는 점이다. 주지하듯 하백은 황하의 신으로 한 문화의 영향을 추정케 하는 대목이다.

그리고 시조 왕인 주몽에 한해서만 나타나는 용 관련 기록 역시 중원 문화 혹은 도교와의 관련성을 추론할 수 있게 해 준다. 또한 유리는 고구려 왕 중에서 유일하게 한인 후궁의 존재가 공식적으로 확인되는 군주이며, 모친의 성씨인 예씨는 고구려 초기에 등장하는 성씨로서는 매우 한화된 것이다. 이는 주몽·유리 집단이 한 문화 혹은 한인들에 비교적 익숙하였음을 알 수 있게 하는 정황들이다.

논의를 종합해 볼 때 주몽의 출신지 혹은 원주지는 부여 경역 내에서도 한 문화는 물론 유목 문화의 색채까지 강하게 띠고 이들과의 교류가 용이한 지역을 상정해 볼 수 있다. 이를 더 구체적으로 알아내기 위해서는 문헌에서 확인되는 주몽과 유리의 이주 시점인 서력기원을 전후한 시기 부여의 영역 혹은 세력권 내에서 그와 문화 특징이 부합하는 지역을 추적해 보는 방법이 가장 적절하다.

초기 부여 유적지 중 위와 같은 조건에 부합하여 주목되는 곳은 西豐의 서차구, 東遼의 채람 유적이다. 해당 유적의 유물은 현지와 북방 초원 및 중원 문화가 혼재된 양상을 보인다. 서차구 유적의 경우 유물 출토 양상이 매우 복잡다기하여 그 주체에 대해 흉노, 선비, 오환, 부여 등 다양한 견해가 제기되었으나, 금제 이식, 토기의 기형 등을 통해 볼 때 기간 문화가 부여 중심 문화인 泡子沿 문화와 유사해 부여 문화의 기반 위에 북방과 중원 문화가 강력하게 가미된 것으로 이해함이 가장 자연스럽다 생각된다. 아울러 초기 고구려 유적인 望江樓 유적 출토 유물과도 유사한 것이 많다. 그러므로 문헌을 통해 확인되는 주몽 집단의 성격과 가장 가까운 문화 양상을 보여주는 곳이라 하겠다. 또한 지리적으로 사료에 나오는 주몽의 도주 방향이나 고구려 초기의 상황 등과도 맞아떨어지는 부분이 많아 설득력을 더해 주고 있다.

제4장
고구려, 부여 사회에 보이는 북방 문화적 요소

부여와 고구려는 늦어도 기원전 2세기 경부터 한반도 북부와 중국 동북 지역에 존속했던 濊貊系의 고대 국가이다. 기록에 의하면 이들 두 국가는 인종, 언어, 풍습 등 여러 방면에서 유사점이 많았으며,[1] 고구려는 자신의 출자를 부여로 기억하고 있었다.[2] 종족적으로 동일한 예맥족이 세웠고, 지리적으로도 남북으로 인접하여 이른 시기부터 다양한 역사적 관계를 맺어 온 고구려와 부여는 정치 관계를 제외하면 사회, 문화적으로 상호 간 매우 큰 유사성을 갖고 있었다.

부여와 고구려는 모두 농경문화를 기반으로 고대 국가로 성장하였지만 그 지리적 특성과 문헌과 고고학 증거를 통해 밝혀진 당시의 사회상 등을 고려하면 북방 문화적 요소, 즉 유목·수렵 사회의 특징도 적지 않은 것으로 파악된다. 고구려의 경우 초기부터 동쪽으로 읍루, 말갈 등 퉁구스 계통의 종족과 접촉이 빈번했던 것으로 드러나고 있

---

1) 고구려가 부여에서 출자하였음을 보여주는 대표적 사료는 다음과 같다.
高句麗(중략)東夷舊語以爲夫餘別種, 言語諸事, 多與夫餘同, 其性氣衣服有異(『三國志』 魏書 東夷 高句麗)
高句麗者, 出於夫餘(『魏書』 東夷 高句麗)

2) 고구려인이 직접 남긴 「廣開土王碑文」에는 '惟昔始祖鄒牟王之創基也出自北夫餘'라고 기록하고 있다. 해당 기록은 시조의 출자에 관한 것이지만, 고대 사회에서 최고 지배층의 시조 출자 인식은 곧 국가와 동일시되었으므로 고구려 국가의 출자로 보아도 무방하다.

다. 이들 집단은 주로 수렵 혹은 반농 반렵의 생산 양식을 갖고 있었다.

부여는 중국 동북 평원에 위치하고 있고 서로는 동호계 유목민, 동으로는 읍루(숙신)계 수렵민, 북으로는 수렵, 유목민 양자 모두와 접하고 있었다. 그러므로 이들과의 교류나 투쟁이 번번할 수밖에 없었다. 여러 기록과 고고학 자료들에 근거해 볼 때 이들 유목, 수렵민 집단은 기회가 되는 대로 부여 영내로 진입하려 압박하였고, 부여가 약화되면 실제로 들어오기도 하였다.[3] 또한 부여 지배층 스스로가 북에서 왔음을 밝히는 건국 신화를 갖고 있음을 통해 볼 때 그 북방 문화적 요소를 강하게 보유하고 있었음을 추측할 수 있다.

부여와 고구려 사회가 갖고 있던 북방 문화적 요소, 즉 인접한 유목·수렵 사회의 특성에 대하여 그동안 우리 학계에서 파편적으로 언급되었다. 그러나 아직까지 이를 종합적으로 정리한 성과는 거의 없는 실정이다. 이 장에서는 이러한 문제의식을 바탕으로 부여, 고구려 사회 전반에 보이는 북방 문화적 요소에 대하여 분야별로 체계적 정리를 시도해 보았다. 1절에서는 부여, 고구려의 사회 습속과 신화 분석을 통해 북방 문화적 요소에 대해 알아보고, 2절은 정치 체제를 통해 부여, 고구려 사회의 북방 문화적 특징을 고찰해 볼 것이다. 그리고 끝으로 3절에서는 부여의 지리적 위치와 고고학 발굴 성과를 중심으로 살펴보고자 한다.

---

3) 부여가 모용 선비의 침입을 받은 후 '西徙近燕'했다는 기록과 부여 왕이 물길의 압박으로 인해 고구려 문자왕에게 항복하였다는 기록을 통해 볼 때 주변의 유목·수렵 민족들에 의해 많은 압박을 받은 것을 알 수 있다. 이종수는 본래 부여의 영역이었던 吉林省 九臺市 인근의 上河灣鎮 보루성 유적 등을 근거로 黑龍江省 七臺河市, 雙鴨山市, 佳木斯市 일원에 살고 있던 물길이 3세기 후반에 남하하여 4세기 중반에는 부여의 동쪽 지역을, 그리고 5세기말에는 결국 부여를 멸망시키고 부여의 중심지였던 제2송화강 유역을 차지한 것으로 추정하였다. (이종수, 2011, 「三江平原地域초기철기문화의 특징과 사용집단 분석」『고구려발해연구』 41, 30쪽)

1. 부여, 고구려 사회 습속과 신화에서 보이는 북방 문화적 요소

부여는 일찍부터 송화강 유역을 중심으로 西團山文化라는 선진적인 문화를 영위하면서 국가체제를 마련하였다.[4] 부여의 지리적 위치는 농업 경제와 유목 경제 지역의 교차지에 위치하여 일찍부터 목축이 성행하였고, 그로 인해 사회 구조와 문화적 측면에서 유목 사회적 특징이 가장 큰 것으로 인식된다. 이는 부여의 혼속이 유목 사회에 광범위하게 퍼져있던 혼인 습속인 '取嫂婚'[5]인 것과 정치 제도, 유물 등을 통하여 확인할 수가 있다.

먼저 취수혼에 대하여 살펴보면, 대표적인 유목 민족 국가인 흉노의 풍습에는 아버지와 형이 사망하면 계모나 형수를 아내로 하였다고 한다. 이것이 곧 취수혼이다.[6] 동생이 형수를 취하는 娶嫂婚(levirate)은 유교 윤리가 지배하는 농경 사회에서는 악덕으로 여기지만 유목 경제하의 북방 종족들에게는 동산(가축) 위주의 재산과 종족 집단의 유지를 위해 필연적으로 존재한 제도로 인식되었다.[7]

탁월한 기동력과 이동성을 바탕으로 유목 사회에서 빈번하게 전개된 정복 전쟁은 청장년 남자의 사망률이 높았다. 이러한 인적 자원의 충원을 위한 취수혼의 풍습은 흉노뿐만 아니라 그 뒤에 등장하는

---

4) 서단산 문화는 부여의 선행 문화로 그 후기 유형인 泡子沿前山 유적(포자연 문화)이 초기 부여 문화로 인식된다.(吉林市博物館, 「吉林市泡子沿前山遺址和墓葬」『考古』 1985-6)

5) 夫餘(중략)兄死妻嫂, 與匈奴同俗(『三國志』 魏書 東夷 夫餘)

6) 중국에서는 嫂繼婚으로 칭해진다.(馮繼欽, 「我國阿爾泰系諸族的收繼婚述略」『龍江社會科學』 1995-1; 謝冰雪, 「匈奴婚俗中的收繼婚」『青海民族研究』 2007-2)

7) 노태돈은 유목이나 목축 경제의 사회는 부계 父處제 사회로, 경제생활의 핵심인 가축과 초지를 여러 가구가 공동 관리·소유하는 형태의 공동체 사회였으므로 취수혼의 관행이 적합적 관계를 이룰 수 있었으므로 북방 제종족 사이에서 선호혼으로 존재할 수 있었다고 보았다.(노태돈, 1999, 『고구려사연구』, 사계절, 216쪽)

선비, 거란, 몽골 등의 유목 민족은 물론, 여진(만주)과 같은 수렵 민족들에게도 보편적으로 나타난다.[8] 이러한 풍습이 존재한 이유는 죽은 형의 재산과 어린 자식의 이탈을 방지하여 가족틀을 유지하기 위함이다.

이와 같은 취수혼의 전통이 부여뿐만 아니라, 고구려에서도 행해진 것으로 나타나는데,[9] 부여에서 이동해 온 초기 고구려의 지배층이 그러한 습속을 갖고 있었으리라는 점을 추측키란 어렵지 않다.

고구려에는 앞에서 언급한 취수혼 외에도 솔서혼(데릴사위제)라는 독특한 혼속이 있었던 것으로 전해지는데, 이 또한 유목, 수렵 경제 중심이었던 북방 종족들 사이에서 흔하게 보이는 풍습이다. 솔서혼은 소위 혼납금제로,[10] 매매혼의 형태를 띤 것이다. 즉 혼인을 위해 신랑 측이 신부 측에 일정한 비용을 지불하였다. 이러한 풍습은 오환,[11] 실위[12] 등의 사례가 유명하다. 오환, 실위 외에도 선비 계통의

---

8) 田中克己, 1944, 「北アジア諸民族におけるレウイレ-ト」『北亞細亞學報』 3.

9) 고구려에서 취수혼 풍습이 있었던 것은 '高句驪者(중략)兄死妻嫂(『梁書』 권50 東夷 高句驪)'라는 기록과 고국천왕비 于氏의 사례 등을 통해 확인할 수 있다.

10) 노태돈은 이러한 혼납금 풍속이 고구려, 부여뿐만 아니라, 옥저, 오환, 몽골, 투르크, 만주 등 북아시아 일대에서 널리 퍼져있음을 밝혔다.(노태돈, 앞의 책, 186쪽)

11) 魏書曰烏丸者東胡也. (중략) 其嫁娶皆先私通, 略將女去, 或半歲百日, 然後遣媒人送馬牛羊以為聘娶之禮. 壻隨妻歸, 見妻家無尊卑, 旦起皆拜, 而不自拜其父母. 為妻家僕役二年, 妻家乃厚遣送女, 居處財物, 一出妻家. 故其俗從婦人計, 至戰鬪時, 乃自決之(『三國志』 권30 魏書 烏丸鮮卑東夷傳 烏丸條 夾註)
오환의 혼속과 고구려의 혼속이 유사함은 이미 지적된 바가 있다.(노태돈, 위의 책, 215쪽)

12) 오환과 같은 유목 민족인 실위의 결혼 풍속에 대하여 '婚嫁之法, 男先就女舍, 三年役力, 因得親迎其婦. 役日已滿, 女家分其財物, 夫婦同車而載, 鼓舞共歸(『舊唐書』 권199下' 北狄 室韋) 라고 전하고 있다. 즉, 남자가 먼저 여자의 집에 가 3년 동안 力役을 한 뒤 그 아내를 데리고 친가로 온다. 役日이 차면, 여자 집에서 재물을 나누어 주며 부부가 같은 수레를 타고 북치고 춤추며 함께 돌아온다는 내용이다. 이러한 실위 혼인 풍습은 고구려와 유사한 데릴사위제의 형태를 띤

유목 민족인 吐谷渾이나 남실위에서 그와 같은 풍습을 확인할 수 있다.[13] 그리고 수렵 민족인 여진족에게서도 찾을 수 있다.[14]

위에서 살펴본 바와 같이 북방 유목·수렵 민족들 사이에 존재하였던 신부대에 관한 기록이 많다.[15] 이들 북방 종족의 매매혼 풍습은 고구려 서옥제와 본질적으로 매우 닮아 있다. 모두 고구려와 지리적으로 연접하거나 활동 범위가 겹치는 종족들이다. 이러한 사실은 초기 고구려 사회에 유목적 전통이 강하게 남아 있었음을 방증하는 것이다.

이처럼 북방 유목, 수렵 민족들과 고구려에서 보편적으로 나타났던 매매혼의 풍습은 부여에서도 있었던 것으로 여겨진다. 부여에서는 부인이 투기하면 죽여 그 시체를 산 위에 두어 썩게 하는데, 여자 측의 집에서 시체를 회수하려면 비용을 지불해야 한다는 기록[16]이 있는 것으로 보아, 혼인 전 신랑 측에서 신부 측으로 보낸 혼납금을 반

매매혼에 해당한다. 김영심은 이와 같은 실위의 혼인 풍습이 고구려 서옥제를 이해하는 데 중요한 방증 자료가 된다고 하였다.(김영심, 2003, 「혼인습속과 가족 구성 원리를 통해 본 한국 고대사회의 여성」『강좌 한국고대사』 10, 가락국사적개발연구원, 334쪽)

13) 婚禮, 富家厚納聘, 貪者竊妻去(『新唐書』 卷221上 西域 吐谷渾)
南室韋在契丹北三千里(중략)婚嫁之法, 二家相許竟, 輒盜婦將去, 然後送牛馬為聘, 更將婦歸家, 待有孕, 乃相許隨還舍(『北史』 卷94 室韋)

14) 여진인도 이와 유사한 풍습을 지녔는데, 남자가 여자 집에 혼납금을 지불하고 3년 동안 처가에서 일을 한 뒤, 친가로 돌아올 때 여자의 친정에서 물자를 주었다고 한다.(『大金國志』 권39 婚姻條 참조) 이들 퉁구스계 민족들에게 취수혼과 더불어 데릴사위제는 근래에 이르기까지 선호혼으로 존재하였다.(Kraheninnikov, S. Petrovich, 1962, *The history of Kamschatka and the Kurilski Islands with the Countries ajacent* : Americana Clasica Quadrangle Books, pp.291～29.)

15) 이러한 관습이 약탈혼이 행해지게 된 배경으로 파악한 견해도 있다.(김영심, 앞의 글, 335쪽)

16) 婦人妒 皆殺之尤憎妒已殺, 尸之國南山上至腐爛. 女家欲得, 輸牛馬乃與之(『三國志』 魏書 東夷 夫餘)

납해야만 시체를 되찾을 수 있었던 것으로 보는 견해도 존재한다.[17]

부여와 고구려의 건국 신화에서도 북방 문화적 요소가 강하게 드러나 있다. 잘 알려져 있다시피 고구려 건국 신화인 주몽 신화[18]는 본래 부여 건국 신화인 동명 신화[19]에 뿌리를 두고 있다.

이들 두 신화는 기본적으로 같은 모티프에 일부 요소를 빼고는 거의 같은 화소들로 이루어져 있다. 이들 신화의 중요한 화소들인 日光感應은[20] 선비족을 필두로 북방 몽골계 유목 민족 시조 설화에 공통

---

17) 노태돈, 1991, 「부여」『한국민족문화대백과사전』, 한국학중앙연구원.

18) 其舊都有人, 不知所從來, 自稱天帝子解慕漱, 來都焉. 及解夫婁薨, 金蛙嗣位. 於是時, 得女子於太白山南優渤水, 問之曰 我是河伯之女, 名柳花. 與諸弟出遊, 時有一男子, 自言天帝子解慕漱, 誘我於熊心山熊神山下鴨綠邊室中, 私之, 卽往不返. 父母責我無媒而從人, 遂謫居優渤水.金蛙異之, 幽閉於室中. 爲日所炤, 引身避之, 日影又逐而炤之. 因而有孕, 生一卵, 大如五升許. 王棄之, 與犬豕, 皆不食, 又棄之路中, 牛馬避之, 後棄之野, 鳥覆翼之. 王欲剖之, 不能破, 遂還其母. 其母以物過之, 置於暖處, 有一男兒, 破殼而出, 骨表英奇. 年甫七歲, 然異常, 自作弓矢, 射之, 百發百中. 扶餘俗語, 善射爲朱蒙, 故以名云. 金蛙有七子, 常與朱蒙遊戲, 其伎能皆不及朱蒙. 其長子帶素言於王曰朱蒙非人所生, 其爲人也勇, 若不早圖, 恐有後患, 請除之 王不聽, 使之養馬. 朱蒙知其駿者, 而減食令瘦, 駑者, 善養令肥. 王以肥者自乘, 瘦者給朱蒙. 後獵于野, 以朱蒙善射, 與其矢小而朱蒙獸甚多. 王子及諸臣又謀殺之. 朱蒙母陰知之, 告曰國人將害汝. 以汝才略, 何往而不可. 與其遲留而受辱, 不若遠適以有爲. 朱蒙乃與烏伊摩離陜父等三人爲友, 行至淹淲水 欲渡無梁, 恐爲追兵所迫. 告水曰我是天帝子河伯外孫. 今日逃走, 追者垂及如何於是, 魚鼈浮出成橋, 朱蒙得渡, 魚鼈乃解, 追騎不得渡.(『三國史記』高句麗本紀 始祖東明聖王)

19) 北夷橐離國王侍婢有娠, 王欲殺之. 婢對曰 有氣大如鷄子, 從天而下, 我故有娠. 後産子, 捐於猪溷中, 猪以口氣噓之, 不死 復徙置馬欄中, 欲使馬藉殺之, 馬復以口氣噓之, 不死. 王疑以爲天子, 令其母收取, 奴畜之, 名東明, 令牧牛馬. 東明善射, 王恐奪其國也, 欲殺之. 東明走, 南至掩淲水, 以弓擊水, 魚鼈浮爲橋, 東明得渡. 魚鼈解散, 追兵不得渡. 因都王夫餘, 故北夷有夫餘國焉. 東明之母初姙時, 見氣從天下. 及生, 棄之, 猪馬以氣吁之而生之. 長大, 王欲殺之, 以弓擊水, 魚鼈爲橋. 天命不當死, 故有猪馬之救 命當都王夫餘, 故有魚鼈爲橋之助也(『論衡』 吉驗)

20) 신화학 방면의 연구에 의하면 선비, 거란, 몽골 등 몽골어계 민족의 시조 설화에는 일광감응, 天女, 黃犬 숭배, 말 숭배, 소 숭배 등이 핵심 화소로 등장하고 있

적으로 나온다.[21] 魚鼈浮橋 설화는 북방계 유목 민족의 설화에 흔히 등장하는 것이다.[22] 이에 대해서는 그동안 학계에서 충분한 논의와 합의가 이루어진 것이므로 여기서 자세한 소개는 약하기로 하겠다.

다만 고구려 건국 신화인 주몽 신화의 경우 부여 건국 신화인 동명 신화와 함께 日光感應 및 魚鼈浮橋라는 공통 화소 외에 몇 가지 요소가 더 첨가되고 있다. 그 대표적인 것이 난생 설화와, 시조모(柳花), 金蛙의 존재 등이다. 여기서 주목하고자 하는 부분은 柳花와 金蛙이다.

주몽 신화에서 시조모 유화는 시조를 이끌고 후원하는 매우 중요한 조력자로 등장한다. 그래서 그를 地母神(穀靈神)을 형상화한 것으로 이해하기도 한다. 그러한 그의 역할과 함께 주목되는 것은 이름인 柳花, 즉 버드나무의 존재이다. 버드나무는 神木으로서 동북아시아의 초원과 삼림 지대에서 숭배되어 왔다.[23]

여진, 만주 등 퉁구스계 수렵 민족들의 설화에서도 버드나무는 중요한 화소로 등장한다.[24] 특히 만주족의 신화에서 버드나무는 창세

다.(최원오, 2000, 「동아시아 알타이계 민족의 민족기원신화에 나타난 특징 연구」『구비문학연구』 11) 잘 알려진 대로 일광감응은 동명 신화와 주몽 신화에 공통적으로 나타나는 요소이다. 그리고 부여에는 대가의 명칭으로 마가, 구가, 우가 등이 등장하고 있어 이들 동물에 대한 숭배를 엿볼 수 있고 이는 유목적 전통이 강한 몽골어계 종족들의 설화와도 관련지을 수 있겠다.
부여, 고구려 건국 신화에 중국 고대 신화에서 차용된 모티프가 있으며, 그러한 유형의 신화가 계기적으로 변용되었다는 견해도 존재한다.(박승범, 2009, 「부여국의 신화적 변동과 동명 신화의 시,공간적 추이」『한국사학보』 37)

21) 박원길, 2001, 『유라시아 초원 제국의 샤마니즘』, 민속원, 264~265쪽.

22) 三上次男, 1966, 「'魚の橋'の話と北アジアの人々」『古代東北アジア史研究』, 吉川弘文館, 485~489쪽.

23) 박원길, 1998, 「코톨라칸의 즉위의례에 나타나는 신목효선의식에 대하여」『중앙사론』 10, 372쪽.

24) 이들 민족의 설화에 등장하는 주요 화소는 일광감응, 곰 숭배, 水神 숭배와 함께

여신으로서 '아부카허허(阿布卡赫赫)', 또는 버들어미라는 의미의 '포도마마(佛多媽媽)'로 등장하며 신격을 부여받는다.[25] 포도마마는 『滿洲原流考』에 기재된 만주 건국 신화에서 시조인 부쿠리용순(布庫里雍順)을 낳은 포구룬(佛古倫)으로 간주된다.[26] 만주족의 건국 설화 속의 버드나무 시조모 화소와 고구려 건국 설화의 柳花 화소는 많은 부분에서 닮아 있으며, 만주족 외에도 흉노, 선비, 몽골, 카자흐 등 많은 유목 민족들의 민족 기원 설화 속에 버드나무가 등장하고 있다.[27] 요컨대 神木으로서 버드나무를 숭배하는 전통은 북방 유목·수렵 민족들에게 넓게 퍼져있었으며, 고구려 또한 같은 문화적 전통을 갖고 있었던 것으로 볼 수 있겠다.[28]

고구려 건국 신화의 화소 중 주목되는 또 다른 하나는 개구리에 대한 부분이다. 고구려 건국 신화에서 주몽의 모친인 유화의 대우혼 대상이자, 주몽의 양부로 그려지는 금와왕 관련 화소가 그것이다.[29]

신목(버드나무) 숭배가 중요한 역할을 차지하고 있다.(최원오, 위의 논문 참조) 이러한 화소는 고구려 주몽 신화에 거의 모두 등장하고 있어 그 기원이 어딘가를 불문하고 고구려가 수렵 민족과 매우 밀접한 관계를 가졌음을 짐작케 한다.

25) 만주족 창세 신화인 「天宮大戰」에는 버드나무 여신인 아부카허허가 세상에 생명을 퍼트리는 과정이 묘사되어 있다.(이종주, 1997, 「동북아사아의 성모 유화」 『구비문학연구』 4; 陶陽 等 編, 1990, 『中國神話』, 上海文藝出版社)

26) 포구룬 역시 포도마마와 마찬가지로 버들엄마(柳枝娘娘, 柳媽媽)로 불리며 버드나무가 인격화된 시조모로서 창세여신, 풍요의 여신이었다.(김재용, 2001, 「동북아 창조신화와 양성 원리」 『구비문학연구』 12, 참조)

27) 최혜영, 2008, 「버드나무 신화소를 통해 본 유라시아 지역의 문명 교류의 가능성 혹은 그 접점」 『동북아역사논총』 22 참조.

28) 부여 또한 유사한 신목 숭배 전통을 갖고 있었는데, 다만 그 대상이 고구려처럼 버드나무가 아니라 소나무였던 것으로 파악된다(조영광, 2015, 「예맥 족명과 부여, 고구려 국호의 유래와 의미」 『선사와 고대』 44). 그러나 소나무 역시 버드나무와 함께 흑룡강 하류 삼림 지대에서 신목으로 숭배되었므로(박원길, 앞의 글), 북방 종족들 사이에 퍼져있던 신목 숭배 전통이라는 맥락에서는 같은 범주로 보아도 될 것이다.

개구리는 흑룡강 하류에 거주하는 퉁구스족의 일파인 혁철족에게 조상령으로 숭배되었다.[30] 그런데 이 개구리 화소는 고구려 신화에 등장하는 것이기는 하지만 (동)부여를 매개로 하고 있으므로 부여 역시 그러한 신앙 형태를 보유하고 있었을 공산이 크다.

이러한 사회 습속이나 신화 외에도 부여의 영고, 고구려의 동맹과 같은 샤머니즘적 성격이 강한 제천 행사 역시 북방 문화적 요소가 강한 것으로 파악된다.[31] 흉노가 매년 정월에 선우정에 모여 제사를 지내고, 5월 龍城에서 대회를 열어 천지와 조상에 제를 올린 사실은 매우 유명하다.[32]

2. 부여, 고구려의 정치체제에서 보이는 북방 문화적 요소

부여, 고구려 사회의 북방 문화적 특징은 그 정치 체제에서도 엿볼 수 있는데, 먼저 부여의 경우 왕을 정점으로 그 아래에 마가, 우가, 저가, 구가 등 가축의 이름을 딴 대가들이 존재하였다는 점이다.[33] 부여는 그 지리적 위치가 농업 경제와 유목 경제 지역의 교차지에

---

29) 두만강 유역에는 금와왕 전설과 관련된 설화가 전해진다고 한다.(今西龍, 1937, 「朱蒙傳說及老獺雉傳說」『朝鮮古史の研究』, 近澤書店)

30) 三品彰影, 1954, 「三國史記高句麗本紀の原典批判」『大谷大學研究年報』 6. 노태돈은 三官甸子, 鄭家窪子, 어은동 등에서 출토된 개구리 모양 유물들이 그러한 개구리 정령 숭배 전통과 관련이 있을 것으로 보았다.(노태돈, 앞의 책, 36쪽)

31) 송호정은 12월에 열린 부여의 영고를 흉노 등 북방 유목 사회에서 광범위하게 행해진 국중 대회와 같은 맥락으로 해석하였다.(송호정, 2015, 『처음 읽는 부여사』, 사계절, 126~127쪽)

32) 歲正月, 諸長小會單于庭, 祠. 五月, 大會龍城, 祭其先·天地·鬼神 『漢書』 권94上 匈奴傳上

33) 國有君王, 皆以六畜名官, 有馬加·牛加·豬加狗加大使·大使者使者(『三國志』 魏書 東夷 夫餘)

위치하여 일찍부터 목축이 성행하였다. 부여 관명에서 고위직에 육축명을 관칭한 것은 그러한 경제 구조를 반영한 것이다.[34] 그리고 이는 부여가 목축을 중시한 유목·수렵 사회와 깊은 관계가 있음을 보여주는 것이기도 하다.[35]

관명에 가축의 이름을 붙인 사례는 목축을 기간산업으로 하였던 유목 국가에서 종종 보인다. 유목 민족인 거란이 세운 遼에는 '抹里(摩哩)'라는 관부가 있는 것으로 나온다.[36] 여기서 마리가 어떤 직능을 가졌는지는 나오지 않지만, 『滿洲原流考』에 말리가 말(馬)이라는 뜻으로 나오므로, 그것이 말을 의미함을 알 수 있다.[37] 요의 이러한 사례는 정확히 알 수는 없지만 그 기원이 부여의 육축명 관명과 유사한 것으로 추정된다.

그리고 관명은 아니지만, 칭기즈 칸이 몽골 제국을 건설할 당시 최측근 장수들을 4駿馬, 4狗 등으로 부른 것은 매우 유명한 사실이다. 이것은 이들 장수가 칭기즈 칸의 심복이었다는 점에서 유목민들에게 친숙하고 중요한 가축인 말과 개로 비유해서 붙인 것을 수도 있다. 하지만 실제로는 당시 몽골 유목민들의 전통적 관명인 aptači(管馬, 籠馬)에서 기원한 것일 가능성이 크다.[38]

---

34) 이병도, 1983, 『삼국사기(상)』, 을유문화사, 214쪽.

35) 송호정, 1997, 「부여의 정치와 사회」『한국사』 4, 국사편찬위원회.
다만 그 내역을 자세히 살펴보면 유목 사회에서 말 다음으로 중요한 가축인 양이 빠지고 돼지가 들어와 있는 것을 볼 수 있다. 돼지는 실제 고고학 자료를 통해 볼 때 부여에서 가장 중요한 가축이었을 것으로 추정된다(송호정, 위의 글, 1997 참조). 돼지는 읍루의 특산물로 기록되어 있고, 이후 물길이나 말갈, 여진 등도 매우 중요한 가축으로 길렀다. 이들 수렵 민족에게 있어서 돼지는 유목 민족의 양만큼이나 소중한 가축으로 여겨졌음을 보여주는 것이다.

36) 『遼史』 권116 國語解.

37) 이성규 외, 2013, 『알타이어족 언어의 관직명 연구』, 단국대학교출판부, 55쪽.

38) 이성규 외, 앞의 책, 106~107쪽 참조.

한편, 부여의 최고 관직으로 인식되는 大使와 왕명을 수행한 것으로 생각되는 使者가 유목 민족 선비족의 국가인 북위에도 유사한 제도가 있어 주목된다. 북위의 使者는 왕명을 띠고 지방에 대한 감찰 관련 업무를 수행한 것으로 보이고, 그것이 이후 大使로 변경되어 더욱 광범위하게 관련 업무를 처리한 것으로 파악되고 있다.[39] 북위 관제가 유목적 특성이 강함을 감안한다면, 부여의 사자와 북위의 사자는 본래 유사한 역할을 한 것으로 추정할 수가 있다.

부여의 제가들은 반독자적인 형태로 자신들의 영역(사출도)를 관장하고 왕의 옹립과 폐립도 주도하였는데, 이는 선우의 선출 등 국가 대소사를 결정하였던 흉노의 부족장 회의, 칸의 선출 등을 결정한 몽골의 쿠릴타이, 금의 발극렬 회의, 후금의 패륵 회의 등과 매우 유사하다. 고구려의 제가 회의 또한 비슷한 역할을 하였음을 짐작할 수 있다.

고구려 역시 정치 체제면에서 북방 문화적 요소가 짙은 제도가 존재한다. 좌·우보제가 그것이다. 고구려의 좌·우보는 대무신왕 5년 무렵에 처음 그 존재가 확인되고, 신대왕 2년 국상제로의 전환 전까지 고구려 초기 최고위직이었다.

지금까지의 연구에 의하면 고구려의 좌·우보는 대체로 종신직이며, 大加급이 임명된 것으로 이해된다. 그리고 좌·우보는 국상에 비해 고구려의 집권화가 미숙한 단계에서 나부에서 큰 세력기반을 가진 인물들이 보임되며 왕권과 大加 세력을 조율하는 역할을 하였던 것으로 추정된다. 그리고 좌·우보제는 지배층이 부여, 고구려에서 출자한 것으로 여겨지는 초기 백제에서도 시행되었다. 백제의 좌·우

39) 최진열, 2005, 「북위시대 사직의 출현과 그 의의-북위 사직의 시론적 고찰」『중국고대사연구』 14 참조.

보는 역임자가 왕족이나 北部 출신으로 원고구려, 부여계 인물들이고 종신직이었던 것으로 파악된다. 백제의 좌·우보제 역시 고구려와 마찬가지로 초기 국가 단계에서 사용된 초보적 통치 체제로서, 미분화된 족적 지배 질서에 기반한 정치적 전통으로 여겨진다.[40)]

고구려, 백제의 좌·우보제와 같은 형태의 통치 체제는 그와 유사한 형태가 유목 국가들에게서 찾아진다. 특히 흉노의 사례는 매우 전형적이다.[41)] 유목 국가 흉노는 군주인 선우를 중심으로 좌, 우현왕에서 좌, 우골도후까지 휘하의 영역이나 지배층을 좌우로 구분해 편제하였다. 이들 중 좌, 우현왕과 녹리왕 등은 대체로 선우의 종실 인물들이 임명되어 주로 군정을 담당하였고, 좌, 우골도후는 선우를 도와 내정을 보좌한 직책이다.[42)] 흉노의 이러한 통치 구조는 고구려와 매우 유사한 형태를 띠는 것이다.

그리고 시기가 조금 떨어지는 것이기는 하지만 백제에서는 실제로 좌, 우현왕을 임명한 기록이 있다.[43)] 고구려 또한 동천왕이 오나라로부터 單于로 봉해졌고,[44)] 부여왕을 선우로 칭하기도 하였다. 주지하다시피 선우는 흉노와 오환, 선비 등 유목 군주의 전통적인 칭호이다. 이는 부여, 고구려 및 백제의 지배층이 그 뿌리가 북방의 유목·수렵적 전통을 가진 집단이거나, 적어도 외부(중원 왕조)의 시각

---

40) 조영광, 2011, 「고구려 초기의 국가 형성」, 경북대학교 박사학위논문, 156~164쪽.

41) 置左右賢王, 左右谷蠡王, 左右大將, 左右大都尉, 左右大當戶, 左右骨都侯. 匈奴謂賢曰屠耆, 故常以太子為左屠耆王. 自如左右賢王以下至當戶, 大者萬騎, 小者數千, 凡二十四長, 立號曰萬騎. 諸大臣皆世官(중략)而左右賢王, 左右谷蠡王最為大, 左右骨都侯輔政. 諸二十四長亦各自置千長, 百長, 什長, 裨小王, 相, 封都尉, 當戶, 且渠之屬(『史記』 권110 匈奴列傳)

42) 馬長壽, 2006, 『北狄與匈奴』, 廣西師範大學出版社, 53.

43) 『宋書』 권97 蠻夷 百濟傳.

44) 『三國志』 권47 吳書 吳主傳2.

에서 볼 때 그만큼 부여와 고구려 사회가 북방 유목 민족의 그것과 닮아 있었기에 가능한 것이다.

또한 초기 고구려사에서 보이는 絶奴部(椽那部)의 존재가 주목된다. 椽那部는 소위 왕비족으로 지칭될 정도로 초기 고구려 사회에서 적지 않은 기간 동안 왕비를 독점적으로 배출하였다. 이러한 전통과 체제 역시 북방 유목 국가들에게서 쉽게 찾아진다. 군주(선우, 가한 등)를 배출하는 핵심 씨족[45]과 이들과 연계하는 왕비족 등 유력 귀족들이 부족 연합의 형태로 핵심 집단을 이루고 있었음이 발견된다. 특히 유목 국가의 집권층을 구성한 핵심 집단 중 왕비족이 존재한 것이 큰 특징이다. 흉노의 경우 연제씨, 돌궐은 아사덕씨, 거란의 소씨, 몽골의 옹기라트부 등이 대표적 사례라 하겠다.

고구려가 계루부에서 왕을, 연나부에서 대대로 왕비를 배출했다는 사실은 이들 유목 국가와 매우 유사한 사회 구조를 갖고 있었음을 추론케 한다. 이처럼 군주족, 왕비족 그리고 여타 유력 집단(부족)이 연합해 핵심 집단을 구성하고 이를 토대로 주변의 집단이나 국가를 정복해 나가며 성장하는 것은 유목 국가의 큰 특징이다.[46]

한편 부여, 고구려의 수장층 칭호에서도 북방 문화적 요소를 확인할 수가 있다. 고구려의 경우는 古鄒加, 相加, 大加, ~加 등의 표현에서 볼 수 있듯이 수장을 加로 칭하였고, 이는 馬加, 牛加 등의 명칭이 보이는 부여와도 같은 것이다.[47] 백제의 於羅瑕 역시 동일 기

---

45) 최초의 유목 국가에 해당하는 흉노는 선우를 배출하는 虛連題씨, 유연과 돌궐은 가한을 배출하는 욱골려와 아사나씨 등이 존재하였으며 거란의 야울씨와 몽골의 알탄 우룩 역시 이와 같다고 볼 수 있다.

46) 김호동, 1989, 「고대유목국가의 구조」 『강좌 중국사』 Ⅱ, 지식산업사, 270~271쪽.

47) '加'가 거란어에서 관명을 의미하는 접두사 '剋(음 새김은 ga)'와 관련이 있다는 비교언어학적 연구 성과도 나와 유의할 필요가 있다.(이성규, 2012, 「요사 국어해의 거란어 연구」 『몽골학』 32, 171~172쪽)

원을 가진 단어로 파악된다.[48] 부여와 고구려의 加는 한반도 남부에 있었던 신라나 가야의 干[49]과도 통하는 수장층을 지칭한 접미어이다.[50] 부여와 고구려는 물론 신라와 가야까지 수장에 대하여 加나 干을 대표음으로 취하는 유사한 칭호로 불렀음이 확인된다.[51] 이처럼 예맥계 종족의 족장, 군주명으로 사용되던 한은 점차 주변의 퉁구스, 몽골계 종족들에게 확산되어 갔고 유연 단계에 오면 몽골계 유목 군주의 칭호로 확립된 것으로 보인다.[52]

본래 북방 유목 민족들이 사용하던 최초의 군주호는 선우이다.[53] 이는 전, 후한대는 물론 위, 진대까지 중국 왕조가 북방 종족 수장에게 사여한 칭호가 선우였음을 통해 알 수 있다. 관구검기공비에도 오환 선우가 등장한다. 심지어 고구려 군주도 이 칭호를 받은 예가 있다.[54] 그러나 이러한 북방 유목 민족 군주의 칭호는 유연 단계 이후 가한(칸)으로 갑자기 변화되는데,[55] 그 배경에는 예맥계 국가인 고구

---

48) 도수희, 2005, 『백제어 연구』, 제이앤씨.

49) 주지하듯 신라는 군주를 居西干(居瑟邯), 麻立干 등으로 칭하거나, 관명에 伊伐干(舒發翰, 舒弗邯), 阿干 등을 사용하며 干(翰, 邯)을 지배자의 호칭으로 쓴 것을 확인할 수 있다. 이는 가야에서도 비슷한 양상을 보이는데, 九干, 旱岐 등의 표현을 사용한 것에서 알 수가 있다.

50) 加와 干간이 音이 상통하는 같은 표현이라는 견해는 일찍부터 제기되었다.(白鳥庫吉, 1896, 「朝鮮古代官名考」, 『史學雜誌』 7-4)

51) 한반도 중·남부 지역에 위치하였던 삼한의 경우는 가 또는 간이 부족장 혹은 군주의 칭호로 사용된 예가 직접적으로 보이지는 않는다. 그러나 그 후신이라 할 만한 신라나 가야가 그와 같은 명칭을 사용하였으므로 연장선상에서 이해할 수 있지 않을까 한다.

52) 조영광, 2014, 「고구려 광개토, 장수왕 시기 한·예족의 복속과 고구려인화」 『영남학』 25, 91~93쪽.

53) 單于, 匈奴天子之號也(『漢書』 권22 文帝 本紀 後二年 六月條 夾註)

54) 遣使者謝宏中書陳恂拜宮爲單于(『三國志』 권47 吳書 吳主傳)

55) 최진열, 2012, 「고구려 광개토대왕 전후 왕호의 성격-오호제국, 북위의 묘호, 시호 및 유목국가의 가한호와의 비교-」, 『한국고대사연구』 67, 36~37쪽 참조.

려, 부여 등과의 지속적인 접촉이 있었던 것으로 생각된다.[56] 고구려는 可汗神으로 불린 조상신도 존재하였다.[57] 양자 간에는 사회 풍속 및 정치 체제 등 여러 가지의 유사점을 토대로 지속적으로 상호 영향 관계를 형성하고 있었을 개연성이 크다.

3. 부여의 지리적 위치와 고고학 발굴 성과를 통해 본 북방 문화적 요소

부여는 예맥계 국가 중 가장 이른 시기에 국가를 형성하고 선진문화를 이룩하며 주변의 종족과 국가들에 많은 영향을 끼쳤다. 고구려 역시 부여를 자신의 모태로 인식하였다. 이러한 부여의 지리적 위치는 오늘날 중국 길림성 중북부 지역의 吉林市 부근에 그 초기 중심지가 있었던 것으로 이해되고 있다. 吉林市 지역은 제2송화강을 끼고 일찍부터 西團山 문화가 발달하며 높은 수준의 농업 중심 문화를 영위하였다.[58]

그런데 기록을 통해 보았을 때 부여, 적어도 부여의 지배층이 원래부터 吉林市 지역에 거주하고 있었던 것이 아니라 타지에서 이주해 온 것으로 나타난다. 앞에서 살펴본 사료 A-(1)의 기록이 그것이다. A-(1)은 부여의 시조 동명이 북쪽의 槖(索, 藁)離國에서 남쪽으로 이동해 와 부여를 세웠음을 전하고 있다. 해당 기록이 비록 신화의 형태를 띠고 있기는 하지만, 신화는 역사성을 강하게 반영하고 있으므

---

56) 고구려는 『舊唐書』에서 전하는 可汗神의 존재 등으로 통해 볼 때 가(간, 가한) 등은 족장이나 군주에 대한 칭호로 사용하였음을 추측할 수 있다.

57) 其俗多淫祀, 事靈星神, 日神, 可汗神, 箕子神(『舊唐書』 卷199上 東夷 高麗)

58) 기원전 7~3세기 무렵 吉林市 일대를 중심으로 발달한 西團山 문화의 주체는 부여의 선주민인 예맥으로 파악된다.(李健才, 「關于西團山文化族屬問題的探討」 『社會科學戰線』 1985-2)

로 적어도 부여의 시조인 동명이 북쪽의 모처에서 吉林 지역으로 이동해 와 국가를 건립한 것은 사실로 받아들여도 무방해 보인다.[59)]

그렇다면 吉林市 지역으로 이동해 와 부여를 건립한 세력의 원주지, 즉 탁리국의 위치는 어디일까? 현재로선 그 정확한 위치를 비정하기는 어렵지만, 부여 초기 중심지에서 멀지 않으면서도 이른 시기부터 고고 문화가 발달한 북쪽 지역이 유력하다. 이러한 조건에 부합하는 지역은 吉林省 북부 지역의 松嫩 평원과 黑龍江省 남부 지역의 3肇 지역이다. 이 지역은 기원전 8세기 이전부터 白金寶-漢書 문화가 발달하였다.[60)] 현재는 해당 문화 층위 중 상층 문화, 즉 漢書 2기 문화를 초기 부여와 탁리국의 문화로 연결하여 이해하는 견해가 우세하다.[61)] 그 중심지에 대해서는 의견이 분분하지만 대체로 제1송화강 상류 지역이나,[62)] 흑룡강성 濱縣 지역에서 조사된 慶華城址 등으로 비정되고 있다.[63)]

이처럼 원부여 세력 혹은 부여 지배층이 북쪽에서 남하해 왔을 가능성에 대한 신빙성을 높여주는 것이 豆莫婁國의 존재이다. 사료에 의하면 두막루는 부여가 멸망한 후 그 일부가 북쪽으로 도망하여 세운 국가이다. 다음은 관련 기록이다.

---

59) 『三國志』에도 부여인들이 스스로를 도망쳐 온 사람, 즉 亡人으로 칭하였다는 기록이 존재하는 것으로 볼 때, 자신들이 이동해 왔다는 과거의 역사적 사실에 대하여 전승을 통하여 인식하고 있었음을 알 수 있다.

60) 黑龍江省文物考古工作隊, 「黑龍江省肇源縣白金寶遺址第一次發掘」 『考古』 1980-4; 吉林大學歷史係考古專業·吉林省博物館考古隊, 「大安漢書遺址發掘的主要收穫」 『東北考古與歷史』 1982-1.

61) 黑龍江省考古工作隊, 위의 글.

62) 이종수, 2009, 『송화강 유역 초기 철기 문화와 부여의 문화기원』, 주류성, 195쪽.

63) 王綿厚, 「東北古代夫餘的興衰及王城變遷」 『遼海文物學刊』 1990-2.

A 豆莫婁國, 在勿吉國北千里, 去洛六千里, 舊北扶餘也. 在失韋之東, 東至於海, 方二千里. 其人土著, 有宮室倉庫. 多山陵廣澤, 於東夷之域最爲平敞. 地宜五穀, 不生五果. 其人長大, 性强勇, 謹厚, 不寇抄. 其君長皆以六畜名官, 邑落有豪帥. 飮食亦用俎豆. 有麻布, 衣制類高麗而幅大, 其國大人, 以金銀飾之. 用刑嚴急, 殺人者死, 沒其家人爲奴婢. 俗淫, 尤惡妬婦, 妬者殺之, 尸其國南山上至腐. 女家欲得, 輸牛馬乃與之. 或言本穢貊之地也(『魏書』 권100 豆莫婁傳)

위 사료 A에서 확인할 수 있듯이 부여가 망하자 그 유민들 중 일부가 북으로 달아나 두막루국을 세운 것으로 나온다. 두막루국의 위치에 대해서는 정확히 알 수가 없지만 대체로 오늘날 중국 동북 지방의 북부 지역으로 추정된다. 이 두막루국의 정체성에 대해서는 부여와 별개의 종족으로 보는 견해와 사료 그대로 부여의 후예로 파악하는 견해로 대별된다.[64]

두막루가 종족적으로 부여의 직접 후예임을 부정하는 견해의 주된 근거는 그 언어가 몽골계 종족인 실위 혹은 거란 등과 같았다는 기록이다.[65] 수긍이 가는 부분이기는 하지만, 사료상 분명히 부여의

64) 전자는 노태돈의 견해가 대표적인데, 두막루는 부여와 별도로 존재하던 몽골계 종족 집단으로, 두막루인들이 고구려의 세력 확대에 따라 접경하게 되자 고구려의 북방 지역 인식에 영향을 받아 부여의 후계라 자칭하게 되었다고 보며(노태돈, 1989, 「부여국의 강역과 그 변천」 『국사관논총』 4, 국사편찬위원회, 47~48쪽), 박경철은 부여가 선비족의 공격으로 몰락한 시기 실위와 같은 몽골계 종족인 두막루가 부여의 영역으로 잠식하여 잡거하였고, 이후 고구려가 부여를 병합함에 따라 송화강 이북으로 구축되어 성립된 것으로 보고 있다.(박경철, 1992, 「부여사 전개에 관한 재인식 시론」 『백산학보』 40, 백산학회, 69~71쪽)
후자는 김정배의 견해가 대표적이다. 그는 『魏書』 등의 기록을 근거로, 두막루는 북부여를 계승한 나라로서 지배 집단은 예맥족으로 구성되어 있고, 풍습은 부여와 매우 유사했다고 파악하였다.(김정배, 1991, 「두막루국 연구: 부여사의 연결과 관련하여」 『국사관논총』 29)

65) 사료에 따르면 두막루의 언어는 실위, 고막해, 거란 등과 같은 것으로 나온다.(室

후예임을 자처하고 있고, 과거 부여와 같은 풍습을 갖고 있었다고 기록된 것을 볼 때 오히려 두막루가 지리적 요인으로 인하여 본래의 언어에 변개가 있었던 것으로 보는 것이 더 자연스러운 해석이 아닐까 한다.[66] 이러한 사례는 고래로 다양한 종족이 교차하였던 실크로드 지역에서도 빈번하게 찾아진다.

대체로 탁리국과 비슷한 위치에 있었을 것으로 추정되는 두막루국의 소재지를 지도에 표시해 보면 다음과 같다.

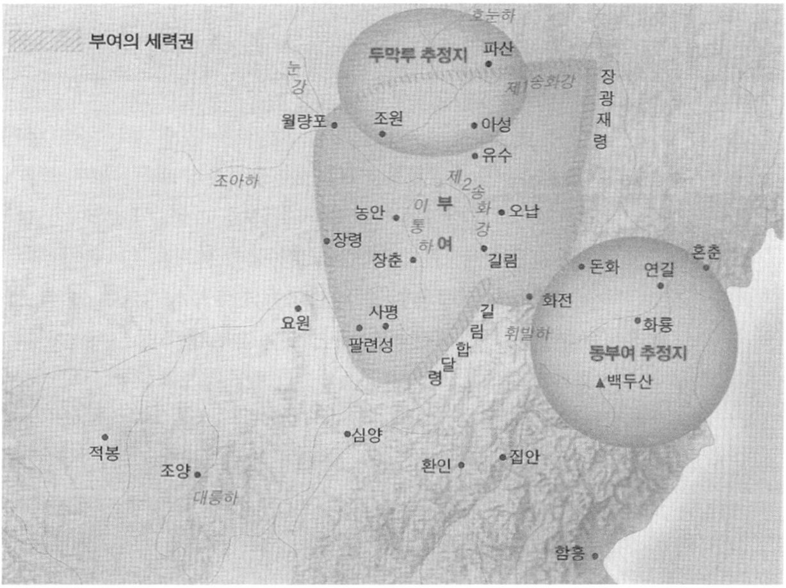

〈지도〉 두막루(탁리국)의 추정지[67]

韋國在勿吉北千里 (중략) 國土下濕, 語與庫莫奚·契丹·豆莫婁國同(『北史』 권94 室韋傳)

66) 유태용은 두막루의 언어가 초기에는 부여어와 동일했으나 후기에는 거란어가 많이 유입되어 혼합된 것으로 보았다.(유태용, 2004, 「두막루국 흥망사 연구 시론」 『백산학보』 70, 153쪽)

67) 〈지도〉는 고구려연구재단 편, 2004, 『고조선·단군·부여』, 126쪽에서 인용한 것임.

중요한 점은 위의 〈지도〉에서 부여의 전신에 해당하는 탁리국과 후예라고 칭해진 두막루는 모두 오늘날 중국 길림성 북부, 흑룡강성 지역의 북방 문화적 전통이 강한 지역에 소재하였다는 점이다. 해당 지역은 고대에는 농경 생산이 지극히 불리한 곳이었고, 거주민들도 주로 유목과 수렵에 종사하였다. 부여의 후예라 주장하면서도 몽골계 유목 민족들과 같은 언어를 사용하였던 두막루의 사례는 이를 극명히 보여주는 것이다.

부여의 초기 중심지인 오늘날 길림시 지역은 농경의 북한계에 해당되는 지역으로, 기록도 그와 부합된다.[68] 그런데 부여의 모태가 되었던 탁리국이나 두막루는 이보다 훨씬 북쪽에 위치하였으므로 사실상 농업이 기본 경제가 되기는 어렵고 목축이나 수렵 위주의 생산 방식에 의존할 수밖에 없는 지역인 것이다. 실제로 이후 이 지역은 흑수 말갈과 생여진의 근거지로, 이들은 모두 목축과 수렵 활동에 경제적 기반을 두고 있던 종족 집단이었다.

위의 상황을 종합해 볼 때 유독 부여 혹은 원부여(탁리국)만 그러한 혹독한 기후 환경을 이겨내고 농경을 중심으로 생활을 영위하였다고 해석하는 것은 무리이다. 결국 부여, 적어도 부여의 지배층은 본래 유목, 수렵 경제 중심 지역에서 반농반목 지역인 부여로 이주해 와 정착하면서 현지 토착민과 융합해 부여를 세웠다고 추론하여도 크게 틀리지 않는다 생각된다.[69]

---

68) 『三國志』 夫餘傳에 '有五穀無五果'라는 기록이 있는 것을 통해 볼 때, 과실 농사는 어렵고 잡곡만 가능하였다는 부여의 기후 조건은 사실상 농경의 북한계지로 이해할 수 있다.

69) 부여 건국이 기원전 2세기 후반 흉노의 팽창으로 인한 동호의 분열과 이에 따른 연쇄 반응으로서 오늘날 제1송화강, 눈강 일대에 있던 원부여(탁리국) 세력의 남하로 인한 것이라는 주장이 제기되었다. 이 지역이 아주 이른 시기부터 예맥계, 퉁구스계, 몽골계 제종족들이 교차하던 곳임은 무덤 양식 등을 통해서 확인

생산 방식이 사회 구조와 문화의 형성에 큰 영향을 미치는 것은 사실이지만, 현재 영위하고 있는 생산 방식이 그 사회의 성격이나 기원까지 모두 알려주지는 않는다. 예컨대 유목이라는 생산 방식은 그러한 경제생활을 영위하는 집단에게 소위 유목 사회적 특성을 갖도록 하는 데 결정적인 조건이다. 그러나 유목이라는 생산 방식 자체가 유목 생활을 하였던 사람이 어떠한 조건에서도 그것을 고수하도록 하지는 못한다.

목축은 농경에 비해 보다 가혹한 조건에서 식량 생산이 가능한 생산 방식이었고, 유목민들은 자신들에게 주어진 거친 자연 조건에 적응해 그러한 생산 방식을 영위한 것이다. 그러나 보다 안정적이고 높은 수확을 보장하는 농경에 적합한 환경이 주어지면 언제든 기존의 유목 생활을 버리고 농경으로 전환이 가능하다.[70)]

부여 역시 농경에 적합한 吉林 지역에 정착하며 농업 위주의 경제생활을 영위하였지만, 그것이 부여가 원래부터 농경 중심의 사회였다는 것을 입증해 주는 요소는 아니라는 것이다. 생산 방식과는 달리

가능하다.(이종수, 2009, 「무덤의 변화양상을 통해 본 부여사 전개 과정 고찰」 『선사와 고대』 30, 150~152쪽)

그리고 원부여(탁리국) 지역에서 부여 전기 중심지인 吉林市 지역까지 이르는 통로는 楡樹에서 서북쪽의 松原을 거쳐 肇源으로 이어지는 탁리국로나 길림시에서 舒蘭, 五常, 尙志를 거쳐 목단강을 경유하여 북옥저로 이어지는 북옥저로였을 것으로 추정된다.(이종수, 2013, 「부여의 대외교류와 교통로 연구」 『백산학보』 95)

70) 실제로 유목 민족인 위구르족이 강제로 농경 지역으로 천사되어 적응하기까지는 80년이 채 걸리지 않았던 것으로 나온다.(하자노프 저·김호동 역, 1990, 『유목사회의 구조』, 지식산업사, 277쪽) 그리고 남흉노 역시 중국 내지로 이동하여 농경 생활을 접하며 불과 100년도 되지 않아 기존 유목 생활 방식을 거의 상실하였다고 한다.(澤田 勳, 1996, 『匈奴-古代遊牧國家の興亡』, 東方書店 참조) 이는 생산 방식 자체는 생물학적으로 3세대가 채 지나기도 전에 쉽게 바뀔 수 있음을 보여주는 사례이다.

오랜 세월 동안 역사적 경험이 축적되며 형성된 사회 구조나 습속 등은 하루아침에 바뀌지 않았을 것이다. 그래서 농업 중심의 사회임에도 불구하고 부여 사회 전반에서 유목·수렵 문화적 성격이 농후하게 나타났던 것이다. 농업은 부여 중심 세력이 북에서 남으로 이동해 와 吉林 지역에 정착하면서부터 본격적으로 받아들인 것으로 추정된다. 이러한 이동의 과정은 고구려, 백제 지역으로까지 이어졌던 것으로 보인다.[71]

한편, 일부이기는 하지만 부여 세력권에서 유목 문화적 특징을 가진 고고 발굴 성과들이 있어 이목을 끈다. 부여 중심지에서 서쪽에 위치한 요령성 서풍현에서 조사된 西岔溝 유적이 그것이다. 서차구 유적은 발굴 초기에는 선비족의 무덤으로 알려졌지만 현재는 부여의 것으로 인정되는 분위기이다.[72] 유적이 발견된 곳은 부여와 선비 세력권이 경계 지대에 위치하지만 대체로 부여 세력권에 가까운 것으로 나타난다. 서차구 유적에서 발굴된 여러 부장품 중 동물문양의 패식과[73] 동복 등은 흉노, 선비 등 북방 유목 민족들에게서 발견되는

71) 부여족(혹은 예맥족)이 지속적으로 북에서 남으로 이동하였음은 동명 신화는 물론 고구려 건국 신화인 주몽 신화, 백제의 온조와 해씨 세력 등을 통하여 확인할 수가 있다.

72) 처음 西岔溝 유적이 발굴되었을 때는 그 출토 유물의 양상이 북방 초원 계열과 매우 유사하여 주체를 흉노로 보는 견해가 제출되었고(孫守道, 「匈奴西岔溝文化古墓群的發現」『文物』 1960-8), 오환으로 파악하기도 하였다(曾勇, 「遼寧西豊西岔溝古墓群爲烏桓文化遺迹論」『考古』 1961-6). 이후 관련 연구가 축적되며 해당 문화 담당 주체를 부여로 보는 견해가 우세하다.(林沄, 1998, 「西岔溝形銅柄鐵劍與老河深彩嵐墓地的族屬」『林沄學術論文集』, 中國大百科全書出版社)

73) 흉노는 주로 청동제의 양식화된 동물문양이 새겨진 허리띠 판식 또는 다른 종류의 판식, 금은 장식, 고리, 마구나 장비에 사용된 장식, 혹은 암사슴 모양으로 긴 창의 끝부분을 장식한 것이 대표적인 특징으로 나타나며 이를 오르도스 예술이라고 한다.(르네 그루쎄 저·김호동 등 역, 1998, 「스키타이와 훈」, 『유라시아유목제국사』, 사계절)

표지유물에 해당된다고 한다.[74]

이와 유사한 유물 출토 양상을 보이는 것이 彩嵐 유적이다. 해당 유적은 西岔溝 유적에서 동쪽으로 약 30km 정도 떨어진 吉林省 東遼縣에 소재하고 있으며,[75] 아직 정식 발굴이 이루어진 것이 아니어서 유적의 정확한 특성을 파악하기는 어려운 실정이다. 그러나 彩嵐 고분군의 일부가 파괴되어 출토된 유물 중에 흉노 계통과 유사한 동물문양 패식이 나왔고 함께 출토된 청동방울과 철촉 등도 북방 초원 지역의 고분에서 보편적으로 보이는 것이다. 그리고 금, 은제 귀걸이 역시 西岔溝와 老河深 유적에서 많이 볼 수 있는 것이다.[76]

이들 유적과 더불어 부여 물질문화의 북방 문화적 특성을 엿볼 수 있는 것이 老河深 유적이다. 老河深 유적은 吉林省 楡樹縣에 소재한 3개의 층위에서 총168기의 무덤이 조사되었다.[77] 유적은 입지상 부여 중심지에서 북쪽에 해당된다. 이 유적에서는 漢系로 추정되는 철기 유물과 더불어 西團山 문화를 계승한 부여식의 토기 묘장 등이 확인되었다. 이와 함께 동물 문양의 透彫 金飾牌, 화장 풍습 등 선비 계통의 흔적도 확인되고 있다. 老河深 유적에서 말 머리나 이빨 등을 함께 묻는 이른바 말 순생 풍습이 다수 보이는데, 그것은 북방 종족에게서 자주 볼 수 있는 매장 풍속이다.[78]

老河深 유적이 북방 유목 문화적 성격이 강함은 일찍부터 제기되

---

74) 潘玲, 2003, 『伊沃爾加城址和墓地及相關匈奴考古問題研究』, 吉林大學博士學位論文.

75) 劉升雁, 「東遼縣石驛公社古代古墳出土文物的硏究」 『博物館硏究』 1995-1; 「東遼縣石驛鄕漢代透彫銅牌」 『中國考古學年鑒』, 文物出版社, 1986.

76) 송호정, 앞의 책, 162～163쪽.

77) 吉林省文物考古硏究所, 1987, 『楡樹老河深』.

78) 이종수, 2009, 「무덤의 변화 양상을 통해 본 부여사 전개과정 고찰」 『선사와 고대』 30, 137～138쪽.

었다. 다만 그 성격을 규명함에 있어 연구자들마다 주장이 조금씩 갈리는데 북방 유목 문화적 성격이 강하나 부여의 중심 문화가 아니라 반독립적 세력이었을 것으로 보거나,[79] 그것이 부여 중심 문화라는 것에는 동의하지 않았지만 부여 권역 내의 것임은 인정하는 견해도 있다.[80]

이처럼 유목 문화적 특성이 강한 西岔溝, 彩嵐, 老河深 문화의 기원에 대해서는 기원전 2세기~서기 1세기 무렵 흉노 문화의 발흥으로 인해 중국 동북 지방의 서쪽 지역에 북방 유목 문화가 대거 유입된 것으로 파악하기도 한다. 그 연장선상에서 동물뼈, 동물 문양 장식, 동복, 동검과 철검 등이 발굴된 老河深, 彩嵐, 西岔溝 문화 등이 이에 해당되고, 시기적으로 보았을 때 선비와 관련이 깊다고 한다. 그리고 이러한 문화의 확산은 유목 경제의 확산을 동반하였다.[81]

위와 같은 형태의 문화 유입과 혼합은 비단 이 시기에만 이루어진 것은 아니라 생각된다. 그리고 해당 지역에서 유목 문화적 성격이 강한 유물들이 나왔다는 사실은 유목 집단의 이주로 인한 결과로 볼 수 있겠지만, 지리적으로 볼 때 부여 중심 집단이 그러한 문화적 인소를 포함하고 있었을 가능성도 존재한다.[82] 지금까지 살펴본 바와

---

79) 오영찬, 1999, 「유수 노하심 유적을 통해 본 부여 사회」 『한반도와 중국 동북 3성의 역사와 문화』, 서울대학교출판부.

80) 강인욱은 부여 지배 집단 중심 문화의 성격에 대한 판단은 유보하였지만, 부여 내에 다양한 문화와 생산 양식을 가진 집단이 공존하였다고 보았다.(강인욱, 2009, 「鞢鞨文化의 形成과 2~4세기 邑婁·鮮卑·夫餘系文化의 관계」 『고구려발해연구』 33, 29~30쪽)

81) 강인욱, 위의 논문, 22쪽.

82) 고구려 초기 중심지인 桓仁의 망강루 유적에서도 老河深 유적에서 나온 것과 유사한 금제 귀걸이가 출토된 바가 있다(王綿厚, 「高句麗起源的國內外代表性觀點解釋-再論高句麗族源主體爲遼東'二江'和'三河'上游貊部說」 『社會科學集刊』 2006-1). 이것은 부여 혹은 초기 고구려 문화의 담당자가 북방 유목·수렵 문화

같이 부여의 기원에 사료와 교통로 등을 고려할 때 부여가 유목, 수렵 문화적 전통이 강한 북방 지역에서 기원하였음은 분명하기 때문이다. 이와 같은 북방 문화적 전통을 갖고 있던 부여에서 이동해 온 초기 고구려의 지배층도 그러한 습속을 갖고 있었으리라는 점을 추측키란 어렵지 않다.

소결

부여의 지리적 위치는 농업 경제와 유목 경제 지역의 교차지에 위치하여 일찍부터 목축이 성행하였고, 그로 인해 사회 구조와 문화적 측면에서 유목 사회적 특징이 큰 것으로 인식된다. 사회 풍속 중 취수혼은 유목·수렵 사회적 특징이 가장 농후한 것이다. 취수혼은 흉노, 거란, 몽골, 여진 등 여러 유목·수렵 민족들에게서 찾아지는 혼인 풍속으로, 아버지와 형이 사망하면 계모나 형수를 아내로 한 전통이다. 娶嫂婚(levirate)은 농경 사회에서는 악덕으로 여기지만 유목 경제하의 북방 종족들에게는 동산(가축) 위주의 재산과 종족 집단의 유지를 위해 필연적으로 존재한 제도로 인식되었다. 이와 같은 취수혼의 전통이 부여와, 고구려에서도 행해진 것으로 나타난다.

고구려는 취수혼 외에도 率壻婚(데릴사위제)라는 독특한 혼속이 있었던 것으로 전해지는데, 이 또한 유목, 수렵 경제 중심이었던 북방 종족들 사이에서 흔하게 보이는 풍습이다. 솔서혼은 소위 婚納金制로, 賣買婚의 형태를 띤 것이다. 이처럼 북방 유목, 수렵 민족들과 고구려에서 보편적으로 나타났던 매매혼의 풍습은 부여에서도 있었

적 전통을 강하게 지닌 집단이었음을 유추케 하는 부분이다.

던 것으로 여겨진다.

부여, 고구려와 북방 유목 사회와의 연관성은 건국신화에서도 확실히 나타난다. 잘 알려진 대로 고구려 건국신화인 주몽 신화는 본래 부여 건국신화인 동명 신화에 뿌리를 두고 있다. 두 신화는 기본적으로 같은 모티프에 일부 요소를 빼고는 거의 같은 화소들로 이루어져 있다. 두 신화의 가장 중요한 화소인 日光感應은 선비족을 필두로 북방 몽골계 유목 민족 시조 설화에 공통적으로 나온다. 또한 魚鼈浮橋 설화 역시 북방계 유목 민족의 설화에 흔히 등장하는 것이다.

부여, 고구려 사회의 북방 문화적 특성은 그 정치 체제에서도 엿볼 수 있는데, 부여의 경우 왕을 정점으로 그 아래에 마가, 우가, 저가, 구가 등 가축의 이름을 딴 대가들의 존재이다. 국왕을 제외한 부여 최고의 지배자인 이들이 육축명으로 호칭을 삼았다는 것은 부여가 그만큼 목축업을 중시하였음을 방증하는 것이다. 또한 이들은 반독자적인 형태로 자신들의 영역(사출도)를 관장하고 왕의 옹립과 폐립도 주도하였는데, 이는 선우의 선출 등 국가 대소사를 결정하였던 흉노의 부족장 회의, 칸의 선출 등을 결정한 몽골의 쿠릴타이, 금의 발극렬 회의, 후금의 패륵 회의 등과 매우 유사하다. 고구려에도 이와 유사한 성격의 제가 회의가 있었던 것으로 전해진다.

고구려 초기에 확인되는 최고 관제인 좌·우보제 또한 유목 사회의 특징을 지닌 것으로 볼 수 있다. 좌·우보제는 초기 백제에서도 확인이 되는데, 백제의 경우 지배층이 북방의 부여(혹은 고구려)에서 기원하였음은 잘 알려진 사실이다. 그리고 정치 체제 역시 북방 유목 민족의 부족적 전통에 기초한 통치 방식과 매우 유사한 모습을 띠고 있다. 선우나 가한 아래 좌, 우현왕이나 좌·우보라는 최고관을 두는 형태의 통치체제는 흉노를 비롯한 동북아시아 유목국가들에서 빈번하게 찾아진다.

고구려는 지리적으로 한반도의 북쪽 중국 동북 지역에 위치해 있어 그 생존과 발전이 북방 종족과의 관계에서도 큰 영향을 받았다. 실제 고구려는 건국 초기부터 중국의 대 북방 종족 견제에 강제로 동원되기도 하였고, 고구려 자체적으로도 북방 종족들과 적지 않은 교섭과 항쟁을 벌인 기록이 남아 있다. 또한 초기 고구려사에서 보이는 절노부(연나부)의 존재가 주목되는데, 이는 왕비족을 두는 유목 민족의 전통과 일맥상통하는 것이다.

고고학적으로도 부여와 고구려에서 유목 문화의 관련이 큰 유물, 유적이 발견된 사례가 적지 않다. 근래에 출토된 부여, 고구려 유물 중에는 북방 유목 민족들이 즐겨 사용했던 동물 문양을 한 금제 관식, 귀고리 등이 보고되었고, 부여의 묘장 유적으로 확인된 西岔溝나 彩嵐 유적의 경우도 발굴 초기에는 선비의 것으로 알려질 정도로 유목 민족의 문화와 닮은 점이 많다.

제5장

예맥 족명과 고구려, 부여 국호의 의미

부여와 고구려는 오늘날 한민족의 조상이 되는 예맥족이 세운 대표적인 국가이다.[1] 한국 고대사 자체가 자료 부족의 한계로 인하여 연구에 많은 어려움이 있지만 예맥, 부여, 고구려 등 북방사 분야는 지난 세기까지도 학문 내외적인 문제들로 인하여 연구에 미진한 부분이 많았다. 그렇지만 그러한 상황은 여러 가지 상황 변화와 연구 환경의 개선 등을 통해 적지 않은 부분이 해소되고 의미 있는 연구 성과들도 다수 배출되었다.

그러나 본장에서 다루고자 하는 부여와 고구려 혹은 그 중심 종족인 예맥의 명칭 자체가 갖는 의미에 대한 연구는 근대 학문 초기에 이루어진 일부 기초적 단계의 연구를 제외하면 지금까지도 우리 역사학계에서 거의 다루어지지 못한 실정이다. 이는 고대 국가 혹은 종족 명칭의 기원과 의미에 대한 역사학적 고찰이 쉽지 않기 때문이다. 본래 고대사가 지극히 적은 사료에 의존해 역사상을 복원해내야 하는 학문이지만, 국명이나 종족명은 그 중에서도 가장 이른 시기에 붙여지거나 칭한 것이어서 관련 자료가 극도로 희박해 그 원형과 의미를 밝혀내기가 더욱 어려울 수밖에 없다. 따라서 그 명칭의 기원과

1) 한민족의 기원에 대하여 현 학계에서 통설의 위치에 있는 견해는 남북방 이원설로서, 이른바 북방 몽골리안 인종인 예맥계(濊貊係)와 남방 몽골리안 인종인 한계(韓係)가 결합하여 민족(nation)의 모태인 민족체(준민족, nationality)가 통일신라 혹은 고려 시대에 형성되었다고 파악하는 것이다.

뜻에 대한 역사학적 고찰보다는 어학적 고찰에 크게 의존할 수밖에 없는 실정으로, 초기의 연구도 거의 그에 의존하다시피 하여 진행되었다.

한국 고대 국가 형성기 연구를 위한 오늘날의 현실도 과학적, 실증적 역사연구 방법론이 본격적으로 도입된 지난 세기 초와 비교하여 활용 가능한 문헌 사료가 특별히 많이 확충된 상황은 아니므로 기존의 틀을 크게 벗어나기는 어려운 실정이다. 다만 현 시점에서는 역사학과 주변 학문의 연구 성과 축적과 질적 제고가 크게 이루어졌음에 의지하여 한국 고대 국가의 국명과 종족명에 대한 새로운 해석과 고찰을 시도해 보고자 하였다.

본장에서는 부여과 고구려의 국가명이 어디서 유래하였는지와 그 의미에 대한 지금까지의 연구 성과를 검토해 보고, 古音韻 분석, 알타이 제어와의 비교 등 기존의 어학적 분석 방법과 함께 관련 역사문헌의 재검토를 통해 분석해 보고자 한다. 아울러 두 국가의 주된 구성 종족인 예맥의 족명에 대하여 함께 살펴보겠다.

1. 예맥 족명의 유래와 맥의 의미

예맥은 한국사에서 가장 오래된 종족명이자 부여, 고구려의 주된 종족 구성원이다. 예맥은 연구자에 따라 견해의 차가 있기는 하지만 부여, 고구려 등 만주와 한반도 북부 지역에 있던 국가는 물론 동예나 삼한 등 한반도 중, 남부 지역의 초기 국가나 한민족 최초의 국가인 고조선과도 관련이 있었던 것으로 보여, 오늘날 한민족 형성의 근간이 되었던 종족으로 여겨지고 있다.

사료에서 예맥은 예(濊, 穢), 맥(貊, 貉)의 단칭으로 불리거나 예맥

(濊貊, 穢貊)의 연칭으로 칭해지기도 하였다. 한자 자체의 뜻만을 보면 예(濊, 穢)는 더럽다는 뜻이고, 맥(貊)은 짐승을 의미한다. 중국인들이 주변 종족의 이름에 이와 같이 길하지 못한 한자를 쓰는 것은 흔한 일로, 철저한 화이관에 입각하여 이종족을 대하는 고대 중국인의 시각과 태도를 짐작케 한다.

사실상 조선과 함께 우리 민족을 일컫는 호칭으로 가장 이른 시기에 등장하는 예맥에 대하여 지금까지 한국사학계는 한민족 혹은 고조선의 종족 기원 문제와 연관해 관심을 가져왔다.

예맥의 실체에 대한 지금까지의 견해는 크게 예·맥 동종설과 예·맥 이종설로 대별된다. 동종설은 말 그대로 예와 맥은 사실상 같은 족속으로 동일한 실체를 일컫는 명칭이라는 것이다. 이러한 견해는 조선후기 정약용을 필두로,[2] 근대 이후는 三品彰英이 先秦 문헌상의 맥은 북방 종족의 범칭으로 사용된 단어이며, 漢代에 이르러 보이기 시작하는 예는 부여, 고구려, 동예를 포괄하는 명칭이라고 보았다. 예맥은 예라는 실질적 민족명과 북방족에 대한 고전적 범칭인 맥을 결합시킨 것이라고 하였다. 그리고 고구려를 지칭한 맥은 민족명인 범예족 내의 특정 부족의 이름으로 이해하였다. 곧 한대 이후의 맥은 예와 동일계통이라는 것이다.[3]

윤무병은 예맥이라는 명칭은『史記』에서부터 사용되었는데, 예족과 맥족을 합친 범칭이 아니라 맥족인 고구려를 지칭한 것이었고, 한대 이후의 예와 맥은 동일한 계통 내에서 각각 구분되는 실체로 파악하였다.[4] 김정배 역시 예·맥은 동일계 족속으로 그 분포지역에 따

---

2)『我邦疆域考』권2, 薉貊考.

3) 三品彰英, 1953,「濊貊族小考」『朝鮮學報』4.

4) 윤무병, 1963,「濊貊考」『백산학보』1.

라 각각 구분된다고 보았다.[5)]

異種說은 三上次男의 견해가 대표적이다. 그는 예족을 有紋土器 문화를 영위하고 생활방식에서는 수렵·어로 비중이 컸던 고아시아 계통으로 이해하였고, 맥족은 無紋土器 문화를 남긴 퉁구스족으로 보았다.[6)] 그러나 그의 설은 빗살무늬토기 문화와 민무늬토기 문화가 동시대의 것이 아니라, 시대적 선후 관계에 있다는 것이 확실해짐에 따라 부정된다.

본래 선진 문헌의 맥과 예라는 별개의 족칭에서 출발해 예맥이라는 연칭에 이르게 되는 예·맥·예맥은 시대와 지역에 따라 조금씩 다르게 사용되었다. 여호규는 고구려의 종족적 기원에 대해 기존의 주장들을 정리하며 고구려의 기원이 된 주민집단에 대해 원래 예족 혹은 예맥족의 일원이었다가 기원전 3세기~2세기 초 무렵 철기문화를 바탕으로 주변 예맥사회와 구별되는 집단을 형성하였고, 그들이 기원전 2세기 후반 경부터 독자적인 정치세력으로 성장한 것으로 보았다. 그 집단(정치 세력)이 처음에 句驪라 불리다가, 고구려라는 국가명으로 고정되면서 기원을 전후한 시기부터 점차 맥이라는 종족명으로 불리게 되었다고 한다.[7)] 김현숙도 선진 문헌의 맥과 고구려를 지칭하던 맥은 별개라는 견해를 수용하며, 선진 시기 이래 요동

---

5) 김정배, 1966,「예맥족에 관한 연구」『백산학보』 5; 1973,『한국민족문화의 기원』, 고려대출판사.

6) 三上次男, 1951,「穢人とその民族的性格について」『朝鮮學報』 2.

7) 여호규, 1996,「고구려의 기원」『한국사』 5, 국사편찬위원회; 2007,「고구려의 기원과 문화기반」『고구려의 정치와 사회』, 동북아역사재단.
여기서 맥족은 예족과 종족적으로 구분되는 선진(先秦) 이전의 개념이 아니라, 예맥족에서 파생되어진 것으로 고구려라는 국명을 대신하게된 것에 불과한 것이다. 송호정 역시 이러한 견해에 동감하였다(송호정, 2007,「고구려의 기원과 예맥」『고구려연구』 27, 121쪽)

지역에 거주해 오던 예가 곧 예맥이고 여기서 다시 예와 맥(고구려)으로 분화되었다고 보았다.[8)]

맥과 예는 가장 이르게는 중국의 선진 시기 문헌에서부터 등장한다. 선진 시기 예와 맥이 분명히 구분되는 두 개의 종족이었다는 것은 연구자들마다 의견이 합치된다. 그러나 그 이후 예족과 맥족의 향방에 대하여는 의견이 분분하다. 이에 대한 견해는 크게 두 가지로 갈래지을 수 있다. 첫째는 예족과 맥족이 이동 혹은 결합을 통해 후에 예맥족을 형성한다는 것이고,[9)] 둘째는 근본적으로 선진 문헌에 나타나는 맥은 이후 고구려를 지칭한 맥과는 무관한 북방 종족의 범칭일 뿐이고, 예맥은 예족이 예맥으로 불린 것에 불과하다고 보는 견해이다.[10)] 선진 시기 문헌에서는 맥이 예보다 빨리 나타나는데, 아래의 『詩經』 韓奕篇이 가장 이른 기록이다.[11)]

한혁편은 周의 왕이 韓侯에게 주변의 세력인 追와 貊을 주고 북쪽 영토의 수호를 명한다는 내용이다.[12)] 해당 사료는 일찍부터 한국 연

---

8) 김현숙, 2007, 「고구려의 종족기원과 국가형성과정」『대구사학』 89, 39~42쪽.

9) 김상기, 1948, 「韓·濊·貊 移動考」『史海』 1; 1971, 『동방사논총』, 서울대출판부, 355~368쪽.
윤무병, 1963, 앞의 글.
김정배, 1973, 앞의 책.
리지린·강인숙, 1971, 『고구려력사연구』, 사회과학출판부.
이옥, 1984, 앞의 책.
김현정, 1993, 「부여의 성립에 대한 일고찰」『상명사학』 1.
박준형, 2001, 「예맥의 형성과정과 고조선」『학림』 22.

10) 노태돈, 1996, 「개요」『한국사5 삼국의 정치와 사회1-고구려』, 국사편찬위원회.
여호규, 1996, 앞의 글.
三品彰英, 1953, 앞의 글.

11) "薄彼韓城 燕師所完 以先祖受命 因時百蠻 王錫韓侯 其追其貊 奄受北國 因以其伯"(『詩經』 大雅 韓奕)

12) 사료의 해당 시기는 서주 후기 宣王(재위 B.C.827~B.C.782)대로 추정된다.(심

구자들의 주목을 받아 상고기 한민족의 이동설에 대한 근거로 활용되기도 하였다. 그러나 현재는 문헌 연구의 질적 제고와 고고학적 증거의 부재로 인해 현재 이러한 주장은 거의 받아들여지지 않고 있다. 곧 이 기록의 맥을 한민족의 먼 조상이나 훗날 고구려를 일컫는 맥과는 바로 연결짓기 어렵다는 것이다.

이어 예에 관한 기록들을 살펴보면, 예가 등장하는 최초의 문헌은 西周 시대 초기의 상황을 전하는 『逸周書』이다.[13] 만약, 이 기사가 사실이라면 예는 이미 기원전 12세기에 중국에 그 존재가 알려진 것이 된다. 『일주서』의 사료적 가치에 대하여는 의고학파에서는 후세의 僞作으로 봄이 일반적이다. 하지만, 고고학 발굴성과의 진전으로 인해 그 신빙성을 재평가하기도 한다.[14] 어쨌든 이 문헌이 전국 시대에서 한대에 걸쳐 정리된 것은 엄연한 사실이므로,[15] 중국 동북방의 종족으로서 예의 존재가 늦어도 기원전 5세기 무렵에는 중국에 알려졌다 생각된다. 이 시기 예의 존재와 관련된 사료가 또 있는데, 『管子』 小匡篇의 기록이 그것이다.[16]

『관자』 소광편에는 穢貉이라는 연칭이 처음으로 등장해서 더욱 주목된다. 그런데 이것이 과연 예와 맥을 별칭한 것인지, 아니면 연칭한 것인지에 대해서는 판별하기가 매우 어렵다. 그러나 앞의 孤竹이나 山戎 같은 특정 종족을 나열하고 있는 것과 이 시기 貉은 불특

재훈, 2007, 「상쟁하는 고대사 서술과 대안 모색: 『詩經』“韓奕”편 다시 읽기」 『동방학지』 137, 252~253쪽)

13) “成周之會…正北方 稷愼大塵 穢人前兒 前兒若彌猴 立行 聲似小兒”(『逸周書』 王會解)

14) 이성규, 1987, 「중국고문헌의 사료적 가치」 『아시아문화』 2 참조.

15) 박준형, 2001, 앞의 글, 7~8쪽.

16) “桓公曰 余乘車之會三 兵車之會六 九合諸侯 一匡天下 北至於孤竹山戎**穢貉**” (『管子』 小匡篇)

정 이종족을 일컫는 의미로 사용되었으므로 예맥은 요동 지역의 예족을 지칭하는 것으로 보는 것이 옳다 생각된다.[17)]

『史記』가 정리되는 기원전 1세기 무렵에는 중국 동북지역의 종족을 부르는 이름으로 예맥이 본격적으로 등장하기 시작한다. 이에 대해 송호정은 산융, 동호 등을 모두 맥으로 본 사마천이 예도 맥으로 부르기 시작한 것이라 해석하였다. 중국인들이 동북의 종족들을 맥이라 칭하게 된 것은 동방에 대한 지식이 넓어짐에 따라 북방 종족들의 범칭인 맥의 범위가 확대된 데 따른 원인이 크다. 그리고 동시에 흉노가 세력을 확장해 북방을 석권함으로써 차츰 동북방의 종족만 맥으로 칭하게 됐으며, 이후 북방 종족을 맥으로 범칭한 예를 찾을 수 없다고 한다.[18)]

필자 역시 그의 견해에 대체로 동의하는 입장으로, 본래 중국 동북방 위치하던 종족은 예로 불렸으나, 전국 시대 이후 맥이 북방 종족의 범칭화하면서 예에도 접미사적인 맥을 붙여 예맥이라 부르게 되었다고 해석함이 타당하다. 하지만 예맥의 종족적 속성은 어디까지나 예족이라 보는 것이 옳다. 이후 예는 기원전 3세기의 문헌인 『여呂氏春秋』에도 등장하는데,[19)] 이 역시 중국의 동북방에 위치한 예족을 지칭한 것이다. 그리고 『사기』와 『한서』에서부터 본격적으로 보이기 시작하는 예맥 역시 예족을 뜻하는 의미로 사용되었다.[20)]

---

17) 이에 대한 정리는 조영광, 2010, 「초기 고구려 종족 계통 고찰: 예맥족을 중심으로」 『동북아역사논총』 27, Ⅱ장 참조.

18) 송호정, 2007, 앞의 글, 113~114쪽.

19) “非濱之東 **夷穢**之鄕 大蟹陵魚·其·鹿野·搖山·揚島·大人之居 多無君”(『呂氏春秋』 恃君覽)

20) 이것이 곧 三品彰英이 논급한 ‘예濊라고 하는 貊’의 뜻이며, 송호정 역시 그렇게 해석하였다.(三品彰英, 1953, 앞의 글, 7쪽; 송호정, 2007, 앞의 글, 113~115쪽)

위에서 먼저 살펴 본 貊과 濊의 용례를 비교해 보면, '맥'은 원래 周의 변방에 거주하던 종족에 대한 명칭이었다가 불특정 이종족의 범칭(멸칭), 북방 종족의 범칭으로 그 개념의 변화와 첨가가 있었다. 반면 예는 큰 개념의 변화 없이 발해만 이동 지역에 거주하는 종족을 가리키던 호칭으로 사용되었다.[21) 『史記』에서는 조선을 둘러싼 주변 정치세력과 주민집단을 통칭할 때 '濊貊'이라는 명칭을 사용하였다.[22) 원래 중국의 북방종족에 대한 명칭이던 맥이 『사기』 이후로 '예'라는 명칭과 결합해 중국 동북방에 거주하던 예족 일반에 대한 표현으로 바뀌었던 것이다.[23)

그러므로 先秦 문헌에 등장하는 맥과 압록강 중상류, 혼강 유역의 원고구려민 집단을 연결시킬 매개 고리를 발견할 수 없는 현재까지의 연구 결과로서는 고구려가 처음부터 예족 혹은 예맥족으로 불린 주민집단과 종족적으로 구분되는 '貊族'이었다고 볼 수는 없다. 지금까지의 연구에 의하면 고구려를 이룬 주민집단은 본래 예맥으로도 불린 예족의 일원이었다가, 기원전 3세기~2세기 초경 철기문화를 바탕으로 주변 예맥사회와는 구별되는 주민집단을 형성하였고, 기원전 2세기 후반 경부터 독자적인 정치세력으로 성장하였다고 보는 것이 옳다. 이 주민집단은 처음에는 '句驪'라는 명칭으로 불리다가 이것이 고구려라는 국가명으로 고정되면서, 기원을 전후한 시기부터 점차 '맥'이라는 종족명으로 불렸던 것이다.[24)

21) 『呂氏春秋』 恃君覽篇.

22) "夫燕(중략)東綰濊貉, 朝鮮, 眞番之利… 漢東拔濊貉, 朝鮮以爲郡"(『史記』 권110, 匈奴列傳)
"北隣烏桓, 夫余, 東綰穢貉, 朝鮮, 眞番之利"(『史記』 貨殖列傳)

23) 三品彰英, 1953, 앞의 글.
황철산, 1963, 「예맥족에 대하여」 『고고민속』 1963-1·2.

곧 『後漢書』나 『三國志』 등에 등장하는 貊, 곧 고구려는 여호규 등이 주장하는 것처럼 종족적으로는 예맥이라는 호칭으로 등장하는 예족에 속하는 일부이며, 다만 주변의 세력들과는 다른 정치체를 구성하고 그 세력권을 확장하면서 맥이라는 구분되는 호칭으로 불리게 된 것이다. 만약 맥이 예와는 종족적으로 완전히 구분되는 별개의 족속이라면 句驪 혹은 高句驪라는 호칭보다 늦게 등장할 이유가 없는 것이다. 중국 사서에서 고구려 혹은 구려라는 명칭이 늦어도 B.C. 2세기 말엽에는 확실히 보이는 것에 비해, 貊은 기원전후한 시기부터 나 단칭으로 재등장하고 있기 때문이다.[25]

요컨대 예는 이른 시기부터 중국 동북방의 종족을 지칭하는 호칭으로 사용되다가 맥이 북방 종족의 범칭으로 굳어지자, 이르면 전국시대나 늦어도 前漢 무렵에는 이와 결합해 '예맥'이라고 轉化되기도 하였다. 곧 중국 문헌에 등장하는 '예맥'이라는 연칭은 예와 맥 두 종족의 합칭이 아니라, 종족적으로 예를 일컫는 명칭이었던 것이다. 사실상 고구려가 맥으로 지칭되는 기원전후한 시기까지 예와 구분되는 종족으로서 맥은 존재하지 않았다.

그렇다면 濊라는 이름의 뜻은 무엇인가? 이를 역사적으로 해석해 내기는 매우 어렵다. 다만 예는 만주와 한반도 지역에 거주하던 예맥족들이 예와 발음이 비슷한 명칭으로 스스로를 칭하던 것을 중국인들이 화이관에 입각하여 비칭적 표현으로 音寫한 것으로 추정될 뿐이다. 예는 곧 한민족의 고어라 하겠다. 류렬은 우리 민족에 대한 명칭인 예맥 혹은 예맥의 예와 예는 철(鐵)이나 동(東)을 뜻하는 순수

24) 여호규, 1997, 「1~4세기 고구려 정치체제 연구」, 서울대학교 박사학위논문, 29~30쪽.

25) 조영광, 2010, 앞의 글.

우리 옛말인 사라/서라/사서에서 유리한 것으로 歲 자의 옛날 발음 표기라고 한다. 하지만 춘추필법에 입각한 중국인과 사대주의적 사가들이 예(濊) 또는 예(穢)로 바꾸어 불렀다고 주장하였다. 그는 맥은 불[火]의 옛말인 바라/벌/보로/부루/바/버에서 유래하였다고 주장하였다. 굳이 맥자로 쓴 것 역시 중국이 이민족을 비하하기 위해 쓴 표현이므로 예맥은 본래 歲百이라고 하였다.[26]

예의 경우 그 기원이 어떠한지에 대해 상고할 길이 없으나 위의 견해는 어느 정도 합리성을 가질 수도 있다고 생각된다. 그러나 앞에서 살펴 본 바와 같이 맥은 본래 한민족과는 관계없는 호칭이며, 고구려의 흥기에 따라 중국 측이 그저 멸칭적 성격으로 부른 것에 불과하기 때문에 한민족 고대어로 맥의 의미를 해석하는 것은 곤란하다.

도수희 역시 濊의 고음이 sʌy이므로, 東을 의미하는 것이고, 또한 鐵의 고음인 soy와도 유사하므로 쇠라고도 해석할 수 있다고 하였다.[27] 이러한 견해들은 모두 『世宗實錄』(「地理志」 江陵條)에 보이는 "本濊之古國或稱鐵國"이라는 기록과 같은 책 鐵原 조에 "太祖卽位, 徙都松嶽, 改鐵圓爲東州"라는 기록에서 근거한 것이다. 즉 강릉을 의미하는 예가 철(쇠)로 발음이 새겨졌으므로 예와 쇠는 통하는 것이고, 철원이 동주로 개명된 것은 鐵의 훈 쇠[새]가 東의 古訓 새[쇠]와 같다는 것이다.

언어학적으로 예의 고음이 새[쇠]에 가깝고, 이는 철 또는 동의 訓과 통하므로 위의 견해처럼 그것을 뜻하는 것일 수도 있다. 그런데 예맥계 국가인 고구려어로 새[新]는 首(su)로 발음되었다.[28] 이것은

---

26) 류렬, 1990, 「옛날의 겨레, 나라, 수도의 이름을 통하여 본 우리 민족의 단일성」 『어문연구』 67.

27) 도수희, 2005, 『백제어 어휘 연구』, 제이앤씨, 104~105쪽.

濊의 옛 발음인 sʌy와 매우 유사하고, 현재 한국어 발음과도 닮았다. 그렇다면 예는 예맥족들이 원주지에서 새로운 지역으로 진출하면서 중국인들과 접촉하자 자신들을 새로운 곳에 정착한 사람, 혹은 새로운 사람이라 불렀던 것에서 유래한 것일 수도 있겠다.[29)]

2. 부여 국호의 유래와 의미

부여는 한국사에서 고조선에 이어 두 번째로 등장하는 국가이며, 이른바 예맥계 제국가, 곧 고구려, 백제, 발해의 모태가 되었다. 그리고 한반도 남부의 가야나 신라에도 일정 부분 영향을 끼쳤을 것으로 생각된다. 한국사에서 부여가 가지는 이러한 중요성에 비해 극심한 자료 부족으로 연구는 미진한 편이었다. 그러나 중국 현지의 부여 관련 유적에 대한 발굴 조사 성과들이 늘어나며 이를 분석한 역사, 고고학적 연구 성과들이 다수 나왔다. 그렇지만 부여 국명 자체에 대한 분석은 여전히 활발하지 못한 실정이다.

사료에서 부여의 존재가 가장 먼저 확인되는 것은『史記』貨殖列傳이다.[30)] 물론『山海經』大荒北經에 나오는 不與를 부여로 보거

---

28) 이기문, 1968, 「고구려의 언어와 그 특징」『백산학보』4; 2001,『한국고대어와 동북아시아』, 백산자료원, 80쪽.

29) 예족이 유사 이래로 지속적 이동을 한 것은 여러 사료를 통해 확인된다.『三國志』동이전 부여조에는 부여인들이 스스로를 (새로운 곳으로 온) 망인이라 불렀다고 하고 있으며, 예군 남려의 투항, 주몽과 유리로 대표되는 부여계 세력의 고구려로의 이주, 부여 멸망 후 북으로 이주해서 세운 두막루국 등이 예족 이동의 대표적 사례로 볼 수 있다. 그리고 한반도 중남부에서 북만주까지 광범위하게 분포하고 있는 예족 관련 지명(족명) 또한 활발한 예족 이주의 증거로 볼 수 있겠다.

30) "夫燕 … 北隣烏桓·夫餘"(『史記』 貨殖列傳)

나,[31] 『逸周書』 王會篇의 符婁를 부여로 간주하는 견해,[32] 『爾雅』 釋地, 『論語注疏』 등에 보이는 '鳧臾'가 부여라는 주장,[33] 山東 지역 鄒縣에 있는 鳧山에서 비롯되었다는 설,[34] 본래 중원 지역에 거주하다 화하족의 압박으로 변방으로 내몰린 番族과 徐族의 합칭으로 생겼다는 설,[35] 『管子』 輕重甲篇 말미에 보이는 發朝鮮의 發이 부여를 의미하는 것이 아닐까 하는 조심스런 추론 등이 있다.[36] 이외에 浮渝, 於餘, 附禺가 부여를 뜻한다는 견해도 있으나 모두 기록 자체가 너무 단편적이고 해석 또한 확실한 논증을 거치지 않은 선언적 성격이라 그대로 인정하기가 어렵다. 결국 부여 국호의 유래를 밝히기 위해서는 부여(夫餘, 扶餘)만을 분석의 대상으로 삼을 수밖에 없다.

먼저 부여라는 명칭을 띤 국가들을 중외의 사서에서 찾아보면 夫餘, 扶餘, 北夫餘, 東夫餘, 南扶餘, 卒本扶餘 등이 있다. 지금까지의 연구를 종합해 볼 때 부여는 吉林 지역에 소재하고 있던 원부여를 일컫는 것으로 파악된다. 북부여는 고구려의 입장에서 보았을 때 북쪽에 있던 부여, 즉 원부여를 의미하며 이 부여가 선비 모용씨의 침공을 받아 망하자 346년 이후 農安 지역으로 옮겨가 복국한 부여를 포함하고 있다.[37] 동부여는 대체로 285년 선비 모용씨의 침입 때 北沃沮, 곧 오늘날 두만강과 동해안 북부 지역으로 도피한 부여 왕족의 일파가 현지에 세운 국가로 보거나,[38] 원부여 내에서 동쪽에 위치하

31) 리지린, 1964, 『고조선연구』, 사회과학원출판사.
32) 何秋濤, 『周書王會篇箋釋』 下.
33) "鳧臾, 東方國名, 卽夫餘也" (吳任臣, 『字彙補』)
34) 何光岳, 1990, 『東夷源流史』, 江西教育出版社, 398~401쪽.
35) 李德山, 1991, 「夫餘起源新論」 『社會科學戰線』 1991-2.
36) 이병도, 1976, 「부여고」 『한국고대사연구』, 박영사, 227쪽.
37) 노태돈, 1989, 「부여국의 경역과 그 변천」 『국사관논총』 4.
이도학, 1991, 「방위명 부여국의 성립에 관한 검토」 『백산학보』 38.

였던 세력들을 지칭한 표현이라는 설도 있다.[39] 남부여는 백제 26대 성왕이 538년 중흥을 꾀하며 수도를 사비로 옮김과 동시에 바꾼 국호이다. 졸본 부여는 주몽이 부여에서 원고구려 지역으로 이동해 와 처음 정착한 곳인 졸본, 곧 오늘날 중국 桓仁 지역에 있던 부여계 소국의 이름으로 추정된다.[40]

그렇다면 한국 고대사에서 이토록 중요한 위치를 차지하고 있는 부여 국가명의 기원과 뜻은 무엇일까? 지금까지 연구에 의하면 부여라는 국호의 의미는 벌[들] 혹은 사슴[鹿]을 뜻하는 것으로 파악되었다.

부여의 의미를 현대 한국어 벌, 들판, 평야로 해석한 첫 사례는 최남선이다. 그는 부여란 본래 붉[光明]에서 유래하여 넓은 평야를 의미하는 같은 음역 혹은 뜻새김인 벌[伐, 夫里, 弗, 火] 등으로 전화하였다고 한다. 부여의 중심지가 송화강 연안의 만주 평원 일대이고, '벌', '부리' 등의 지명이 서라벌·古沙夫里 등 한국 고대 지명의 접미어로 자주 등장하고 있기 때문이다.[41] 이병도 역시 벌의 유래가 붉인지는 확인할 길이 없지만, 너른 평야를 뜻하는 벌이 부여의 어원이 되었다는 주장은 합리적 해석이라며 동의하였다.

부여가 사슴에서 유래하였다는 것은 白鳥庫吉의 견해가 시초이다. 그는 『資治通鑑』에서 부여의 원 거주지로 나오는 '鹿山'이[42] 만

---

38) 노중국, 1983, 「동부여에 관한 몇 가지 문제에 대하여」 『한국학논집』 10, 계명대 한국학연구원.

39) 윤성용, 2005, 「고구려 건국신화와 제의」 『한국고대사연구』 39.

40) 일부 사료에는 마치 졸본 부여가 고구려의 별칭인 것처럼 기록된 것도 있다(『三國遺事』 권1, 기이1, 高句麗 "高句麗卽卒本扶餘"; 『東史綱目』 1下, 甲申 馬韓 "國號高句麗 亦號卒本扶餘"). 이는 주몽이 역사적으로 졸본 부여를 기반으로 성장한 것을 오인하여 그렇게 묘사한 것으로 보인다.

41) 최남선, 『兒時朝鮮』; 1973, 『六堂崔南善全集』 2, 玄岩社, 158쪽.

주어에서 사슴(鹿)을 뜻하는 말인 'puhu'와 몽고어에서 사슴을 뜻하는 'pobgo'라는 말에서 비롯하였다고 보았다.[43] 武國勳도 이와 유사하게 鹿의 古音이 fu로 부[夫, fu]와 같으므로 사슴의 뜻으로 해석할 수 있다고 하였다.[44]

송호정 역시 기본적으로 부여는 사슴의 뜻을 지닌 단어가 그 어원임을 피력하였다. 그는 선비, 오환 등 북방 유목 민족의 종족명이 대체로 그들이 원래 거주하던 산명(山名)에서 기원하였다는 점을 주목하여[45] 부여가 녹산에 거주하였다는 사실, 훗날 발해가 부여의 사슴을 귀하게 여겼다는 기록과[46] 퉁구스어에서 buyu가 사슴을 뜻한다는 것 등으로 종합해서 고려해 볼 때 부여 국호의 유래는 사슴이 옳다고 하였다.[47]

위와 같은 부여 국호의 해석 외에 周向永은 부여는 예의 同音異寫라 하였다.[48] 濊의 현대 중국어 발음이 hui이므로 부여의 fuyu와 매우 유사하고, 부여 국가의 주된 종족이 예족이었으므로 양자가 본래 동일한 의미로 부여이고, 부여는 곧 예의 다른 새김이라는 것이다. 그러나 부여의 상고음이 pǐwa ʎǐa이고 중고음이 pu jio이며, 예의 고음이 sʌy인 것을 고려한다면 예의 현대 중국어 발음을 기준으로 논지를 편 이 주장은 설득력이 없다. 부여와 예는 고대 중국인들이 당시에 자신들이 들리는 대로 종족과 국명을 한자음을 가차(假借)해

42) "初 夫餘居於鹿山"(『資治通鑑』 권97, 晉紀 穆帝 永和 2年)

43) 白鳥庫吉, 1934, 「濊貊民族の由來を述べて, 夫餘高句麗及び百濟の起源に及ぶ」『史學雜誌』 45-12; 1970, 『白鳥庫吉全集』 3, 516쪽.

44) 武國勳, 1983, 「夫餘王城新探」『黑龍江文物叢刊』 1983-4.

45) 『三國志』 권30, 魏書 烏丸鮮卑東夷傳.

46) "俗所貴者, 曰 … 扶餘之鹿"(『新唐書』 권219, 北狄 渤海傳)

47) 송호정, 1997, 「부여의 성립」『한국사』 4, 국사편찬위원회.

48) 周向永, 1996, 「夫餘名義考釋」『社會科學戰線』 1996-1.

표기한 것이기 때문이다.

그렇다면 부여의 의미는 정말 사슴 혹은 벌판이라는 뜻일까? 전자의 경우 부여의 토템이 사슴이란 사실이 입증되지 않는 한 충분한 설득력을 갖기는 어려워 보인다. 비록 부여의 중심지로 鹿山이라는 이름이 전하기는 하지만, 부여 관련 가장 원초적 기록 중 하나인 동명 신화에는 사슴의 모티프가 등장하지 않는다. 또한 육축명으로 官名을 삼았던 부여의 전통으로 보았을 때 만약 사슴을 국명을 삼을 만큼 국가적 토템으로 숭배하였다면 관련 관명이나 王名이 전할 만도 하나 그러하지 못하다. 이로 보아 부여 국호가 사슴에서 비롯되었다는 설은 그대로 받아들이기가 힘들다.

두 번째로 벌판, 즉 넓은 평야라는 해석은 부여의 지형적 특성과 부여계 언어의 관련 지명 분포 등을 고려해 볼 때 상당한 설득력을 갖고 있다. 그런데 부여 외의 부여계 국가, 즉 고구려, 백제 등의 초기 기록을 보면 '부여'라는 명칭의 기원에 대한 의문을 풀어줄 실마리들이 보여, 이에 대해 검토해 보고자 한다.

먼저 주몽의 고구려 건국 과정에서 졸본 지역에 정착한 뒤 첫 번째로 조우하게 되는 松讓의 존재에 대해 주목할 필요가 있다. 松讓의 '壤'은 那·奴를 한자식으로 표기한 것으로 송양은 '松의 땅' 곧 '松那·松奴'로서 消奴部를 가리킨다고 한다.[49] 소노부는 곧 『삼국사기』의 沸流那部이며, 송양의 국명인 沸流國인 것이다.

松讓은 沸流那의 뜻새김으로, 땅이란 뜻을 가진 讓 즉 壤이 那 또는 奴에 대응된다면 소나무란 뜻인 松은 沸流와 조응한다. 곧 당시 고구려어로 소나무를 비류라 칭하였을 개연성이 크다.[50] 고구려는

49) 李丙燾, 1976, 「高句麗國號考」, 앞의 책, 359~360쪽.

50) 국어학계의 연구에 의하면 고구려 혹은 백제어로 소나무는 븟, 부사(pusa, pusʌ)

사서에 부여의 別種으로 묘사되고 같은 예맥계 종족이 세운 국가라 언어와 풍습이 거의 같았다는 기록이 여러 곳에 나온다. 즉 부여와 고구려는 동일 언어를 사용하였음을 미루어 짐작할 수 있다. 그렇다면 부여어로도 소나무는 비류로 불렸을 것이다. 그런데 비류는 부여의 上古音인 pǐwa ʎǐa와 발음이 유사해 양자가 同音異寫였을 가능성을 추측케 한다. 실제로 비류라는 이름이 부여와 관계가 깊은 것으로 역사서에 등장해 관심을 끈다. 백제 건국 신화에 등장하는 비류가 이에 해당된다. 비류는 그 출자가 졸본 부여이고, 아버지가 북부여 왕 해부루의 서손으로도 나온다.[51] 신화의 사실 여부를 떠나 비류는 부여와 밀접한 관련이 있었음은 분명해 보인다.

또한 부여계 유이민 집단이 이동을 하며 새로운 지역에 정착할 때는 소나무 관련 기록과 지명이 반복적으로 나타나고 있음에 주목할 필요가 있다. 비류와 온조가 졸본 부여를 떠나 남하해 한강 유역에 정착할 무렵 지세를 살피기 위해 오른 산의 이름이 負兒嶽이다. 그리고 백제 성왕이 국호를 남부여로 칭하며 천도한 새로운 도성 사비의 산 이름은 扶蘇山이다. 이들 산명이 부여계 언어로 소나무에서 유래하였음은 앞서도 언급하였다. 그런데 부소산, 즉 소나무산이라는 지명은 개성, 하남 등 부여족의 남하 루트에 반복적으로 나타나고 있다.

지명이 인구의 이동에 따라 함께 이동하는 현상은 동서고금을 막론하고 보편적으로 나타나는 현상이다. 그렇다면 소나무라는 지명을 자신들의 이주지마다 함께 가져갔던 부여계 예맥족에게 있어 소나무

로 발음되었고, 한자로 그 음을 새긴 것이 부소(扶蘇), 부아(負兒), 부사(夫斯)라고 한다.(도수희, 앞의 책, 341~344쪽)

51) 『三國史記』 권23, 百濟本紀 1, 始祖 溫祚王 卽位年.

는 자신들의 상징과도 같은 중요한 존재였음이 틀림없다. 어쩌면 자신들의 이름[국호] 그 자체였을지도 모르겠다. 沸流라는 이름이 소나무를 뜻하고 이것이 부여의 고음과 상통하며, 소나무 관련 지명을 달고 이동한 그들의 모습을 볼 때 이러한 확신이 든다.

부여인들이 살았던 혹독한 기후의 만주 벌판에서 사시사철 생명의 푸르름을 간직한 것은 소나무와 잣나무밖에 없었다. 고대인들이 이러한 자연의 생명력을 자신들과 연관시켜 신앙의 대상으로 삼았을 가능성은 충분하다. 실제로 부여가 소재했던 송화강변의 吉林省 吉林市 일원은 소나무가 주요 수종이고, 강 양안에 소나무 숲이 다수 분포하고 있다.[52]

부여계 예맥족이 소나무를 신성시하였음을 알 수 있는 사료도 존재한다. 첫 번째는 고구려가 소나무를 무덤에 심었다는 기록이며,[53] 두 번째는 주몽이 부여에서 도망칠 때 자신의 아들에게 줄 징표를 소나무 아래 숨겼다는 기록이다.[54] 이들 기록에서 소나무는 왕의 혼령을 달래거나, 왕위 계승의 징표를 찾아주는 매개체로서 중요한 역할을 한 것으로 나온다.[55] 이는 소나무에 대한 당대인들의 인식과 상징성을 보여주는 것이라 하겠다. 이처럼 소나무를 신성시해 무덤

52) 여담이지만 부여의 초기 중심지였던 吉林은 바로 松花江邊이다. 송화강이 만주어로 숭가리강(큰 강, 하늘 강)에서 유래한 것이라고 하지만, 본래 송화강변으로 울창한 솔숲이 들어차 있어 봄에 그 송홧가루가 온 강을 덮은 모습에서 유래한 것이라고도 한다.

53) 『三國志』 東夷 高句麗; 『三國史記』 東川王.

54) 『三國史記』 瑠璃王.

55) 몽골족도 자작나무와 함께 소나무를 신목(神木)으로 신성시하였으며, 특히 소나무는 무속 행위 중 술법의 매개체로 사용되었다고 한다.(전북대인문학연구소, 2000, 『동북아 샤머니즘 문화』, 역명출판사, 281~282쪽) 고구려의 사례와 유사함을 알 수 있다.

주변에 심거나, 당산 나무 등으로 숭배하는 현상은 오늘날에도 남아 있어 그 전통이 매우 유구함을 알 수 있다.[56]

요컨대 당시 북쪽 부여 지역에서 남쪽으로의 주민 이동이 지속적으로 이루어지고 있었고,[57] 이러한 부여계 이주민들은 새로운 정착지에서도 자신의 정체성, 곧 소나무라는 뜻의 국명인 부여(또는 비류)를 그대로 유지하였던 것으로 보인다. 졸본 부여는 이를 직접적으로 보여주는 것이며, 졸본 부여 외에도 부여계 소국이 다수 존재하였을 개연성은 충분하다. 어쩌면 송양의 비류국 역시 그 중 하나였을 수도 있다.

3. 고구려 국호의 유래와 의미

고구려는 맥(貊, 貉) 또는 고구려(高句驪), 구려(句驪), 고구려(高句麗), 구려(句麗), 고려(高麗) 등으로 칭해졌는데, 이 중 貊은 앞에서 살펴 본 바와 같이 타자에 의해 비칭으로 붙여진 것이다. 高句驪와 句驪는 高句麗, 句麗를 비하하기 위한 표현이고, 고려는 장수왕 무렵에 한문식 국호에서 큰 의미가 없는 '句'를 빼면서 사용하기 시작한 표현이므로,[58] 사실상 고구려 국호의 기본이 되는 형태는 高句麗 또

56) 수종을 떠나서 神木 토템은 한민족 고유의 신앙 형태 중 하나이다. 고조선의 神檀樹나 고구려의 木隧 등도 이러한 수목 신앙의 한 갈래로 보인다.

57) 이러한 상황을 반영한 것이 주몽 신화, 유리 설화, 온조, 비류 설화 등이다. 동명 신화 역시 부여족의 집단적 남천을 다룬 설화 중 하나로 볼 수 있다.

58) 장수왕대에 고구려가 국호를 고려로 바꾼 사실에 대해서는 정구복이 자세히 고찰하였다(정구복, 1992, 「고구려의 '고려' 국호에 대한 일고-삼국사기의 기록과 관련하여」『호서사학』 19·20합집). 국호를 바꾼 시점에 대해서는 광개토왕대로 보는 설, 5세기 이후설, 장수왕 10년대 설, 6세기 설 등 다양한 주장들이 존재하지만 가장 설득력 있는 것은 장수왕대 무렵으로 보는 것이다.(서길수, 2007, 「'高

는 句麗라 하겠다.

본래 高句麗나 句麗는 압록강과 渾江 유역에 거주하고 있던 예맥계 집단의 종족명이었을 가능성이 크다. 이는 고구려 국가가 정식으로 건국되기 전 이미 '高句驪'라는 표현이 등장함을 통해서도 추론이 가능하다.[59]

그렇다면 고구려 혹은 구려의 뜻은 무엇일까? 고구려 국호의 유래에 대해서 조선 후기 실학자 이긍익은 高句麗, 곧 高麗가 '山高水麗'라는 한자어에서 기원하였다고 보았다.[60] 그러나 이는 한국사에서 漢 문화가 완전히 정착된 이후 雅化한 표현으로 견강부회에 불과한 것이다.[61] 민족주의 사학자 신채호는 고구려의 당시 발음이 가우리인데, 그 뜻은 中國, 中京이라는 의미로, 이를 이두로 쓴 것이 곧 高句麗라고 하였다.[62]

근대 학문적 방법으로 고구려 국호의 의미를 분석한 최초의 시도는 白鳥庫吉에 의해서이다. 그는 고구려가 크다는 뜻의 高와 성(城)을 의미하는 句麗가 조합해 이루어진 것으로, 大城이라는 뜻으로 풀이하였다.[63] 이병도 역시 '高句麗'가 高와 句麗가 결합해 이루어진 것이며, 高보다는 句麗가 더 중요하다고 하였다. 그는 『三國志』에

句麗'와 '高麗'의 소릿값[音價]에 관한 연구」『고구려발해연구』27, 29~41쪽)

59) 『漢書』 地理志 玄菟郡條와 燕條에는 기원전 107년에 설치된 현도군의 首縣으로 高句驪縣이 등장하고 있다. 『삼국사기』의 고구려 건국 연대인 기원전 37년보다 이른 시기의 기록이므로 해당 시기의 고구려는 종족 집단의 명칭이거나 초기 단계의 국가로 보인다.

60) 『練藜室記述』 권1.

61) 같은 맥락으로 신라(新羅)의 의미를 '德業日新 網羅四方'으로 푼 사례 또한 마찬가지이다.

62) 신채호, 『조선상고사』(上), 126쪽.

63) 白鳥庫吉, 1896, 「高句麗の名稱に就きての考」『國學院雜誌』 第二卷 第十號; 1970, 『白鳥庫吉全集』 3, 岩波書店.

보이는 城을 뜻하는 고구려어 溝漊[64]가 곧 句麗의 어원이라 파악하고, 북옥저를 뜻하는 置溝漊,[65] 毌丘儉傳의 매구[買溝, 漊][66] 등도 같은 뜻이라고 보았다.[67] 또한 고구려 지명에 접미사로 자주 등장하는 忽, 骨도 同音異寫이며, 國을 의미하는 여진어 Kuoh-lum-ni,[68] 만주어 gurun, 일본어 クニ와도 관련이 있을 것으로 추측하였다. 다만, 이병도는 高의 의미는 白鳥庫吉와 달리 大의 뜻이 아니라, 上을 뜻하는 솔/수리/술/소리의 訓寫로서, 그 근거를 高木竿木을 의미하는 '솟대', 高臺·高墟를 뜻하는 '솟터' 등에서 찾을 수가 있다고 하였다. 고구려가 곧 수도를 의미하는 수릿골, 솔골[首邑, 上邑]의 새김이라고 본 것이다.[69]

그리고 북한의 리지린은 한국어 銅과 몽골어의 黃銅은 모두 구려句麗와 유사하게 발음되므로, 고구려는 곧 구리 혹은 황동의 나라라는 뜻이라고 하였다.[70]

白鳥庫吉와 이병도가 제기한 구려의 어원이 구루이며, 이는 성 또는 성읍도시를 의미한다는 견해는 고구려 국호의 유래를 찾음에 있어 다수의 연구자들이 기본적으로 동의하고 있다. 근래에는 고구려 국호의 뜻을 둘러싸고 다양한 견해들이 나오기 시작하였는데, 대부분이 중국 학자들의 주장들이어서 흥미를 끈다. 관련 연구를 간단히

64) "今胡猶名此城爲幘溝漊溝漊者句麗名城也"(『三國志』 권30, 魏書 東夷傳 高句麗)

65) "北沃沮一名置溝漊"(『三國志』 권30, 魏書 東夷傳 東沃沮)

66) "宮遂亡買溝"(『三國志』 권28, 魏書 毌丘儉傳)

67) 「廣開土王碑」에 동부여의 다섯 鴨盧 중 하나로 등장하는 味仇婁도 이에 해당하지 않을까 한다.

68) 여진어 Kuoh-lum-ni(固倫你)는 '국가의'라는 뜻으로, 국가를 뜻하는 표현은 만주어와 같은 고륜(固倫, gurun)이다.

69) 이병도, 1976, 「고구려국호고」, 앞의 책, 362~367쪽.

70) 리지린, 1964, 앞의 책, 219쪽.

소개하면 다음과 같다.

중국의 근대 이후 고구려 연구자로 대표적인 위치에 있는 金毓黻은 고구려가 부여에서 나왔고, 부여는 橐離國[71]에서 나왔는데, 탁리국은 『魏略』에는 槀離國으로 나오므로 句麗는 여기서 유래한 것이라고 보았다.[72]

고구려의 기원에 대해 중국 학자들에게 광범한 지지를 얻고 있는 견해는 高夷 설이다. 고구려가 고이에서 비롯되었다고 하는 이 주장은 중국의 姜孟山, 王綿厚, 薛鴻, 何光岳, 劉子敏 등에 의해 제기되었고,[73] 현재 많은 중국 학자들이 이 견해에 동조하고 있다. 高夷는 『일주서』 왕회편에 등장하는 존재로,[74] 그 실체가 불분명하다. 또한 이 설의 연장선상에서 고구려가 顓頊 高陽氏에서 비롯되었다는 주장도 있는데,[75] 모두가 역사, 고고, 언어학적 근거도 없이 단지 高句麗의 高와 高夷 및 高陽의 高가 같다는 데 착안한 설들이다.

李德山은 고구려라는 국명이 殷周 시기 山東 지역에 있던 古國인 介[76]와 萊에서 비롯되었다는 견해를 내놓았다. 그는 介萊와 고(구)

---

71) 『論衡』 吉驗篇.

72) 金毓黻, 『東北通史』, 81쪽.

73) 姜孟山, 1983, 「試論高句麗的源流及其早期國家」 『朝鮮史研究』 1983-5.
王綿厚, 1987, 「高臺高句麗族稱探原」 『遼海文物學刊』 1987-2.
薛鴻, 1991, 『中國東北通史』, 吉林文史出版社.
何光岳, 1990, 『東夷源流史』, 江西教育出版社.
劉子敏, 1996, 『高句麗歷史研究』, 延邊大學出版社.
이 중 王綿厚는 高句麗가 선진 문헌의 高夷와 漢代에 등장하는 句麗의 합칭으로 성립된 것이라는 독특한 견해를 펼치기도 하였다.

74) 晉의 孔晁가 '高夷, 東北夷高句麗'라는 주석을 단 데서 비롯된 것이다.

75) 楊志龍, 1996, 「高句麗名稱考釋」 『遼海文物學刊』 1996-1.
張碧波, 1999, 「高句麗文化淵源考」 『全國首屆高句麗學術研討會論文集』.

76) 『國語』 魯語.

려의 발음이 유사하다는 점을 근거로 들었다. 이들 介와 萊는 본래 두 개의 종족이었으나 하나로 통합되며 개래, 즉 고(구)려로 칭하게 되었다고 한다. 그리고 고구려는 炎帝 神農氏의 후예라고 주장하였다.[77]

金岳은 기본적으로 句麗가 溝漊, 곧 城에서 비롯되었다는 시각에 동의하나, 구려족이 高씨를 칭하며, 자신의 성을 高句麗라고 부른 것에서 연유하였다고 보았다. 즉 고구려는 고씨의 성이라는 뜻이다.[78]

楊志龍은 句麗의 고음이 朱離이며, 이는 동이인들의 언어로 東明, 주명(朱明, 朱蒙)과 같은 태양의 뜻을 지닌다고 보았다. 고구려는 곧 태양을 의미하며, 高陽으로 쓸 수 있다고 하였다.[79]

한편, 傅朗云·楊暘은 高句麗가 高句驪로도 칭해진 것을 볼 때 려(驪)의 의미를 살려 '크고 검은 말'을 그 어원으로 보아야 하고, 당시 고구려의 토템이 말이었을 가능성도 있다고 주장하였다.[80]

許憲范은 고구려 국호의 유래가 여러 세력으로 구성된 구려 종족 내에서 고씨 성을 칭한 일파가 떨어져 나와 세운 것에서 비롯되었다고 하였다. 곧 지명의 의미인 구려와 고라는 종족의 族姓이 결합해 만들어진 것으로, 본래 일개 부족의 명칭이었으나 漢 군현의 압박에 대항하기 위해 주변 세력들을 규합해 민족공동체를 만들면서 고구려라는 국명으로 정착하게 되었다고 보았다.[81]

楊軍은 일반적으로 인식하는 것처럼 고구려가 高와 句麗의 조합에서 연유한 것이 아니라 그 자체로 하나의 단어로서 뜻을 지니며,

---

77) 李德山, 1992,「高句麗族稱及其族屬考辯」『社會科學戰線』1992-1.

78) 金岳, 1994,「東北濊貊族源流研究」『遼海文物學刊』1994-2.

79) 楊志龍, 1996,「高句麗名稱考釋」『遼海文物學刊』1996-1.

80) 傅朗云·楊暘, 1983,『東北民族史略』, 吉林人民出版社.

81) 許憲范, 1985,「高句丽名称由来及其民族形成」『延边大学学报(社会科学版)』1985-2.

이는 돌궐 퀼테킨 비문에 보이는 BÖkli, 즉 돈황문서의 Mug-lig, 『梵語雜名』의 畝俱理, 莫離族[82]으로 칭해진 것의 고구려어 音寫에 불과하다고 하였다.[83]

위에서 살펴본 바와 같이 근래 제기된 중국 학자들의 고구려 국명의 유래에 대한 주장들은 두 가지 특징을 가진다. 하나는 그 근거로 매우 초보적인 음운의 유사성만 내세우고 있다는 것이며, 둘은 단순한 고구려 국명의 유래를 밝히는 데 그치는 것이 아니라, 고구려의 기원 자체를 중국 전설 시대 제왕들에 연결함으로써 그 뿌리를 한국사에서 중국사로 옮겨 심으려 한다는 점이다. 이는 역사 왜곡의 의도가 짙게 배어 있다고 할 수밖에 없다.[84]

한편 고구려가 貊句麗로 불렸다는 견해도 제출되었다. 노태돈은 티베트어로 쓰여진 돈황문서에 등장하는 Mug-lig와 『梵語雜名』의 畝俱理, 古突厥碑文에 보이는 BÖkli(MÖkli)가 고구려를 뜻하는 것으로 고구려 종족명을 뜻하는 貊과 句麗의 합칭, 즉 맥구려에서 파생된 표현들이라고 하였다.[85]

고구려가 만약 맥구려로 불렸다면 이는 분명 중국 측에서 만든 타칭으로 생각된다. 漢 문화에 깊은 조예를 갖고 있었던 고구려가 貊이 갖는 비칭적 의미를 모르거나 무시한 채 그대로 사용하였을 리가 만무하기 때문이다. 이는 고구려가 국력을 신장시켜 독자적 천하관을

82) 岑仲勉, 1958, 『突厥集史』, 中華書局, 880쪽.

83) 楊軍, 2004, 「高句麗名義考」 『東北史地』 2004-5.

84) 주지하다시피 이와 같은 주장들은 소위 東北工程의 고구려사 왜곡 작업의 주된 내용이다.

85) 노태돈, 1989, 「고구려 발해인과 내륙아시아 주민과의 교섭에 관한 일고찰」 『대동문화연구』 23; 1999, 『고구려사 연구』, 사계절, 529~531쪽.
처음으로 이러한 해석을 내놓은 것은 岑仲勉이다.(岑仲勉, 1958, 앞의 책, 893쪽)

확립하며 주변 세력들을 濊, 夷 등의 비칭으로 칭한 것을 볼 때 더욱 그러하다. 논란이 있는 것이기도 하지만, 태조왕이 현도군을 공격한 기록에 예맥인 고구려가 예맥을 이끌고 갔다는[86] 부자연스런 표현도 고구려가 주체적 입장에서 서술한 것이라고 본다면 자연스럽게 그 의문이 풀리게 된다.

城을 가리키는 고구려어 溝漊가 중세 한국어 골, 고을의 어원이 된 것은 사실이지만, 본래 고구려인들이 성을 의미하는 단어로 쓰기 시작한 것은 아닌 듯하다.[87] 오히려 溝漊 곧 구려는 자신들의 국가 자체를 일컫는 용어였다고 보는 것이 타당하지 않을까 한다. 여진어와 만주어의 고륜(固倫, gurun), 거란어의 kur(guru)와 현대 몽골어의 구릉(гүрэн)까지 모두 국가를 뜻하는 단어들이다. 이들 알타이계 제어들이 나라의 의미로 쓰는 보편적 단어가 고구려에서 처음부터 城을 뜻하는 것으로 사용되지는 않았을 것이다. 다만 국가 체제가 상당한 수준으로까지 성장한 3세기 단계에는 구루가 성을 의미하는 단어로 정착된 것이지, 본래 구려(구루)의 의미는 나라(국가) 자체를 뜻하는 것으로 해석함이 바람직하다.

고구려 혹은 구려가 처음 등장하는 기원전 2세기 무렵은 아직 국가 체제가 완성되지 못한 초기 국가 혹은 연맹 단계이므로 압록강과 혼강 유역에 분포하던 구려 종족으로 구성된 소국들이 자신들의 국가를 구루(구려)로 칭하던 것을 보고 중국인들이 音寫한 것이라고

---

86) 『三國史記』 권15, 高句麗本紀 太祖王 66年.

87) 이와 관련하여 고구려에서 지방 행정 단위나 지명 접미사로 사용되었을 공산이 큰 '評'의 존재가 주목된다. 評은 고구려뿐만 아니라, 신라와 고대 일본에서도 그 존재가 확인된다. 특히 일본에서는 ゴホリ라고 발음되어 그것이 중세 한국어 '고을'과 상통하는 고대 한국어에서 비롯되었음을 추측할 수 있다. 이와 관련한 자세한 논의는 후고를 기약한다.

보는 것이 자연스럽다. 고구려가 성장하면서 漢 문화와 더욱 광범위하게 접하고, 방어와 거주의 목적으로 영역 내 각 지역에 성을 쌓으면서 점차 고구려(구려)는 정식 국호로 자리잡게 되고 같은 어원인 구루는 성을 뜻하는 단어의 音寫로 남게 된 것이다. 물론 여기서 파생된 고구려 지명의 접미사 忽, 骨 등은 城을 의미한다.

소결

예맥은 한민족의 근간을 형성한 가장 오래 된 겨레 이름이자, 부여, 고구려의 주된 구성 종족이었다. 예맥은 본래 중국인들이 자신들의 동북방, 즉 만주와 한반도 일원에 있던 이민족을 칭하던 '예'에서 나온 것이며, 이민족에 대한 멸시적 뜻을 지닌 '맥'과 결합해 예맥으로 불린 것이다. 그러나 예족 내부에서 고구려가 그 세력을 키워나가자 여타 예족과 구분해 맥으로 칭하기 시작하며 맥은 고구려의 종족명으로 인식되기에 이르렀다. 예의 뜻은 '동녘', '쇠' 또는 '새롭다'라는 의미를 지닌 것으로 파악된다.

고조선에 이어 한국사에서 두 번째로 등장한 국가인 부여는 기존 연구에 의하면 그 국호의 의미가 '벌(평야)', '사슴', 종족명인 '예(濊)' 등에서 비롯된 것으로 알려졌다. 그렇지만 본 연구를 통하여 부여는 고대 한민족에게 신성한 나무로 숭배되었던 '소나무'의 뜻을 지닌 것으로 밝혀졌다.

부여와 함께 같은 예맥계 국가인 고구려는 그 국호의 의미가 대체로 '큰 성', '수도' 등의 뜻을 지닌 것으로 알려졌고, 고을이라는 단어의 어원이 되기도 하였다. 하지만, 이번 연구를 통해 '나라(국가)' 자체를 일컫는 말이었음을 알 수 있다.

제6장

고구려 부여계 유이민의 남하와 백제의 성립

부여씨는 백제의 王姓으로서, 『삼국사기』에 의하면 시조 온조왕부터 마지막 의자왕까지 모든 왕이 부여씨였던 것으로 나온다. 그러나 사료와 고고학상의 문제 등을 고려할 때 국가형성기부터 멸망기까지 백제 왕통이 부여씨에 의한 단일 계보로 이어졌다는 것은 신빙성이 낮은 편이다. 특히 『삼국사기』 백제본기 초기 기록의 왕실 계보를 보면 시조 온조왕 이후 고이왕대와 비류왕 혹은 근초고왕 등 2~3 차례의 왕계 단절이나 왕실 교체가 의심되는 단층이 존재한다.

이와 같은 사료상의 문제로 인해 백제 왕실의 기원 문제는 많은 연구자들의 주목을 받아왔고 의미 있는 연구 성과들이 배출되었다. 백제 초기 왕계에 대한 왕실 교체의 가능성을 처음 언급한 것은 천관우이다. 그는 초기 백제의 왕계를 시조 설화에 보이는 비류계와 온조계의 문제로 이해하고, 부여씨의 온조-초고계 왕실과 우씨의 비류-고이계 왕실이 교립한 것으로 파악하고, 최종적으로 부여씨 왕실로 고정되는 시기를 근초고왕대로 보았다.[1)]

이기동은 근초고왕의 등장을 왕실 교체로 보는 것에는 동의하지만 그 이전에 부여씨 왕실이 존재한 것이 아니라, 비류왕이나 근초고

---

1) 천관우, 1976, 「삼한의 국가형성(하)」 『한국학보』 3: 1989, 『고조선사·삼한사연구』, 일조각.

왕대에 부여족 일파가 남하하여 일종의 정복 왕조를 세움으로써 왕실 교체를 이루었다고 보았다.[2] 노중국은 백제 초기 왕계가 다루, 기루, 개루왕까지는 비류계의 해씨이고, 초고왕 이후부터는 부여씨의 2원적 왕계로 구성되었고, 이후 부여씨를 중심으로 일원화되는 과정에서 해씨 왕계가 부여씨 왕계에 편입, 정리되었다고 분석하였다.[3] 그리고 이와 같은 왕실 교체 혹은 왕계의 변화는 북에서 남하해 온 고구려·부여계 세력이 요인이 되었으리라 추정하였다.

본장에서는 백제 왕실 교체에 대한 기존 연구 성과들을 바탕으로 하여 아직까지 구체적으로 논의되지 못한 감이 있는 부여씨 왕실의 등장 시기, 역사적 배경, 실체 등에 대하여 고구려, 부여계 유이민 집단과의 관련성을 중심으로 살펴보고자 한다. 먼저 백제 왕실의 기원에 대한 직접적인 사료인 건국 설화와 관련 기록을 검토해 보고, 이어서 3세기 후반~4세기 전반 모용 선비의 흥기로 인해 큰 충격을 받은 고구려, 부여와 이로 인해 발생된 유이민 집단이 백제에 미친 영향 등에 대하여 고찰해 볼 것이다.

1. 백제 건국 설화의 고구려, 부여 관련 요소 분석

백제 건국 설화는 왕실의 기원과 관련하여 가장 많은 정보를 담고 있는 사료이다. 특히 고구려, 신라, 가야의 그것과 비교하여 내용면에서 초자연적이거나 비현실적인 요소가 극히 적고 매우 사실이어서 건국과 왕실의 출자를 밝힐 수 있는 많은 단서들을 포함하고 있다.

---

2) 이기동, 1981, 「백제 왕실교대론에 대하여」 『백제연구』 12, 60~64쪽.

3) 노중국, 1988, 『백제정치사연구』, 일조각, 71~74쪽.

백제 건국 시조에 관한 설화는 크게 온조, 비류, 구태의 세 계통으로 나누어진다. 다음은 세 계통의 시조 설화를 전하는 대표적인 사료들이다.

A-(1) 百濟始祖溫祚王, 其父鄒牟, 或云朱蒙. 自北扶餘逃難, 至卒本扶餘. 扶餘王無子, 只有三女子, 見朱蒙知非常人, 以弟二女妻之. 未幾扶餘王薨, 朱蒙嗣位. 生二子, 長曰沸流, 次日溫祚及朱蒙在北扶餘所生子來爲太子, 沸流·溫祚恐爲太子所不容, 遂與烏干·馬黎等十臣南行, 百姓從之者多. 遂至漢山, 登負兒嶽, 望可居之地. 沸流欲居於海濵, 十臣諫曰, "惟此河南之地, 北帶漢水, 東據高岳, 南望沃澤, 西阻大海, 其天險地利, 難得之勢. 作都於斯, 不亦宜乎." 沸流不聽, 分其民, 歸弥校鄒忽以居之. 溫祚都河南慰禮城, 以十臣爲輔翼, 國號十濟. 是前漢成帝鴻嘉三年也. 沸流以彌鄒土濕水鹹, 不得安居, 歸見慰禮, 都邑鼎定, 人民安泰, 遂慙悔而死, 其臣民皆歸於慰禮. 後以來時, 百姓樂從, 改號百濟. 其世系, 與高句麗同出扶餘, 故以扶餘爲氏(『삼국사기』 권23 백제본기 시조 온조왕 즉위).

A-(2) 一云, 始祖沸流王, 其父優台, 北扶餘王解扶婁庶孫, 母召西奴, 卒本人延陁勃之女. 始歸于優台, 生子二人, 長曰沸流, 次曰溫祚. 優台死, 寡居于卒本. 後朱蒙不容於扶餘, 以前漢建昭二年春二月, 南奔至卒本, 立都, 號高句麗, 娶召西奴爲妃. 其於開基創業, 頗有內助, 故朱蒙寵接之特厚, 待沸流等如己子. 及朱蒙在扶餘所生禮氏子孺留來, 立之爲大子, 以至嗣位焉. 於是, 沸流謂第溫祚曰, "始大王避扶餘之難, 逃歸至此, 我母氏傾家財, 助成邦業, 其勤勞多矣. 及大王猒丗, 國家屬於孺留. 吾等徒在此, 欝欝如疣贅, 不如奉母氏南遊卜地, 別立國都." 遂與弟率黨類, 渡浿·帶二水, 至彌鄒忽以居之(『삼국사기』 권23 백제본기 시조 온조왕 즉위 할주).

A-(3) 北史及隋書皆云, "東明之後有仇台, 篤於仁信. 初立國于帶方故地, 漢遼東大守公孫度, 以女妻之, 遂爲東夷強國. 未知孰是(『삼국사기』 권23 백제본기 시조 온조왕 즉위 할주).

사료 A-(1), (2), (3)은 백제 건국 시조를 각기 온조, 비류, 구태로 전하는 기록이다. 이들 신화는 유사점과 차이점이 있지만, 가장 큰 공통점은 모두 백제 건국 시조의 북방 기원설에 기반을 두고 있다는 점이다. 그러나 문헌이나 고고학 증거를 통해 볼 때 적어도 3세기 중반 이전까지는 백제의 중심지인 한강 중류역에서 북방 문화의 영향으로 성장한 정치 세력을 찾기는 힘들다. 오히려 해당 지역의 토착 세력과 문화가 성장하고 있었음이 확인될 뿐이다.

백제의 지배층이 부여 혹은 고구려와 같은 북방에서 유래하였다는 주장이 설득력을 얻고 있는 가장 큰 근거는 한강과 임진강 중류역에서 발견되는 적석총의 존재이다. 잘 알려져 있다시피 적석총은 고구려 전기의 주요 묘제이다. 이와 유사한 형태의 적석총이 초기 백제의 중심 지역인 한강 유역을 중심으로 발견되면서 시조의 남하 내용을 담고 있는 건국 설화와 맞물리며 백제 왕실의 북방 기원설에 강한 증거가 되어 준다.

한강 중상류역 적석총이 2세기 후반~4세기 전반에 고구려에서 남하한 집단에 의해 조영되었음은 여러 연구자들에 의해 밝혀졌다.[4] 이 가운데서 즙석분구묘로 대표되는 토착 세력과 고구려식 적석총을 조영한 이주민 집단의 연합을 통해 백제 건국이 이루어졌다는 견해가 주목된다.[5] 즉 고고학 정황을 통해 볼 때 본래 범마한권에 속하던

---

4) 최몽룡·권오영, 1985, 「고고학 자료를 통해 본 백제 초기의 영역 고찰」 『천관우선생회갑기념사학논총』; 이동희, 1995, 「남한에서 발견된 고구려계 적석총에 대한 일고찰」, 성균관대학교 석사학위논문.

한강 중류역은 토착 집단과 고구려계 유이민계 집단이 융합하며 새로운 양상을 만든 것으로 이해할 수 있다.[6]

실제 적석총은 개성 장학리·연천 삼곶리, 학곡리 등 임진강 중류역에 가장 밀집한 양상을 보이고 있다.[7] 해당 지역은 부여·고구려 지역에서 남하한 세력이 낙랑·대방 지역의 외곽을 거쳐 한반도 중부 지역으로 진입할 수 있는 가장 가까운 루트인 동시에 백제의 북쪽 지역이기도 한다.

이러한 적석총의 분포 양상을 통해 볼 때 북쪽에서 이동해 온 고구려계 집단이 곧바로 백제 핵심으로 진출하지 않고 주변에 머물며 대세를 관망하거나 주변 세력과의 정치적 연합을 도모하였음을 추측할 수 있다.

고고학 자료를 통해 볼 때 북방에서 이동해 온 세력이 백제 지역에 정착한 시기는 아무리 소급해도 2세기 후반 이상으로 올라가기가 어렵다. 다시 문헌으로 돌아가 사료 A-(1)에 대해서 살펴보면, 시조 온조왕이 고구려 시조 주몽의 아들로서, 북부여 출신의 유리에 밀려 자신의 동복 형인 비류와 함께 남하해 백제를 건국한 내용을 전한다. 백제 건국 설화로 가장 잘 알려진 사료이다.

사료 A-(2)는 사료 A-(1)의 할주 부분으로, 백제의 시조를 비류로 설명하고 있다. 비류의 출자는 북부여왕 해부루의 서손이자 우태의 아들로서, 유리를 피해 온조와 함께 남하해 백제를 세웠다고 한다. 사료 A-(1)과의 차이점은 건국자로서 주인공 형제의 역할이 바뀐 것

---

5) 임영진, 1995, 「백제 한성시대 고분 연구」, 서울대학교 박사학위논문, 130쪽.

6) 임영진, 2007, 「백제식 적석총의 발생 배경과 의미」『한국상고사학보』 57 참조.

7) 이동희, 2008, 「최근 연구성과로 본 한강·임진강유역 적석총의 성격」『한국사학보』 32 참조.

과 부여 출자를 강조하고 있다는 점이다. 즉 비류 설화는 고구려와의 연계성을 인정하면서도 부여 출자 의식을 보여주고 있다는 점에서 흥미롭다.

전체적인 설화의 모티프나 관계 설정 등을 고려할 때 사료 A-(1), (2)는 백제 시조로서 사실상 유사한 성격의 집단인 온조계와 비류계가 연합한 정황을 보여주는 것이라 간주해도 무방할 듯하다. 그리고 양자는 모두 백제 시조가 고구려 출신이라는 점에 방점을 두고 있다.

백제 시조 비류의 출자를 고구려로 상정할 수 있는 또 다른 근거는 비류 설화에 나오는 비류 선조의 이름인 優台에서도 찾을 수가 있다. 일부 연구자는 우태를 구태 설화의 구태의 오기나 비류왕대 반란을 일으킨 優福 가문의 원조를 파악해 백제 왕족의 일부로 보기도 한다. 그러나 비류 설화에 담겨 있는 모티프나 비류의 이름 그 자체 등으로 통해 볼 때 優台는 고구려 관등 중 하나인 于台(優台)로 보는 것이 자연스럽다. 일찍부터 지적되었지만 우태는 고구려 초기 관등 중 나부의 세력에게 주어진 것이다.[8] 이는 백제 부여씨 왕족이 고구려에서 우태에 해당하는 관등을 소유하고 있던 집단에서 기원하였음을 짐작할 수 있게 하는 대목이다. 또한 백제 시조 비류가 고구려 초기 沸流國(部)의 명칭과 한자까지 일치한다는 점 또한 단순히 우연의 일치가 아니며, 양자의 관계를 가벼이 볼 수 없게 하는 요인이다.

그런데 비류계가 단순히 고구려를 표방한 유이민 집단은 아니었던 것 같다. 추정대로 비류계가 고구려 비류부(혹은 비류국)에서 기원한 것이 맞다면, 비류부(국)의 기원 문제가 있기 때문이다. 비류부의 전신인 비류국은 고구려 주몽의 건국지인 졸본보다 북쪽에 위치한 소국으로, 현도군이나 부여와 가까이 위치한 것으로 나타난다.[9]

---

8) 임기환, 1995a, 「고구려 초기 관계조직의 성립과 운영」『경희사학』 19.

고구려 건국자로 기록된 주몽과 그의 嗣子인 유리는 모두 직접적으로 부여에서 이동해 왔고, 이들이 정착한 졸본 지역은 졸본 부여라고 불린 부여계 소국이 존재하였다. 이와 같은 범부여계라는 유대감은 졸본 부여와 주몽 집단, 그리고 주몽 집단과 유리 집단이 의제적 혈연관계를 상정하며 고구려의 헤게모니를 장악할 수 있는 바탕이 되었다.[10] 비류국 또한 그 명칭이나[11] 지리적 입지 등을 통해 볼 때 부여계였을 가능성이 크다. 그러나 이것은 어디까지나 지배 집단에만 한정된 것으로, 당시 만주와 한반도에서 가장 선진 지역이었던 부여로부터 남쪽으로 수차례 주민 이동이 있었고 이들 중 일부가 비류국에 정착하며 토착 세력과 연합하여 비류국이 지배 집단을 이룬 것으로 추측된다.

이러한 융합에는 같은 예맥계라는 종족적 유사성도 큰 역할을 하였다. 비록 부여계가 문화적 선진성을 바탕으로 지배권을 차지하기는 하였지만 이는 어디까지나 자신들의 출자나 계보 등 상징적 부분에 국한되었을 것이고, 실제로는 해당 지역의 토착 문화를 존중하고 스스로 동화하는 방향으로 귀결되었을 것이다.[12]

---

9) 기록을 통해 볼 때 비류국은 비류수(오늘날 혼강의 지류인 부이강) 상류에 위치했던 것으로 나오므로 그 위치를 대략 오늘날 신빈이나 통화 지역으로 상정할 수 있다. 이들 지역은 고구려가 현도군이나 부여 지역으로 진출하는 교통로 상에 위치하고 있다. 이 지역은 이른 시기부터 주몽에 복속되어 고구려의 일원으로 편제된 것으로 나오지만 본래 부여계였을 가능성이 매우 높다.

10) 조영광, 2010, 「고구려 5나부의 성립과정과 영역 검토」『대구사학』 98.

11) 조영광, 2015, 「예맥 족명과 부여, 고구려 국명의 기원」『선사와 고대』 44.

12) 이러한 현상은 주몽이나 유리 집단에서도 똑같이 발견된다. 당시 부여에서 고구려로 이동해 와 정착한 유이민 집단들은 최강국이며 선진적이었던 부여를 지속적으로 모칭하면서도 새로운 정착지에 대한 효율적 지배와 토착 세력의 협조를 이끌어내기 위해 물질문화 방면에서는 현지화를 시도하였던 것으로 보인다. 그 가장 대표적인 사례가 원고구려 지역의 토착 묘제인 적석총의 수용이다(조영광,

모국을 떠나 원고구려 지역에 정착한 부여계 집단이 일종의 디아스포라를 형성한 것으로 이해할 수 있다. 그리고 본래 같은 예맥계로서 언어, 풍습 등이 거의 흡사하고 묘제 등 일부 문화적 측면에서 차이만 있었을 뿐인 부여계 유이민 세력과 원고구려 토착계는 빠른 속도로 융합되었고, 부여 출자 의식 혹은 부여 지향성은 초기의 종족 집단 차이에서 비롯된 것이었다면 점차 지배층이라는 계급 차이에서 오는 의식으로 전환된 것으로 보인다.

부여계 집단이 고구려 지역으로 이주한 예는 주몽 집단을 비롯해 많은 사례가 발견된다. 유리 집단 및 주몽보다 앞서 졸본에 정착한 것으로 보이는 졸본 부여 역시 그러한 예에 해당한다. 부여에서 이동해 와 압록강 중류역에 정착하고 고구려의 지배권을 장악한 부여계 집단은 문화적 현지화를[13] 추진하였지만, 보다 선진 지역인 부여 출신으로서의 정체성 또한 강하게 유지하였던 것으로 보인다. 이는 일종의 강한 부여 지향성으로 나타났는데, 주몽의 건국 이후 약 80년이 지난 시점인 태조왕대에도 왕의 모후를 부여 출신으로 기록한 것 등을 통하여 알 수가 있다. 이외에도 고구려본기 초기 기록에 부여왕의 종제 집단이나 낙씨 집단 등 다양한 부여 출신 세력들이 고구려에 정착·복속한 사실을 확인할 수 있다.

수적으로 열세였던 부여계 집단은 정서적으로 자신들의 출자를 부여로 기억하는 것 외에는 거의 모든 방면에서 고구려에 동화되었던 것으로 생각된다. 이것은 종족적으로 부여와 고구려가 같은 예맥계이고, 언어와 풍습도 거의 유사하였기 때문이다. 하지만 집단 내의 결속력을 강조하고 피지배 집단에게 자신들의 우월성을 과시하기 위

2010, 앞의 글).

13) 적석총의 조영과 현지 지형에 적합한 산성의 축조 등을 들 수 있을 것이다.

한 수단으로서 부여 출신이라는 상징성은 건국 신화의 제조와 함께 강한 생명력을 발휘하였을 것이다.

하지만 이러한 인식은 고구려 핵심 지배층에서 배제되거나 헤게모니 다툼에서 패배한 세력에게는 오히려 종족 차이를 부각하며 이탈의 명분을 제공하는 핵심 기제로 활용되는 양면성도 있었다. 이 점에서 산상왕의 즉위에 반발해 비류부장을 뜻하는 소노가와 더불어 3만의 부중을 이끌고 요동 공손씨에 투항한 발기의 존재가 주목된다. 다음은 관련 기록이다.

B 建安(196~220)中, 公孫康. 出軍擊之, 破其國, 焚燒邑落. 拔奇怨爲兄而不得立, 與涓奴加各將下戶三萬餘口詣康降, 還住沸流水(『三國志』 권30 위서 고구려전).

위의 사료 B는 2세기 후반 무렵 비류부를 중심한 세력이 고구려 중앙에서 대거 이탈하였음을 전한다. 이 사건 자체는 왕위 쟁탈 경쟁에서 패배한 왕자가 자신을 따르는 부중을 이끌고 요동이 공손강에게 항복한 정치적 사건이다. 하지만 여기서 주목해야 할 점은 계루부 출신의 왕자가 비류부를 이끌고 공손씨에 항복하였다는 부분이다. 당시 고구려 내부의 정치적 역관계를 고려한다면, 고구려 중앙에 반감을 갖고 있던 비류부 세력이 왕위 경쟁에서 탈락한 발기를 내세워 이탈하였다고 보는 것이 더욱 타당할 것이다.[14]

---

14) 이장웅은 비류 설화의 우태를 구태와 동일시하고, 우태를 부여계 수장의 칭호로 보았다. 이 우태가 발기의 난 때 비류부 내 동부여계 방계 세력을 이끌고 남하한 것이 백제 건국 설화의 형태로 남은 것이라는 견해를 제기하였다.(이장웅, 2016, 「백제 시조 구태, 비류 전승의 성립과 고구려, 공손씨 관계」『백제문화』 55, 21~28쪽)

사료 B의 문맥으로 보아 발기를 앞세워 이탈한 비류부 세력은 공손씨의 핵심 지배권인 요동군에 귀부하였을 가능성이 높다. 당시 고구려 나부가 내부적으로 복수의 부장이 존재하고 다양한 세력이 공존하였음을 고려한다면, 비류부를 구성하던 세력 중 일부가 남쪽의 낙랑군으로 붙었을 개연성도 충분하다.[15] 그리고 이때 고구려를 이탈한 세력이 다시 임진강, 한강 유역으로까지 진출하였을 것이다.[16] 고구려 중앙에 불만을 품고 남쪽의 한 지역으로 이탈한 사례는 아주 이른 시기인 유리왕대부터 존재한다.[17] 물론 해당 기록을 액면 그대로 받아들일 수는 없지만 적어도 그와 유사한 역사적 사건에 대한 기록으로 간주할 수는 있다.

백제 왕실의 기원과 관련해 중요한 기록 중 하나인 사료 A-(3)는 백제의 시조가 대방에서 일어난 구태임을 전하고 있다. 다음은 해당 기록의 원형이 되는 사료이다.

C 百濟之先, 出自高麗國. 其國王有一侍婢, 忽懷孕, 王欲殺之. 婢云有物狀如雞子, 來感於我, 故有娠也. 王捨之. 後遂生一男, 棄之廁溷, 久而不死, 以爲神, 命養之, 名曰東明. 及長, 高麗王忌之, 東明懼, 逃至淹水 夫餘人共奉之. 東明之後, 有仇台者, 篤於仁信, 始立

15) 이보다 시기가 앞서기는 하지만 고구려 민중왕대에 잠우락부가 이탈하여 낙랑군에 귀부한 사실도 있다.(冬十月, 蠶友落部大家戴升等一萬餘家, 詣樂浪投漢(後漢書云, "大加戴升等萬餘口). 『삼국사기』 권14 고구려본기 민중왕 4년)

16) 이와는 시기적 차이가 있기는 하지만, 노중국은 비류계가 혼강 유역에 있던 비류국 출신의 부여족의 일파가 평안도, 함경도 지역을 거치며 남하해 미추홀 지역에 정착한 세력으로 보기도 하였다.(노중국, 앞의 책, 60~61쪽)

17) 十二月, 王田于質山陰, 五日不返, 大輔陜父諫曰, "王新移都邑, 民不安堵, 宜孜孜焉, 刑政之是恤. 而不念此, 馳騁田獵, 久而不返. 若不改過自新, 臣恐政荒民散, 先王之業墜地." 王聞之震怒, 罷陜父職, 俾司官園. 陜父憤, 去之南韓. (『삼국사기』 권13 고구려본기 유리왕 12년)

其國于帶方故地. 漢遼東太守公孫度以女妻之, 漸以昌盛, 爲東夷强國. 初以百家濟海 因號百濟. 歷十餘代(『隋書』 권81 백제전).

사료 C는 세 가지 사실을 알려준다. 첫째는 시조 설화의 서두가 부여 동명 설화와 완전히 일치한다는 점이다. 늦어도 『위서』가 정리되는 6세기 초, 중반에는 주몽 설화가 정착되었다는 것을 상기한다면, 비슷한 시기 백제는 의도적으로 부여 건국 설화를 자신의 시조 설화에 연결하였음을 알 수가 있다.

두 번째로 당시 백제 왕실이 자신의 직접 시조로 구태를 상정하고 있으며, 그 실체는 2세기 후반 공손탁의 종녀와 혼인한 부여 왕 위구태와 동일시하고 있다는 점이다. 그리고 시원지는 대방고지로 꼽고 있다. 구태의 실체와 대방고지의 비정에 대해서는 의견이 분분하다.[18] 해당 사료가 당시 중국인들이 별도로 수집한 정보에 의한 것인지, 백제가 스스로 밝힌 것을 채록한 것인지 여부는 불분명하지만 어느 것이 되었든 당시 백제와 부여는 강한 고리로 연결되어 있었음을 알 수 있다.

마지막으로 당시 백제 왕실이 표방하거나 중국에서 인지한 백제의 역대 왕통이 십여 대라는 점이다. 『수서』의 정리 대상 시기의 백제는 위덕왕 후반에서 무왕 재위기에 해당한다. 『삼국사기』 백제 왕계에 따르면 27~30대이다. 만약 중국에서 당시 백제 왕계가 10여 대로 인지하였다면 당시 재위한 백제 왕으로부터 중국 왕조에 처음 조공한 것이 확인되는 13대 근초고왕까지 역산한 결과물일 가능성이 크다. 만약 백제가 직접 자신들의 정확한 왕실 계보를 중국에 알

18) 구태는 부여왕 위구태, 혹은 우태 등으로 파악하고 있고, 대방고지는 오늘날 황해도 지역 혹은 백제 자체를 가리키는 것으로 보기도 한다(임기환, 1998, 「백제 시조 전승의 형성과 변천에 관한 고찰」 『백제연구』 28).

렸다면 10여 대라는 모호한 표현은 사용하지 않았을 것이다. 설령 10여 대라는 표현을 백제 측이 사용한 것이라 치더라도 당시 백제 왕실이 근초고왕 언저리를 실질적 자신들의 기원으로 인식하고 있었음을 방증하는 것이다.

사료 A-(3)과 사료 C에 보이는 구태의 실체에 대해서는 고이왕을 의미한다는 견해,[19] 비류로 보는 견해[20] 등이 존재한다. 그리고 사료 C의 구태 기사에 부여 왕 위구태 관련 기록을 붙인 것은 『수서』의 찬자가 양자를 혼동한 데서 기인하였고, 이로 인해 부여 시조인 동명 설화까지 부가하여 생긴 결과라고 간주하기도 한다.[21] 구태는 결국 5~6세기 백제가 고구려왕 경쟁하던 중에 출현한 '부여 출자설'에서 연유한 반 고구려 의식의 발현으로 보고 있는 것이다.[22]

그렇지만 해당 기록의 구체성과 가장 가까운 시기의 백제 왕실이 직접 주장한 시조 설화라는 사실 등을 감안한다면, 구태 설화는 강한 역사성을 띠고 있다고 보아야 한다. 즉 사료에서 왕계의 단절성이 보이는 비류왕 혹은 근초고왕 집권 이전 시기에 북으로부터 부여와 관련된 집단이 도래해 왕권을 장악하였을 가능성이 충분하다.

다만 백제가 『삼국사기』 백제본기에 전하는 대로 기원전 1세기 무렵부터 북쪽에서 이동해 온 세력 집단에 의해 건국되었다는 것은 아니다. 백제 국가 형성에 대한 가장 이른 시기의 사료인 삼국지는 3세기 중반까지도 백제를 토착 마한 세력의 일부로 서술하고 있지 북쪽에 있는 고구려나 부여와의 접점을 언급하고 있지 않다. 관련 고고학

---

19) 이병도는 仇台의 '台'의 고음이 '이'라는 점에 착안해 고이로 파악하였다.(이병도, 1976, 『한국고대사연구』, 박영사, 472~475쪽)

20) 강길운, 1990, 『고대사의 비교언어학적 연구』, 세문사, 98~99쪽.

21) 유원재, 1990, 「중국정사 「백제전」 연구」 『한국상고사학보』 4, 188~194쪽.

22) 정재윤, 2008, 「구태 시조설의 성립 배경과 그 의미」 『한국고대사연구』 51 참조.

자료 또한 초기 백제의 중심지인 한강 중류역에서 부여나 고구려에서 기원한 북방 문화적 요소가 찾아지지 않는다. 심지어 3세기 후반 중국 군현 세력과 투쟁을 하며 영역을 확장하였던 고이왕에 대한 기록 또한 마한 세력의 일부로 간주하고 있다.

이처럼 마한 세력의 일부로 시작하여 성장하였던 백제가 부여나 고구려와 같은 북방 기원을 표방하며 국가 성격에서 변화가 보이기 시작한다. 그 배경에는 부여, 고구려계 유이민 집단의 남하가 있었고, 결과적으로 4세기 이후 백제에 부여씨 왕실이 등장하는 계기가 되었던 것이다.

2. 모용 선비의 흥기와 고구려, 부여 유이민 집단의 남하

앞절에서 2세기 후반 이후 고구려, 부여계 집단이 남하하여 백제 부여씨 왕실의 기원이 되었을 가능성에 대하여 살펴보았다. 본절에서는 그러한 남하의 원인과 구체적 시기에 대하여 조금 더 자세히 살펴보고자 한다.

먼저 부여씨 관련 기록 중 가장 이른 시기의 것은 무엇일까? 잘 알려진 대로 『삼국사기』의 기록을 제외하고 백제 왕 중 부여씨를 칭한 것이 확인되는 최초의 사례는 근초고왕이다. 그가 여구(부여구)라는 실명을 밝히며 동진에 조공한 기사가 바로 그것이다.[23] 이때 부여라는 왕성은 물론 백제라는 국명도 공식적으로 처음 보이고 있어 주목할 필요가 있다.

그런데 역사적으로 백제 근초고왕이 부여씨를 칭한 것과 비슷한

23) 二年春正月辛醜, 百濟, 林邑王各遣使貢方物 …… 六月, 遣使拜百濟王餘句為鎮東將軍, 領樂浪太守(『晉書』 권9 簡文帝 咸安 2년).

시기 모용 연에서 활약한 일단의 부여씨 인물들이 있어 주목이 된다. 부여의 왕자인 餘(徐)蔚을 필두로 餘巖 형제, 餘崇 부자 등 여씨를 칭한 다수의 인물들이 전연, 전진, 후연, 남연 등에서 활동한다.[24] 그런데 여기서 주목되는 점은 이들이 대체로 부여 출신이라는 점이다.[25] 즉, 3세기 후반의 모용외와 4세기 전반 모용황의 침공으로 인해 부여가 큰 타격을 입고 모용 연으로 끌려간 인물이거나 그 후예들로 추정된다.[26]

모용 연에서 활동한 이들의 존재에서 백제 부여씨의 기원에 대한 작은 실마리를 찾을 수 있다. 또한 이들 부여씨가 처음 등장하게 되는 배경이 된 모용 선비의 침공은 부여에만 국한된 것이 아니라, 고구려도 큰 타격을 입은 바가 있어, 백제 부여씨 왕실의 기원으로 추정되는 두 국가가 모두 연관이 있다. 다음은 관련 사료이다.

D-(1) 太康六年(285), 爲慕容廆所襲破, 其王依慮自殺, 子弟走保沃沮(『晉書』 권97 부여전).

D-(2) 又率衆東伐扶餘, 扶餘王依慮自殺, 廆夷其國城, 驅萬餘人而歸(『晉書』 권108 慕容廆載記).

D-(3) 二年(293) 秋八月慕容廆來侵. 王欲徃新城避賊. 行至鵠林, 慕容廆知王出, 引兵追之. 將及王懼. 時新城宰北部小兄高奴子, 領五百騎迎王, 逢賊奮擊之, 廆軍敗退……五年(296) 秋八月, 慕

24) 『晉書』에는 이들의 성이 徐로 기록되어 있으나, 『資治通鑑』과 『十六國春秋』 등에는 餘로 나온다. 대체로 부여에서 출자한 것으로 보이는 이들의 정체성을 감안한다면 '부여'의 약칭인 '여'가 옳은 표기로 보인다.

25) 모용 연에서 산견되는 餘氏는 그 출자가 부여로 파악된다.(姚薇元, 1958, 『北朝胡姓考』, 科學出版社, 269~270쪽)

26) 이들의 활동에 대해서는 여호규, 2001, 「백제의 요서진출 재검토」 『진단학보』 91에 간략히 소개되어 있다.

容廆來侵. 至故國原, 見西川王墓, 使人發之. 役者有暴死者, 亦聞壙內有樂聲, 恐有神乃引退. 王謂羣臣曰, "慕容氏兵馬精強, 屢犯我疆埸, 爲之奈何." 相國倉助利對曰, "北部大兄高奴子, 賢且勇. 大王若欲禦寇安民, 非高奴子無可用者." 王以高奴子爲新城大守, 善政有威聲, 慕容廆不復來寇(『삼국사기』 권17 고구려 본기 봉상왕).

사료 D-(1)은 285년 부여가 선비 모용외의 침공을 받아 패하여 왕이 자살하고 왕족들이 옥저까지 도망가는 등 궤멸적 타격을 입은 사실을 전한다. 같은 사건을 다룬 사료 D-(2)는 당시 부여는 수도가 함락되고 만 명이 포로로 끌려가기까지 하였음을 알려주고 있다.

여기서 주목할 부분은 모용외의 침입 때 부여 왕족들이 오늘날 함경도 지역으로 비정되는 옥저까지 도망을 쳤다는 사실이다. 당시 길림성 길림시 지역에 중심지를 두고 있던 부여 세력이 옥저까지 피난을 갔다면, 그 이동 경로 상에 있는 동해안과 추가령 구조곡 루트를 이용해 낙랑·대방의 외곽이나 더 남쪽까지 내려갔을 가능성도 짐작케 한다.

사료 D-(3)은 비슷한 시기 고구려 역시 모용외로부터 두 차례 침입을 받았다는 기록이다. 고구려의 입장에서 고노자가 활약하여 무사히 격퇴하였다는 것이 핵심이지만, 296년에는 모용외 군이 수도까지 육박하여 서천왕릉까지 파헤쳤다는 것으로 보아 고구려도 매우 심대한 타격을 입었음이 분명하다. 당시 고구려는 내적으로 봉상왕의 폭정으로 인해 큰 혼란을 겪고 있었던 시기로, 이와 같은 외부 충격이 가해졌다면 이탈하는 세력이 출현하였을 공산이 크다.[27)]

27) 이러한 집단적 이탈은 이보다 조금 앞선 시기인 3세기 전반 동천왕대에 있었던 관구검의 침입 때도 있었을 가능성이 매우 높다.

고구려나 부여 계통의 세력이 원주지를 떠나 한강 일원에 정착하는 대규모 이동이 가능하였던 시기는 고구려가 한반도 서북부에서 낙랑과 대방을 몰아내는 4세기 초반 이전으로 추정된다. 미천왕이 낙랑과 대방을 완전히 멸하기 전까지 해당 지역은 재지 한인 세력, 망명 한인 세력, 원 토착 세력 등의 역관계가 복잡하게 교차하며 팽팽한 힘의 균형을 이루고 있었다.[28] 이 와중에 중국 왕조들이 역시 자국의 사정에 따라 이들 지역에 대한 지배권 확보에 소장을 거듭하며 더욱 복잡한 형국을 만들고 있었다.

그러나 이처럼 당시 한반도 서북 지역이 어느 세력도 확실한 우위를 점하지 못하고 교착 상태였다는 것은 외부 세력의 해당 지역 통과나 정착에 더할 수 없이 유리한 조건을 제공하였던 것으로 보인다. 당시 평안, 황해도 지역은 이러한 정국과 불안한 힘의 균형 아래서 각 지역이 분절적이고 반독립적인 형태로 느슨한 연합체를 이루고 있었던 것으로 보인다. 이러한 상황은 아무래도 해당 지역을 매개로 한 집단 이동이 비교적 용이한 환경을 제공하였을 것이다.

2세기 말 요동 지역을 장악한 공손씨 세력이 황해도 지역에 대한 지배권을 공고히 하기 위해 대방군을 설치하면서 그 지역을 황지로 묘사한 사실이나,[29] 313년 고구려가 영역화한 이후에도 일정 시기 동안 중국계 인물들을 안치해 간접 통치 형식을 빌려 지배권을 행사한 것도 이러한 정황에서 비롯된 것으로 보인다.

---

28) 임기환, 1995b, 「4세기 고구려의 낙랑, 대방지역 경영: 안악 3호분, 덕흥리 고분의 묵서명 검토를 중심으로」 『역사학보』 147; 김미경, 1996, 「고구려의 낙랑, 대방지역 진출과 그 지배형태」 『학림』 17; 조영광, 2008, 「장수왕대를 전후한 시기 고구려의 정국과 체제 변화」 『군사』 69 참조.

29) 桓, 靈之末, 韓濊彊盛, 郡縣不能制, 民多流入韓國. 建安中, 公孫康分屯有縣以南荒地為帶方郡(『三國志』 권30 魏書 東夷傳).

이러한 상황을 종합적으로 고려할 때 부여나 고구려 지역에서 대규모 인구 집단이 한반도 서북부를 통과하여 한반도 중부 지역, 즉 한강 일원으로 이동이 가능한 시기의 하한선은 고구려가 낙랑, 대방을 완전히 확보하는 4세기 초로 잡을 수가 있다. 이것은 고구려 계통의 적석총이 한강 유역에 조영된 시기의 하한과도 맞아 떨어진다.

3세기 후반이 되면 모용 선비의 등장으로 북중국, 만주, 한반도가 모두 일대 혼란에 휩싸이게 된다. 그 이전까지 만주에서 가장 규모가 크고 선진적이었던 부여는 큰 타격을 입고 재기불능 상태가 되었으며, 고구려 또한 적지 않은 피해를 입었지만 부여가 약해진 틈을 타 이후 예맥계 국가 중 최강자로 자리매김하게 된다. 아울러 본국과의 연결이 완전히 차단된 낙랑, 대방 등 중국 군현 세력도 생존 방안을 강구해야 할 상황에 놓이게 된 듯하다.

이상과 같은 국제 정세 속에서 한반도 중부 지역에 위치하고 있던 백제 내부의 상황도 매우 급박하게 돌아가고 있었다. 3세기 초반 새로이 백제 왕권을 장악한 것으로 보이는 고이왕은 북쪽의 중국 군현 세력에 대해서도 적극적인 공세를 취하였다.[30] 그 뒤를 이은 책계왕도 북쪽의 정세에 적극적으로 대응하였는데, 다음 기록들은 3세기 후반 백제 책계왕 재위 당시 고구려, 중국 군현, 백제 사이의 얽히고 설킨 관계를 잘 보여 주는 것이다.

E-(1) 高句麗伐帶方, 帶方請救於我. 先是, 王娶帶方王女寶菓爲夫人, 故曰, “帶方我舅甥之國, 不可不副其請.” 遂出師救之. 高句麗怨. (『삼국사기』 권24 백제본기 책계왕 1년)

---

30) 秋八月, 魏幽州刺史毋丘儉與樂浪大守劉茂·朔方大守王遵, 伐高句麗, 王乘虛, 遣左將真忠, 襲取樂浪邊民. 茂聞之怒. 王恐見侵討, 還其民口.(『삼국사기』 권23 백제본기 고이왕 13년)

E-(2) 秋九月, 漢與貊人來侵. 王出禦, 爲敵兵所害薨.(『삼국사기』 권24 백제본기 책계왕 1년, 13년).

사료 E-(1)은 고구려가 대방을 공격하자 대방이 백제에 구원을 요청하였고, 백제는 이에 호응하여 대방을 구하였다는 내용이다. 그런데 여기서 주목할 부분은 백제 책계왕이 대방을 구원해 준 이유를 대방이 '장인의 나라'였기 때문이라고 피력하고 있다. 즉 자신이 대방의 왕녀를 취했으므로 구생 간의 의리를 생각해 군사행동에 나섰다는 것이다. 고이왕계가 등장한 이후 백제가 중국 군현 세력과 깊은 관계를 맺어왔음을 짐작케 하는 대목이다.

사료 E-(2)는 책계왕이 한과 맥의 침공을 받아 결국 전사하였다는 내용이다. 해당 기록의 한은 낙랑인지 대방인지 명확하지는 않지만 중국 군현 세력을 일컫는 것으로 보인다. 하지만 맥은 그 실체가 불분명한데, 고구려나 중국 군현에 부용된 강원 영서 지역의 세력이거나, 고구려에서 이탈하여 중국 군현 지역에 정착한 세력일 수도 있다. 필자는 후자의 가능성이 크다고 보는데, 3~4세기 전반에 걸쳐 북에서 남으로의 인구 이동이 지속적으로 이루어졌음을 감안한다면 맥의 실체는 고구려에서 이탈하여 중국 군현 지역에 안치된 세력일 것이다.

그리고 책계왕에 이어 즉위한 분서왕도 낙랑 자객에게 살해당한다.[31] 두 명의 백제 왕이 연이어 중국 군현 세력에 의해 살해당한 것으로 보아 당시 두 세력 간의 모순이 최고조에 달하였음을 알 수 있다. 당시의 형세는 백제가 고이왕 집권력 강화와 함께 국력 신장을 이루어 중국 군현 세력에 심각한 위협을 강할 정도로 성장하였고, 군

31) 冬十月, 王爲樂浪大守所遣刺客賊害薨.(『삼국사기』 권24 백제본기 분서왕 7년)

현 세력은 비록 많이 쇠퇴하기는 하였지만 중국 본토와의 연계와 문화적 우월성을 배경으로 수세에 몰린 당시의 정국을 타개하고자 하였을 것이다. 그러한 노력의 일환으로 북쪽의 강대한 위협인 고구려의 이탈 세력을 자신의 영역 내로 포섭하고 백제에 대한 회유와 견제도 끊임없이 시도한 것으로 보인다. 당시 낙랑, 대방 지역은 본국과도 격리되어 있고 고구려, 백제로부터 포위된 형국이라 고구려나 백제에서 이탈해 온 세력들을 변방에 안치하고 활용하였을 가능성이 크다.

이러한 가운데 구수왕의 아들을 칭하며 갑작스레 즉위한 비류왕의 존재는 의미심장하다. 그의 비정상적 즉위는 여러 연구자들에 의해 꾸준히 주목되어 왔고, 왕실 교대와 같은 정치적 변화의 산물로 이해된다. 비류왕의 즉위 관련 기사를 조금 더 면밀히 살펴보기로 하자.

F 比流王, 仇首王第二子. 性寬慈愛人, 又強力善射. 久在民間, 令譽流聞及汾西之終, 雖有子, 皆幼不得立, 是以為臣民推戴即位.(『삼국사기』 권24 백제본기 비류왕)

위 기록에 의하면 비류왕은 구수왕의 둘째 아들인데 오랫동안 민간, 즉 왕실이 아닌 일반 백성처럼 살아왔다고 한다. 그리고 분서왕이 자식들이 있었음에도 불구하고 그들이 모두 어리다는 이유로 추대를 받아 즉위하였다. 사실상 사료의 앞부분, 곧 구수왕의 아들이었다는 것은 매우 신뢰하기가 어렵다.

비류왕은 계보를 초월하는 갑작스런 등장만큼이나 이름도 특별한 의미가 있어 보인다. 비류왕의 이름은 주지하듯이 백제 건국 설화 속 건국 시조 중 한 명인 비류와 동일하다. 비록 한자는 다르지만, 고대 사회에서 음차자로 발음이 같은 다른 한자를 혼용한 사례는 많이 보

이므로 큰 문제는 아니다. 그래서 비류왕을 건국 설화에 보이는 비류계로 해석하기도 한다.[32)]

비류왕을 북쪽에서 남하해 미추홀에 근거지를 두었던 비류와 연결한 견해는 당시의 비정상적 왕위 계승 상황을 고려할 때 상당한 설득력을 가진다. 그리고 비류의 출자에 대하여 두 가지 측면에서 고찰해 보고자 한다.

첫째 비류라는 이름이다. 온조의 형으로 묘사된 비류는 주몽이 고구려를 건국한 초부터 지역의 지배권을 놓고 경쟁했던 송양왕이 왕으로 있던 소국의 이름이자, 이후 5부로 편제된 부명이기도 하다. 즉 온조 설화나 주몽 설화에서도 비류는 고구려와 가까운 이름이다.

둘째 비류가 정착했다는 미추홀의 지명과 입지 문제이다. 사료에 의하면 미추홀은 바닷가에 위치하였고 오늘날 인천 부근으로 비정된다. 주목되는 점은 지리적 위치이다. 바닷가는 선박을 이용한 운수와 이동에 용이한 입지이다. 그리고 미추홀이라는 지명 또한 중요하다. 잘 알려져 있다시피 '홀'이라는 명칭은 고구려계의 지명 단위이다.

비류왕과 건국 시조 비류왕의 연관성을 인정한다면 결국 비류왕은 백제 왕실과 고구려를 연결하는 핵심 고리인 셈이다. 그리고 앞장에서 살펴본 바와 같이 비류 세력의 기원이 고구려 지역에 거주하던 부여계 유이민 집단임을 고려할 때 백제 부여씨 왕실의 기원을 비류왕의 등장과도 연결시킬 수 있다.

이렇듯 고구려에서 이동해 온 비류계가 고이계를 대신해 왕권을 장악할 수 있었던 것은 책계왕, 분서왕의 비정상적인 죽음으로 인해

---

32) 김두진은 비류왕의 등장이 시조 비류와 관련성이 있음을 지적하였고(김두진, 1990, 「백제시조 온조신화의 형성과 그 전승」『한국학논집』 13, 19쪽), 이도학은 비류의 업적이 비류왕대에 종합 기록되었을 가능성이 큼을 언급하였다.(이도학, 1995, 『백제 고대국가 연구』, 일지사, 315~316쪽)

고이계가 타격을 받고 약화되었기 때문으로 보인다.[33] 그리고 그와 함께 고이계에 밀려 왕권을 상실한 전 왕족인 온조-초고계의 지원이 있었기에 가능하였으리라는 점은 짐작하기 어렵지 않다.[34] 그리고 상존하는 외부로부터의 위협 또한 연합의 배경이 되었을 것이다.[35]

위의 추론은 그의 친자로 묘사된 근초고왕이 중외의 사서를 통해 공식적으로 확인되는 최초의 부여씨 왕이라는 점에서 설득력을 더한다. 그런데 『삼국사기』 백제본기의 근초고왕 즉위 기사를 자세히 살펴보면 그의 즉위 역시 뭔가 석연치 않은 점이 있음이 발견된다. 사료만 놓고 보면 비류왕과 근초고왕은 고이계를 대신해 즉위하였다는 점과 부자지간으로 기록되었다는 점을 제외하면 사실상 접점이 없다고 보아도 무방하다.[36] 일단 근초고왕은 그 왕명에서 볼 수 있듯이

---

33) 강종원, 1999, 「백제 비류왕의 즉위와 정국운영」 『한국상고사학보』 30, 87쪽.

34) 고대 국가 초기 이러한 형태의 왕실 교체와 전 왕실과 현 왕실 간의 모순 및 이로 인한 신진 세력과 전 왕족의 연대를 통한 새로운 왕실의 등장은 신라 박, 석, 김씨의 3성 교립에서 그 전형적인 양상이 찾아진다.

35) 노중국은 비류와 온조로 표현된 두 세력이 낙랑과 말갈의 위협 속에서 공동 방어의 목적으로 연맹을 형성한 것으로 보았다.(노중국, 앞의 책, 62쪽) 이러한 견해를 그대로 받아들일 수는 없지만, 낙랑 대방 등 중국 군현 세력과 말갈로 표현된 제3의 세력은 백제와 그 외곽에 정착한 부여, 고구려계 유이민 집단 양자 모두에게 위협이 되었고 그들에 대한 공동 방어는 양자를 연합케 한 또 하나의 요인으로 작용하였을 것이다.

36) 고이계를 밀어내고 즉위한 비류왕은 초고계의 지지를 받기 위해 구수왕의 둘째 아들을 모칭한 것으로 보인다. 마찬가지로 근초고왕 역시 초고계뿐만 아니라 직전에 왕위를 차지한 비류계의 지지 역시 확보하기 위해 비류왕의 둘째 아들을 모칭한 것으로 보인다. 만약 비류왕과 근초고왕이 정상적 부자 관계였다면 40년이라는 긴 기간 동안 재위에 있었던 비류왕대의 기록에 근초고가 태자로 책립되거나 활동한 사실이 나와야 하지만 그렇지 못하다. 그리고 무엇보다 근초고왕이 비류왕 사후 직접 왕위를 잇지도 않았고, 계왕에 이어 즉위하면서도 비류왕의 둘째 아들로 기록된 사실은 근초고왕의 즉위 역시 비류왕만큼이나 정상적이지 못했음을 보여주는 것이다. 그 이전까지의 백제 왕 계보에서 비정상적 즉위로 의심받는 고이왕이나 비류왕을 제외하면 모두 맏아들(長子, 元子) 또는 아들

구 왕족의 지지를 확실한 기반으로 삼은 것이 분명하다. 그리고 비고이계인 비류왕과도 부자 관계를 설정함으로써 비류계의 지지 역시 확보하였다.

근초고왕의 즉위 이후 달성한 백제의 외적인 성장 외에도 눈에 띄는 몇 가지 변화가 찾아진다. 첫째는 확실한 부여 지향성 표방이다. 주지하다시피 근초고왕은 왕성으로 부여씨를 칭한 사실이 확인되는 첫 번째 국왕이다. 그리고 중국에 사신을 보내는 등 대중 관계에도 적극적 모습을 보인다.[37] 이것은 자신의 출자와도 밀접한 관련이 있기 때문으로 보인다. 즉 근초고왕은 그 이전의 어떤 백제 왕보다 부여 지향성이 강하였고 대중 관계에 적극적일 수밖에 없는 태생이었다. 이러한 사실들을 종합해 보면 근초고왕이 부여계로서 한 문화의 영향을 강하게 받은 집단 출신임을 짐작할 수 있다. 당시 그러한 조건에 가장 부합하는 세력은 결국 부여계 유이민 집단밖에 없다.

한 문화의 영향을 강하게 받은 부여계 출신으로 추정되는 근초고왕은 구 왕족인 초고계를 끌어안기 위해 매우 많은 노력을 기울인다.[38] 근초고왕의 부여계가 구 왕족이자 토착 세력인 초고계의 협력을 얻어 정권을 차지하고 이들을 흡수하면서 본래 초고계의 시조인

(子)이라 기록하고 있다. 이들의 계승 관계를 모두 액면 그대로 받아들일 수는 없지만 적어도 전왕의 둘째 아들(二子)로 특정하여 표현된 왕들의 즉위 과정이나 계보에 문제가 있었음은 분명해 보인다.

37) 근초고왕은 백제 역사상 최초로 중국에 사신을 보냈을 뿐만 아니라 『서기』를 편찬함으로써 수준 높은 한 문화를 향유하였음을 보여준다. 아울러 일본에도 사절을 보내어 유교 경전과 천자문을 전해 주는 등 백제 한 문화의 수준이 급성장한 모습이 엿보인다.

38) 근초고왕과 그를 이은 근구수왕은 고이왕계 이전의 국왕들인 초고왕과 구수왕을 계승한다는 의미로서 '근'자를 붙이는 것에 머무른 것이 아니라, 아예 초고왕, 구수왕으로 모칭하였을 가능성도 있다. 『일본서기』에는 각기 초고, 귀수로 묘사되고 있다.

온조를 자신들의 계보 최상위에 올린 것으로 생각된다.[39] 이는 구 지배층의 지지와 민심을 획득할 수 있는 가장 빠른 길임이 분명하기 때문이다. 그러면서도 부여 출신인 자신들의 계보에서 가장 유명하고 상징적 인물인 구태에 대한 제사와 祀廟의 설립 역시 함께 이루어졌을 것으로 추정된다.[40]

백제 건국 설화 중 구태 시조설은 여러 건국 설화 중 가장 늦은 시기에 형성되었으며, 강한 사실성과 부여 지향성을 지닌 것이다. 구태의 실체는 『海東繹史』에 수록된 비류 설화 중 비류의 아버지로 등장하는 優台로 비정한 이래 많은 연구자들이 이 견해를 따르고 있다.[41] 이 외에도 구태를 온조로 보는 견해,[42] 근초고왕으로 보는 견해[43] 등이 있다. 하지만 시조 구태는 『후한서』에 나오는 부여 왕자 위구태 혹은 구태왕과의 연관성 등을 고려해 볼 때 부여계 인물로 봄이 옳다.

하지만 부여 왕자(왕)로 활동한 것이 분명한 구태[위구태]를 곧바로 백제의 건국 시조로 간주하는 것은 어렵다. 왜냐하면 온조를 시조로 하는 왕실 계보가 명확하고, 고고학 증거로 볼 때 북방에서 백제 지역으로 고구려계나 한계가 남하한 흔적은 있지만, 부여계 물질문

---

39) 온조계가 본래 마한 토착 세력으로 볼 수 있는 것은 실질적 부여씨 왕족의 시작으로 볼 수 있는 비류, 근초고왕 이전의 백제 본기 기사가 비교적 정교하고 정리된 모습을 보여주고 있으며, 한강 유역의 초기 백제 유적들 또한 한강 중류역에 이른 시기부터 정치 세력이 등장하고 성장하였음을 증명하는 것이다.

40) 이처럼 비정상적인 이원적 시조 의식은 부여씨 왕실이 완전히 백제화되고 온조가 부여씨 왕실의 시조로 자리 잡은 6세기 이후 자연히 소멸되었으며, 이는 구태묘의 훼철로 귀결되었을 것이다.

41) 천관우, 1976, 앞의 글, 143쪽; 김기섭, 2000, 「백제의 왕실 계보와 근초고왕」『백제와 근초고왕』, 학연, 44~46쪽; 정재윤, 2008, 앞의 글.

42) 임기환, 1998, 앞의 글, 9~17쪽.

43) 김성한, 2014, 「백제의 건국과 구태」『역사학연구』 26, 89~92쪽.

화를 가진 집단이 직접 남하였다는 증거는 찾아지지 않기 때문이다.

근초고왕으로 상징되는 부여씨 집단은 3세기 후반 모용외의 침입을 피해 낙랑 대방 지역에 정착한 부여계 이주민 세력이 다시 백제 지역으로 이주하였거나,[44] 비류계와 마찬가지로 고구려에서 이동해 온 부여계 세력으로 볼 수 있다. 근초고왕의 출자를 정확히 비정하기는 힘들지만 부여 지향성을 갖고는 있지만 한 문화의 세례를 강하게 받은 집단임은 분명하다.

고구려계 이주 세력인 비류왕이 온조를 시조로 하는 구 왕족인 초고계와 연합하여 책계왕, 분서왕의 연이은 비극적 죽음으로 동요한 고이계를 밀어내고 왕위를 차지하였다. 그러나 비류왕 사후 결집력이 부족했던 초고계-비류계(고구려계)의 연합은 잠시 고이계에 밀린 듯하다. 아마도 비류왕이 구 왕족인 초고계에 대한 적정 수준의 권력 배분에 소극적이었기 때문으로 보인다. 그 결과 고이계인 계왕이 즉위한 것이다. 그러나 오래지 않아 다시 초고계로 기록된 근초고왕이 왕위를 차지함으로써 고이계는 이후 재기하지 못한다.

비류왕과 근초고왕이 생물학적 부자 관계임을 확정할 수는 없다. 하지만 이들이 부자 관계로 기록된 것을 보면 양자는 매우 친밀하거나 유사한 집단 출신임을 짐작할 수 있다. 마지막 고이계 국왕인 계왕을 몰아내고 즉위한 근초고왕은 이름에서부터 초고계의 복원을 천명한다. 아울러 세력 증대를 위해 비류계처럼 자신들과 출자와 유사한 부여 지향성을 가진 집단들을 모두 규합하며 백제의 새로운 지배

44) 아울러 백제 초기에 보이는 진씨 세력에 대해서도 평양 정백동 19호분 출토 청동 耳杯에 새겨진 '眞氏牢'라는 명문을 근거로 낙랑계로 추정키도 하는데(정구복 등 저, 『삼국사기』 백제본기 다루왕 10년조 각주 118) 참조), 이러한 추정이 맞다면 부여씨 집단이 남하하는 과정 중에서 낙랑 부근의 진씨 세력을 흡수한 것으로 생각된다.

세력을 만들어 낸 것으로 보인다.[45] 이것이 곧 부여씨 왕실의 등장이다. 그리고 대내적으로 강력한 왕권 구축과 함께 북방 지역으로의 영역 확장에 탁월한 성과를 남긴다.

위에서도 언급하였지만 근초고왕의 즉위를 기점으로 한 백제사의 성격 변화는 매우 분명하다. 그리고 그 정점이자 원동력은 강력한 부여 지향성이다. 그 배경은 2세기 후반 이후 부여, 고구려 지역에서 상대적으로 선진문화를 보유한 집단의 남하와 관련이 깊다. 특히 3세기 후반 모용외의 부여, 고구려 침입은 이를 크게 촉진한 것으로 보인다. 그런데 그보다 더 큰 충격파를 일으킨 사건이 근초고왕 재위 연간 부여와 고구려에서 발생하여 주의를 요한다. 바로 모용황의 부여, 고구려 침입이 그것이다. 다음은 관련 기록들이다.

G-(1) 十二年(342)……皝自將勁兵四萬, 出南道, 以慕容翰·慕容霸爲前鋒, 別遣長史王寓等, 將兵萬五千, 出北道以來侵. 王遣弟武, 帥精兵五萬, 拒北道, 自帥羸兵, 以備南道. 慕容翰等先至戰, 皝以大衆繼之, 我兵大敗. 左長史韓壽斬我將阿佛和度加, 諸軍乘勝, 遂入丸都. 王單騎走入斷熊谷. 將軍慕輿埿, 追獲王母周氏及王妃而歸. 會王寓等, 戰於北道, 皆敗沒. 由是, 皝不復窮追, 遣使招王, 王不出. 皝將還, 韓壽曰, "高句麗之地, 不可戍守. 今其主亡, 民散潛伏山谷. 大軍旣去, 必復鳩聚, 收其餘燼, 猶足爲患. 請載其父尸, 囚其生母而歸, 俟其束身自歸, 然後返之. 撫以恩信, 策之上也." 皝從之, 發美川王廟, 載其尸, 收其府庫累世之寶, 虜男女五萬餘口, 燒其宮室, 毁丸都城而還(『삼국사기』 권18 고구려본기 고국원왕).

---

45) 한성 백제기에는 적석총과 여러 형태의 토광묘 등 다양한 형식의 묘제가 보이는데(임영진, 1993, 「백제초기 한성시대 고분에 관한 연구」『한국고고학보』 30, 122~125쪽), 이것은 당시 백제에 그만큼 다양한 세력 집단이 공존하거나 교차하였음을 보여주는 것이다.

G-(2) (永和 2年, 346) 初 ……夫餘居于鹿山, 爲百濟所侵, 部落衰散, 西徙近燕, 而不設備. 燕王皝遣世子儁帥慕容軍·慕容恪·慕輿根三將軍·萬七千騎襲夫餘. 儁居中指授, 軍事皆以任恪, 遂拔夫餘, 虜其王玄及部落五萬餘口而還. 皝以玄爲鎭軍將軍, 妻以女(『資治通鑑』 권97 晉紀 孝宗穆皇帝 上之上).

사료 G-(1)은 342년 전연의 모용황이 고구려를 공격하여 수도를 함락하고, 왕비와 왕모를 비롯해 5만 명을 포로로 잡아갔음을 전한다. 뿐만 아니라 이 공격으로 파괴된 수도 환도성은 다시 사용하지 못한다. 그로부터 4년 뒤 모용황은 다시 부여를 공격하여 왕을 비롯한 포로 5만 명을 잡아오는 등 부여를 거의 멸망 지경에까지 이르게 하였다.[46]

흥미로운 것은 사료 G-(2) 말미에 나오는 포로로 잡힌 부여왕 현에 대한 처우이다. 모용황은 그를 진군장군에 봉했으며, 자신의 딸을 부인으로 삼게 하였다. 전투를 통해 정벌한 적국의 수장을 이처럼 후하게 대한 것은 해당 전역이 단순한 약탈만이 목적이 아니라 다른 의도도 있었음을 추측케 한다.[47]

어쨌든 이와 같은 모용황의 호의로 집단 사민된 부여 유민들은 전연 내에서 다른 종족 집단들과 구분되어 집단 거주하였을 것으로 추정된다.[48] 이때 등장하는 것이 앞에서 잠시 언급한 바 있는 여울 등

---

46) 3세기 말에서 4세기 중반 모용 선비에 의해 요서로 끌려 간 인구는 고구려가 약 6만, 부여가 6~7만 이상이었다고 한다.(三崎良章, 1998, 「五胡十六國時代における遼東·遼西地方の住民構成の變化について」『教育と研究』16, 早稲田大學本庄高等學院, 21~22쪽)

47) 모용 선비가 부여를 정벌한 배경 중에 하나는 점차 중국화 되어가고 있던 자신들의 생활에 대한 경제적 부담자로서의 정착 농경민에 대한 포획 목적도 있다고 한다.(日野開三郎, 1988, 『東洋史學論集』 제14권 「夫餘國考」 『東アジア民族史(上)』, 三一書房, 40쪽)

모용 연 내의 부여씨 인물들이다. 여울은 부여 왕 현의 아들로서 4세기 후반 후연 왕실에 의해 부여왕으로 봉해지기도 하였다. 이 외에도 부여씨를 칭한 많은 인물들이 활약한다.

여기서 필자가 주목하고자 하는 부분은 모용 연으로 사민된 부여계 유이민 집단, 그 중에서도 최고위급 왕족들이 비로소 '부여'라는 족성을 사용하기 시작하였다는 점이다. 이것은 이국에 끌려온 자신들의 정체성을 보존하기 위한 행동이기도 하였지만 한편으로는 당시 보편적 선진문화였던 漢化의 표현이기도 하였다.

근초고왕의 부여씨 稱姓이나 강력한 한화 정책 등이 반드시 이에서 비롯되었다고 장담하기는 힘들겠지만, 어느 정도 당시의 국제 정세와 맞물리어 진행되었던 것은 분명하다.

모용 선비에 의해 요서, 하북 지역으로 사민된 부여계 집단은 상당 기간 중국에 머물며 일정 부분 한화되었을 가능성이 있으며,[49] 이들이 다시 모종의 이유로 백제로 이주해 왔을 것이다.[50] 당시 북중국을 차지하였던 호족 계열 왕조들은 피지배 종족들을 세력 약화와 자신의 수도 방위를 위해 집단별로 대규모 사민을 단행하였다.[51]

중국 내에 안치된 부여, 고구려계 집단 또한 후연이 멸망하고 북위

---

48) 이정빈, 2016, 「선비 부여 고구려 질자」『고구려발해학회발표논문집: 선비와 고구려·부여』, 34쪽.

49) 모용 선비는 요서와 하북 지역을 점거하며 빠른 속도로 한화되었다. 모용외 시기에 이미 상당히 높은 수준의 농업 생산력을 보유하였고 정주 생활로의 전환이 이루어진 것으로 파악된다.(關尾史郞, 1981, 「前燕政權(337~370년)成立の前提」『歷史學硏究』 488, 13쪽)

50) 당시 백제에는 부여씨 왕실로 대표되는 예맥계와 기존의 한계(마한, 신라 등) 및 왜, 중국 등 다양한 종족 집단이 들어와 잡거하였음이 확인된다.(其人雜有新羅·高麗·倭 等 亦有中國人. 『隋書』 권81 백제전)

51) 三崎良障 저, 김영환 옮김, 2006, 『五胡十六國 -中國史上의 民族 大移動-』, 景仁文化社, 174쪽.

가 들어설 때 북위의 수도인 평성으로 집단 이주된 것으로 나온다.[52] 398년에 시행된 당시의 사민에는 고구려뿐만 아니라 같은 예맥계인 부여계 주민들도 상당히 포함되어 있었을 것이다. 이러한 당시 사민이 이루어진 대상은 산동 지역에 거주하던 집단들이다. 만약 이들이 집단적 재사민에 반발해 해로를 통하여 한반도 지역으로 이동하는 것은 그리 어렵지 않았을 듯하다.

실제로 백제가 5세기 후반부터 갑작스레 중국식 왕후제를 실시한 것은 다양한 부여계 이탈 세력을 흡수한 것과 무관치 않은 듯하다. 특히 백제왕이 신료들에게 사여한 왕호 중 좌, 우현왕이 있다는 점은 의미심장하다. 이는 당시 백제가 북방 유목적 전통이 강한 세력에 의해 주도되고 있었다는 것을 반영하는 것이다.[53] 이처럼 강한 유목 문화적 전통을 가진 세력, 즉 부여계 집단이 백제로 오게 된 것은 3세기 후반과 4세기 중반 모용씨 세력의 부여 공격에서 기인한 것일 가능성이 크다.

한편 5세기 중반 백제가 갑자기 좌, 우현왕을 정점으로 한 왕후제와 장군호 사여를 시행하였다는 것은 양자가 정교하게 결합된 정치 제도를 모방하여 시행한 것이라는 가능성에 무게를 두게 한다. 전통 중국식 봉작제와 장군호 사여 제도에 유목 문화를 결합한 제도를 갖춘 첫 번째 국가는 서진 말 중국 하북 지역에 진출하여 5호 16국을 건립한 북방 종족의 제왕조이다.

3세기 후반부터 4세기까지 적지 않은 숫자의 부여, 고구려인들이 선비 모용씨가 세운 전연, 후연으로 끌려갔고 내부에서 집단적으로

---

52) 辛酉, 車駕發自中山至于望都堯山. 徙山東六州民吏及徒何·高麗·雜夷三十六萬·百工伎巧十萬餘口, 以充京師(『魏書』 권12, 太祖紀 天興元年 春正月).

53) 조영광, 2016, 「고구려 좌·우보의 기원과 성격」 『선사와 고대』 50, 36~40쪽.

정치 세력화한 것으로 보인다. 이들 중 가장 큰 집단을 형성한 부여계는 스스로 여(부여)씨를 칭하며 모용 연에서 중요한 정치 세력을 성장하였다. 질자에 가까운 신분으로 모용 연에 끌려온 부여계 집단들은 모국에서의 관성과 자신의 정치적 지위를 향상시키고자 부여 왕실 인물을 중심으로 결집하였다. 그리고 이들 세력 중 일부가 5호 16국의 혼란을 틈타 백제까지 이동해 왔을 가능성이 크다.

4세기 후반 이후 백제 부여씨 왕실이 이들 부여계 세력을 수용한 것은 자신들과 같은 부여 정체성을 가진 집단이라는 점도 큰 이유였겠지만, 당시 백제로 이동해 온 부여계 집단이 최소 수십 년에서 백 년 이상의 중국 생활을 하며 한화해 선진 문화의 세례를 받았다는 점도 빠질 수가 없다.[54] 이와 같이 선진 문화를 보유한 집단을 유치하여 지배권 강화에 노력한 예는 고구려의 낙랑·대방 지역 지배에서도 확인이 가능하다.[55]

4세기 초반 한반도에서 문화적으로 가장 선진 지역인 낙랑·대방이 고구려에 의해 점령당하자 가장 큰 타격을 입은 것은 백제였다. 그전까지 마한 지역의 북단에 위치하며 중국 군현 세력과 직접 교류하며 견제도 받았지만 문화적 수혜를 입었던 백제로서는 당장 그러한 루트가 상실되자 여러 가지 방법으로 선진 문화를 수용하기 위해 노력하였을 것이다. 근초고왕대에 처음으로 공식적 백제 사신이 중국에 파견된 것은 국력의 신장과 함께 선진 문화 수용을 위한 노력의 일환으로도 이해할 수 있겠다.

직접 중국에 사신을 파견하는 것 외에도 수월한 방법 중 하나가

54) 최근 연구에는 모용 연에서 이민족 집단의 엘리트들을 모아 고등 교육을 통한 일정 정도 한화를 유도하였음이 밝혀졌다.(이정빈, 2016, 앞의 글, 40~46쪽)

55) 임기환, 1995b, 앞의 글 참조.

높은 수준의 문화를 향유한 人丁을 유치하는 것이다. 이 좋은 예가 중국과의 직접 통교가 힘들었던 시절 왜가 백제를 통해 선진 문물을 수용한 것이다. 백제 또한 이러한 방법을 사용하였을 것임을 추측하기란 어렵지 않다.

시기적으로도 낙랑·대방이 고구려에 점령당하면서 군현을 통한 중국 문물의 직접 도입이 불가능해졌지만, 대신 중국 군현에서 이탈한 세력을 대거 수용하며 문화적 성장을 이루는 계기로 삼았을 가능성이 크다.

이와 같은 선진문화에 대한 갈망과 수용은 3세기 후반 모용외의 침입을 피해 부여, 고구려계 집단들이 대거 남하해 와 최종적으로 한반도 지역에 정착하고 더 나아가 왕권을 장악하여 백제 부여씨 왕실을 이루게 된 원동력이기도 하였다.

소결

백제 건국 설화는 시조 주인공에 따라 溫祚, 沸流, 仇台 설화로 나뉜다. 세 시조 설화는 모두 북에서 남으로 이동해 와 정착하였다는 모티프를 공유하고 있다. 그리고 정도의 차이가 있기는 하지만 부여와의 연관성 또한 강조되고 있다. 백제 건국 세력이 북쪽의 고구려, 부여 지역에서 내려왔음을 보여주는 고고학적 근거는 임진강과 한강 중류역에 집중적으로 조영된 고구려식 적석총의 존재이다. 그런데 이들 적석총의 조영 연대는 그 상한이 2세기 후반, 하한이 4세기 전반을 벗어나지 않는다. 결국 고구려·부여계로 추정되는 유이민 집단의 남하 시기 또한 그 범주 내에서 구할 수밖에 없다.

특히 비류 설화에 등장하는 비류는 고구려 5부 중 하나인 비류부와 그 전신인 비류국과 깊은 관계가 있는 것으로 보이는데, 2세기 후반 산상왕의 즉위에 반대해 비류부 세력이 고구려 중앙에서 이탈한 사건을 백제 시조 비류의 남하와 관련지어 볼 수가 있다. 그리고 이들 비류 집단은 부여 정체성도 보유하고 있었으므로, 고구려화한 부여계 집단으로 추정된다.

온조, 비류 설화에 고구려적 색채도 짙게 배어 있지만, 구태 설화는 거의 부여 일변도의 성격을 지니고 있다. 또한 가장 늦은 시기에 정착된 백제 건국 신화이기도 하다. 이는 부여 정체성을 강하게 지닌 집단이 모칭한 설화일 가능성이 크다. 그 등장 배경이 백제 근초고왕이 최초로 부여씨를 칭하는 정황과도 관련이 크다 생각된다.

3세기 후반이 되면 선비 모용씨의 흥기로 부여와 고구려는 큰 타격을 입게 된다. 이때는 모용 연으로 끌려간 대규모 사민도 발생하였거니와, 남쪽으로 이동하는 이탈 세력 역시 적지 않게 나오게 된다. 해당 시기 백제 왕계에서 비류왕과 근초고왕의 갑작스런 등장은 이러한 정세와도 맞물리어 있었을 것이다. 상대적으로 선진문화를 보유한 부여, 고구려계 유이민 집단은 고이왕계에 밀려난 백제의 구 왕족인 온조-초고계와 연합해 고이계를 축출하고 백제 왕권을 차지하게 된 것으로 추정된다. 그리고 이들 부여, 고구려계 유이민 세력은 부족한 자신들의 정통성을 보강하고 구 왕족 초고계와의 결합을 더욱 공고히 하기 위해 초고계의 시조인 온조 아래 자신들의 선조 계보를 보입하였을 것으로 사료된다.

모용 선비는 4세기 전반에 부여와 고구려 양국에 더욱 큰 타격을 가하는데, 여기서 부여는 거의 재기불능 상태에 빠진다. 이때 많은 숫자의 부여인들이 전연으로 끌려갔지만 이들은 종족 정체성을 유지한 채 집단적으로 수용되었던 것으로 보인다. 그리고 다수의 귀족 출신 인물들이 스스로를 부여씨로 칭하며 자신의 부여 정체성을 강조하며 모용 연에서 활동하였다. 그리고 이들은 중국 내지에 거주하며 漢 문화의 영향도 강하게 받게 된다.

이와 거의 비슷한 시기에 백제도 본격적으로 부여씨를 칭한 근초고왕이 등장하게 되는데, 그 역시 부여를 강조함과 동시에 강한 한 문화의 지향성을 보여주고 있어 모용 연에 사민된 부여계 집단들과 유사한 성향을 보여주고 있다. 근초고왕을 정점으로 한 세력의 기원을 짐작할 수 있게 하는 부분이다. 이들은 종족의 영웅 왕자인 구태를 시조로 표방하였던 것이다.

요컨대 고구려에서 이동해 온 비류 집단과 부여계 유이민 집단은 같은 부여 정체성을 바탕으로 한강 유역에서 결집하며 현지에서 고이계에 밀린 온조-초고계와 연합하며 새로이 백제의 헤게모니를 장악하였고, 이것이 곧 백제 부여씨 왕실의 등장이다.

2부

고구려 초기 정치 체제의 성립

제7장

고구려 5나부의 성립 과정과 위치

고구려의 국가형성과 초기 정치체제 등에 대해서는 지금까지 적지 않은 연구 성과들이 나왔다. 고구려 국가형성과 관련된 문제는 『三國史記』 高句麗本紀 초기기사의 해석에 따라 크게 두 방향으로 갈래지을 수 있는데, 이를 긍정하는 입장과 비판적 관점에 있는 입장이 그것이다. 비판적 관점에서는 주로 태조왕대에 고구려가 고대국가로 성립되었다고 파악하고 있고, 긍정론자들은 고구려의 국가형성이 건국과 함께 이루어진 것으로 보고 있다. 이는 초기 정치체제 문제와도 연결되어 부족국가론을 비판 발전시킨 주장인 部體制論을 원용한 입장에 선 전자를 那部體制論이라 부르고,[1] 후자를 집권체제론이라 일컫는다.[2]

알다시피 모든 정치체나 체제는 큰 충격력을 가진 역사적 사건과 장시간에 걸친 변화의 상호작용에 의한 결과물로서 나타난 것이다.

---

1) 나부체제론에 입각한 주요 논고는 아래와 같다.
노태돈, 1975, 「삼국시대의 部에 관한 연구」 『한국사론』 2; 임기환, 1987, 「고구려 초기의 지방 통치 체제」 『박성봉회갑기념논총-경희사학』 14; 여호규, 1992, 「고구려 초기 나부통치체제의 성립과 운영」 『한국사론』 27; 김현숙, 1994, 「고구려의 해씨왕과 고씨왕」 『대구사학』 47; 1995, 「고구려 전기 나부통치체제의 운영과 변화」 『역사교육논집』 20.

2) 다음은 집권체제론적 입장에서 고구려 초기사를 분석한 연구성과이다.
이종욱, 1982, 「고구려 초기의 지방통치제도」 『역사학보』 94·95合; 1995, 금경숙, 「고구려 전기 정치제도연구」, 고려대학교 박사학위논문; 1996, 박경철, 「고구려 국가형성 연구」, 고려대학교 박사학위논문.

초기 고구려사에서 빼놓을 수 없는 요소인 那 또는 那部 역시 그러한 역사적 변화의 산물이다. 집권체제론자나 부체제론자를 막론하고 초기 고구려사를 복원하는 데 이 那部가 핵심 키워드이고, 그 중요성은 재론을 요하지 않음에 동의한다. 하지만 지금까지의 연구는 인류학적인 관점인 국가형성론에 입각하여 초기 고구려의 정치사회적 성격을 究明하거나 발전 정도를 판단하는 것에 머무른 감이 든다.

90년대 이후 사료와 고고학 자료에 입각한 많은 실증적 연구 성과들이 나와 고구려 초기 5那部의 성격과 실체에 대한 의미 있는 해석들이 내려졌다.[3] 그러나 아직까지 5나부가 구체적으로 어떠한 과정을 거쳐서 성립되었는지, 그리고 정치적 영향력은 시공간적으로 어느 선까지 미쳤느냐에 대한 세밀한 분석은 나오지 않았다. 본 연구는 이러한 문제의식을 갖고 아직까지 초기 고구려사에서 연구사적 공백으로 남아 있는 이 부분에 대한 복원을 목표로 계획한 것이다.

먼저 1절에서는 부여계 유이민 세력들이 어떠한 과정을 거쳐서 고구려 지역으로 이동해 와 그 지역의 지배권을 차지하는지에 대해 살펴보고자 한다. 그리고 이들이 토착 세력과 융합해 계루부를 형성하는 과정과 구성에 대해 분석해 볼 것이다. 이를 제대로 밝혀내기 위한 과정으로 國內 천도와 초기 王系와 관련된 문제들에 대해서도 논의해 보고자 한다.

2절에서는 주몽 세력 등장 이전에 고구려의 주도 세력 혹은 연맹장이었던 것으로 추정되는 松讓의 沸流國이 어떠한 과정을 거쳐서 沸流那部로 변화되어 갔는지와 그 영역 범위에 대해서 살펴보고자 한다.

---

3) 임기환, 1995, 「고구려 集權體制 성립과정의 연구」, 경희대학교 박사학위논문; 1996, 김현숙, 「고구려지방제도연구」, 경북대학교 박사학위논문; 여호규, 1997, 「1~4세기 고구려 정치체제 연구」, 서울대학교 박사학위논문.

끝으로 3절에서는 고구려 초기 소위 나부체제가 유지되던 시기에 일정 기간 동안 왕비를 배출하며 강한 정치적 영향력을 행사했던 椽那部의 성립 시기 및 배경과 영역에 대하여 알아 볼 것이다. 아울러 계루부, 비류부, 연나부에 비해 주목을 덜 받았던 관나부와 환나부의 성립배경과 영역에 대한 시론적 고찰도 함께 진행하려 한다.

1. 桂婁部의 성립과 구성

고구려 초기 정치와 국가의 핵심을 담당했던 것은 5那部이다. 그 중 여기서 중점적으로 밝히고자 하는 것은 사료에 5나부 가운데서도 중핵이며, 왕실의 부인 계루부가 과연 언제 원고구려 지역에 들어서게 되었으며, 그 구성은 어떠하였는가 하는 점이다. 『三國史記』에 고구려 최초의 국왕으로 등장하는 朱蒙이 扶餘系 유이민 세력임은 학계에서 대체로 긍정하고 있는 바이다. 이는 주몽이 고구려의 지배권을 장악하는 역사적 과정을 史籍에 신화의 형태로 묘사한 주몽 신화나 當代 고구려인들이 직접 남긴 「廣開土王碑文」을 통해서도 추정이 가능하다. 또한 주몽의 도읍지이자 고구려의 초기 중심지로 여겨지는 桓仁[卒本] 일대에서 부여 계통의 유물이 출토되면서 그 신빙성을 더해 주고 있다.

桂婁部는 고구려 왕실을 배출한 부로, 고구려 초기의 5부 중 유일하게 『三國史記』나 중국 문헌에서 동일한 이름으로 나와 있다. 고구려의 5부는 국내와 국외의 문헌에서 전해지는 구체적 명칭이 달라 그 대응에 있어 연구자들마다 조금씩 이견이 있어 왔다.[4] 하지만 계

---

4) 초기의 5那部의 명칭을 『三國志』에는 桂婁部, 絶奴部, 涓(消)奴部, 灌奴部, 順奴部로 기재되어 있고, 『三國史記』에는 桂婁部, 沸流那部, 椽(掾)那部, 貫那部, 桓

루부만큼은 발음과 해당 글자까지 완전히 일치하고 있다. 이는 계루부가 고구려 왕실의 部로서 그만큼 강력하고 중심적 역할을 하였기에 외국인에게도 정확히 전달된 결과일 것이다.

계루부는 여타의 4部와는 구분되는 특징들이 있는데, 먼저 그 이름이 각 部名에 '那'가 붙는 4부와는 달리 계루부는 그렇지 않다는 것을 들 수 있다. 이는 '婁'字가 들어가는 부여식 이름과 연관이 있어 보인다.[5] 그리고 고구려의 건국신화에서 보여지듯 계루부를 구성하던 핵심이 본래부터 고구려 지역에 거주하던 토착세력이 아니라 부여에서 이동해 온 이주세력이라는 점이다. 또한 이외에도 주몽이 고구려를 건국하는 과정에서 부여를 떠나 졸본 지역으로 들어오는 도중에 만난 毛屯谷 세력, 졸본 세력 등도 받아들이는 모습을 보여주고 있다. 이는 계루부가 부여계 유이민 집단 및 고구려 지역의 토착세력의 혼성 집단으로 융합되어 탄생한 것이라 할 수 있겠다.[6]

김현숙은 국내 천도 이전 계루부의 모태가 되었던 집단을 原桂婁部라 칭하고 부여계 유이민, 모둔곡, 졸본부여의 세 세력을 주축으로 구성되었다고 보았으며, 천도 이후에는 원계루부원 가운데 집안지역으로 이주한 사람들과 국내 지역의 토착세력 가운데 편입해 들어온 사람들, 그리고 舊都에 남은 세력들로 구성된다고 보았다. 그리고 그 성립 시기는 연나부와 비류나부와 마찬가지로 대무신왕대라고 한다.[7] 학계에서는 태조왕대에 5나부의 명칭이 모두 등장하므로 이 무렵에 가서야 나부체제가 형성되는 것으로 받아들이는 것이 일반적이

那部로 나와 있다. 국외와 국내 두 사서에 보이는 那部는 나열한 순서대로 서로 대응되는 것으로 보는 것이 현재 학계의 통설이다.

5) 노중국, 1988, 『백제정치사연구』, 일조각, 71~74쪽.

6) 노태돈, 1999, 앞의 책, 52~58쪽.

7) 김현숙, 1994, 앞의 글, 29~30쪽.

나,[8] 대무신왕대에 이미 掾(椽)那部나 沸流部의 호칭이 등장하므로 이 무렵에는 나부체제로의 재편이 진행 중에 있었음을 알 수가 있다. 계루부 역시 늦어도 대무신왕대에는 그 구체적 모습이 갖추어졌다고 봄이 타당하겠다.

계루부의 구성원에 대해 더 구체적으로 분석해 보기로 하자. 먼저 계루부 세력의 핵심이 된 것으로 여겨지는 부여계 이주민 세력에 대해서 살펴보면, 기원을 전후한 시기 부여지역으로부터 고구려로 몇 차례에 걸쳐 주민 이동이 있었던 것으로 보인다.[9] 이는 고구려 건국 신화에서도 확인이 가능한데, 고구려의 시조인 주몽과 유리는 모두 부여에서 이주해 온 세력으로 묘사되고 있다.[10]

주몽과 유리의 경우 사료에는 父子관계로 묘사되고 있지만, 사실상 신화적 성격이 강하여 이들이 생물학적 부자관계인지에 대해서는 재고의 여지가 있다. 비록 유리가 주몽과 비슷한 모티프의 반복이기는 하지만 그 즉위 과정에 대한 나름의 신화를 따로 갖고 있고, 일부 사료에는 주몽과 姓도 다른 것으로 나타나고 있기 때문이다. 이것은 주몽과 유리가 동일하게 부여에서 기원한 세력이기는 하지만 시차를 갖고 졸본지역으로 이주하여 선, 후로 그 지역의 지배권을 장악하였기 때문인 것으로 여겨진다.[11] 주몽이 유리에게 왕위를 넘겨주는 시점[12]이나 그의 죽음에 관한 묘사[13] 등이 주몽이 유리에게 밀려난 듯

8) 노태돈, 1975, 앞의 글; 1987, 임기환, 앞의 글; 1992, 여호규, 앞의 글.

9) 김기섭은 「東明王篇」에 전해지는 『舊三國史』류의 주몽 및 유리 신화를 분석하며 부여지역에서 고구려로 여러 차례에 걸쳐 주민 이동이 있었다고 추론하였다. (2008, 「부여족의 분산과 이동」 『부여사와 그 주변』, 동북아역사재단, 83쪽)

10) 『三國史記』 권13 高句麗本紀 東明聖王 卽位, 19年, 琉璃王 卽位.

11) 『三國史記』 권13 高句麗本紀 琉璃王 卽位조에는 유리도 주몽처럼 자신의 무리를 이끌고 부여를 이탈해 고구려로 와서 주몽으로부터 왕위를 이어받는 것으로 나온다.

한 뉘앙스가 느껴지기도 하지만 현재로서는 이를 상고할 길이 없으므로 선발 부여계(주몽계)에서 후발 부여계(유리계)로 왕위가 넘어갔다는 정도로 이해함이 마땅하다.

이들 두 세력은 모두 부여에서 기원하였고 건국신화에 부자관계로 묘사된 것으로 볼 때 무력적 충돌이나 갈등을 겪고 한 세력이 다른 세력을 축출하는 형태로 집권한 것이 아니라 정치적 타협 등의 수단을 통해 양자가 통합된 것으로 봄이 옳겠다. 양자는 모두 현지의 토착 세력이 아니라, 유이민 출신이므로 토착 기반이 약한 이들로서는 같은 부여계라는 동질감을 바탕으로 비교적 평화롭게 결합한 것으로 생각된다.[14)]

그렇다면 주몽 혹은 유리로 묘사된 부여계 세력은 어떠한 루트를 통해 남하를 한 것일까? 그 경로는 앞에서 살펴 본 부여와 원고구려 지역을 이어주는 고대의 교통로가 가장 유력하다 생각한다. 그 중 가장 보편적으로 이용된 경로는 부여의 중심지인 吉林, 長春지역에서 출발해 오늘날의 渾江 수계를 따라 龍崗산맥을 넘어 원고구려 영역인 桓仁, 集安 지역으로 들어오는 루트이다.[15)] 곧 오늘날의 吉林市에서 輝南縣, 柳河縣을 지나 通化市를 거쳐 覇王潮산성이 소재한 지점에서 각각 환인과 집안으로 이동했으리라 생각된다.

---

12) 『三國史記』 권 13 東明聖王 19年조에는 거의 유리가 오자마자 왕위를 넘겨주고 세상을 떠났다고 기록되어 있다.

13) 「廣開土王碑」에는 '不樂世位'하고 해 주몽이 세상의 왕위를 즐기지 않고 떠났다고 한다.

14) 사서에는 秋八月 王命烏伊·摩離 領兵二萬 西伐梁貊 滅其國(『三國史記』 권13 高句麗本紀, 琉璃王 33年)이라 하여, 후발 부여계인 유리왕대에도 주몽과 함께 온 선발 부여계의 주된 구성 세력인 오이와 마리가 여전히 활약하고 있음을 통해서도 알 수가 있다.

15) 여호규, 1997, 앞의 글, 179~181쪽.

대체로 위와 같은 경로를 통해 부여에서 원고구려지역으로 이동해 온 주몽은 부여의 선진문화와 무력을 앞세워 성공적으로 이 지역의 지배권을 확보한다.[16] 주몽이 다른 지역보다 졸본지역에 정착하게 된 데에는 卒本扶餘라는 현지의 小國의 존재가 주목된다.[17] 졸본부여는 주몽 이전에 환인지역으로 이주해 정착한 부여계 세력으로 상정할 수 있는데,[18] 주몽은 같은 부여계로서 종족적으로 밀접하고 문화적으로도 유사한 졸본부여를 먼저 접수한 것이다. 졸본부여와 주몽 역시 주몽과 유리세력처럼 큰 갈등 없이 융합한 것 같다. 이는 졸본부여와 주몽세력의 결합이 혼인이라는 형태로 사료에 전해지고 있는 것에서 볼 때도 충분히 짐작할 수 있는 것이다.

위에서 살펴 본 부여계 유이민이나 졸본부여계 외에 또 하나 계루부의 중요 구성원으로 추정되는 세력집단이 있다. 그가 곧 주몽이 卒本에 이르는 시점에 만난 것으로 묘사되는 毛屯谷 세력이다.

A-(1) 朱蒙行至毛屯谷 魏書云 至普述水 遇三人 其一人着麻衣 一人着衲衣 一人着水藻衣 朱蒙問曰 "子等何許人也 何姓何名乎"

---

16) 금경숙, 1999, 「고구려 전기 전쟁과 왕권강화」 『한국고대사연구』 16, 281～284쪽.

17) 一云 朱蒙至卒本扶餘, 王無子, 見朱蒙, 知非常人, 以其女妻之, 王薨, 朱蒙嗣位(『三國史記』 권13 高句麗本紀 東明聖王 即位年). 朱蒙 自北扶餘逃離, 至卒本扶餘, 扶餘王無子, 只有三女자, 見朱蒙, 知非常人, 以第二女妻之, 未幾扶餘王薨, 朱蒙嗣位(『三國史記』 권23 百濟本紀 始祖溫祚王 即位).

18) 桓仁지역에서 발굴된 초기 적석총에서 夫餘系 유물이 발견되었다(梁志龍·王俊輝, 1994, 앞의 글). 고구려식의 묘제에 부여식 유물이 부장된 것이라 논란의 여지가 있기는 하지만 이 지역이 상대적으로 부여 문화의 영향을 많이 받았고 그러한 문화를 帶有한 집단이 집단적으로 이주해 들어왔음을 알 수 있는 중요한 고고학적 증거이다. 일부 연구자는 이를 순수한 부여 문화와도 구분되는 졸본부여 문화로 보기도 한다(王綿厚, 「西漢時期的高句麗'五部'與'第二玄菟郡'-關于高句麗早期歷史的若干問題之三」 『東北史地』 2005-(6): 「試論桓仁'望江樓積石墓'與'卒本夫餘'」 『東北史地』 2006-(3)).

麻衣者曰 "名再思" 衲衣者曰 "名武骨" 水藻衣者曰 "名默居" 而不言姓 朱蒙賜再思姓克氏 武骨仲室氏 默居少室氏 乃告於衆曰 "我方承景命 欲啓元基 而適遇此三賢 豈非天賜乎" 遂揆其能 各任以事 與之俱至卒本川(『三國史記』 권13 東明聖王 卽位年)

A-(2) 朱蒙遂至普述水, 遇見三人, 其一人著麻衣, 一人著納衣, 一人著水藻衣, 與朱蒙至紇升骨城(『魏書』 권100 列傳88 高句麗)

A-(1)은 주몽이 부여에서 자신의 추종세력들을 거느리고 남하하는 도중에 毛屯谷이라는 곳에 이르러 세 명을 만나 賜姓을 한 사실을 전하고 있다. 이들은 주몽이 거느리고 온 오이, 마리, 협보가 그러했듯이 단순한 일개인이 아니라 집단의 대표, 나아가 지역 토착세력의 대표였다고 추정하는 것이 일반적이다. 그런데 이들이 세력규모에서 보아 那나 國으로 표현된 세력집단보다 작았다는 사실을 감안한다면,[19] 이들에 대해 특기하고 있는 것은 매우 주목할 만한 것이다. 이는 모둔곡 세력이 주몽이 졸본지역에 정착하는 데에 대한 공헌이 매우 컸기에 그 존재 양상과 賜姓 사실에 대한 자세한 내용이 전승되었던 것이라 추측할 수 있다. 또한 이들이 계루부의 일원으로 정착하면서 이후 계루부 왕실 내에서 일정한 역할을 담당하였기에 국내외의 기록에 모두 그 흔적을 남기게 되었을 가능성도 크다.[20]

---

19) 임기환, 2008, 「고구려 초기 5부의 형성과 변천」 『초기 고구려역사 연구』, 동북아역사재단, 72~73쪽.

20) 임기환은 『三國史記』에 나오는 毛屯谷 명칭은 『舊三國史』와는 계통을 달리하는 별도의 전승에서 따 온 것이며, 『魏書』에 등장하는 三人을 그것에 등치시킨 것은 『三國史記』 찬자의 판단에 의한 것이라 한다.(2008, 「동명 신화의 전개와 변용」 『부여사와 그 주변』, 동북아역사재단, 150~152쪽) 이것은 당시 中外에 모둔곡 혹은 그와 관련지을 수 있는 세력에 관한 기사가 주몽 신화 내에서 전승

그렇다면 이 모둔곡의 구체적 위치는 어디일까? 주몽의 최종 도착지가 卒本 지역이고, 모둔곡은 졸본에 들어가기 직전 혹은 주몽이 그들과 함께 들어갔다는 A-(1)의 내용을 고려할 때 졸본지역 내의 세력일 수도 있다. 모둔곡의 정확한 위치를 究明하기 위해서는 주몽이 최초로 건립한 도성의 위치가 정확히 어딘가 하는 점을 먼저 밝힐 필요가 있다.

주몽의 초기 도성은 최초의 도읍지로 알려진 졸본지역에서 발견된 고구려 초기 양식의 城址를 근거로 그 위치 추정이 가능하다. 주몽의 建都地로 여겨지는 졸본지역(桓仁분지) 내에는 五女山城, 下古城, 喇哈城 등 고구려 초기로 편년되는 산성 및 평지성 유적이 몇 군데 남아 있다.[21] 이들 城址는 주몽의 초기 도성으로 비정할 만한 가장 유력한 장소들이다. 다음은 최초 도성의 위치를 추적할 수 있는 단서를 제공하는 사료들이다.

B-(1) 沸流谷忽本西, 城山上而建都焉(「廣開土王碑文」)

B-(2) 遂欲都焉, 而未遑作宮室, 但結廬於沸流水上居之(『三國史記』 권13 高句麗本紀 東明聖王 即位)

위의 B-(1)의 주몽이 졸본에 정착 후 山上에 건설하였다는 도성을 五女山城으로 보는 데는 대다수 연구자들의 의견이 합치된다. 그러나 B-(2)에 나타나는 주몽이 도착하자마자 거주했다는 沸流水上으로 기재된 도성 위치에 대해서는 下古城子유적과[22] 喇哈城[23] 등지

되고 있었음을 반영하는 것이다.

21) 東潮·田中俊明, 1995, 『高句麗の歷史と遺跡』, 中央公論社 참조.

22) 魏存成, 「高句麗初, 中期的都城」 『北方文物』 1985-(2): 王綿厚, 2002, 『高句麗

로 견해가 엇갈리고 있다. 이 중 B-(1)의 '山上'으로 비정되는 오녀산성의 동쪽에 자리잡고 있는 나합성은 "비류곡 홀본의 서쪽 산상에 도성을 세웠다"라는 碑文의 방향과 일치하여 방위상 유력한 최초 도성의 후보지이다. 그러나 나합성 일대는 오녀산성과 실거리 36km 가량 떨어져 있어, 산성과 평지 거점으로 역할하였을 양자 간의 공간적 성격에 부적합하다는 비판이 제기되었다.[24]

下古城의 경우 오녀산성의 서쪽에 있다는 방위상의 문제점을 제외한다면 청동기시대와 고구려 유물이 다수 출토되었고,[25] 오녀산성에서도 가까우며 비류수에 바로 접하고 있어 오녀산성과 함께 한 조를 이룬 평지 도성으로 비정하기에 최적의 장소이다. 또한 부근에는 上古城子 고분군과 부여계 유물이 출토된 바가 있는 초기 석곽적석분인 望江樓고분군[26]이 자리 잡고 있다. 이와 같은 이유로 볼 때 下古城이 주몽이 최초로 자리 잡은 水上의 거점이며 졸본 부여 소국이 소재한 곳이라 판단된다.

만약 下古城子 유적이 주몽의 최초 도읍지라면 그곳에 이르기 위해 반드시 거쳐야만 하며, 넓은 의미에서 같은 권역으로 묶을 수도 있는 현재의 환인 댐 수몰지구를 모둔곡으로 비정하는 것이 자연스

古城研究』, 文物出版社, 205~206쪽.

23) 田中俊明, 1994, 「高句麗の興起と玄菟郡」『朝鮮文化研究』 1.
여호규는 喇哈城址를 초기 주몽이 沸流水上에 거주하던 시절의 卒本城과 등치시키지는 않았지만 나합성이 소재하고 있는 환인댐 수몰지구를 유력한 초기 도읍지로 비정하였다.(2005, 「고구려 국내 천도의 시기와 배경」『한국고대사연구』 38, 59쪽)

24) 조법종, 2008, 「고구려 초기 도읍과 비류국 연구」『초기 고구려역사 연구』, 동북아역사재단, 315~316쪽.

25) 桓仁滿族自治縣文物志編纂委員會, 1990, 『桓仁滿族自治縣文物志』, 33~35쪽.

26) 梁志龍·王俊輝, 「遼寧桓仁出土青銅遺物墓葬及相關問題」『博物館研究』 1994-2.

럽다. 이 지역에는 나합성 및 고구려 초기 고분군 중 하나인 高力墓子 고분군 등이 분포하고 있다.[27)]

〈지도 1〉 환인지역의 고구려 초기 유적 분포도

27) 桓仁滿族自治縣文物志編纂委員會, 1990, 위의 책 참조.

그러면 당대 고구려인의 忽本(卒本)에 대한 인식이 담긴 사료 B-(1)의 '忽本西, 城山上而建都'는 어떻게 해석하여야 하는 것일까? 이는 모둔곡 세력이 史乘에 기재된 역사적 배경 및 각종 사료에 나타나는 주몽에서 유리로의 왕위 계승, 태조왕계의 등장 등 일련의 정치사적 변화와 관련이 있어 보인다. 그에 관해 자세히 살펴보기로 하겠다.

C-(1) 高句麗…本涓奴部為王, 稍微弱, 今桂婁部代之(『三國志』 魏書 東夷傳 高句麗)

C-(2) 大祖大王 惑云國祖王 諱宮 小名於漱, 琉璃王子古雛加再思之子也, 母太后 扶餘人也. 慕本王薨 太子不肖 不足以主社稷, 國人迎宮繼立.(『三國史記』 권15 高句麗本紀 大祖大王 卽位)

C-(3) 惟昔始祖鄒牟王之創基也…顧命世子儒留王以道興治大朱留王紹承基業…(「廣開土王碑文」)

C-(1)은 고구려의 왕실이 본래 涓奴部(消奴部)였다가 어느 시점을 지나 계루부로 교체가 되었음을 전한다. 그 시점에 대해 연구자에 따라서 주몽대로 보거나,[28] 태조왕대로 보기도 한다.[29] 후자의 경우 『三國遺事』 王曆에 보이는 것처럼 2대 유리왕대부터 5대 모본왕대까지는 그 姓이 解氏로 기록되어 있고, 시조 주몽과 6대 태조왕부터 高氏로 나타나는 것을 주된 근거로 삼고 있다. 특히 태조왕은 C-(2)의 기록처럼 일명 國祖王으로도 불리고 있어 그러한 추측에 힘을 실

---

28) 이병도, 1956, 「고구려 국호고-고구려 명칭의 기원과 그 어의에 대해」 『서울대 논문집』 3; 1976, 『한국고대사연구』, 박영사, 360~362쪽.

29) 김용선, 1980, 「고구려 유리왕고」 『역사학보』 87, 59~62쪽.

어줄 수 있다.

그러나 당대 고구려인이 남긴 사료로서 가장 신빙성이 높은 C-(3)에는 후자의 논리에 따른다면 실질적 계루부 왕실의 시조라 할 수 있는 태조왕에 대한 언급은 전혀 없고, 시조 추모 이후 유류(유리왕), 대주류(대무신왕)만 언급되고 있을 뿐이다. 이는 적어도 5세기 초의 고구려인들이 유리에서 모본까지의 소위 해씨 왕계와 주몽, 태조의 고씨 왕계의 단절성을 의식하지 않고 있었음을 알려주는 것이다. 그래서 현재는 모본과 태조 사이에 보이는 왕계 상의 단층을 소노부에서 계루부로의 왕실 교체로 보지 않고 계루부 내에서 방계 출신인 태조왕계가 유리계를 대신해 왕위를 이어나가게 된 것으로 해석한다.[30)]

그런데 태조왕이 계루부 방계로서 왕위를 이었음을 인정하더라도 계루부의 구성원이 다양하였음을 상기한다면, 그가 구체적으로 어떤 집단 출신이었는지는 여전히 의문으로 남아있다. 이를 해결할 수 있는 단서를 제공하는 사료 C-(3)은 태조왕의 모후는 부여 출신이고 부친은 유리왕의 아들인 再思라고 전한다. 그리고 모본왕이 죽자 國人들이 유리왕자이며 古雛加인 재사의 어린 아들 宮(태조왕)을 즉위시키고 母后가 수렴청정을 하였다고 한다. 再思는 『三國史記』가 전하는 고구려 왕계를 그대로 인정한다면 그 실존 자체가 불투명하며, 태조왕이 어린 나이에 즉위한 후 母太后가 수렴청정을 한 것을 보아도 태조왕의 모계보다 정치적 영향력이 약하였음을 알 수 있다. 만약 재사가 실제로 유리왕의 아들이었다면 연로함을 핑계로 왕위를 사양할 이유도 없고,[31)] 태조왕의 모후가 수렴청정을 해야만 했던 상황에서 정치 일선에 나서지 않았을 가능성도 지극히 낮다. 그러므로 그가

30) 노태돈, 1988, 「고구려의 성립과 변천」 『한국고대사론』 2, 33~36쪽.

31) 『三國史記』 권15 高句麗本紀 大祖大王 80年.

유리왕자였다고 하는 기록은 태조왕이 왕위에 오르고 그의 후손들에 의해 계루부 왕계가 일원적으로 정리되는 후대에 부회된 것으로 보는 것이 옳겠다.[32)]

위와 같은 문제점을 안고 있는 재사의 실체에 대한 실마리는 사료 A-(1)에 보이는 모둔곡 세력 중의 하나인 克再思에서 구할 수가 있다.[33)] 우선 태조왕의 부친이며 유리왕자로 모호하게 표현되어 그 실존조차 불분명한 再思와 모둔곡의 再思는 그 명칭이 음운 상은 물론 한자까지도 완벽하게 동일하며, 양자는 모두 어찌되었든 계루부를 구성한 세력이기 때문이다. 그리고 태조왕은 그 모계가 扶餘人이라 기록되어 있고, 재위 기간 중에는 扶餘에 있는 太后廟에 親祀하기도 한다.[34)] 이때의 扶餘에 대해서는 주몽의 출자지인 北扶餘로 보기도 하고,[35)] 卒本扶餘라는 견해도 있다.[36)] 어느 쪽이 옳은가는 섣불리 결론지을 수 없지만, 북부여든 졸본부여든 모두 주몽과 깊은 관계가 있는 곳이므로 태조왕의 모계가 주몽과 관련이 있음을 짐작할 수 있다.

요컨대 태조왕은 선발 부여계인 주몽을 모계로, 졸본지역의 토착 세력 중 하나인 모둔곡 재사계를 부계로 한 계루부의 제구성원 중 하나였다. 이와 같은 내력을 가진 태조왕이 집권하게 되자 고구려의 초기 도읍지인 卒本은 주몽의 첫 도성이자 졸본부여 소재지였던 下古城 일대를 지칭하는 의미에서 점차 모둔곡 세력의 근거지였던 오

---

32) 반면 再思가 대무신왕과는 이복 형제로, 방계이기는 하지만 유리왕자임을 인정하는 연구도 있다.(김현숙, 1994, 앞의 글, 34~35쪽)

33) 김기흥 역시 이러한 가능성을 열어 두고 있다.(1990, 「고구려의 국가 형성」『한국고대국가의 형성』, 민음사, 215~218쪽)

34) 『三國史記』 권15 高句麗本紀 大祖大王 69年.

35) 이병도 역주, 1983, 『삼국사기(상)』, 을유문화사, 364쪽.

36) 김현숙, 1994, 앞의 글, 33쪽.

녀산성 이동, 곧 환인댐 수몰지구 일대를 가리키는 것으로 굳어지게 된다.

다음으로 계루부의 영역에 대해 살펴보겠다. 위에서도 언급하였지만 계루부의 핵심은 부여계 유이민 세력이었다. 이들은 비록 원고구려지역에 비해 선진적 문화와 무력기반[37]을 가지고 있었을 것으로 추정되지만 이주세력이라는 태생적 한계로 인해 많은 제한이 있었을 것이다. 계루부는 그와 같은 한계의 극복을 위해 현지의 유력 세력들도 적극적으로 자신들의 세력권 내로 받아들였다. 그 대표적 예가 앞에서 설명한 毛屯谷을 지나며 만났다는 세 세력이다. 그러나 그러한 노력에도 불구하고 계루부 세력이 졸본지역에 완전히 뿌리 내리기는 어려웠다.

이러한 상황은 후발 부여계 이주세력인 유리가 집권하면서 더욱 악화되었다. 유리가 부여로부터 와서 왕권을 이어받을 때 이에 반발한 일부 졸본 세력이 이탈하였다.[38] 이는 곧 유리와 졸본부여계 세력과의 관계도 그리 순조롭기만 한 것은 아니었음을 알게 하는 부분이다.[39] 주몽이 현지의 졸본부여계와 결합하며 토착화를 모색한 것처럼 유리도 비류국[多勿國], 鶻川 세력 등과의 혼인을 통해 왕권 강화를 꾀한다.[40] 그리고 유리왕대에는 전렵과 作宮의 기사도 많이 보

37) 주몽이 부여에서 남하할 때 대동하고 온 오이, 마리, 협보는 부여계의 무사단으로 추정되는데(김종은, 2003, 「고구려 초기 천도기사로 살펴본 왕실교체」『숙명한국사론』 3, 48쪽), 이들은 주몽이 환인 지역을 장악할 때 무력적 기반이었으며, 이후 계루부의 근간이 된다.

38) 百濟始祖 溫祚王 其父鄒牟 或云朱蒙 自北扶餘逃難 至卒本扶餘 扶餘王無子 只有三女子 見朱蒙 知非常人 以第二女妻之 未幾 扶餘王薨 朱蒙嗣位 生二子 長曰沸流 次曰溫祚 或云 朱蒙到卒本 娶越郡女 生二子 及朱蒙在北扶餘所生子來爲太子 沸流·溫祚 恐爲太子所不容 遂與烏干·馬黎等十臣南行 百姓從之者多(『三國史記』 권23 百濟本紀 始祖溫祚王)

39) 김현숙, 1994, 앞의 글, 23~24쪽.

이는데 이 역시 유리왕이 적극적으로 자신의 세력권을 확대하기 위해 노력했음을 보여주는 사례이다.[41] 하지만 이러한 노력도 한계가 있었고, 결국 유리왕 22년 國內(吉林省 集安 일대)로의 천도를 결행한다.[42]

유리왕대의 국내 천도에 관해서는 아직도 논란이 분분하다.[43] 그러나『三國史記』高句麗本紀의 초기 기사 중 유리왕대를 제외하고는 천도를 상정할 만한 기사가 전무하고, 고구려 초기로 편년되는 적석총의 조영이 그 양과 질의 면에서 집안 지역이 여타 지역에 비해 월등히 많은 사실 등을 감안할 때,[44] 유리왕대의 천도 기사는 환인 지역에서 집안 지역으로의 이거를 기록한 것으로 봄이 옳다고 생각한다. 아무래도 자신의 정치적 입지가 불리하고, 漢군현 세력과도 지리적으로 가까운 곳에 위치한 환인 지역보다는 방어를 위한 지리적 조건과[45] 농업 생산 등을 위한 자연 환경이 보다 나은 집안으로의 천도가 자신에게 유리하게 작용하리라는 판단이 섰기 때문일 것이다.[46]

---

40)『三國史記』권13 高句麗本紀 琉璃王 2, 3年條.

41) 김용선, 앞의 글, 57~59쪽.

42)『三國史記』권13 高句麗本紀 琉璃王 22年條.

43) 유리왕대의 國內 천도 여부는『三國史記』초기 기록의 신빙성 문제와 맞물리어 그 시기와 배경을 둘러싸고 논란이 되어 왔다. 과거 日人 학자들은 국내로의 천도가 山上王代에 이루어진 사실로 받아들였다. 하지만 초기 기록을 그대로 받아들이는 견해와 태조왕대를 전후한 시기에 이루어졌다는 견해, 유리왕대의 천도는 환인 지역 내에서 이루어진 것이라는 연구 결과가 나오기도 하였다(여호규, 2005, 앞의 글 참조).

44) 손수호, 2001,『고구려고분연구』, 사회과학출판사, 8~10쪽.

45) 금경숙은 집안이 초기 고구려가 강국으로 발돋움을 하기 위해선 반드시 넘어야만 했던 부여로의 공세에 유리한 지리적 조건을 갖춘 것도 천도의 요인이라 지적하였다.(2003,「고구려 국내성 천도의 역사적 의미」『고구려연구』15, 14~18쪽)

46) 집안지역은 전면에 수로로 활용할 수 있는 거대한 압록강이 있고 고산준령에 둘러싸여 있어 외침을 방어하거나 신속한 공격과 후퇴가 가능한 지리적 조건을

그런데 유리는 국내로의 천도 이후에도 천도에 반대하고 졸본에 남아있던 태자 해명을 자결케 하는 등 졸본 세력과 갈등을 겪었다.[47] 유리가 이토록 졸본 지역에서 뿌리를 내리기 힘들었던 이유 중 하나는 졸본이 본래 주몽 이전 고구려 연맹체의 주도권을 쥐고 있던 비류국의 영향력이 강하게 미치던 지역이었기 때문이다. 그리고 계루부 왕권을 뒷받침해 줄 보다 강력한 정치적 파트너를 찾지 못하였음도 원인 중 하나로 손꼽힌다. 이러한 정치적 국면을 타개하고 왕권의 강화를 위해 감행한 것이 국내 천도였다.

앞서도 언급하였듯이 계루부가 형성되는 시기는 늦어도 연나부, 비류부 등의 이름이 등장하는 시기와 비슷할 것이며, 그 중요한 계기는 국내 천도였으므로 왕도인 국내 지역을 계루부의 주 영역으로 상정할 수 있다. 이는 초기의 5나부가 점차 방위명 5부로 바뀌는 과정과도 관계가 있는데, 방위명 5부가 왕권의 직할지인 王都 혹은 畿內의 5부에서 기원하였다는 점과도 통한다.[48]

2. 沸流那部의 성립과 위치

沸流那部의 모태는 주몽과 다투다 패배한 비류국이었다. 松讓王代에 주몽에 굴복해 그 휘하에 편입된 비류국의 영역과 역사적 발전 과정에 대해서는 아직도 많은 부분이 해명되지 못한 채로 있다.

갖추었음과 동시에 '塞外의 小江南'이라 불리정도로 만주지역에서 보기 드물게 농수산업에 유리한 기후 조건을 갖추었다고 한다.(吉林省文物志編纂委員會, 『集安縣文物志』, 1984, 1~2쪽)

47) 『三國史記』 권13 琉璃王 27, 28年條.

48) 김현숙, 1995, 앞의 글; 임기환, 2008, 앞의 글, 80~83쪽.

비류국은 집안[49] 혹은 옥저[50] 지역에 설치되었다고 여겨지는 제1현도군이 기원전 75년 무렵 新濱 지역으로 퇴축될 때 이 지역 세력들을 주도하며 그 과정을 이끌었던 것으로 보인다.[51] 주몽이 남하했을 때 압록강 중류역에는 비류국과 졸본부여를 비롯한 '那' 또는 '國'으로 지칭된 소국들이 형성되어 있었고, 이들은 서로 간에 정치적 독립을 유지하고 있었다. 그렇지만 대외적 문제에서는 가장 강한 소국을 중심으로 연맹관계를 맺어 대처하였는데, 이때 이 지역의 연맹체를 이끌며 맹주 역할을 했던 존재가 비류국인 것이다.[52]

위와 같은 역사적 연원을 가진 비류국과 그 영역에 대해 지금까지 다수의 연구가 나왔고, 그 영역에 대한 견해는 대체로 渾江 상류의 通化 지역설,[53] 富爾江 상류 지역설,[54] 桓仁 지역설[55] 등으로 나뉘어졌다. 아래는 이처럼 의견이 분분한 비류국의 위치에 대한 의문을 풀기 위해 관련 사료들을 제시하면 다음과 같다.

---

49) 和田淸, 「玄菟郡考」『東方學』, 1951.

50) 김미경, 2002, 「제1현도군의 위치에 대한 재검토」『실학사상연구』 24, 2002; 「고구려 전기의 대외관계 연구」, 연세대학교 박사학위논문, 16~33쪽.

51) 김현숙, 2007, 「고구려의 종족기원과 국가형성과정」『대구사학』 89, 11~17쪽.

52) 김현숙, 1994, 앞의 글, 20쪽.

53) 전통적으로 중국학계에서는 통화 지역을 비류국의 소재지로 보는 경향이 강하였으나 90년대 이후 부이강 상류 지역을 지지하는 견해가 다수를 차지하고 있다. 하지만 다시 通化경내의 赤柏松古城을 비류국으로 보는 견해(高於茂, 「沸流國探秘」『東北史地』 2004-(3), 62)와 通化市 王八脖子遺址로 비정하는 견해(王叢安 等, 「沸流王故地在桓仁」『東北史地』 2006-(2))가 제출되었다.

54) 撫順博物館, 「遼寧省新濱縣轉水湖山城」『北方文物』 1991-(1): 撫順博物館·新濱縣文化局, 「遼寧省新濱縣黑溝高句麗山城」『文物』 1985-(2).

55) 桓仁의 五女山城 동쪽에 위치한 평지성 유적 喇哈城을 비류국왕성으로 비정한 연구가 나왔다.(조법종, 2008, 앞의 글, 326~327쪽)

D-(1) 沸流王松讓出獵. 見王容貌非常. 引而與坐曰. 僻在海隅. 未曾得見君子. 今日邂逅. 何其幸乎. 君是何人. 從何而至. 王曰. 寡人. 天帝之孫. 西國之王也(『東國李相國集』 권3 東明王篇)

D-(2) 王見沸流水中 有菜葉逐流下 知有人在上流者 因以獵往尋 至沸流國 其國王松讓出見曰 "寡人僻在海隅 未嘗得見君子 今日邂逅相遇 不亦幸乎 然不識吾子自何而來" 答曰 "我是天帝子 來都於某所" 松讓曰 "我累世爲王 地小不足容兩主 君立都日淺 爲我附庸可乎" 王忿其言 因與之鬪辯 亦相射以校藝 松讓不能抗. 二年 夏六月 松讓以國來降 以其地爲多勿都 封松讓爲主 麗語謂復舊土爲多勿 故以名焉(『三國史記』 권13 東明聖王 卽位年, 2年條)

사료 D-(1)에서 보이듯 주몽은 자신이 다스리던 곳을 西國으로 표현하고 있다. 물론 주몽의 졸본 부여와 비류국이 같은 환인 분지 내에서 동서로 병렬적으로 존재하고 있는 상황을 그렇게 묘사했을 수도 있다. 하지만 서쪽에 있는 國으로 묘사한 것을 보면 한 권역 내에 속하는 두 지점이 아니라, 적어도 두 개의 소국이 존재할 만큼 지리적으로 떨어진 위치에 양자가 존재하였다고 해석하는 것이 자연스럽다. 그리고 D-(2)의 주몽이 졸본지역에 정착한 후 비류수에 떠내려온 채소잎을 보고 비로소 사람이 있음을 알고 상류로 찾아 가는 모습은 비류국이 자신이 경유해 온 환인분지 내에 소재하고 있지는 않았음을 짐작케 한다. 그러므로 환인 경내의 평지에 위치한 고구려 초기 城址들 중 하나를 비류국으로 비정하는 것은 무리이다.[56]

56) 고조선과 예맥 지역에 설치된 漢郡縣이 토착세력집단을 기준으로 縣을 설치하였지만 한 縣내에서도 다수의 성곽이 존재한 경우도 많다고 한다.(윤용구, 2008, 「현도군의 군현지배와 고구려」 『요동군과 현도군연구』, 동북아역사재단, 134쪽)

그렇다면 비류부(비류국)의 구체적 위치와 영역은 어떻게 될까? 부족하긴 하지만 일부 사료와 고고학 자료를 통해 그 영역과 대략적 위치 비정은 가능하리라고 본다. 사료 D-(2)에 의하면 주몽이 졸본부여(환인)에 정착한 후 비류수를 거슬러 올라가다 비로소 비류국왕 송양을 만나 그와 정치적 대결을 펼친 것으로 나온다. 여기서 관건이 되는 것은 비류수가 어떤 강을 지칭하느냐는 것인데, 일반적으로 비류수는 혼강의 옛 이름인 것으로 여겨지고 있다. 박찬규는 오늘날 혼강의 지류 중 하나인 富爾江이 沸流水와 그 음운상의 유사성을 고려할 때 고대에 비류수로 불렸거나, 渾江과 그 主支流인 富爾江을 함께 비류수로 일컬었을 가능성이 높다고 보았다.[57] 고구려 초기의 수도인 환인지역을 흐르는 혼강과 그 곳에 가까운 지류인 부이강은 지리적으로 가까운 지역 내의 같은 水系이므로 모두 비류수로 통칭되었으리라 생각된다.

부이강, 곧 비류수의 상류지역에는 전수호산성과 흑구산성 등 고구려 초기 형태의 성들이 분포하고 있다. 이로 볼 때 이 지역이 고구려 초기에 규모가 상당한 정치 세력의 근거지였음을 알 수 있다. 사료상으로 주몽 세력의 근거지인 졸본보다 상류에 위치하고, 고구려 초기에 해당하는 고고학적 증거를 남길 만한 세력은 비류국이 가장 유력하다. 특히 흑구산성 근처에서는 고구려 초기로 추정되는 적석총들로 이루어진 고분군도 발견되어 이 지역에 이른 시기부터 고구려계 주민들이 거주하였음을 보여준다.[58]

---

57) 박찬규, 2004, 『초기고구려사연구』, 한국학술정보, 54쪽.

58) 黑溝山城 근처에서 발견된 적석총은 火葬墓이고 규모 또한 작은 무기단 적석총으로 아주 이른 시기의 것으로 편년된다(撫順博物館, 「遼寧省新濱縣轉水湖山城」 『北方文物』 1991-(1): 撫順博物館·新濱縣文化局, 「遼寧省新濱縣黑溝高句麗山城」 『文物』 1985-(2)).

그런데 여기서 한 가지 고려해야 할 점은 주몽이 졸본부여 지역으로 이동해 온 시기에 비류수 상류에 존재하던 소국인 비류국과 고구려의 비류나부를 완전히 동일시해서는 안 된다는 것이다. 비류국이 비류나부의 모태가 된 것은 분명하다. 하지만, 那部가 복수의 那집단 혹은 那國이 중층적으로 결합·편제되며 등장한 정치체임을 상기한다면,[59] 나부로의 재편은 계루부 왕권이 주도적으로 개입해 토착 세력들을 편제하면서 성립된 결과라 할 수 있다.

하지만 비류국은 연맹장의 지위를 주몽의 계루부에 넘긴 이후에도 여전히 독자세력으로서 주변을 아우르며 영향력을 확대하였을 가능성이 높다. 곧 비류국이 주몽에 굴복한 뒤 곧바로 독자성이나 자체 운동력을 상실해 고구려 중앙에 완전히 종속 통제되는 하나의 지방으로 전락한 것이 아니라 이후 한동안 어느 정도 독립된 지위를 누렸음을 의미한다. 이 같은 사실은 주몽이 비류국을 복속시킨 이후 곧바로 비류나부로 개편한 것이 아니라, 비류국을 多勿都[60]로 그 수장인 송양왕을 多勿侯로 삼은 D-(2)의 기록을 통해서도 알 수가 있다. 곧 독립 소국이던 비류국은 沸流國→多勿都→沸流那部라는 과정을 거쳐서 최종적으로 나부로 편제되기에 이른 것이다.

그렇다면 비류국이 비류나부로 완전히 재편된 시기는 언제일까? 비류나부의 모태인 비류국은 비류수 일대를 중심으로 상당히 오랜 기간 독립된 정치세력으로 존재하였던 듯하다. 이는 비류국왕이었던

59) 임기환, 1987, 앞의 글: 여호규, 1992, 앞의 글.

60) 주몽 당시 都라는 명칭을 써서 비류국을 한 지방으로 편제한 것은 아니다. 이는 후대의 윤색이 가미된 표현이며, 『三國史記』 권14 高句麗本紀 大武神王조에는 多勿國으로 적기되어 있음을 볼 때 비류국이 주몽에 의해 복속된 이후의 어느 시기까지도 那部보다는 그 자체적 운동력이나 독자성이 강한 형태로 존재하였음을 알 수가 있다.

송양이 주몽과의 첫 대면에서 자신이 누대에 걸쳐 왕위를 이어왔음을 천명하고 있고,[61] 왕권을 상징하는 북과 나팔 등의 기물[62]을 보유하고 있었던 것으로 보아 역사가 오랜 소국이었음을 알 수 있다. 특히 송양왕이 북과 나팔로 대표되는 왕권 상징의 기물을 주몽에게 특별히 언급한 것은 비류국이 이 지역 연맹체를 주도했고 그것을 漢으로부터도 인정받았음을 과시하는 행위로 보인다.[63]

이후 비류국은 최종적으로 주몽이 졸본지역에 정착해서 고구려의 헤게모니를 장악할 때 연맹장의 지위를 주몽에게 빼앗기게 된다. 하지만 앞에서 살펴보았듯이 그 독립성과 내정 부분에 있어서의 자치는 상당 부분 용인되었을 것이 분명하다. 그리고 혼강 및 그 지류가 비류수로 불렸다는 데서 알 수 있듯이 비류국이 이 지역에서 행사하고 있던 영향력은 여전하였다. 본시 부여계 유이민 세력에, 상대적으로 약한 소국을 발판으로 최종적으로 고구려 연맹장 지위에까지 오른 주몽으로서는 전 연맹장인 비류국의 협조는 필수적이었으리라 생각된다. 어쩌면 비류국과 일종의 연합 정권을 구성하였을지도 모르겠다. 그러한 추측을 뒷받침하는 것이 다음의 기록이다.

---

61) 『三國史記』 권13 高句麗本紀 東明聖王 卽位年條.

62) 來觀鼓角變 不敢稱我器 王曰. 以國業新造. 未有鼓角威儀. 沸流使者往來. 我不能以王禮迎送. 所以輕我也. 從臣扶芬奴進曰. 臣爲大王取沸流鼓角. 王曰. 他國藏物. 汝何取乎. 對曰. 此天之與物. 何爲不取乎. 夫大王困於扶余. 誰謂大王能至於此. 今大王奮身於萬死之危. 揚名於遼左. 此天帝命而爲之. 何事不成. 於是扶芬奴等三人. 往沸流取鼓而來. 沸流王遣使告曰云云. 王恐來觀鼓角. 色暗如故. 松讓不敢爭而去(『東國李相國集』 권3 東明王篇)

63) 『三國志』와 『後漢書』에는 "漢時賜鼓吹技人, 常從玄菟郡受朝服衣幘, 高句麗令主其名籍', '使屬玄菟, 賜鼓吹伎人"이라 기록되어 漢이 고구려를 명목상 현도군에 예속시키며 북과 나팔 부는 재인들을 내려주었음을 알 수 있는데, 이는 漢이 그 지역에 대한 고구려의 통치권을 인정한 것이라 해석할 수 있다.

E 春三月 黜大臣仇都·逸苟·焚求等三人爲庶人 此三人爲沸流部長資貪鄙 奪人妻妾·牛馬·財貨 恣其所欲 有不與者卽鞭之 人皆忿怨王聞之 欲殺之 以東明舊臣 不忍致極法 黜退而已 遂使南部使者鄒敎素 代爲部長(『三國史記』 권14 高句麗本紀 大武神王 15年)

위의 기사는 대무신왕대에 구도 등의 비류부장들을 왕권이 일정한 제재를 가했다는 기록이다. 그 구체적 양상과 실체에 대해서는 더욱 면밀한 검토를 요하지만, 여기서는 비류부장으로 기록된 3인이 동명(주몽)의 舊臣으로 묘사되고 있으며, 그러므로 그들에게 극형을 가하지는 못하였다고 적고 있는 점에 주목하고자 한다. 이를 통해 두 가지를 사실을 추출해 낼 수 있다. 비류부의 수장격인 세력들과 주몽의 관계가 舊臣으로 불릴 만큼 매우 밀접하였다는 점과 계루부 왕권이 적어도 3대째를 맞이하고 대외 팽창이 더욱 가속화된 대무신왕대에도 완전히 견제하기 힘들 만큼 비류부의 세력이 강하게 온존되고 있었다는 점이다.

주몽에 비해 후발 부여계 이주 세력으로 졸본에 정착한 유리로서는 즉위 과정에서의 일부 세력의 이탈 등을 접하며 혼인을 통해 주몽 이전에 연맹체의 주도권을 쥐고 있던 비류부와의 결합도 시도한다.[64] 하지만 그 다음해에 송양왕의 딸이 사망하고 곧바로 골천인의 딸 禾姬와 漢人女 雉姬를 취한 것을 통해서 볼 때 비류부와의 결합은 그리 잘 풀리지는 않았던 듯하다. 오히려 유리왕은 정치적 파트너로서 골천 세력을 더 중시하였다.[65] 그러나 이 또한 결코 순조롭지

64) 『三國史記』 권13 高句麗本紀 琉璃王 2年條.

65) 사료에는 유리왕의 후궁들 사이에 다툼이 일어나 골천인의 딸 화희가 치희를 쫓아내는 사건이 발생했을 때 유리왕은 화희에게 어떠한 제재도 가하지 못하고 오히려 자신의 처지를 비관하는 詩歌만을 남긴 것으로 나온다. 당시 유리왕의

않았기에 결국 유리왕은 집권 중반기가 되기 전에 정치적 반전을 위해 졸본을 떠나 국내로 천도하게 된다.

유리왕의 국내 천도로 인해 신빈·환인 부근의 비류수계는 다시 비류부[다물국]가 관장하게 되었을 가능성이 크다. 신생국인 고구려로서는 漢郡縣 세력과 부여가 생존에 가장 위협적인 상대였다. 특히 新濱 지역으로 이동한 제2玄菟郡과의 투쟁은 지리적 위치나 역사적 관계로 유추해 볼 때 주로 비류국(다물국)에서 담당하였다고 보인다.[66] 유리왕을 중심한 계루부 왕실로서도 그러한 역할을 했던 비류국을 결코 가볍게 대할 수는 없었으리라 생각된다.

보다 효율적인 대외 팽창과 계루부 왕권의 강화를 위해 단행된 국내 천도는 고구려 내에서 玄菟郡 세력 견제에 중요한 역할을 하고 있던 비류부에 비류수계의 관할권을 맡김으로써 비류국(多勿國)과의 불필요한 마찰을 줄이고자 하는 정치적 계산도 있었을 것이다. 이것이 곧 비류나부의 성립이라 생각된다.[67] 이러한 小國→那部로 재편되는 과정은 겉으로는 비류국의 영향권 확대를 가져온 듯하지만 실제로는 계루부 왕권의 주도로 이루어졌고, 정치적으로 비류국과는 구별되는 세력들을 함께 묶어 비류부로 재편함으로써 최종적으로는 비류국(다물국) 역시 비류나부의 일개 部內部로 전락하게 하는 효과를 가져와 계루부 왕권과의 결합이나 연결성을 더욱 강하게 하는 결

정치적 입지가 전왕인 주몽에 비해 매우 좁아져 있었음을 보여준다.

66) 沃沮 지역에 설치되었던 제1현도군이 新濱 방면으로 퇴축되면서 주로 고구려를 관할했던 것으로 보인다.(김미경, 2007, 앞의 글, 16~33쪽) 『後漢書』에 등장하는 유리왕대의 현도군 공격 기사나 태조왕의 현도군 공격 등은 국력을 기울여 벌인 전쟁인 만큼 왕권의 주도로 이루어지기는 하였지만, 지리적으로 玄菟郡治인 高句驪縣에 가까운 곳에 자리한 비류부가 중심 역할을 했으리라 생각된다.

67) 그러므로 유리왕을 이은 대무신왕대가 되면 다물국이라는 호칭은 다시 보이지 않고 비류부로만 나오게 된다.

과를 낳았으리라 생각된다. 결국 늦어도 3세기 무렵에는 비류나부로의 轉化가 완료된 것을 볼 때, 이르면 1세기 초부터 왕권에 의해 그러한 작업이 진행되었던 것이다.

이러한 과정을 거쳐 탄생한 비류국과 비류나부의 구조와 규모에 대해 살펴보면, 원고구려 지역의 那國 혹은 那集團 단계 정치체의 규모는 『三國志』에 등장하는 三韓의 小國 정도로 추정하고 있다. 그러나 고구려의 那部는 이러한 나국 혹은 나집단이 복수로 모이고 중층적으로 재편되는 과정을 거쳐 형성된 실체인 만큼 이들보다는 규모가 컸을 것이다.[68]

유리왕의 천도 이후 다물국에서 나부로 전환된 비류나부의 경우 사료 F에서 보이는 것처럼 최소한 3인의 部長이 있었던 것을 알 수 있는데, 이들은 複數로 설정된 전체 비류나부의 대표라기보다는 비류나부를 구성하던 하부의 部內部長으로 파악하는 것이 더욱 자연스럽다. 아마도 이들은 환인 지역의 독립된 나집단이나 나국에 그 기원을 두고 있었을 것이다.[69] 그리고 이들 외에도 松氏로 나오는 구비류국 세력도 部內部의 형태로 비류나부를 구성하고 있었을 것이다.

즉 비류나부에는 최소한 4개 이상의 나국세력, 즉 部內部가 존재하였고 지리적으로 가깝고, 비교적 유사한 역사적 경험을 같이 한 이들이 고구려 왕권의 주도로 비류나부로 편제되었으리라 생각된다. 물론 이는 근본적으로 왕권의 입장에서 나국세력을 약화시키고 자신의 통치력을 더 강하게 침투시키기 위해 행해진 재편 작업이다. 그러므로 부내부장들을 일괄 통솔하거나 그 위에 군림하는 부장은 존재

68) 임기환은 실제로 나부가 수개의 나집단 혹은 나국이 모여 편성된 것으로 이해하였다.(2008, 앞의 글, 71~77쪽)

69) 대체로 고구려의 나부는 삼한의 소국정도 규모에 해당하는 복수의 나국이 모여 재편된 실체임을 고려해, 필자는 이들을 나국세력으로 칭하기로 한다.

하지 않았으리라 생각된다.

비류나부의 규모에 대해서 정확하게 파악하기는 어렵지만 그 대강의 인구 규모를 추론할 수 있는 기록이 있어 참고된다.

F-(1) 故國川王 或云國襄 諱男武 或云伊夷謨 新大王伯固之第二子 伯固薨 國人以長子拔奇不肖 共立伊夷謨爲王 漢獻帝建安初 拔奇怨爲兄而不得立 與消奴加 各將下戶三萬餘口 詣公孫康降 還住沸流水上(『三國史記』 권16 高句麗本紀 故國川王 卽位年)

F-(2) 伯固死 有二子 長子拔奇 小子伊夷模 拔奇不肖, 國人便共立伊夷模為王…拔奇怨為兄而不得立 與涓奴加各將下戶三萬餘口詣康降 還住沸流水(『三國志』 권30 魏書 東夷傳 高句麗)

F-(3) 句驪蠶支落大加戴升等萬餘口詣樂浪內屬(『後漢書』 권85 東夷傳 高句驪)

F-(4) 冬十月 蠶支落部大家戴升等一萬餘家 詣樂浪投漢(『三國史記』 권14 高句麗本紀 閔中王 4年)

사료 F-(1)과 F-(2)는 사실상 같은 시기의 한 사건에 대한 기록으로서,[70] 산상왕 즉위초년에 왕위 경쟁에서 밀려난 고국천왕의 큰 동생 발기가 소노가(곧 비류나부의 대가)와 더불어 고구려 왕권에서 이탈하였다는 내용이다. 여기서 주목되는 것은 消奴加가 이끌고 간 백성의 口數가 3만이라는 점이다. 이는 당시 고구려의 5나부 중 하나인 비류나부의 인구 규모로 파악해도 큰 무리는 없다 생각된다.[71]

70) 이병도는 F-(1)의 기록이 고국천왕조에 轉載된 것은 『三國史記』의 찬자가 산상왕에 해당하는 伊夷模를 고국천왕 南武의 一名으로 잘못 파악하였기에 빚어진 杜撰이라 하였다.(이병도, 1983, 『삼국사기(상)』, 을유문화사, 378쪽)

71) 임기환, 2008, 앞의 글, 75~76쪽.

사료 F-(3)과 F-(4)는 비류나부로 재편되기 전의 小國이나 那집단 혹은 이후의 部內部의 인구 규모를 추측할 수 있는 자료이다. F-(4)는 F-(3)을 저본으로 하여 전재된 것으로 보이는데, 轉寫 과정에서 口가 家로 잘못 기재되었을 가능성이 크다.[72] 이를 감안한다면 비류나부의 위와 같은 구성은 그 형성과정상 유이민 세력이 중심이 된 특수한 예인 계루부를 제외한 여타의 나부들에게도 적용할 수 있을 것이다.

비류나부의 실체를 파악함에 있어 구성과 함께 중요한 문제는 영역을 밝히는 것이다. 현전하는 문헌만으로는 그 구체적 영역을 밝혀내기 어렵다. 지금까지 살펴본 것처럼 초기는 비류국이 부이강 상류, 곧 흑구산성과 전수호산성 일대를 중심으로 발흥하였고, 이후 고구려가 小國 혹은 那집단의 연맹체에서 나부체제로 재편되는 과정에서 환인 지역의 비류수계 전체가 비류나부 영역으로 설정되었다. 그리고 고구려의 국력 성장과 이를 바탕으로 한 대외팽창 과정에서 비류나부는 제2현도군의 고구려현 지역으로까지 그 관할 영역이 확대되었으리라 생각된다. 곧 오늘날의 요령성 환인·新濱 일대가 비류나부의 중심 영역인 것이다. 이 지역에는 고구려 초기로 편년되는 석곽적석총이 다수 분포하고 있어서 고고학적으로도 고구려 초기의 주요 세력집단 중 하나가 그곳에 존재하였음을 뒷받침해주고 있다.[73]

---

72) 민중왕대보다 시기가 떨어지는 3세기 무렵의 사실을 전하는 『三國志』에 고구려의 인구수는 약 3만호로 나온다. 이는 당시 고구려에 복속되어 공납을 바치며 간접통치를 받던 동예, 옥저 등을 제외한 순수 고구려민인 5나부 전체의 호구수로 보인다. 만약 어느 기록에도 5나부 중 하나로 등장하지 않는 잠우락부가 산술적으로 계산해도 1/3 이상인 호구수를 차지하고 있었으리라 생각되지는 않기 때문이다. 곧 잠우(지)락으로 칭해지던 소국 혹은 部內部 세력으로 봄이 타당하다.

73) 강현숙, 2000, 「고구려고분연구」, 서울대학교 박사학위논문, 55~59쪽; 손수호, 앞의 책, 8~10쪽.

3. 椽那部 및 貫那部, 桓那部의 성립과 위치

椽(掾)那部는 고구려 초기의 5나부 가운데 계루부, 비류나부와 함께 강력한 나부 중 하나였다. 『三國志』는 椽那部에 대응되는 絶奴部가 왕비를 배출하며 그 大加는 왕족인 계루부, 전 왕족인 涓奴部(비류나부)의 嫡統大人과 함께 古雛加를 칭할 수 있었다고 전한다.[74] 3세기 경 고구려 상황을 전하는 『三國志』의 이 같은 기재는 椽那部 출신의 여인들이 왕비가 되고, 왕을 택하기까지 하며 연나부가 고구려 정국에서 강한 영향력을 행사하고 있는 것으로 묘사하고 있는 『三國史記』 내용과 부합되는 것이다.[75] 다음은 연나부 관련 기록들이다.

G-(1) 冬十月 椽那皀衣明臨荅夫 因民不忍 弑王 號爲次大王(『三國史記』 권15 高句麗本紀 次大王 20年條)

G-(2) 夏四月 扶餘王帶素弟 至曷思水濱 立國稱王 是扶餘王金蛙季子 史失其名 初 帶素之見殺也 知國之將亡 與從者百餘人 至鴨淥谷 見海頭王出獵 遂殺之 取其百姓 至此始都 是爲曷思王 秋七月 扶餘王從弟謂國人曰 “我先王身亡國滅 民無所依 王弟逃竄都於曷思 吾亦不肖 無以興復” 乃與萬餘人來投 王封爲王 安置椽那部 以其背有絡文 賜姓絡氏(『三國史記』 권14 大武神王 5年條)

---

74) 王之宗族, 其大加皆稱古雛加. 涓奴部本國主, 今雖不為王, 適統大人, 得稱古雛加, 亦得立宗廟, 祠靈星社稷. 絕奴部世與王婚, 加古雛之號(『三國志』 권30 魏書 東夷傳 高句麗)

75) 고구려사에서 이 시기를 연나부 왕비족시대로 칭기도 한다(이기백, 1959, 「고구려 왕비족고」 『진단학보』 20; 1996, 『한국고대정치사회사연구』, 일조각).

G-(1)에서 보이듯이 연나부가 고구려 중앙 정계에서 처음으로 부상하게 되는 것은 明臨荅夫가 次大王을 몰아내고 新大王을 세우면서부터이다.[76] 이때부터 연나부는 왕실인 계루부에 버금갈 정도로 강한 힘을 갖고 고구려의 정국을 주도하게 된다. 하지만 연나부의 이러한 급작스런 부상의 요인을 단순히 명림답부의 신대왕 옹립 사건 하나로 설명하기에는 충분치 못하다.

기록상 연나부는 계루부를 제외한 4나부 중 그 이름이 가장 이른 시기부터 등장하는데, 투항해 온 부여왕의 從弟를 연나부에 안치했다는 G-(2)의 기록이 그것이다. 그러나 이후 연나부는 한 차례도 언급되지 않다가 次大王 말년 명림답부가 왕을 弑害하고 집권하는 대목에서 재등장해 많은 의문을 품게 한다.

연나부가 처음 언급된 G-(2) 기사의 신빙성부터 검토해 보면, 위에서 제기한 것처럼 연나부의 첫 등장과 재부상은 『三國史記』의 기년만으로도 100년 이상의 공백이 존재한다. G-(2)는 연나부가 왕비를 배출하면서 정국의 주도권을 잡은 이후 자신의 모태가 된 세력에게 소급 적용한 기록으로 볼 가능성도 있다. 그러나 명립답부 집권 이후 연나부의 양상과 처음 등장하는 대무신왕 재위 초년을 좌우한 시기의 상황을 살펴보면 연나부의 등장은 이미 이른 시기의 사실로 보인다. 오히려 공백으로 남아있는 태조왕, 차대왕대에는 어떠한 정치적 이유로 견제를 받았기에 왕권과의 관계를 중심으로 기재되는 사서에는 기록되지 못했을 수도 있다.

우선 연나부가 부상하게 되는 차대왕 말년 무렵의 정국과 당시 연나부의 상황에 대해 살펴보면, 사료에 보이듯 차대왕을 시해한 명림

---

76) 『三國史記』 高句麗本紀 次大王 20年, 新大王 2年條.

답부는 당시 皁衣라는 비교적 낮은 관등을 가진 인물이다.[77] 이는 明臨氏가 연나부를 구성하던 제세력 중 가장 큰 세력은 아니었음을 알려주는 것이다. 그럼에도 불구하고 그가 정변의 정면에 섰던 것은 그를 지지하던 세력, 즉 反 次大王 세력이 있었기에 가능하였다. 물론 이들 세력의 구심점 역할을 하였던 것은 연나부의 제세력이었음이 틀림없다.

지금까지의 연구에 의하면 연나부 내에는 이른바 4연나로 칭해졌으나 성격을 달리하던 네 개의 세력, 곧 부여왕의 從弟로서 연나부에 안치된 絡氏 세력과 明臨氏 세력, 于氏 세력, 椽氏 세력 등이 존재하였다고 한다. 그리고 고구려 건국 이전에는 이들이 독립소국이었다가 고구려 연맹체 성립과 5나부체제 성립 시에 주도적으로 참여한 주요 세력집단들에서 기원하였다고 추측하였다.[78] 하지만 연나부의 제구성원(部內部)들이 구체적으로 어떠한 내력을 갖고 있었고 각기 어디서 기원하였으며 무엇을 계기로 연나부로 편제되었는지에 대해서는 아직까지 소상히 밝혀진 것이 없다.

먼저 연나부의 주 구성세력 중 하나로 차대왕을 시해하고 신대왕을 세우며 國相 자리에까지 오른 明臨氏에 대해 알아보자. 명림답부가 정변을 일으킨 시기는 나부체제가 본 궤도에 올라있던 시기이다. 본래 각자 기반으로 삼고 있던 고유의 영역을 가진 那部들은 여전히 자신들의 섹터에서 일정한 자치권과 자체운동력을 보유하고 있었지만 점차 王都로 집중되는 양상으로 가고 있었으므로 이 시기에 처음

77) 고구려 초기의 皁衣는 후기에 정리되는 하급 관등으로서의 皁衣와 그 명칭은 같지만 동일한 성격은 아니다. 초기의 조의는 나부체제에서 왕권이 나부 내의 세력들을 대소에 따라 구분해 그 대표에게 沛者, 于台, 皁衣 등의 관등을 수여할 때 최하위 집단에게 수여된 것이라고 한다.(여호규, 1992, 앞의 글, 52~54쪽)

78) 김현숙, 1993, 고구려 초기 나부의 분화와 귀족의 성씨」『경북사학』16, 33~36쪽.

언급되는 명림씨의 기원과 지역 기반을 추정하기가 쉽지는 않다. 그렇지만 단서가 전혀 없는 것은 아니다. 명림답부가 坐原에서 漢軍을 크게 깨뜨리자 신대왕이 坐原과 質山을 그에게 식읍으로 주었다는 기록과 그가 사망했을 때 質山에 장사했다는 기록이 있기 때문이다.[79)]

質山은 유리왕대부터 등장하는 왕실 수렵지 중 하나이다.[80)] 질산은 유리왕이 국내로의 천도 직후 찾은 곳임을 고려하면 천도와 밀접한 관계가 있는 곳임에 틀림없다.[81)] 그 위치는 王都, 곧 集安 지역 내일 것으로 추정된다.[82)] 명림답부는 이곳을 식읍으로 사여 받았던 것이다. 그리고 사후에도 이곳에 묻혀 묘지를 조성하고 수묘인까지 둔 것을 볼 때 자신의 세력 본거지였음을 알 수가 있다.[83)] 연나부의 명림씨는 곧 국내 질산 지역에 기반을 둔 세력이었다.

계속해서 于氏 세력에 대해 검토해 보겠다. 于氏는 고국천왕대에 왕비를 배출하고, 동왕 12년에 4연나의 난을 주도할 만큼 연나부 내에서도 큰 세력이었다.[84)] 于氏 세력은 4연나의 난이 진압된 이후에 처벌을 받았다는 기록이 없다. 또한 왕비도 그대로 지위를 보전하였

---

79) 『三國史記』 권16 高句麗本紀 新大王 8年, 15年條.

80) 質山 또는 質陽으로 왕이 전렵을 떠났다는 기사는 『三國史記』 高句麗本紀에 琉璃王 22년, 大祖大王 55年, 86年, 故國川王 16年, 山上王 3年條 등 다섯 군데서 보인다.

81) 왕의 畋獵 행위는 군사 활동인 동시에 정치활동의 의미를 지녔다.(김용선, 앞의 글, 57쪽)

82) 김영하, 1985, 「고구려의 순수제」 『역사학보』 106, 7~8쪽.

83) 김미경 역시 질산을 명림답부의 연고지로 보았다.(2005, 「고구려 유리왕대 정치세력의 재편과 대외정책」 『북방사논총』 4, 234~235쪽)

84) 『三國史記』 권16 고국천왕 12년조에는 반란을 일으킨 어비류, 좌가려 등을 왕후의 친척으로 묘사하고 있다. 연나부의 여타 部內部들을 책동해 난을 일으킨 이들이 왕후의 친척으로 묘사되고 있는 것을 볼 때 于氏 출신일 가능성이 크다.

을 뿐만 아니라 오히려 고국천왕 사후에는 嗣王을 선택할 정도로 여전히 막강한 영향력을 행사하고 있다. 이는 우씨 세력이 그만큼 강하였음을 증명하는 것이다. 하지만 우씨는 결국 왕비라는 지위를 매개로 권력을 행사하였으므로 결국 왕권과 불가분의 관계였다.[85] 이러한 우씨 세력의 기원을 밝혀줄 만한 기록이 있다.

> **H** 秋九月 王田于箕山之野 得異人 兩腋有羽 登之朝 賜姓羽氏 俾尙王女(『三國史記』 권13 高句麗本紀 琉璃王 24年)

위의 사료 H는 유리왕이 국내 천도 후 箕山에 전렵을 나갔다가 한 異人을 만나 羽氏의 성을 주고 王女를 下嫁시켰다는 내용이다. 箕山은 앞서 언급한 質山과 함께 국내 부근의 왕실 수렵지였다.[86] 유리왕이 이 지역의 유력자로 보이는 인물에게 성을 하사하고 왕녀까지 출가시킨 것은 유리왕에게 매우 중요한 정치 행위였다. 갓 천도가 이루어진 시기에 기산 세력을 그처럼 우대한 이유는 그 세력이 유리왕의 국내 천도에 협조하였거나, 그와의 연대를 통해 새로운 지역으로 기반을 옮긴 계루부 왕권의 강화를 위한 것이었음을 짐작하기란 어렵지 않다.

그런데 이 때 箕山 세력에게 사여되는 姓이 羽氏라는 것에 유의할 필요가 있다. 여기서 '羽'는 연나부 于氏의 '于'와 발음상 서로 통해

---

85) 실제로 西川王은 于漱의 딸을 妃로 맞는데, 이때 우수는 西部 大使者로 나오고 있다. 那部인 연나부에 속했던 于氏가 방위부인 西部로 전환된 것에 대해 전체 우씨 세력이 그와 같은 변화에 동참한 것인지는 확신할 수 없지만 최소한 일부는 왕권과 매우 밀접한 관계에 있었던 것이 틀림없다.

86) 왕이 箕山(箕丘)에 수렵을 나간 기사는 『三國史記』 高句麗本紀 琉璃王 3年, 24년, 大祖大王 86年, 中川王 4년, 15年條 등에 보인다.

동일한 세력을 지칭한 것일 가능성이 높다. 유리왕을 이은 대무신왕대 초기에 연나부의 명칭이 사서에 등장할 수 있었던 것은 이처럼 국내 천도를 전후한 시기에 사성받은 세력들 중 일부가 연나부로 편제되었기에 가능한 것이다.

연나부를 구성하던 정치집단 중 하나였던 絡氏는 연나부라는 명칭이 사서에 처음 등장하면서 언급된 세력이다. 사료 G-(2)에 보이듯 부여왕의 從弟가 부여를 이탈해 고구려로 투항하자 대무신왕이 이들을 연나부에 안치하고 낙씨를 성으로 하사했다고 한다. 여기서 주목할 점은 두 가지인데, 첫째 대무신왕이 낙씨를 王으로 봉해 연나부에 안치했다는 것이다. 이는 그에게 어느 정도의 지역적 기반을 제공하였다는 의미이며, 그곳이 곧 연나부에 속하는 지역이라는 것이다. 곧 당시 연나부로의 왕권 개입이 상대적으로 수월했고, 그만큼 왕권과도 밀접하였음을 짐작케 한다.

그리고 두 번째는 絡氏가 부여계 세력이라는 점이다. 대무신왕은 부여 방향으로의 진출에 강한 의욕을 보였는데, 이는 왕자 시절부터의 그의 행적을 보면 잘 알 수가 있다. 그는 둘째 형인 해명이 죽은 후 곧바로 태자로 책봉되지 못하고 당시 부여에 비해 열세였던 고구려가 부여의 침략에 직면했을 때 軍功을 세움으로써 태자에 책봉되기에 이른다.87) 일종의 후계자 시험과 수업을 거쳐서 힘들게 왕위계승권을 획득한 것이다.

어쨌든 그는 부여라는 고구려의 강적을 극복하는 데 지대한 공을 세움으로써 왕위계승자가 되었고, 이는 분명 그의 필생의 과제로 각인되어졌을 것이다. 당시 고구려와 부여의 관계는 고구려가 최종 승

87) 『三國史記』 권13 高句麗本紀 琉璃王 32, 33年條.

자로서 모든 기록과 평가를 자신의 입장에서 남겼을 것임에도 불구하고 부여의 그림자가 짙게 드리워져 있음을 통해서도 알 수가 있다. 주몽, 유리, 태조왕 등 고구려 계루부 국왕들은 부여와의 친연관계를 강하게 주장하였고, 훨씬 후대에 작성된 「광개토왕비문」에까지 왕실의 부여 출자설을 그대로 싣고 있는 것을 보면 당시 부여가 예맥계 세력 가운데 최대, 최강의 국가로서 차지한 위상이 엄청났음을 짐작하고도 남는다. 『三國史記』에는 초기에 부여가 고구려를 강하게 압박하고 있었음을 보여주는 기록들이 남아있다. 특히 유리왕대의 기사에는 부여가 대국으로서 고구려에 영향력을 행사하려 하고 고구려는 소극적으로 이를 용인하거나 수세적 입장에서 방어하는 데 급급한 모습만 보이고 있다.[88]

하지만 이러한 부여와 고구려 관계에 변화가 생기기 시작한 것은 대무신왕대부터이다. 대무신왕은 부여에 대해 적극적 공세를 펼쳤고 이는 어느 정도 성과를 거두어 고구려는 북변으로 沸流水(渾江) 최상류까지 부여 방향으로 영역을 확장시킨 것으로 보인다.[89]

부여에 대해 이처럼 강렬한 적대감과 정복욕을 갖고 있던 대무신왕에게 부여로부터 이탈해 온 세력은 무엇보다 반갑고도 든든한 友軍처럼 여겨졌을 것이다. 그래서 그는 부여왕 종제로서 부여에서 떨어져 나와 고구려로 귀순한 세력에게 絡氏를 사성하고 유리왕의 천도를 기화로 계루부와 함께 왕권에 가깝게 밀착되어 있던 연나부에

88) 유리왕대의 국내 천도가 이러한 부여에 대한 효율적 방어와 공격의 모색을 위한 목적을 지녔다는 연구도 있다.(금경숙, 2003, 앞의 글, 21쪽)

89) 大武神王의 부여 정벌 기사는 『三國史記』 大武神王 4年, 5年條에 나온다. 대무신왕이 비류수를 따라 부여로 진군할 때 沸流源의 負鼎氏, 北溟人 怪由, 赤谷人 麻盧 등이 고구려 측에 자진해 종군한다. 이들은 고구려가 부여 방향으로 팽창할 때 새로 흡수한 당시 부여와 고구려 접경지역의 세력들이다.

안치하게 된다. 또한 역시 부여 왕족 출신으로 부여에서 이탈한 세력인 曷思國의 왕녀를 小后로 맞아 왕자까지 낳는다.

이렇듯 유리왕의 천도와 대무신왕의 대 부여 강경책 등을 통해 세력을 키우게 된 연나부는 왕계가 계루부 내에서 다시 주몽과 재사계인 태조왕에게 넘어감으로써 더 크게 성장할 기회를 잠시 박탈당하였던 듯하다.[90] 유리계와 매우 밀접하게 연결되어 있던 연나부의 존재는 아무래도 태조왕계에 부담으로 작용될 수도 있으므로 태조왕은 연나부보다는 여타의 나부에 힘을 실어주려 하였을 가능성이 높다. 이것이 태조왕대에 연나부 관련 기사가 등장하지 않는 요인이 아닐까 한다.[91]

지금까지 살펴 본 것처럼 연나부는 국내 천도와 부여계 세력의 안치 등을 계기로 성장한 세력이다. 그러므로 그 영역은 오늘날 집안지역 및 부여로부터 이탈한 세력들이 자리 잡은 지역으로 추정할 수 있다. 집안 지역은 가장 많은 고분들이 밀집되어 있는 洞溝 고분군을 비롯하여 외곽지에도 다수의 고구려 고분군이 흩어져 있어 계루부를 비롯한 4나부의 중심 세력들이 결집한 곳임을 알 수 있다.[92] 다음은 집안 지역의 고구려 초기 유적 분포도이다.

---

90) 김현숙은 연나부 세력이 커지는 명림답부의 등장 이전부터 계루부 왕권이 비류부의 견제와 왕권강화를 위해 연나부에 고의로 힘을 실어준 측면이 있다고 해석하였다.(1993, 앞의 글, 39~40쪽)

91) 『三國遺事』 王曆 高麗 次大王條에는 새 왕(新大王) 즉위 후 차대왕과 태조왕이 함께 죽임당한 것으로 나온다. 『三國史記』는 비록 태조왕이 차대왕이 시해 당하기 몇 개월 전에 별궁에서 사망한 것으로 기록하고 있으나 같은 해에 죽었다는 점에서 뭔가 석연치 않은 점이 있다. 연나부에 대한 견제 기조를 유지했던 두 왕이 명림답부의 난에 함께 살해되었을 수도 있다.

92) 吉林省文物志編委會 編, 1984, 『集安縣文物志』, 吉林省文物志編委會, 98~122쪽.

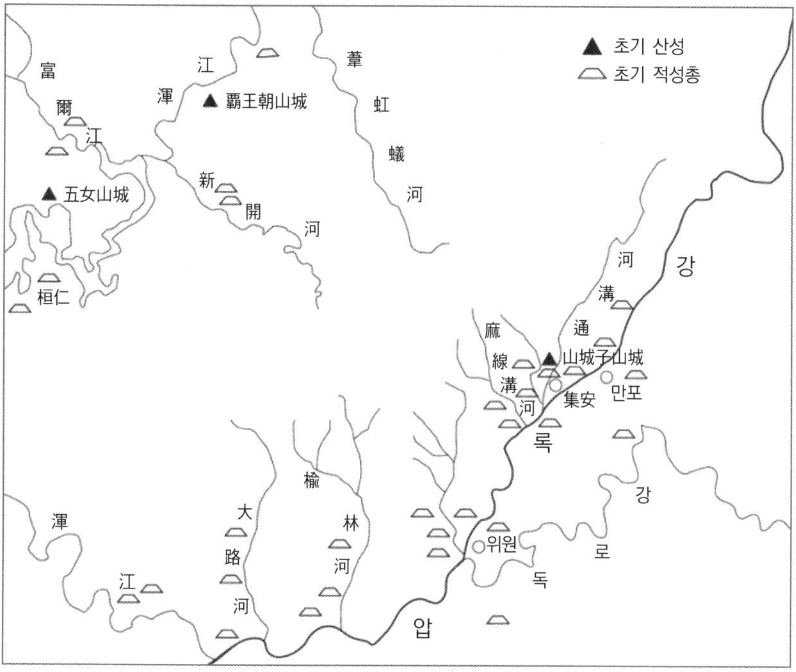

〈지도 2〉 집안 지역 고구려 초기 유적

위에서 살펴 본 것처럼 연나부는 집안 지역을 기반으로 성장한 세력이다. 그런데 집안 지역은 주변부까지 포함하면 그 면적이 상당하고 초기의 유적도 넓은 지역에 분포한다. 연나부의 경우 천도와 밀접한 관련을 갖고 있던 세력이었으므로 계루부가 최종적으로 정착하게 되는 집안 분지, 곧 오늘날 집안 시내 지역이 그 세력 기반 중 하나였으리라 생각된다. 앞에서 살펴보았듯이 연나부는 하나의 집단으로 구성된 것이 아니다. 서로 다른 몇 개의 집단이 왕권에 의해 연나부로 편제되었으므로 그 세력 기반도 각각이었으리라 생각된다.

연나부를 구성한 제세력 중 연나부의 위치와 영역을 비정하는 데 중요한 단서를 주는 것은 부여왕 從弟인 絡氏 집단이다. 앞의 사료

G-(2)에서 확인되듯 絡氏와 비슷한 시기에 扶餘王弟가 鴨淥谷 일대로 이주해 와 曷思國을 세운다. 이 갈사국은 대무신왕대부터 그 王孫女를 고구려왕의 小后로 들이는 등 고구려에 부용된 듯한 모습을 보이다가 결국 태조왕대에 그 王孫이 항복함으로써 고구려에 완전히 복속된다.[93] 고구려에 항복한 갈사왕손 都頭가 구체적으로 어느 部에 안치되었다는 기록은 전하지 않아 구체적 사항은 알 수가 없으나, 于台의 관등을 받는 것으로 보아 자신의 세력 기반을 온존한 채 5那部 중 한 곳으로 편입되었던 것이 분명하다. 아마도 같은 부여 왕족 출신 세력인 絡氏가 안치된 연나부에 속하게 되었을 가능성이 가장 높지 않을까 한다.

曷思國이 소재하였던 鴨淥谷 지역은 당시 압록강 수계에서 漢郡縣의 영향 하에 있던 하류나, 고구려의 중심지인 중류가 아닌 중상류나 상류 지역밖에 없다. 이 중 압록강 중상류의 吉林省 臨江市 지역은 당시 고구려와 부여의 국경선으로 비정되는 용강산맥 바로 너머에 위치하고 있어 부여계 세력의 이주가 용이한 곳이다. 또한 초기 적석총이 다수 분포해 초기 고구려계 주민의 주요 분포지 중 하나로 설정할 수 있다.[94] 이러한 상황들을 종합해 볼 때 연나부는 곧 臨江 일대와 그와 연결되는 集安 분지의 東部 외곽을 중심 영역으로 하였음을 확인할 수 있다.

『三國史記』高句麗本紀 大武神王 9년조에는 蓋馬國과 句荼國을 정복하는 기사가 보이는데, 그 정확한 위치를 비정하기는 어렵지만 개마국이 국명으로 보아 개마고원에 가까운 압록강 중, 상류의 세력

93) 冬十一月 王子好童自殺 好童 王之次妃曷思王孫女所生也(『三國史記』 권14 高句麗本紀 大武神王 15年條). 秋八月 曷思王孫都頭 以國來降 以都頭爲于台(『三國史記』 권15 高句麗本紀 大祖大王 16年條)

94) 강현숙, 2000, 앞의 글, 63~65쪽.

으로 추정된다. 그리고 대무신왕을 이은 閔中王 4년 9월에 동해인이 고래를 바친 것을 볼 때 고구려가 늦어도 이 시기에는 동해의 세력과 직접 통하는 통로를 장악한 것을 알 수 있다. 이는 당시 이미 집안 지역으로의 천도가 완료되었고, 연나부의 모태가 되는 압록강 중상류 지역 세력을 복속시켰기에 가능한 것이다.

다음으로 貫那部와 桓那部에 대해서 간단히 살펴보자. 이들 두 나부에 관한 자료는 지극히 소략해서 그 연원이나 내력을 밝히는 작업은 거의 불가능하다. 다만, 貫那部의 경우 고고자료와 매우 소략하긴 하지만 일부 관련 기록을 통해 그 대략의 영역만 거칠게 추측해 볼 수 있다. 다음은 貫那部와 관련된 사료들이다.

I-(1) 伊夷模無子 淫灌奴部 生子名位宮. 伊夷模死 立以為王 今句麗王宮是也(『三國志』 권30 魏書 東夷傳 高句麗)

I-(2) 十二年 冬十一月 郊豕逸 掌者追之 至酒桶村 躑躅不能捉 有一女子 年二十許 色美而艶 笑而前執之 然後追者得之 王聞而異之 欲見其女 微行夜至女家 使侍人說之 其家知王來不敢拒 王入室 召其女 欲御之 女告曰 "大王之命 不敢避 若幸而有子 願不見遺" 王諾之 至丙夜 王起還宮(『三國史記』 권16 高句麗本紀 山上王 12年)

I-(3) 二十年 春二月 遣貫那部沛者達賈 伐藻那 虜其王(『三國史記』 권15 高句麗本紀 大祖大王 20年)

I-(4) 四年 夏四月 王以貫那夫人置革囊 投之西海 貫那夫人 顔色佳麗 髮長九尺 王愛之 將立以爲小后 王后椽氏恐其專寵 乃言於王曰 "妾聞西魏求長髮 購以千金 昔我先王 不致禮於中國 被兵出奔 殆喪社稷 今王順其所欲 遣一介行李 以進長髮美人 則彼必欣納 無復侵伐之事" 王知其意 默不答 夫人聞之 恐其加害 反

讒后於王曰 "王后常罵妾曰 '田舍之女 安得在此 若不自歸 必有後悔' 意者后欲伺大王之出 以害於妾 如之何" 後 王獵于箕丘而還 夫人將革囊迎哭曰 "后欲以妾盛此 投諸海 幸大王賜妾微命以返於家 何敢更望侍左右乎" 王問知其詐 怒謂夫人曰 "汝要入海乎" 使人投之(『三國史記』 권17 高句麗本紀 中川王 4年)

I-(1)은 東川王의 출생에 관한 기록인데, 부친인 산상왕이 灌奴部, 곧 貫那部와 야합하여 그를 낳았다고 한다. I-(2)는 동천왕의 출생 과정에 대한 『三國史記』의 서술이다. 여기서는 동천왕의 母가 酒桶村女로 나오는데, I-(1)을 통해 그녀가 관나부 출신임이 밝혀졌다. 그런데 그녀가 살던 酒桶村은 달아난 돼지를 좇아서 간 곳인 만큼 당시 고구려의 수도이던 국내성에서 그리 멀지 않은 곳이다. 또한 돼지가 도망친 경로를 따라 갔다는 것을 통해 볼 때 압록강과 같은 대하를 건넌 것은 아니라는 것을 알 수 있다. 그렇다면 현재 집안 시내로 비정되는 당시 고구려의 수도 국내성에서 비교적 가까우면서도 초기 적석총이 밀집된 지역을 관나부의 중심 영역으로 비정할 수 있다. 그 가장 유력한 후보지는 집안시 서남부의 楡林河 일대이다.[95]

사료 I-(3)에서 태조왕대에 관나부가 평정하였던 藻那는 그 우두머리가 王으로 기록될 만큼 상당히 독립적이고 큰 정치세력이었던 것이 분명하다. 이후 조나는 관나부로 편제되었을 가능성이 큰데,[96] 집안시 서쪽 지역을 기반으로 하고 있던 관나부가 정벌하기에 지리적으로 가까우면서도 삼한 소국 정도의 규모로 예상되는 那國 정도

95) 楡林河 일대에는 高麗墓子고분군, 大路고분군, 大陽岔고분군, 古馬嶺고분군, 太平고분군 등 고구려 초기 적석총이 포함된 고분군이 다수 분포하고 있다.(孫仁杰·遲勇, 2008, 『集安高句麗墓葬』, 香港亞洲出版社, 26~32쪽)

96) 임기환, 2008, 앞의 글, 69~71쪽.

크기의 세력이 존재했을 만한 지역은 對岸의 압록강 以南 지역밖에 없다.[97)]

관나부는 지리적으로 수도와 가까울 뿐만 아니라 자체 세력도 상대적으로 약하였기에 더욱 왕권에 부용적일 수밖에 없었다. 그리고 신대왕대 이후 왕비를 배출하고 국상직까지 독점하며 세력을 키운 연나부가 반란까지 일으키며 계루부 왕실을 위협하자 이에 대한 견제책으로 계루부 왕권이 관나부와의 관계를 강화하고 관나부에 힘을 실어주려 했다고 생각된다. 비록 산상왕의 小后 신분이었기는 하였지만 동천왕의 母后는 관나부 출신이었다. 그리고 I-(4)에서처럼 중천왕도 관나부 출신의 소후를 들였던 것을 볼 때 이와 같은 추론은 충분히 가능하다. 위 사료에서 묘사되었듯이 관나부와 연나부는 더욱 강화된 계루부 왕실을 둘러싸고 상호 대립, 견제하는 양상을 보였다. 왕권은 이러한 나부 간의 반목을 적절히 이용하며 힘의 소모를 유도하고, 여타의 나부가 자체적 운동력과 독립성을 상실하고 중앙에 의존하도록 조장하였던 것이다.

환나부의 경우 관련 사료가 더욱 적어『三國史記』高句麗本紀 태조왕 22년조에 보이는 朱那 정벌과 환나부 소속 인물에 대한 官等, 官職 수여 기사 정도가 보일 뿐이다. 그러므로 환나부가 나부체제기에 담당하였던 역할이나 그 영역 비정에 대한 고찰은 지극히 어렵다. 사료에서 일찍 사라졌다는 것은 그만큼 환나부가 세력이 약했거나 지리적 위치가 외곽이어서 그 영향력이 미미하였을 것이란 정도의

97) 강현숙은 적석총 가운데서도 초기형에 해당하는 석곽적석총을 산과 수계 등 자연 지형을 기준으로 지역군을 설정한 바가 있다. 구체적으로는 압록강 중류의 집안 지역 고분군, 중상류역의 臨江市 지역의 고분군, 상류의 長白縣 지역의 고분군, 압록강 이남의 고분군, 혼강 수계인 환인현지역의 고분군 등 크게 다섯 지역으로 구분할 수 있다고 한다.(2000, 앞의 글, 54~66쪽)

추측만 가능하다. 그 영역도 앞에서 검토한 4나부의 근거지를 제외한 초기 적석총의 주요 분포지 중에서 한 군데로 비정할 수 있을 따름이다. 여기에 해당되는 지역은 압록강 상류의 吉林省 長白縣지역[98]과 압록강 이남지역으로, 두 군데 중 하나가 환나부의 영역으로 추정된다.[99]

요컨대 계루부는 부여계 유이민 세력이 고구려 지역으로 이동해 그 지역의 지배권을 장악하는 과정에서 모둔곡 등으로 상징되는 토착세력과 결합하며 성립된 세력이다. 특히 모둔곡 세력은 부여계 이주세력, 졸본부여 세력과 함께 계루부를 구성하였으며 태조왕을 배출함으로써 고구려 왕권을 장악하게 된다. 본시 이주 세력이 핵심을 구성하고 있던 계루부는 유리왕의 천도가 그 형성에 중요한 계기를 제공한 것으로 생각되며 영역은 새로운 수도인 집안 지역으로 상정할 수가 있겠다.

비류나부는 주몽 이전 시기 고구려 연맹체의 맹주 역할을 하던 비류국에서 그 기원을 찾을 수 있다. 그 위치는 환인 지역으로 추정되며, 이 지역에 있던 소국 정도 규모인 복수의 나국이 느슨한 연맹을 구성하고 있던 형태에서 왕권의 주도로 중층적으로 편제되며 나부가 되었다. 이는 비단 비류나부 뿐만 아니라 여타 나부들의 구조와 형성과정을 설명하는 데에도 적용할 수 있다.

한때 왕비족으로 지칭되기도 하였던 연나부는 계루부, 비류나부와

---

98) 吉林省文物志編委會 編, 『長白朝鮮族自治縣文物志』, 吉林省文物志編委會, 1986, 58~69쪽; 강현숙, 2000, 앞의 글, 65~66쪽.

99) 압록강 이남 지역의 적석총 분포는 대체로 독로강과 위원강 하구 일대, 충만강 일대, 자성강 일대로 구분된다.(여호규, 1997, 앞의 글, 40쪽 지도 참조) 이 가운데 독로강 하구 일대는 관나부의 영역으로 추정되므로 만약 환나부가 압록강 이남을 기반으로 하였다면 그 외의 지역을 자신의 영역으로 하였을 것이다.

함께 강력한 나부였다. 연나부가 부상하게 되는 계기는 사료에 보이듯 차대왕 말년 명림답부의 집권이다. 연나부를 구성하던 세력들은 주로 집안지역 토착세력과 부여계로 볼 수 있는데, 이를 통해 그 형성 배경과 소재지가 유리왕의 집안 천도와 깊은 관련이 있음을 알 수 있다. 곧 연나부는 본래 집안 중심지에 위치한 세력이었으며 왕권과도 밀접하였다고 하겠다. 그 외 관나부와 환나부의 위치는 집안지역 서부 외곽 지역과 압록강 이남의 초기 적석총 집중 조영 지역으로 비정할 수 있다. 다음은 초기 적석총의 분포도이다.

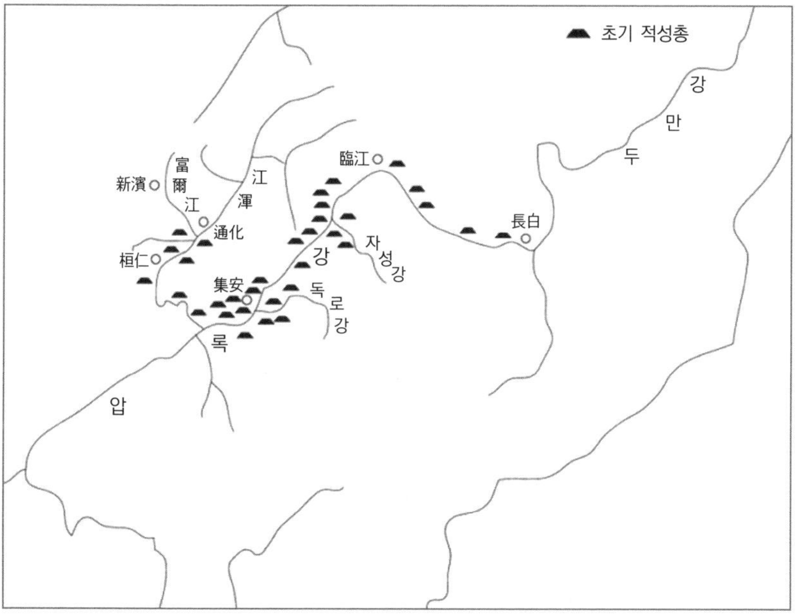

〈지도 3〉 초기 적석총 분포도100)

100) 이 지도는 강현숙 2000, 앞의 글, 50~66쪽; 김종은, 2011, 「압록강 중상류 고구려 고분군의 분포양상과 그 성격」 『제122회 한국고대사학회 발표문』, 5~9쪽을 참조하여 작성하였다.

이상의 논의들을 종합해 5나부의 중심 영역을 표시해 보면 다음과 같다.

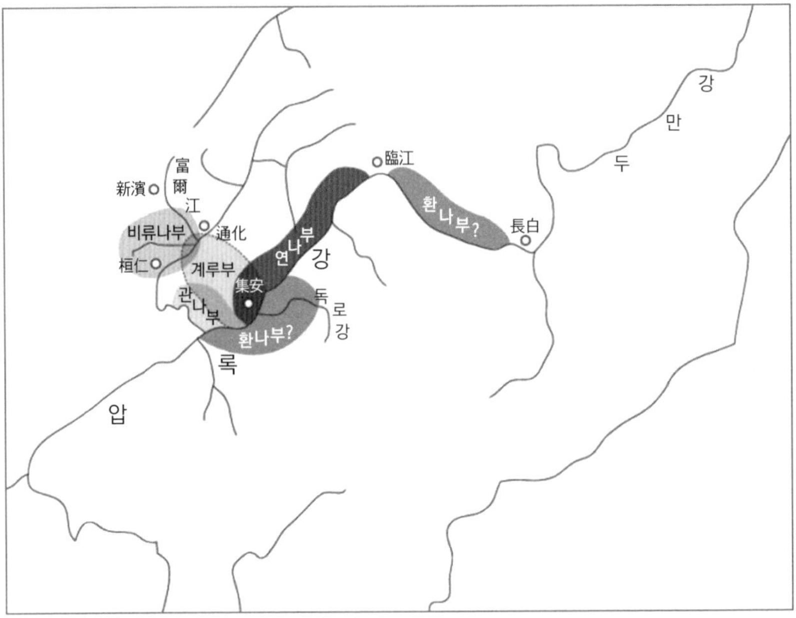

〈지도 4〉 나부의 중심 영역

소결

계루부는 주몽으로 대표되는 부여계 유이민 세력이 고구려 지역으로 이동해 와 그 지역의 지배권을 장악하는 과정에서 일부 토착세력과 결합하며 성립된 세력이다. 계루부가 이주 세력인 부여계와 현지의 졸본부여 세력이 융합해 성립된 것은 주지의 사실이나 본문에서는 이들과 함께 모둔곡 세력의 존재에 대해 주목해 보았다. 모둔곡은 주몽이 부여에서 이동해 와 최종 정착하는 환인 지역의 초입에 해당되는 오녀산성 주변, 곧 오늘날의 환인 수몰지구로 비정된다. 이들은 부여계 이주 세력, 졸본부여 세력과 함께 계루부를 구성하였으며 태조왕을 배출함으로써 고구려 왕권을 장악하게 된다. 본시 이주 세력이 핵심을 구성하고 있던 계루부는 유리왕대의 천도가 그 형성에 중요한 계기를 제공한 것으로 생각되며 영역은 새로운 수도인 집안 지역으로 상정할 수가 있겠다.

비류나부는 주몽 이전 고구려 연맹체의 맹주 역할을 하던 비류국(송양왕)에서 그 기원을 찾을 수 있다. 그 영역은 환인지역, 그 중에서도 오늘날 전수호산성과 흑구산성 등이 남아 있는 부이강 상류를 중심으로 한 지역으로 비정된다. 비류국은 주몽에게 연맹장의 지위를 넘겨주기는 하였지만 다물도로 불리며 여전히 강한 자치권을 행사하였다. 하지만 늦어도 3세기 이전에 비류국은 비류나부로 재편되었는데 이는 단순한 명칭의 변개가 아니라 해당 정치세력의 구조와 체제의 변화가 수반된 것이다. 요컨대 삼한의 소국 정도 규모로 추정되는 복수의 나국(나집단)이 느슨한 연맹을 구성하던 형태에서 계루부 왕권의 주도로 중층적으로 편제되며 나부라는 새로운 체제로 재편된 것이다. 이는 비류나부 뿐만 아니라 여타의 나부들의 구조와 형성과정을 설명하는 데에 그대로 적용된다.

한때 왕비족으로 지칭되기도 하였던 연나부(절노부)는 계루부, 비류나부와 함께 강력한 나부였다. 연나부가 급부상하게 되는 계기는 사료에 드러나듯 차대왕 말년 명림답부의 집권이다. 연나부를 구성하던 세력들은 주로 집안지역의 토착세력과 부여계로 볼 수 있는데, 이를 통해 그 형성 배경과 영역이 유리왕 대의 집안 천도와 깊은 관련이 있음을 알 수 있다. 곧 연나부는 집안지역을 중심 영역으로 하였으며 계루부 왕권과도 밀접하였다고 하겠다.

관나부와 환나부의 경우 전하는 사료가 워낙 적어 그 연원이나 내력을 밝히기가 매우 어렵다. 다만 몇 가지 사료와 고고학 자료를 통해 그 개략적 위치만 추정할 뿐인데, 관나부의 경우 집안 서남부 유림하 일대로, 환나부는 압록강 이남이나 압록강 상류인 장백지역이 유력하다.

제8장

고구려 초기 관등의 형성과 성격

고구려 초기 관제에 대해 지금까지 적지 않은 연구가 이루어졌다. 초창기 일부 관등과 관직에 대한 초보적 고찰을 시작으로,[1] 지난 세기 7, 80년대에는 초기 관제를 큰 틀에서 종합적으로 이해하려는 시도가 이루어졌다.[2] 그리고 이후 나부체제론과 집권체제론이라는 관점의 차이가 있는 이해의 틀 속에서 활발한 연구들이 진행되었고,[3]

---

1) 김철준, 1956, 「고구려·신라의 관계조직의 성립과정」, 『이병도박사화갑기념논총』; 1975, 『한국고대사회연구』, 서울대학교출판부.
이기백, 1959, 「고구려 왕비족고」, 『진단학보』 20.

2) 노태돈, 1975, 「삼국시대의 부에 관한 연구」, 『한국사론』 2; 1999, 『고구려사연구』, 사계절.
노중국, 1979, 「고구려국상고」(상)(하), 『한국학보』 16·17.
이종욱, 1979, 「고구려 초기의 좌·우보와 국상」, 『전해종박사화갑기념사학논총』; 1982, 「고구려 초기의 중앙정부 조직」, 『동방학지』 33.
김광수, 1983, 「고구려 고대 집권국가의 성립에 관한 연구」, 연세대학교 박사학위논문; 1991, 「고구려의 국상직」, 『이원순정년기념논총』.

3) 여호규, 1992, 「고구려 초기 나부통치체제의 성립과 운영」, 『한국사론』 27; 1995, 「3세기 고구려의 사회변동과 통치체제의 변화」, 『역사와 현실』 15; 1997, 「1~4세기 고구려 정치체제연구」, 서울대학교 박사학위논문; 1998, 「고구려 초기 제가 회의와 국상」, 『한국고대사연구』 13; 2000, 「고구려 초기 정치체제의 성격과 성립기반」, 『한국고대연구』 17; 2014, 『고구려 초기 정치사 연구』. 신서원.
임기환, 1995, 「고구려 초기 관계조직의 성립과 운영」, 『경희사학』 19; 2004, 『고구려정치사연구』, 한나래.
김현숙, 1993, 「고구려 초기 나부의 분화와 귀족의 성씨-『삼국사기』 고구려본기 내 출현 인명을 중심으로」, 『경북사학』 16; 1995, 「고구려 전기 나부통치체제의 운영과 변화」, 『역사교육논집』 20.

특정 관등에 집중해 그 정치 사회적 성격을 고찰한 연구도 나왔다.[4)]

고대 국가 초기의 관제는 오늘날처럼 단순히 통치 기구나 행정조직으로서의 의미에 머무르는 것이 아니다. 국가체제가 발달하지 못하고 미분화된 단계에서 관제는 그 사회의 성격과 구성에 대한 단면을 엿볼 수 있게 해 주는 귀중한 단서가 된다. 이는 신라의 관제가 골품제라는 독특한 사회제도의 실상을 파악하는 데 가장 중요한 요소가 된다는 점에서도 증명된다.

고구려의 경우 삼국의 여타 국가에 비해 비교적 이른 시기에 집권적 고대 국가체제를 형성하였고 주변에 미친 영향도 크다. 따라서 고구려 초기 관제를 究明하는 것은 단지 고구려의 사례에만 머무르지 않고 모든 한국 고대국가의 정치체제 형성 과정에 대한 중요한 시준점이 되는 것이다. 그리고 이는 고구려 초기의 정치뿐만 아니라 사회상을 밝히는 데에도 일조할 수 있으리라 생각된다. 본고는 이러한 문제의식을 바탕으로 단순한 외형에 비해 복잡하고도 다양한 역사적 과정을 거쳐 성립된 초기 관제의 기원과 성격 변천 등에 대하여 관등을 중심으로 살펴보고자 한다.

초기 고구려 관등의 대강을 소개한 가장 이른 시기의 사료는 『삼국지』 위서 동이전이다. 물론 그 기록이 외국인의 관점에서 소략하게 정리한 것이라 온전치 못해 불분명하거나 오류가 있을 가능성도 있다. 이는 소위 『本國古記』가[5)] 출처인 듯한 『삼국사기』 고구려본

금경숙, 1994, 「고구려 초기의 중앙정치구조」, 『한국사연구』 86; 2004, 『고구려 전기정치사연구』, 고려대학교민족문화연구원.

4) 김두진, 2009, 「고구려 초기의 패자와 국가체제」, 『한국학논총』 31, 국민대학교 한국학연구소.

여호규, 2010, 「고구려 초기의 왕위계승원리와 고추가」, 『동방학지』 150.

5) 『삼국사기』 권40 직관지(下)

기 초기 기록의 일부 관명들이 누락되어 있다는 점을 통해서도 확인할 수 있다. 하지만 동이전의 기록이 가장 이른 시기의 것이며 높은 객관성을 지니고 있다는 것은 누구도 부정할 수 없다. 여기에는 불완전한 모습이긴 하지만 당시 고구려가 설치하였던 대부분의 관명이 나오고 있고 일부는 거칠게나마 그 성격이나 設官 양태에 대한 설명도 덧붙여져 있어 더없이 중요한 자료이다. 그러므로 본고에서도 이를 출발점으로 삼아 오류가 있는 부분은 보완하고, 그 이전 시기의 변화 과정에 대해서도 살펴볼 것이다.

동이전에 전하는 고구려 관제는 어디까지나 3세기 전반 무렵의 것이다. 이는 이미 『삼국사기』에 따른 고구려 건국 시기로부터도 2세기 이상이 흐른 때이므로 중간에 적지 않은 역사적 변화를 거친 산물임이 분명하다. 그러한 변화의 일단면이라도 그려보는 것은 중요한 의의를 지닌다 생각한다.

동이전 고구려조에 보이는 고구려 초기의 관명은 相加, 對盧, 沛者, 古鄒加, 主簿, 優台, 丞, 使者, 皁衣, 先人 등이다. 그 중 相加의 경우 해당 관명이 동이전 외에는 찾아지지 않고, 당시 고구려에서 국상제가 시행되었음을 감안할 때 대체로 국상을 의미하는 것으로 여겨지고 있다.[6] 그리고 丞은 한국 측 사료에는 관련 기록이 전무할 뿐 아니라, 『후한서』 동이전에도 보이지 않고 있어 그 실재 여부에 대해서도 회의를 갖는 경향이다. 使者의 경우 명칭에서 알 수 있듯이 왕이나 대가에 직속되어 그 명을 수행하는 역할을 하다가 왕권 강화에 수반해 그 역할이 증대되는 것으로 이해된다.[7] 그리고 先人은 그

6) 노중국, 1979, 앞의 글(상), 26쪽. 물론 상가를 족장이나 부장으로 해석한 견해도 있다.(김철준, 1975, 앞의 책; 노태돈, 1999, 앞의 책, 150~152쪽)

7) 실제 2세기 말 이후 사자는 대사자 등으로 분화되는 양상을 보이며, 방위부 출신의 인물들이 대거 이 관등을 칭하는 것에서 알 수 있다.(여호규, 2000, 앞의

관명이 멸망기 금석문에까지 나타나 그 유래와 역년이 장구함을 알 수 있다. 하지만 이를 실제로 칭한 인물은 사서에서 전혀 찾아지지 않고, 초기부터 후기까지 일관되게 관제의 최말단에 위치한 하위 직명 혹은 관등명이었음을 유추할 수 있다.

이 글에서는 관련 자료가 거의 없어 규명하기가 어렵거나, 그 성격이 논란의 여지없이 분명한 상기의 일부 관등을 제외하고, 그 나머지 고추가·패자·대로·우태·주부·조의 등에 관하여 관명의 기원과 성격 변화 등을 고찰해 보고자 한다. 해당 관등은 『삼국지』 동이전과 『삼국사기』 고구려본기 초기 기록에 공히 나타나는 것이다. 주안점은 이들 초기 관등의 3세기 이전까지의 변화상과 이후의 동향에 관해서이다.

고추가·패자·대로·우태·주부·조의 등의 6개 관등은 우선 기원과 성격 면에서 나부 세력과 밀접한 관련이 있는 패자·우태·조의, 다음으로 왕권과 관련이 큰 대로·주부 그리고 국초부터 멸망기까지 존재하면서 독특한 성격을 가진 고추가 등 세 개의 그룹으로 나눌 수 있다. 본장에서는 이들을 각기 절로 설정하여 고추가, 패자·우태·조의, 대로·주부의 순으로 분석해 보고자 한다.

1. 고추가의 기원과 성격 변화

고추가는 관련 사료가 국내외의 문헌과 금석문 등에 비교적 다양하고 풍부하게 남아있다. 그 성격에 대한 기존의 견해는 신라의 갈문왕과 같은 존재,[8] 대부족장 출신으로 국가 성립 후 귀족 대우를 받은

글, 146쪽)

자에게 주어진 관등[9] 등이다. 대체로 초창기에는 나부의 중심 세력에게 주어지는 칭호[10]였다가, 점차 왕족들에게 주어진 봉작[11] 혹은 예우적 관등[12]으로 굳어진 것으로 여겨진다. 여기서는 고추가라는 관명의 기원은 무엇이며, 그것이 어떠한 성격 변화를 거쳤는지에 대해 검토해 보고자 한다. 다음은 고추가 관련 사료들이다.

A-(1) 王之宗族, 其大加皆稱古雛加. 涓奴部本國主, 今雖不為王, 適統大人, 得稱古雛加, 亦得立宗廟, 祠靈星, 社稷. 絕奴部世與王婚, 加古雛之號(『三國志』 권30 魏書 東夷 高句麗)

A-(2) 大祖大王(或云國祖王) 諱宮 小名於漱 琉璃王子古鄒加再思之子也(『삼국사기』 권15 고구려본기 태조왕 즉위)

A-(3) 二十二年 冬十月 王遣桓那部沛者薛儒伐朱那 虜其王子乙音爲古鄒加(『삼국사기』 권15 고구려본기 태조왕 22년)

A-(4) 伯固死, 有二子, 長子拔奇, 小子伊夷模. 拔奇不肖, 國人便共立伊夷模為王. 自伯固時, 數寇遼東, 又受亡胡五百餘家. 建安中, 公孫康出軍擊之, 破其國, 焚燒邑落. 拔奇怨為兄而不得立, 與涓奴加各將下戶三萬餘口詣康降, 還住沸流水. 降胡亦叛伊夷模, 伊夷模更作新國, 今日所在是也. 拔奇遂往遼東, 有子留句麗國, 今古雛加駮位居是也(『三國志』 권30 魏書 東夷 高句麗)

A-(5) 美川王(一云好壤王) 諱乙弗(或云憂弗) 西川王之子古鄒加咄固之子 (『삼국사기』 권17 고구려본기 미천왕 즉위)

---

8) 이기백, 1974, 「신라시대의 갈문왕」, 『신라정치사회사연구』, 일조각, 17쪽.

9) 김철준, 1975, 앞의 책, 126~127쪽.

10) 임기환, 앞의 책, 82쪽.

11) 여호규, 1992, 앞의 글, 54쪽.

12) 금경숙, 앞의 책, 90~91쪽.

A-(6) 文咨明王(一云明治好王) 諱羅雲 長壽王之孫 父王子古鄒大加助多(『삼국사기』 권19 고구려본기 문자왕 즉위)

A-(7) 古鄒加共軍至于(「忠州高句麗碑」)

A-(1)은 3세기 당시 고추가의 성격을 가장 잘 보여주는 것이다. 이를 면밀히 분석해 보면 두 가지 의미로 해석이 가능하다. 첫째는 좁은 의미로 왕의 근친, 곧 형제와 자녀에게 사여한 칭호라는 뜻으로 해석할 수 있다. 둘째는 왕의 종족, 곧 계루부 소속의 유력인물, 즉 대가들을 편제하는 데 활용한 관명으로 볼 수도 있겠다. 실제 고추가 관련 기록들을 검토해 보면 이 두 가지 모두의 의미로 쓰인 것 같다. 그리고 사료에 보이듯 왕족 외에도 전 왕족인 소노부(비류나부)의 적통대인 그리고 왕비족인 절노부(연나부)의 대가에게 수여한 것으로 나온다.

그렇다면 고추가의 기원은 어디에서 찾을 수 있는가. 여기에 실마리를 던져주는 것이 A-(3)이다. 이 기록은 비교적 이른 시기의 고추가에 대한 것으로, 3세기 당시의 고추가 사여 규정과는 달리 피복속 세력의 수장에게 사여된 사례이다. 이는 태조왕 초기 관등제의 기초가 마련되기는 하였으나 『삼국지』 단계에서 보이는 바와 같이 관등간 엄격한 계서 관계와 수여 기준이 적용된 것이 아니라, 복속 확인이 되었을 시 기존의 칭호를 그대로 인정해 주던 태조왕대 이전의 피복속 세력 처우 방식의 일부가 그대로 남아 있었음을 보여주는 것이다.

곧 태조왕대 爵的 성격의[13] 관등제 실시 초기에 고추가는 기존에 왕을 칭하던 세력을 계루부 왕권의 휘하로 편제하며 과거의 세력기

13) 노태돈, 앞의 책, 154쪽.

반과 칭호를 그대로 인정해 준 것에서 비롯된 것이라 생각된다. 물론 이들이 실제로 중국식 왕을 칭했을 가능성은 거의 없다고 본다. 중국식 왕호는 계루부 왕권만이 칭할 수 있었을 것이다.[14] 다만 이들은 초기 기록에 왕으로 묘사된 칭호, 곧 왕에 해당하는 원고구려 지역 고유어를 자신들의 위호로 삼았을 것인데, 그것이 바로 고추가가 아닐까 한다.

이는 상고기 신라의 사례를 통해서도 유추가 가능하다. 주지하다시피 진한 지역 소국 수장들은 干으로 불렸다. 아직 6부체제가 확립되기 전 진한의 소국 연맹단계의 사로국은 파사이사금 시기 音汁伐國을 정벌해 그 수장인 陁鄒干의 항복을 받았다는 기록이 있다.[15] 물론 이 기사의 연대에 대해서는 재고의 여지가 있지만, 이를 진한 소국 사로국이 주변 소국들을 복속시키며 연맹체를 결성해 가던 상황을 반영한 기록이라는 것에는 이론의 여지가 없다.

여기서 주목되는 점은 음즙벌국의 수장을 國主인 陁鄒干이라 칭하고 있다는 것이다. 항복 후 그의 처분에 관한 기사는 없지만, 소국연맹 단계인 당시의 국가 발전 정도를 고려한다면 干 칭호와 자신의 통치 조직을 보전 받았을 확률이 높다. 이를 통해서 유추해 볼 때 고구려 또한 초기 주변 소국들을 복속시키는 과정에서 그 수장들의 왕칭호(실제로는 加 혹은 고추가)를 그대로 인정해 주며 고구려 연맹체 내로 끌어들였으리라 생각된다. 이는 고추가가 신라 시조 혁거세의 왕호이며 수장의 의미를 갖는 居西干과 유사한 성격의 존재라는

14) 고구려 왕은 주몽 시기 계루부로의 연맹장 교체가 있은 직후부터 중국식 왕호를 사용했으리라 생각된다. 이는 왕망 시기 新 왕조가 주변 민족 수장들의 칭호와 인수에 대해 강등 조치를 취할 때 고구려 왕은 下句麗侯로 강등되었던 사례를 통해 알 수가 있다.(『後漢書』 권85 동이 고구려전)

15) 『삼국사기』 권1 신라본기 파사이사금 23년.

견해를 상기해 보아도 납득이 간다.[16] 이것이 바로 A-(3)에 보이는 주나 왕자를 고추가로 삼았다는 기록의 전모이다.

하지만 이러한 경향은 태조왕대 이후 왕권의 비약적 강화와 나부체제가 본격적인 궤도에 오른 것과 수반해 빠른 속도로 해소되고, 고추가 또한 성격 변화를 겪으며 늦어도 3세기 중반 이전의 어느 시기에는 왕의 종족과 전 왕족인 비류부의 적통대인, 왕비를 배출한 연나부만이 칭할 수 있는 호칭으로 굳어지게 된 것으로 볼 수 있겠다.

위와 같은 성격 변화가 일어난 시기는 국상제가 실시되는 신대왕 2년 경이라 생각된다. 사료에는 단지 기존 최고 관직이던 좌·우보를 합쳐 국상으로 한 것으로 묘사되고 있지만,[17] 최고 직제의 개편은 여타의 관제 개편을 동반하였을 공산이 큰데, 『삼국지』에 보이는 고추가 관등 사여의 범위도 이 무렵에 결정되었을 것이다.

이어서 3세기 무렵 고추가를 칭할 수 있었던 세력의 구체적 범주에 대해 고찰해 보자. 위의 사료 A-(1)을 토대로 그 수여 대상과 인원수 등을 밝혀 보기로 하겠다. 먼저 왕의 종족으로 묘사된 계루부의 경우 그 대가가 모두 고추가를 칭했다고 하는 것을 볼 때 계루부 내에는 복수의 고추가가 존재했음을 알 수 있다. 그 수여 대상으로 가장 유력한 존재는 왕자나 왕제가 될 것이다. 그 외 왕의 직계 존속이 아닐지라도 계루부를 구성하던 부내부장에 해당되는 대가들도 고추가를 칭했을 가능성이 크다.[18] 소노부의 경우 적통대인이, 절노부의 경우는 구체적 대상 없이 다만 고추의 칭호를 더하였다고만 묘사되

16) 김철준, 앞의 책, 127쪽.

17) 『삼국사기』 고구려본기 신대왕 2년.

18) 왕실인 계루부가 부여계 이주민 집단 및 고구려 지역의 토착 세력 등 다양한 하부집단의 융합으로 구성되었음은 일찍부터 지적되었다.(노태돈, 1993, 「주몽의 출자전승과 계루부의 기원」, 『한국고대사논총』 5; 앞의 책, 52~58쪽)

고 있어 각각 1인을 초과할 수 없었을 것이다. 그러므로 고추가는 절대다수가 왕의 종족, 즉 계루부 출신들이 점하였음을 알 수가 있다. 이는 A-(2), (4), (5), (6)[19]에서 고추가로 묘사된 인물들이 모두 왕족이란 사실로도 짐작 가능하다.

즉 고추가는 계루부 내의 유력 세력들을 편제하기 위한 관등으로 사용되었음을 알 수 있다. 고구려 초기에는 유난히 왕제들에 의한 모반이나 반란 사건이 빈번하게 발생하는데, 이는 부자계승 원칙의 미확립이나 왕권의 불안정성 등에서 기인한 것이다. 특히 형제로 묘사된 태조왕, 차대왕, 신대왕은 모두 전왕을 축출하고 왕위를 이었다. 그런데 이들의 관계가 친형제가 아니라 계루부 내에서 형제 항렬에 해당되는 친족 관계 정도였음을 고려한다면,[20] 계루부 내의 적지 않은 세력들이 왕권에 도전할 만큼 상당한 독자적 세력 기반을 갖추고 있었다는 것을 미루어 알 수 있다. 이들이 자신의 세력을 인정받고 펼쳤던 매개체가 고추가 관등이었을 것이다.

위와 같은 상황의 연장선상에서 이해할 수 있는 것이 명림답부의 쿠데타 후 신대왕이 차대왕의 태자 추안을 讓國君으로 봉하고 식읍을 내린 사실이다.[21] 이는 단순히 전왕의 태자로서의 예우가 아니라, 비록 왕위 계승권은 박탈당했지만 본래 고추가로서 자신이 통할하던 기존의 세력권에 대한 지배권을 왕권으로부터 추인 받은 것으로 해석할 수 있다.

이러한 경향은 A-(4)의 고추가 교위거의 존재에서도 확인 가능하

19) A-(7)에 보이는 고추가 공은 A-(6)의 조다와 같은 인물로 여겨진다.

20) 노태돈, 1994, 「고구려 초기 왕계에 대한 일고찰」, 『이기백선생고희기념한국사학논총』(상); 앞의 책, 80~84쪽.

21) 『삼국사기』 신대왕 2년.

다. 그는 산상왕대 소노가와 함께 반란을 일으킨 발기의 아들로, 발기가 자살한 후 왕권에 의해 고추가로 봉해진 것이라 생각된다. 발기의 난 당시 고구려의 상황은 수습 결과 '更作新國'[22]으로 묘사될 만큼 심각하였다. 발기는 오늘날의 관점에서 보면 국가 반란죄에 해당되는 중범으로, 과거에는 연좌제까지 적용받았다. 그런 중죄인의 아들인 교위거가 고추가가 되었다는 것은 그를 지지하던 세력이 여전히 만만치 않았음을 방증하는 것이며, 고추가 피봉은 단순히 왕으로부터의 사여가 아니라 세습으로 부직을 승계한 것임을 짐작케 한다. 왕권 역시 발기계의 왕위 포기에 대한 일종의 보상으로 그를 추인하였을 공산이 크다.

하지만 비교적 시기가 떨어지는 기록인 A-(5), (6)은 위와는 다르게 왕위에 오르지 못한 왕의 父를 추봉하는 데 활용한 느낌이다. 이것은 왕위의 부자계승제가 확립되고 왕권이 더욱 강화되며 계루부 내의 대가들도 제한을 받으면서 3세기 이후 고추가는 점차 계루부 내의 유력세력을 편제하는 기능에서 근친 왕족에 대한 봉작으로 그 성격을 전환하게 된 데서 비롯된 것이다.

2. 패자, 우태, 조의의 기원과 성격 변화

본절에서는 고구려 초기에 가장 빈번하게 등장하며 상호 간에 일정한 계서 관계가 있었을 것이라 추정되는 패자, 우태, 조의에 대해 살펴보고자 한다. 이들은 이른바 나부계 관등으로 고구려 왕권이 나부 세력을 편제하는 데 적극적으로 활용되다 집권체제의 성립 후 소

22) 『삼국지』 권30 위서 동이 고구려전.

멸되는 관등으로 알려졌다.[23)]

이들 중 패자는 최고위의 것으로 나오는데, 먼저 패자의 실체와 성격에 대해 알아보기로 하겠다. 패자에 대한 가장 이른 기록은 다음과 같다.

B-(1) 二十年 春二月 遣寬那部沛者達賈伐藻那 虜其王 夏四月 京都旱(『삼국사기』 권15 태조왕 20년)

B-(2) 二十二年 冬十月 王遣桓那部沛者薛儒伐朱那 虜其王子乙音爲古鄒加(『삼국사기』 권15 태조왕 22년)

위의 사료 B-(1)과 (2)는 패자 관련 최초의 사료인 동시에 패자의 기원과 성격을 가장 잘 보여주는 사료라 할 수 있다. 기존 연구에 의하면 패자는 나국(혹은 나집단)이 누층적으로 편제된 나부의 최고위 관등이며 중앙에 대해 독립적 성격을 띤 나부의 수장급[24)] 혹은 소국의 수장[25)] 등 독자적 세력 기반을 가진 존재로 밝혀졌다. 초기 패자가 군사권을[26)] 장악하고 위와 같은 활약을 한 것을 볼 때 이러한 해

23) 임기환, 1995, 앞의 글; 앞의 책, 133~140쪽.
여호규, 2000, 앞의 글, 144~145쪽.

24) 임기환, 앞의 책, 120~124쪽.

25) 패자의 성립에 대해 연맹왕국 고구려의 성립에 있어 보다 이른 시기에 확실하게 흡수된 소국의 지배자, 족장에게 수여한 관등으로 보는 견해가 제기되었다. 그 원형으로 유리왕대 누구보다 앞서서 활발하게 주변 정복 사업에 참여했던 오이와 부분노의 예를 들고, 그들의 직능은 연맹에 복속된 반독립적 소국의 지배세력을 보다 공고히 결속시키는 것이라고 한다. 그러한 과정에서 패자는 연맹의 軍事를 관장함과 동시에 주변 소국 지배층의 복속을 위해 군사를 이끌고 나아가 그들의 군사권을 회수하는 역할을 하였다는 것이다.(김두진, 2009, 앞의 글, 49~50쪽)

26) 한편 패자는 독자적 군사력을 보유하고(여호규, 1992, 앞의 글, 51쪽), 그를 전제로 한 나부의 최고위직으로 이해되기도 한다.(김광수, 1983, 앞의 글, 109~113쪽)

석은 크게 틀리지 않은 것 같다. 다음은 『삼국사기』 고구려본기에 나오는 패자 관등 소지자를 표로 정리한 것이다.

〈표 1〉 패자 관등 소지자

인명(출신)	관직	시기	비고
달가(관나부)		태조왕 20년	왕명으로 조나 정벌
설유(환나부)		태조왕 22년	왕명으로 주나 정벌
목도루	좌보	태조왕 71년	
미유(관나부)	우보	차대왕 즉위년	우태 → 패자 승차
명림답부(연나부)	국상	신대왕 즉위년	조의 → 패자 승차(신왕 옹립)
어비류(연나부)	중외대부	고국천왕 12년	모반
음우(비류나부)	국상	중천왕 7년	

위 표에서 확인되듯 패자는 군사권을 장악하고 있거나 최고위 관직에 보임되고 있다.[27] 그리고 때로는 왕권에 도전하거나 제한할 정도로 강력한 세력을 가진 인물들이 가진 관등으로 나타난다.

그렇다면 패자는 구체적으로 누구에게 주어진 관등이었을까? 이러한 의문에 답을 얻기 위해서는 고구려 나부의 구성과 구조에 대해 잠시 살펴 볼 필요가 있다. 나부는 기본적으로 엇비슷한 세력과 권한을 갖는 복수의 부내부로 구성되었다.[28] 그리고 이들 부내부의 장은 모두 부장으로 불리고,[29] 서열은 존재하였지만 상호간의 통속 관계

27) 패자가 최고위직인 국상이나 좌·우보에 임명될 수 있는 관등으로 국왕 직속 관료군의 최고 책임자였다고 보기도 한다.(노중국, 1979, 앞의 글(상), 18쪽) 패자가 나부의 통치에 관여하면서도 왕실의 직속 관료라고 본 견해도 있다.(이종욱, 1979, 앞의 글, 491쪽)

28) 노태돈, 앞의 책, 122~127쪽.

29) 『삼국사기』 권14 고구려본기 대무신왕 15년조에 보이는 복수의 비류부장이 그 증거라 생각된다.

나 종적 질서로서의 지배 피지배 관계를 형성하고 있었던 것은 아니었을 것이라 생각된다. 이는 복수의 나국을 나부로 재편하며 독자성을 제한하고 종속성을 강화하고자 했던 계루부 왕권의 의도라 생각된다.[30] 곧 엄격히 말해서 각 나부에는 나부 전체를 통할하는 입장에 있었던 부장은 존재하지 않았고, 단지 복수의 부장급 협의체 정도에 해당하는 기구나 회의체가 존재하였으리라 생각된다. 패자는 그 초기의 활약상이나 나부 또는 고구려 중앙에서 가지는 위상 등을 고려해 볼 때 본래 이러한 부장들(정확히는 부내부장)에게 주어진 관등이라 생각된다. 부장급들에게 패자가 주어진 것은 원고구려 지역 소국의 수장들이 스스로를 칭하던 호칭 중 하나가 아닐까 한다. 패자가 갖고 있던 군사권도 결국 이러한 맥락에서 이해하는 것이 옳을 것이다.

그렇다면 패자는 집권체제가 완성되는 4세기 이후에는 왜 소멸될 수밖에 없었던 것일까. 이는 다음 사료가 그 이유를 설명해 주고 있다.

> 其國有王, 其官有相加, 對盧, 沛者, 古雛加, 主簿, 優台丞, 使者, 皁衣先人, 尊卑各有等級(중략)諸大加亦自置使者, 皁衣先人, 名皆達於王, 如卿大夫之家臣, 會同坐起, 不得與王家使者, 皁衣先人同列(중략)大加主簿頭著幘, 如幘而無餘, 其小加著折風, 形如弁(『三國志』 권30 魏書 東夷 高句麗)

위 기록은 고구려 지배층의 경우 복식의 차이로 상징되는 신분적 고하 관계가 성립되는 대가와 소가가 존재했음과 그 중 대가는 일종의 속료군에 가까운 가신 조직을 보유하고 있었음을 밝히고 있다. 여기서 문제가 되는 것은 책을 쓸 수 있었던 대가와 절풍을 쓴 소가의

30) 조영광, 2010, 「고구려 5나부의 성립과정과 영역 검토」, 『대구사학』 98, 20~24쪽.

계선이 어디냐는 점과 대가는 모두가 가신 조직을 둘 수 있었는지, 아니면 그 내에서도 일부만 둘 수 있었는지 하는 점이다. 신분적으로 대가 혹은 그에 준하는 계층은 초기 관직의 운용과 관등 수임자들의 활약상 등을 통해 볼 때 대체로 우태, 주부 이상으로 파악된다.[31)]

그렇다면 이들 대가층은 모두 가신 조직을 自置할 수 있었을까 하는 의문이 든다. 일단 주부의 경우 국왕 직속적 성격이 강함을 볼 때 가신 조직의 존재를 상정할 수가 없고, 우태는 초반에는 독립적 성격을 강하게 보였으나 갈수록 국왕권에 예속되는 양상을 보이므로 3세기 중, 후반까지도 독자적 가신 조직을 보유했다고 보기에는 무리가 따른다. 결국 3세기 중반까지 독자적 가신 조직을 보유한 것은 고추가, 대로, 패자가 되겠다. 그런데 고추가의 경우 앞에서 살펴 본 바와 같이 3세기 이후에는 왕족에 대한 봉작적 성격으로 굳어지며 그 독자성을 상실하게 된다. 대로는, 뒤에서 다시 고찰하겠지만, 역시 왕권에 대한 예속성이 강해 가신 조직을 두기가 어렵지 않았나 한다. 결국 나부체제가 해소될 때까지 가신 조직을 존치시킨 관등은 패자만 남게 된다.[32)]

이렇듯 독자적 가신 조직과 독립 기반을 가진 패자의 존재는 집권력 강화를 꾀하는 왕권에 적지 않은 부담으로 작용하였을 듯하다. 실제로 고구려 초기에 독자 기반을 가진 나부 세력의 집단 이탈 양상이 산견된다는[33)] 사실을 통해 볼 때 이러한 추정이 크게 틀리지 않

---

31) 김광수, 1982, 「고구려 전반기의 '가'계급」, 『건대사학』 6, 22~25쪽: 리승혁, 1986, 「고구려의 대가, 소가에 대하여」, 『력사과학』 1986-2, 28~31쪽.

32) 패자의 이러한 독립적 성격으로 인해 대가의 계선을 패자로 설정한 견해도 제출되었다.(문창로, 2009, 「부여의 관제와 그 계통적 접근」 『한국학논총』 31, 국민대학교 한국학연구소, 30쪽) 필자는 이 견해에 동의하지는 않지만 대가층 내에서도 공시적 가신 조직을 둘 수 있었던 층과 그렇지 못했던 층을 구분해야 한다는 관점에서 주목할 가치가 있다 생각한다.

음을 알 수 있다. 궁극적으로 중앙 왕권이 목표하였던 일원적 관등제 내에는 패자는 위치하지 않았을 가능성이 크다.[34)]

이는 초기 전쟁 지휘권과 관련된 사료에서도 확인되는 바인데, 고구려 왕권은 초반에는 대가들만을 보내 전쟁을 수행하다가[35)] 점차 대가와 주부를 함께 파견하는 형태로 변화하게 된다. 이 당시 주부의 임무가 직접적 군사 활동보다는 국왕권을 대표한 외교와 대가에 대한 통제임을 감안한다면,[36)] 계루부 왕권이 느끼는 대가층, 그 중 최고위에 위치하는 패자에 대한 부담감이 상당하였으리라는 점을 알 수 있다. 결국 이처럼 국왕권을 정점으로 한 집권체제 성립에 한계로 작용할 수밖에 없었던 패자 관등은 3세기 이후 왕권의 비약적 성장과 나부체제의 해소라는 역사적 변화에 밀려 점차 소멸된 것으로 보인다.

이어서 우태에 대해 살펴보자. 일찍이 우태는 그 어원에 근거해 친족공동체의 장, 친족집단의 장 등으로 상정되며 족적인 성격이 강함

---

33) 二十三年冬, 句驪蠶支落大加戴升等萬餘口詣樂浪內屬(『후한서』 권85, 동이 고구려전)
拔奇怨為兄而不得立, 與涓奴加各將下戶三萬餘口詣康降, 還住沸流水(『삼국지』 권30 위서 동이 고구려전)
中畏大夫沛者於畀留-評者左可慮 皆以王后親戚 執國權柄 其子弟 幷恃勢驕侈 掠人子女 奪人田宅 國人怨憤 王聞之怒欲誅之 左可慮等 與四椽那謀叛(『삼국사기』 권16 고구려본기 고국천왕 12년조)

34) 신라의 경우 17등으로 된 경위제와 11등의 외위제가 6세기 초 왕권강화와 함께 성립된 것으로 이해되어 왔다.(주보돈, 1990, 「6세기초 신라 왕권의 위상과 관등제의 성립」, 『역사교육논집』 13·14합집 참조) 그런데 이러한 신라 관등제의 성립이 6세기 초의 어느 한 순간에 완성된 것이 아니었다. 5세기 초까지는 국왕을 정점으로 하는 일원적 관등제가 아니라 유력 귀족세력도 자신의 관료조직을 보유하고 있던 다원적 양상을 띠었다.(주보돈, 1986, 「신라 중고기 촌락구조에 대하여(1)」, 『경북사학』 9, 13~14쪽)

35) 사료 B-(1),(2) 참조.

36) 여호규, 2000, 앞의 글, 145~146쪽.

이 제기되었다.37) 그리고 국왕의 직속 관료군에 속한다는 견해가 나오기도 하였다.38) 반면 나부체제론의 입장에서 우태는 패자, 조의 등과 더불어 나부 수장층을 그 세력의 대소에 따라 편제한 관등 중 하나로 알려졌다.39)

이처럼 나부세력 혹은 족적 전통에 기반한 우태 관등은 집권체제의 완성과 함께 소멸되었다고 여겨졌다. 그런데 우태 관등을 역임한 인물들을 살펴보면 기존의 이러한 이해가 다소 도식적인 것이 아닌가 하는 의문이 생긴다. 다음은 『삼국사기』 고구려본기에 등장하는 우태 관등을 띤 인물들을 표로 정리한 것이다.

다음 〈표 2〉를 보면, 기록상 최초의 우태로 나타나는 인물이 갈사왕손인 도두이다.40) 그가 고구려로 귀부해 우태 관등을 받은 것을 볼 때 우태는 독자적 기반을 갖고 있던 세력을 재편하며 수여한 관등이라는 기존의 견해가 그르지 않음을 알 수 있다.

그런데 시기가 흐르며 점차 그 관등의 성격에 변화가 있었던 것으로 보이는데, 정확한 출신은 보이지 않지만 방위부계 인물로 보이는 을파소가 우태 관등을 받았고 당시 최고 관직인 국상직을 수행한다. 그리고 이후 연나부 출신 우태 명림어수가 국상이 되는데, 그의 관등이 승급되었다는 기록은 찾아지지 않는다. 이는 기록의 누락일 수도

---

37) 김철준은 우태를 친족공동체의 장으로(앞의 책, 128쪽), 노중국은 친족집단의 장으로(1979, 앞의 글(상), 19쪽) 김광수는 수장층(1983, 앞의 글, 114쪽)으로 파악하였다.

38) 武田幸男, 1978, 「高句麗官位制の史的展開」, 『朝鮮學報』, 18~19쪽; 이종욱, 1982, 「고구려초기의 중앙정부 조직」, 『동방학지』 33, 46쪽.

39) 여호규, 임기환은 이를 소위 나부계 관등으로 분류하였다. 특히 여호규는 우태가 독자적 군사력이나 운동력을 거의 상실한 나부의 지배세력에게 주어진 관계라는 견해를 피력하였다.(여호규, 2000, 앞의 글, 144쪽)

40) 『삼국사기』 권15 고구려본기 태조왕 16년.

있지만 관등의 추가 승차 없이도 국상직을 수행할 수 있었기에 나타난 결과가 아닐까 한다.[41)]

〈표 2〉 우태 관등 소지자

인명(출신)	관직	시기	비고
도두(갈사왕손)		태조왕 16년	연나부 안치?
미유(관나부)	(후에 우보 제수)	태조왕 80년	차대왕대 패자 승급
어지류(환나부)	(후에 우보 제수)	태조왕 80년	차대왕대 대주부 승급
양신(비류나부)	중외대부	차대왕 즉위년	전 조의
을파소(서압록곡)	국상	고국천왕 13년	중외대부 → 국상
명림어수(연나부)	국상	동천왕 4년	

대가층에서 비교적 낮은 관등에 속하는 우태가 최고위직인 국상이 되어 국정을 이끌었다는 것은 그만큼 그를 지지해 주는 힘이 있었기에 가능한 것이다. 이는 적어도 을파소의 예에서는 왕권 외에 찾아지지 않는다. 명림어수 역시 우태 관등으로 국상이 된 것은 왕권의 지지가 있었기에 가능한 일이었다 생각된다. 만약 이러한 추정이 옳다면 우태는 방위부가 등장하기 시작하는 2세기 말엽부터는 기존의 독립적인 성격에서 점차 왕권에 강하게 예속되는 양상으로 성격 변화가 일어난 것이다.

그렇다면 우태는 이후 어떠한 변화 고정을 거치게 되었을까? 김철준은 우태가 3세기 이후에도 소멸되지 않고 형계 관등으로 계승되어 졌다는 견해를 피력한 바가 있다. 그는 형계 관등을 왕의 직속 관료

---

41) 임기환은 관등제가 본래 관계의 성격을 지닌 왕권을 중심한 집권적 통치체제 운영을 위한 수단이므로 고구려 전기 관등의 고하가 반드시 나부세력의 대소를 그대로 반영하는 것은 아니라고 보았다.(임기환, 앞의 책, 143~147쪽)

군 출신보다는 족장층에 기원을 둔 세력에게 주어진 것으로 보았다. 그런데 형계 관등의 첫 등장은 나부체제의 소멸기이므로 이러한 주장은 현재 받아들여지지 않는다.[42)]

필자 또한 김철준의 주장처럼 우태나 형계 관등이 부족적 전통을 유지한 채로 선후 관계를 맺고 있다는 생각에는 동의할 수가 없다. 하지만 우태 관명이 형계 관등의 명칭에 끼친 영향과 이를 매개로 한 선후 관계에 대해서는 재론의 여지가 있다 생각된다. 김철준이 우태가 형으로 계승된다고 주장한 근거는 언어학적인 것이다. 곧 우태의 고음이 '웃치'로, 이를 한역하면 형이 되기 때문이라는 것이다.

물론 위와 같은 언어학적 분석은 검토의 여지가 많다. 하지만 이를 단순히 초보적인 언어학적 분석으로만 치부할 수는 없는데, 『한원』 고려기에 보이는 고구려 관등 중 형계 관등의 별칭에 모두 支라는 어미가 수반되고 있기 때문이다.[43)] 이는 곧 兄이 고구려 고유어로 支로 발음되었다는 것이고, 또한 우태의 고음 '웃치'의 치와 支는 음이 상통해 동일 어원임이 분명하다는 것을 보여준다. 그렇다면 우태는 결국 어느 시기에 支라는 존칭 어미를 지닌 고구려 고유의 관등, 곧 소위 형계 관등으로 분화되었을 가능성이 크다.[44)]

---

42) 형계 관등 역시 사자계 관등과 마찬가지로 집권체제의 강화에 수반해 탄생한 방위부계 관등으로 보기도 한다.(임기환, 앞의 책, 138~140쪽)

43) 『한원』 所引 高麗記에는 형계 관등 외에도 사자계 관등, 주부, 대대로 등 거의 대부분 관등에서 고구려 고유어로 보이는 관명이 별칭의 형태로 부기되어 있다. 이는 고구려가 멸망기에 이르기까지 장구한 시기 동안 한식 관명 외에도 자신들의 고유한 명칭을 병용했음을 보여주는 것이다.

44) 이는 형계 관등이 그 등장 초입인 4세기 초부터 분화된 형태로 나타나는 것에서 알 수 있다. 그러한 현상은 형계 관등이 적어도 기록상의 등장 시기보다 더 이른 시기부터 출현해 분화한 것이거나, 기존의 관등을 개편하며 분화 설정하였기에 가능한 것이다. 그런데 형계 관등이 대, 소로 분화하기 전의 원형에 해당하는 관등은 현재까지 어느 기록에서도 찾아지지 않기에 후자의 추론이 옳을 듯하다.

같은 나부계 관등이면서도 패자는 소멸의 길을 걸었지만 우태는 오히려 그 관명이 후대로 이어졌을 가능성이 크다는 사실은 우태의 성격 변화에서 기인한 것이다. 본래 패자에 비해 작은 규모의 나부세력들에게 주어졌던 우태 관등은 점차 가신 조직을 두지 못하는 등 독자적 기반을 상실하고 왕권을 중심한 관료제적 관등의 일원으로 정착해 갔다. 이는 우태 관등을 띤 인물들이 나부체제 해체기에 접어들어 왕권에 의존적인 모습을 보이는 것을 통해서 짐작할 수 있다. 그와 같은 우태의 성격 변화는 결국 왕권에 기반한 형계 관등으로의 재편이라는 결과를 가져왔던 것이다.

이러한 변화의 양상은 조의의 성격 변화를 통해서도 확인된다. 조의의 경우 3세기 무렵에는 고구려 중앙 관등의 말단 혹은 대가의 가신 조직에 속한 관등으로 나오나, 2세기까지는 그에 비해 큰 정치적 비중을 가진 것으로 나와 성격 변화가 일어났던 것으로 보인다.[45]

조의에 대해서는 과거에는 사령으로서 그 종속성을 강조하거나,[46] 무사적 성격의 관[47] 등으로 이해하는 경향이 강했다. 하지만 『삼국사기』 초기 기록에서 확인되는 조의의 성격을 분석해 나부 내 관직으로서의 사자, 조의, 선인과 중앙 관직으로서의 사자, 조의, 선인을 구분하려는 시도가 있었고,[48] 그것이 본래는 패자, 우태 등과 마찬가지로 나부 내의 하부 구성체인 개별 那세력의 수장, 그 중에서 소규

결국 집권체제의 강화와 함께 초기의 독자적 성격을 상실하고 관료적 성격이 강화된 우태는 소멸의 길을 간 패자와는 달리 이후 형계 관등으로 이어지게 된 것이라 사료된다.

45) 여호규, 1992, 앞의 글, 53쪽.

46) 김철준, 앞의 책, 128쪽.

47) 김광수, 1983, 앞의 글, 103쪽.

48) 임기환, 1995, 앞의 글, 75~76쪽.

모의 세력에게 주어진 관등임을 밝힌 연구가 나오기도 하였다. 즉, 3세기 무렵에는 중앙과 나부의 하부 관원으로 등장하는 조의가 원래는 세력 규모의 편차는 존재하였지만 본질적으로 나부 수장층을 편제하기 위한 관등으로 활용되었다는 것이다. 하지만 조의는 3세기 이후 그 역임자가 찾아지지 않아 패자, 우태 등과 함께 소멸된 것으로 여겨졌다.[49]

그런데 고구려 후기 분화된 형계 관등 중 하나인 皁衣頭大兄에서[50] 그 관명이 관칭되고 있음을 통해 볼 때, 집권체제 성립 후 곧바로 소멸된 것이 아니라 일정 기간 유지되다 이후 관제 개편을 겪으며 형계 관등 내로 흡수되어 그 명칭만 남은 것이 아닐까 한다.

3. 대로, 주부의 기원과 성격 변화

지금까지의 연구에 의하면 대로와 주부는 고구려 왕권과의 밀접한 관계 속에서 등장, 발전한 관등으로 확인된다.

먼저 대로에 비해 이른 시기부터 사서에 등장하는 주부에 대해 검토해 보자. 중국식 관명인 主簿는 본래 漢代부터 중앙과 지방관의 속리급 文官으로 설치되어 문서 관련 사무를 전담한 관직이다.[51] 고구려에 주부가 이른 시기부터 하나의 관등으로 설정되어 있었다는 점은 중국의 영향을 받은 것임에 틀림없다. 이러한 주부의 관직적 성격에 착안해 고구려의 주부 또한 국왕의 측근직으로서의 성격이 강

---

49) 여호규, 1997, 앞의 글, 140쪽.

50) 『한원』 고려기에는 皁衣頭大兄, 『신당서』에는 帛(弔의 오식인 듯)衣頭大兄, 『삼국사기』 직관지와 『일본서기』 등에서는 位頭大兄으로 나온다.

51) 陳茂同, 2005, 『中國歷代職官沿革史』, 百花文藝出版社, 176쪽.

한 것으로 밝혀졌다.[52]

기원전 107년 남만주와 한반도 북부 지역에 설치된 한 군현 세력 중 하나인 현도군은 그 수현을 고구려에 두었고, 원고구려인들과 수십 년에 걸친 투쟁을 하는 등 초기 고구려와 관계가 깊다. 사서에 의하면 원고구려 지역은 소위 제2현도군기까지 최소한 30년 이상 현도군의 직접 지배를 받아왔고, 계루부 왕권 중심의 고구려 성립 이후에도 그 명적을 관리하고 인적 교류를 하는 등 밀접한 관계를 맺어왔다. 이러한 한 군현 세력의 원고구려 지역 침투는 정치 사회적으로 많은 변화를 수반해 해당 지역 주민들의 종족적 각성을 일으켜 반한 투쟁과 고구려 연맹체의 성립을 촉진시키기도 하였지만 선진적 제도와 문물은 그 지역에 적지 않은 영향과 흔적을 남겼을 것이라 생각된다. 곧 한 군현 세력이 원고구려 지역에 남긴 정치적 산물 중 하나가 주부의 존재이다.[53]

위와 같은 성격의 주부는 왕권 강화 더불어 그 중요성이 더해져 대체로 우태 이상의 대가급으로 인식되었으며,[54] 2세기 무렵에는 대주부라는 상향 분화된 모습까지 보인다.[55] 대주부는 사실상 패자와 동급의 관등으로 여겨지는데,[56] 이는 패자가 대로와 교치 관계에 있었다는 점에서 시사하는 바가 크다.

---

52) 김철준, 앞의 책, 128쪽; 노중국, 1979, 앞의 글(상), 19쪽; 이종욱, 1982, 앞의 글, 44~46; 여호규, 2000, 앞의 글, 145~146쪽.

53) 노태돈은 주부가 현도군의 지배를 겪으며 고구려인에게 익숙해진 관명으로 그 뒤에 고구려의 주요 관직이 되었다고 보았다.(1999, 앞의 책, 147쪽)

54) 大加主簿頭著幘, 如幘而無餘, 其小加著折風, 形如弁(『삼국지』 권30 위서 동이 고구려전)

55) 左輔穆度婁 稱疾退老 以桓那于台菸支留爲左輔 加爵爲大主簿(『삼국사기』 권15 차대왕 2년조)

56) 여호규, 1997, 앞의 글, 65~66쪽.

이어서 대로에 대해 살펴보기로 하자. 다음은 사서에 보이는 대로 관련 기록을 모두 모은 것이다.

C-(1) 其官有相加, 對盧, 沛者, 古雛加, 主簿, 優台丞, 使者, 皁衣先人, 尊卑各有等級 (중략)其置官, 有對盧則不置沛者, 有沛者則不置對盧(『三國志』 권30 魏書 東夷 高句麗)

C-(2) 高句麗對盧齊于, 再曾桀婁, 古爾萬年(再曾, 古爾皆複姓)等帥兵來攻北城(『삼국사기』 권25 백제본기 개로왕 21년)

C-(3) 賊中有對盧, 年老習事, 謂延壽曰 : 「吾聞中國大亂, 英雄並起. 秦王神武, 所向無敵, 遂平天下, 南面為帝, 北夷請服, 西戎獻款(『舊唐書』 권199上 東夷 高麗)

대로는 C-(1)에 보이는 바와 같이 3세기 무렵 패자와 교치된 고구려 최고의 관등으로서,[57] 패자가 나부를 대표하는 성격을 띠었다면 대로는 방위부, 곧 왕권에 가까운 관등으로 이해되어 왔다. 외국 사서에 대로의 존재가 확인됨을 볼 때 늦어도 이 시기에는 대로가 등장하였음을 알 수 있다. 3세기는 고구려의 집권체제가 강화되는 시기로, 대로는 곧 고구려의 집권체제 완성과 궤를 같이 해 성립, 발전, 분화된 관등이라 하겠다.

그런데 문제점은 대로의 이러한 역사적 중요성과 시의성에 비해 전해지는 사료가 과소하다 싶을 정도로 없다는 것이다. 이러한 의문

57) 실제 대로가 패자에서 교치되었다고 보는 견해가 많은데, 이종욱은 3세기 말(1982, 앞의 글, 38쪽) 여호규는 3세기 중엽으로 파악하고 있다.(여호규, 1997, 앞의 글, 139쪽) 임기환 역시 대로는 왕권의 신장과 집권체제의 완성에 수반해 3세기 무렵에 등장하는 소위 방위부계 관등으로 보았다.(임기환, 1995, 앞의 글, 65~69쪽)

에 대해서는 대체로 대로의 등장 시기가 상대적으로 늦은 데다 중기를 거쳐 후기로 넘어가며 체제 변화가 이뤄져 관등명이 소멸되거나,[58] 귀족회의의 구성원에 대한 통칭으로 전화되었다 봄이 일반적이다.[59]

필자도 위와 같은 견해에 대하여 대로의 성격을 정의한 큰 틀에서는 찬성하는 입장이지만, 대로 명칭의 소멸이나 통칭(범칭)으로의 전화라는 해석에는 재고의 여지가 있다 생각한다. 대로는 3세기 무렵 이미 패자와 함께 당시 고구려의 최고관 중 하나로 묘사되고 있다. 그리고 6, 7세기경에는 그에서 분화되었음이 틀림없는 대대로가 최고의 관등(혹은 관직)으로 자리매김하고 있다. 이러한 사실은 대로의 출현이 3세기보다 더 이른 시기까지 소급해 볼 여지가 있음과 긴 시간 동안 관등으로 존재하였을 가능성이 있음을 점치게 한다.

대로의 기원을 찾는 작업은 결국 왕권의 강화와 이로 말미암은 직속 관료군의 분화라는 측면에서 검토해 보는 것이 현재로서는 최선의 방법일 듯하다. 주지하다시피 『삼국지』 동이전이 3세기까지의 변화상이나 상황을 완벽하게 반영하고 있는 것은 아니다. 정치사적으로 볼 때 이 시기 고구려에서는 왕권과 밀접한 관등들이 분화하는 양상을 보이기 시작한 시기이다. 동이전에는 나타나지 않지만 이미 九使者, 大使者 등 사자계 관등이 분화되기 시작하였고,[60] 이보다 앞선 시기에는 주부도 분화되어 대주부 관등이 나타나기도 하였다.

---

58) 임기환, 앞의 책, 230~233쪽.

59) 윤성용, 1997, 「고구려 귀족회의의 성립과정과 그 성격」, 『한국고대사연구』 11, 327~334쪽.

60) 王復國論功 以密友-紐由爲第一 賜密友巨谷-靑木谷 賜屋句鴨淥-杜訥河原以爲食邑 追贈紐由爲九使者 又以其子多優爲大使者(『삼국사기』 권17 고구려본기 동천왕 20년)

여기서 필자가 주목하는 바는 주부 관등의 분화, 즉 대주부의 등장이다. 고구려사에서 초기부터 등장하는 주부는 멸망기까지 고구려 관등 체계의 상층부에 위치하며 건재하였다.[61] 그런데 漢字名인 주부는 고구려 고유어로 鬱折[62] 혹은 烏拙[63] 등으로 불렸음이 기록을 통해 확인된다. 고구려가 이른 시기부터 한자를 수용해 선진문물의 수용과 통치구조의 선진화를 도모했음은 잘 알려진 사실이다. 그런데 여기서 간과할 수 없는 것은 고구려가 중국 선진문물에 대한 갈망으로 漢 문화에 대한 강한 지향성을 보인 만큼, 아니 그 이상으로 자신들의 고유한 전통과 문화 색채 고수에도 상당한 노력을 기울였음이 밝혀졌다.[64] 그러한 노력의 일환으로 한자식 관명의 사용에 아울러 고유어 관명을 병용한 것이라 해석할 여지가 있다.[65]

그렇다면 고구려 초기 대부분의 관명이 고구려 고유어만으로 호칭되던 시기에 등장한 대주부 역시 고유어로 된 관명이 존재했을 가능성이 크다. 현재로서는 그것이 무엇인지 알 수가 없다. 그런데 한 가지 주목되는 점이 고구려 후기 대대로의 별칭이 吐捽로 나타난다는 것이다.[66] 그 어미의 捽은 烏拙의 拙이나 鬱折의 折과도 발음이 相似해 그 어원상 모종의 관련이 있는 것이 아닐까 하는 의문을 자아낸다.

---

61) 『翰苑』 高麗記; 『新唐書』 권220 東夷 高麗; 『삼국사기』 권40 직관지(下).

62) 『翰苑』 高麗記; 『新唐書』 권220 東夷 高麗.

63) 『周書』 권49, 高麗; 『隋書』 권81 東夷 高麗.

64) 주보돈, 2003, 「삼국시대 지방통치체제의 정착 과정: 고구려의 사례를 중심으로」, 『강좌한국고대사』 2, 가락국사적개발연구원.

65) 실제 이것은 한원 고려기의 고구려 관등명에 대부분 별칭(一名)으로 표기된 고구려 고유명이 있었다는 사실로도 확인된다. 대체로 형계 관등은 支, 사자계 관등에는 奢가 접미사로 붙고 있다.

66) 『翰苑』 高麗記.

『한원』에 인용된 「고려기」에 등장하는 최고 관등 대대로와 鬱折(主簿)의 관련성에 대한 초보적 추론이 제기된 바가 있다.[67] 고구려 후기 최고위직이었던 대대로를 둘러싸고 그 성격이 관등인가 관직인가 하는 여부에 대한 논란은 있었지만, 대로에서 분화된 실체임을 의심하는 경우는 없었다. 그런데 주부를 대로와 연결시킨 연구는 없었기에 자세히 검토해 볼 의의가 있다 생각된다.

반대로 지금까지 고구려 고유어로 생각되는 대로에 대해 한자식 표현이 있었을 것이라는 견해는 몇 차례 제기된 바가 있다. 일찍이 末松保和는 對盧의 漢名이 臣 혹은 大等에 해당됨을 밝힌 바가 있고,[68] 國相이 고구려 고유어로 대로에 해당된다는 견해[69]도 나와 흥미를 끈다. 臣이나 국상 등은 모두 왕권과 밀접한 관련이 있다는 점에서 한번쯤 새겨 볼 만하다.

이상의 논의들을 종합해 볼 때 주부에서 분화된 대주부는 고구려의 고유명을, 대로는 한식 명칭을 갖고 있었을 가능성이 크다. 이에 대한 가장 자연스러운 해석은 비슷한 시기에 유사한 성격을 가진 두

67) 黑田達也, 2007, 『朝鮮·中國と古代日本大臣制』, 京都大學學術出版會, 118~122쪽.

68) 그는 『삼국사기』 권40 직관지(하)의 仕臣을 仕大等으로도 부른다는 기록에 착안해 『日本書紀』 권17 繼體 23년조 등에 보이는 上臣이라는 표현은 上大等의 漢譯임을 밝혔다. 그리고 上大等(上臣)의 고음이 萬加利陁盧(マカリタロ)로 나타나는 사실에 주목하였다. 이는 본래 大等을 의미하는 것으로, 그 중 マカリ는 백제와 고구려의 고어로 大에 해당하고 タロ는 等에 해당된다고 하였다. 상대등은 곧 이 대등에서 상향 분화된 것으로, 표기는 上大等이라 하였지만 발음은 여전히 マカリタロ였다고 한다. 그리고 タロ는 곧 고구려의 對盧와 大對盧(マカリタロ)까지 그 기원이 거슬러 올라간다고 보았다.(末松保和, 1954, 『新羅史の諸問題』, 東洋文庫, 319~323쪽)

69) 『조선전사』 3, 과학백과사전출판사, 76쪽.
이 주장이 옳다고 볼 수는 없지만 대로가 고유어인 점에 착안해 그것에 상당하는 한자식 표현을 찾아 대응시킨 것은 의미 있는 시도라 생각된다.

관등이 사실상 표기의 차이일 뿐 동일한 실체로 이해하는 것이라 생각된다. 이것은 대주부가 패자와 동급의 관등이라는 기존의 이해와 패자와 대로가 교치 관계에 있었다는 사료와도 부합되는 부분이다. 요컨대 대로는 왕권의 강화와 발맞추어 왕의 직속 관료군인 주부가 상향분화해 탄생한 관등이며, 그 한식 명칭은 대주부였다는 것이다.

대로는 C-(2)에서도 확인 가능하듯 5세기 무렵에도 그 존재가 보인다. 그리고 후기의 기록인 C-(3)에 보이는 대로의 경우 성격 상 어떠한 변화가 있었는지 상고할 길이 없지만, 적어도 중기까지 대로는 국왕 직속 관료군의 고위 관등 중 하나로 실재하였음이 분명하다.

소결

고구려 초기의 관등은 기본적으로 왕권 강화의 추세에 수반하여 치폐와 성격 변화 등 정비 과정을 거쳤다. 초기 관등은 전통적인 고유명 관등을 기반으로 하면서도 일부 한화된 명칭을 가진 것도 보인다. 그러나 그 또한 별도로 고유명을 가진 것으로 드러나 고구려의 강한 문화적 자부심과 전통을 엿볼 수 있다. 지금까지의 논의를 종합하고 요약하는 것으로 결론을 대신하고자 한다.

고추가는 3세기 무렵 왕족에 대한 봉작적 성격의 관등으로 정착되기 전 몇 가지 단계를 거치는데, 그 기원은 주몽의 고구려 건국 이전 원고구려지역의 소국 수장이 칭하던 호칭에서 찾을 수 있다. 즉 고구려가 주변 소국들을 굴복시키며 영역을 확장하는 과정에서 그 수장의 기존 호칭을 그대로 인정해 준 것이었다. 하지만 고구려가 국왕을 중심으로 나부체제를 구축하고 관제가 정비되면서 고추가는 그 수여 범위가 왕족과 일부 나부 대표에게 한정되면서 봉작적 성격의 관등으로 굳어지게 되었다.

패자는 소위 나부계 관등의 최고위로, 나부의 부장급(정확히는 부내부장) 세력에게 주어진 관등이다. 이들은 3세기까지 독립적 가신조직을 보유하고, 군사권을 갖는 등 고구려 상위 지배계층인 대가층 내에서도 독자적 위상을 갖추고 있었다. 하지만, 왕권의 강화에 수반한 국왕 중심의 일원적 관등체계가 마련되면서 패자 관등을 소지한 이들의 수는 점차 줄어들었고, 이와 함께 패자 관등도 자연히 소멸되었다.

우태, 조의 또한 나부계 관등으로, 본래 세력 규모의 대소에 따라 나부 내의 유력층(대, 소가)에게 수여되었다. 그러나 3세기 이후 집권화에 따른 일원적 관등제 내에서 상하관계를 띠는 관등명으로 정착된다. 그 중 우태는 중기 관등제의 형계 관등으로 그 명칭이 계승되었다.

대로와 주부는 왕권과의 밀접한 관계 속에서 등장, 성장 분화한 관등이다. 본래 漢代 중앙과 지방관의 속리급 문관이던 주부는 일찍이 현도군 등 한 군현 세력을 통해 한 문화의 영향을 받은 고구려에 수용되었고, 왕의 직속 고관에 대한 직명으로 사용되었다. 고구려의 집권화가 진전되고 왕권이 신장함에 따라 주부의 위상과 지위도 동시에 높아졌고 상향 분화되는 모습을 보였다. 그 중 최고위인 대주부는 고구려 고유명으로 대로라 칭해졌으며, 3세기 무렵에는 패자와 함께 최고 관등으로 인식되기에 이르렀던 것이다.

위에서 살펴본 바와 같이 고구려 초기 관등은 본래 소국 단계 수장의 칭호나 가신단의 직명 혹은 중국의 관명 등에서 기원한 것이다. 집권 체제가 완비되지 않은 초기의 상황에서는 국왕과 대가가 각기 동일한 관명을 가진 가신단을 갖추고 있는 다원적 관등 체계를 유지할 수밖에 없었다. 이는 다양한 기원과 성격의 관등명이 갖는 역사성과 초기의 현실을 그대로 보여주는 것이다.

국가 발달 단계가 진전되고 국왕을 중심으로 집권력이 강화되면서 국가 운영시스템의 핵심인 관등제 역시 필연적으로 일원화를 향해 나아가게 된다. 이 과정에서 초기의 관등은 치폐와 명칭 및 성격 변화 등 다양한 변화 양상을 겪으며 중기 관등제로 정비되어 간다.

제9장

고구려 초기 좌·우보제의 성립

고구려 초기 관제에 관한 연구는 초창기 일부 관등과 관직에 대한 초보적 고찰을 시작으로 지난 세기 70, 80년대에는 최고 관직인 좌·우보 및 국상에 대한 분석과 조직의 구성과 업무 분장 등 초기 관제를 큰 틀에서 종합적으로 이해하려는 시도가 이루어졌다.[1] 그리고 이후 나부체제론과 집권체제론이라는 관점의 차이가 있는 이해의 틀 속에서 활발한 연구들이 진행되었다.[2]

이 장에서는 지금까지 이루어진 고구려 초기 관제에 대한 기존 연구 성과를 바탕으로 최고 관제로 기능하였던 좌보와 우보에 대해서 간단히 살펴보고자 한다. 아울러 좌·우보와 관련해 최고 관제로서의 성격만이 아니라, 왕권의 신장과 연관지어 다양한 각도에서 검토해 보고자 한다. 먼저 좌·우보제의 기원과 그 제도가 존재하였던 고구려와 백제의 운영양상에 대하여 검토해 보겠다. 이어서 좌·우보의

---

1) 노중국, 1979, 「고구려국상고」(상)(하) 『한국학보』 16·17; 이종욱, 1979, 「고구려 초기의 좌·우보와 국상」 『전해종박사화갑기념사학논총』; 김광수, 1991, 「고구려의 국상직」 『이원순정년기념논총』.

2) 여호규, 1992, 「고구려 초기 나부통치체제의 성립과 운영」 『한국사론』 27; 여호규, 1998, 「고구려 초기 제가 회의와 국상」 『한국고대사연구』 13; 여호규, 2000, 「고구려 초기 정치체제의 성격과 성립기반」 『한국고대연구』 17; 임기환, 1995, 「고구려 초기 관계조직의 성립과 운영」 『경희사학』 19; 김현숙, 1993, 「고구려 초기 나부의 분화와 귀족의 성씨」 『경북사학』 16; 김현숙, 1995, 「고구려 전기 나부통치체제의 운영과 변화」 『역사교육논집』 20; 금경숙, 1994, 「고구려 초기의 중앙정치구조」 『한국사연구』 86.

설치와 고구려 초기 수도권의 형성에 대하여 알아보고자 한다.

1. 좌·우보의 기원과 운영 양상

고구려 초기는 나부와 왕권의 길항관계가 활발하게 작용하였다. 이 시기 최고 관직으로서 전반기에는 좌·우보제, 후반기에는 국상제가 나타나고 있다. 이들 중 후자는 그 등장 시기가 확실하고 역임 인물들의 활약상이나 중국식 관명 등 그 기원과 성격이 비교적 분명한 반면, 전자는 관명이나 제도의 기원 및 성격 등 여러 면이 아직 해결되지 못한 채 있다. 이 같은 문제의식을 바탕으로 고구려 초기 최고 관직이며 관제였던 좌·우보제의 운영 실태에 대하여 알아보겠다. 고구려에서 좌·우보제가 존재하던 시절, 백제 또한 같은 제도가 운영되었으므로 아울러 살펴보고자 한다.

고구려의 좌·우보는 대무신왕 5년 무렵에 처음 그 존재가 확인되고, 신대왕 2년 국상제로의 전환 전까지 고구려 초기 최고위직이었다. 그렇다면 좌·우보제는 어디에 그 기원을 두고 있으며 어떠한 방식으로 운영되었던 것일까?

좌·우보제의 기원과 성격에 대해서 대체로 왕권과 밀접한 초기 군신집단의 대표로 보거나,[3] 고구려 내에서는 유리왕대 협보가 역임한 것으로 나타나는 大輔가 그 명칭상 계통이 같으므로 계루부 왕권의 성장과 함께 분화 설치된 것으로 여겨진다.[4] 그 운영에 대해서는 주로 계루부 출신이 임명되었다고 보거나,[5] 계루부 출신의 좌보와

3) 이종욱, 1979, 앞의 글, 493~494쪽.

4) 임기환, 2004, 『고구려정치사연구』, 한나래, 86~88쪽.

5) 이종욱, 1979, 앞의 글.

나부 출신의 우보에 의한 공동 정치 운영방식으로 이해하기도 하였다.[6] 다음 표는『三國史記』고구려본기에 보이는 좌·우보와 국상 역임자를 표로 정리한 것이다.

〈표 1〉 고구려의 좌·우보와 국상

관명	인명(출신부)	관등	임명 시기	비고
우보	乙豆智(불명)		大武神王 8년	최초 사례
좌보	乙豆智(불명)		大武神王 10년	우보에서 승차
우보	松屋句(沸流那部?)		大武神王 10년	
좌보	穆度婁(불명)	沛者	太祖王 71년	칭병 치사
우보	高福章(桂婁部?)		太祖王 71년	차대왕에게 피살
우보	彌儒(貫那部)	沛者	次大王 즉위	우태 → 패자
좌보	菸支留(桓那部)	大主簿	次大王 즉위	우태 → 대주부
국상	明臨荅夫(椽那部)	沛者	新大王 2년	최초의 국상
국상	乙巴素(方位部?)	優台	故國川王 13년	산상왕 3년 사망
국상	高優婁(桂婁部?)		山上王 3년	동천왕 4년 사망
국상	明臨於漱(椽那部)	優台	東川王 4년	중천왕 7년 사망
국상	陰友(沸流那部)	沛者	中川王 7년	서천왕 2년 사망
국상	尙婁(沸流那部)		西川王 2년	봉상왕 3년 사망
국상	倉租利(南部)	大主簿	烽上王 2년	대사자 → 대주부

위 〈표 1〉에서 볼 때 고구려의 좌·우보나 국상은 대체로 종신직이며, 大加급이 임명된 것으로 나온다. 그런데 좌·우보제의 시기와 국상제의 시기에서 보이는 작은 차이는 좌·우보가 대부분 沛者급 이상의 관등자가 임명되는 것에 비해 국상의 경우 優台급도 보이고

6) 김현숙, 1993, 앞의 글, 3쪽.

있다는 점이다. 이는 국상이 좌·우보에 비해 왕권과 보다 높은 연관성을 가진 것에서 기인한 것이다. 그렇다면 좌·우보는 국상에 비해 고구려의 집권화가 미숙한 단계에서 고위 관등, 곧 나부에서 큰 세력 기반을 가진 인물들이 보임되며 왕권과 大加 세력을 조율하는 역할을 하였을 가능성이 큼을 의미한다.

고구려 좌·우보의 성격에 대해서는 적어도 그 탄생 배경이 계루부 왕권의 가신적인 성격으로 보는 것이 일반적이다.[7] 이종욱 역시 태조왕대까지의 좌·우보는 모두 계루부 출신으로 파악하였다.[8]

다만, 김현숙은 좌·우보제가 계루부 출신의 우보와 여타 나부 출신의 좌보에 의한 공동 정치 운영 방식으로 이해하였다.[9] 계루부 왕권의 주요 배경이 된 압록강과 혼강 일대에는 위사물, 모둔곡, 우씨, 부정씨, 괴유, 마려 등 이른 시기부터 왕권에 복속된 세력들이 존재하였다. 임기환은 이들을 계루부의 하부 구성원이 되는 곡 집단으로 칭하고, 이들의 성격은 삼한의 읍락과 유사하며, 계루부뿐만 아니라 여타의 나부들도 그러한 구조를 갖추었을 것으로 보았다.[10]

한편 초기 백제에서도 고구려와 같은 좌·우보제가 시행되었음이 찾아지므로, 이를 비교 분석해 보면 고구려 좌·우보제의 기원과 실체에 보다 가까이 접근할 수 있으리라 생각된다. 다음은 『三國史記』 백제본기에 나오는 좌·우보를 표로 정리한 것이다.

7) 임기환, 2004, 앞의 책, 87~88쪽.

8) 이종욱, 1979, 앞의 글, 492쪽.

9) 김현숙, 1993, 앞의 글, 30쪽.

10) 임기환, 2004, 앞의 책, 72~74쪽.

〈표 2〉 백제의 좌·우보

관명	인명(출신)	시기	비고
우보	乙音(왕의 族父)	溫祚王 2년	
우보	解婁(北部, 夫餘人)	溫祚王 41년	을음의 죽음으로 교체
우보	屹于(東部)	多婁王 7년	해루의 죽음으로 교체
좌보	屹于(東部)	多婁王 10년	우보에서 승차(신설?)
우보	眞會(北部)	多婁王 10년	
우보	質(왕의 族父)	古爾王 9년	
우보	眞忠(北部)	古爾王 14년	전 左將

위의 〈표 2〉에서 보면 고구려와 마찬가지로 초기에 최고 관제로 역할을 하였던 백제의 좌·우보제는 두 가지 특징을 가짐을 알 수 있다. 첫째는 東部 屹于를 제외한 대다수의 역임자가 왕족이나 북부 출신으로 원고구려, 부여계 인물들이란 점이다. 둘째는 교체를 확인하기 힘든 진회와 질을 제외하고 대체로 종신직의 형태를 띠었다는 것이다. 이는 고구려의 좌·우보나 국상과 상통하는 부분이다.

그리고 한 가지를 덧붙이자면 백제의 좌·우보들은 관등을 관칭하고 있지 않다는 점이다. 이것은 당시 백제의 집권 체제가 완성되지 않은 초기 국가 단계로 체계적 관등제를 마련치 못한 데 그 원인이 있다. 환언하면 적어도 백제의 좌·우보제는 관등제가 마련되기 전 초기 국가 단계에서 사용된 초보적 통치 체제란 말이 된다. 백제의 지배층이 고구려, 부여에서 기원하였음을 상기한다면, 결국 초기 고구려와 백제에서 공통적으로 찾아지는 좌·우보제는 모두 미분화된 족적 지배 질서에 기반한 초보적 통치 체제 성격을 띤 것이라 생각된다.

위와 같은 고구려, 백제의 좌·우보제와 같은 형태의 통치 체제는 동북아시아 유목 국가들에게서 빈번하게 찾아져 주목할 만하다. 특히 가장 이른 시기에 유목 제국을 성립한 흉노에서 그 전형적 예가 찾아진다.

A 置左右賢王, 左右谷蠡王, 左右大將, 左右大都尉, 左右大當戶, 左右骨都侯. 匈奴謂賢曰屠耆, 故常以太子為左屠耆王. 自如左右賢王以下至當戶, 大者萬騎, 小者數千, 凡二十四長, 立號曰萬騎. 諸大臣皆世官(중략)而左右賢王, 左右谷蠡王最為大, 左右骨都侯輔政. 諸二十四長亦各自置千長, 百長, 什長, 裨小王, 相, 封都尉, 當戶, 且渠之屬(『史記』 권110 匈奴列傳)

위의 사료 A에서 확인되듯 유목 국가 흉노는 군주인 선우를 중심으로 좌, 우현왕에서 좌, 우골도후까지 휘하의 영역이나 지배층을 좌우로 구분해 편제하였음을 알 수 있다. 이들 중 좌, 우현왕과 녹리왕 등은 대체로 선우의 종실 인물들이 임명되어 주로 군정을 담당하였고, 좌, 우골도후는 선우를 도와 내정을 보좌한 직책이다.[11)]

즉 흉노는 선우와 좌, 우현왕을 정점에 두고 좌, 우대장과 대도위, 대당호 등을 계서화해 누층적으로 편제하였다.[12)] 이는 종적 구조의 측면에서 볼 때 복수의 나국이 중층으로 결합해 나부가 되고, 나국은 다시 하위 집단으로 谷 집단을 거느렸던 것으로 밝혀진 고구려의 나부 구조와[13)] 매우 유사한 형태이다.[14)]

---

11) 馬長壽, 2006, 『北狄與匈奴』, 廣西師範大學出版社, 53쪽.

12) 山田信夫, 1989, 「匈奴の二十四將」 『北アジア史』, 東京大學出版會, 20~22쪽.

13) 임기환, 1995, 앞의 글, 22~23쪽.

14) 이와 유사한 예가 선비에서도 발견되는데 단석괴의 선비제국에는 중부를 비롯해 동부와 서부, 곧 좌우의 대인들이 각자에 속한 읍락을 다스렸다.(山田信夫, 1989, 앞의 책, 9~10쪽)

백제의 경우 유목 민족의 부족적 전통에 기초한 통치 방식과 놀랄 만큼 유사한 모습을 띠는데, 위의 〈표 2〉에서 확인할 수 있듯 백제 고이왕대에 좌보를 역임한 진충은 그 전직이 좌장으로 나타난다. 이는 백제가 최고관인 좌·우보 아래에 좌, 우장을 두었을 가능성이 높음을 보여주는 것이다.[15] 그리고 좌장이라는 명칭은 A에 보이는 흉노 좌대장과 그 명칭이 유사해 적어도 백제 지배층이 유목 국가적 습속을 갖고 있었을 개연성을 점쳐 본다. 백제의 지배층이 고구려, 부여계임을 감안한다면 이러한 추측도 무리가 아니다.

그리고 시기가 조금 떨어지는 것이기는 하지만 백제에서는 실제로 좌, 우현왕을 임명한 기록이 있다.[16] 고구려 또한 동천왕이 오나라로부터 유목 국가 군주의 칭호인 單于로 봉해진 사실이 있음을 볼 때,[17] 고구려와 백제의 지배층은 그 뿌리가 유목적 전통을 가진 집단임을 알 수가 있다. 고구려와 백제의 지배층은 모두 그 기원을 부여에 두고 있음을 천명하고 있고 부여는 한민족 고대국가 중 유목 문화적 전통이 가장 농후한 국가이다.

부여는 그 지리적 위치가 농업 경제와 유목 경제 지역의 교차지에 위치하여 일찍부터 목축이 성행하였다. 부여 관명에서 고위직에 육축명을 관칭한 것은 그러한 경제 구조를 반영한 것이다.[18] 또한 고고학적으로도 부여에서 유목 문화의 전통이 강했음을 보여주는 사례가 적지 않다. 새로 발견된 부여계 유물 중에는 북방 유목 민족들이 즐겨 사용했던 동물계 문양을 한 장식품들이 포함되어 있다.[19]

---

15) 진충의 후임 좌장으로 다시 진물이 임명된다.(『삼국사기』 권24 백제본기 고이왕 14년)

16) 『宋書』 권97 蠻夷 百濟傳.

17) 『三國志』 권47 吳書 吳主傳2.

18) 이병도, 1983, 『三國史記(上)』, 을유문화사, 214쪽.

부여의 묘장 유적으로 확인된 西岔溝나 彩嵐 유적의 경우도 발굴 초기에는 유목 민족 선비의 것으로 알려질 정도로 닮은 점이 많다.[20] 이와 같은 유목 문화의 전통을 갖고 있던 부여에서 이동해 온 초기 고구려의 지배층도 그러한 습속을 갖고 있었으리라는 점을 추측키란 어렵지 않다.

고구려 초기에는 비단 좌·우보제라는 정치 제도만이 아니라 건국 신화나 사회 습속 등 여러 방면에서 유목 문화적 양상이 나타난다. 잘 알려져 있다시피 고구려 건국 신화인 주몽 신화는 본래 부여 건국 신화인 동명 신화에 뿌리를 두고 있다. 두 신화의 중요한 화소들인 日光感應은 선비족을 필두로 북방 몽골계 유목 민족 시조 설화에 공통적으로 나온다.[21] 魚鼈浮橋 설화는 북방계 유목 민족의 설화에 흔히 등장하는 것이다.[22]

그리고 고구려 사회에서 흉노를 비롯한 동북아시아 유목 민족들에게서 공통적으로 나타나는 혼속인 수계혼,[23] 곧 취수혼이 행해졌음을 암시하는 기사가 존재한다.[24] 고구려 계루부 왕실의 출자지인 부여에 대해서는 취수혼의 전통이 존재함이 분명히 밝혀져 있는데 "그 습속이 흉노와 같다"고 묘사되어 있다.[25] 같은 사료에서 보이는

19) 劉升雁, 1995, 「東遼縣石驛公社古代古墳出土文物的研究」『博物館研究』 1995-(1).

20) 林沄, 1998, 「西岔溝型銅柄鐵劍與老河深, 彩嵐墓地的族屬」『林沄學術文集』, 中國大百科全書出版社.

21) 박원길, 2001, 『유라시아 초원 제국의 샤마니즘』, 민속원, 264~265쪽.

22) 三上次男, 1996, 「'魚の橋'の話と北アジアの人々」『古代東北アジア史研究』, 吉川弘文館, 485~489쪽.

23) 馮繼欽, 1995, 「我國阿爾泰系諸族的收繼婚述略」『龍江社會科學』 1995-(1); 謝冰雪, 2007, 「匈奴婚俗中的收繼婚」『青海民族研究』 2007-(2).

24) 『삼국사기』 권16 산상왕 즉위.

25) 『三國志』 권30 魏書 東夷 夫餘.

서옥제[26] 또한 유목 민족들에게 보편적으로 발견되는 습속들이다.[27] 이러한 사실들은 초기 고구려 사회에 유목적 전통이 강하게 남아 있었음을 방증하는 것들이다.

지금까지의 논의들을 종합해 볼 때 고구려의 좌·우보제는 미분화된 유목 국가의 족적 지배체제와 기원이 같은 것으로 생각된다. 그러나 이러한 체제는 왕권을 중심한 고구려 집권체제의 구축 노력과 함께 빠른 속도로 해소되어 갔다. 그것이 곧 2세기 중반부터 보이는 국상제로의 전환이다.

그렇다면 고구려와 백제 지배층의 모태가 되고 한민족 고대국가 중 유목 문화적 전통이 가장 강했던 것으로 추측되는 부여에서는 왜 그러한 흔적이 보이지 않을까. 그 이유는 다음 사료를 통해 찾을 수 있다.

B 國有君王, 皆以六畜名官, 有馬加, 牛加, 豬加, 狗加, 大使, 大使者, 使者. 邑落有豪民, 名下戶皆為奴僕. 諸加別主四出道大者 主數千家, 小者數百家(중략)漢末, 公孫度雄張海東, 威服外夷, 夫餘王尉仇台更屬遼東. 時句麗, 鮮卑彊, 度以夫餘在二虜之間, 妻以宗女. 尉仇台死, 簡位居立. 無適子, 有孽子麻余. 位居死, 諸加共立麻余. 牛加兄子名位居, 為大使, 輕財善施, 國人附之, 歲歲遣使詣京都貢獻. 正始中, 幽州刺史毌丘儉討句麗, 遣玄菟太守王頎詣夫餘, 位居遣大加郊迎, 供軍糧. 季父牛加有二心, 位居殺季父父子, 籍沒財物, 遣使簿斂送官(『三國志』권30 魏書 東夷 夫餘)

사료 B는 3세기 무렵 부여의 관제와 정치상의 일면을 전하는 것이다. 여기서 주목할 점은 고구려의 大加와 마찬가지로 독립적 기반을

26) 『三國志』 권30 魏書 동이 고구려.

27) 노태돈, 1999, 『고구려사연구』, 사계절, 186~187쪽.

갖고 四出道를 주관한 마가, 우가, 저가, 구가 외에 국왕의 직속 관료군인 使者 계열이 대사, 대사자, 사자 등으로 상당히 분화된 모습을 보이고 있다는 것이다. 이는 왕권의 신장이 기초되지 않으면 불가능한 것이다.[28]

그리고 우가의 조카 위거라는 인물이 대사직에 올라 전권을 휘두르며 자신의 백부이자 부여 대가인 우가를 처단했다고 한다. 대사라는 관직이 대체로 왕권의 신장을 바탕으로 성립된 것임을 감안한다면,[29] 고구려의 좌·우보보다는 국상에 가까운 것이라 생각된다. 즉, 이 시기의 부여는 이미 어느 정도 집권체제가 확립되며 초기의 부족적 전통은 상당 부분 해소된 상황인 것이다.

고구려 또한 이 무렵에는 좌·우보제가 더 이상 존재하지 않는 상황이었으므로 위 사료와 같은 원전에서 좌·우보의 존재는 찾아지지 않는다. 다만 고구려는 좌·우보제에 대한 자체 전승을 남겼기에 그를 토대로 3세기보다 더 이른 시기의 상황을 그려 볼 수 있는 것이고, 그렇지 못한 부여는 왕권을 바탕한 대사직이 성립되기 이전에는 고구려의 좌·우보제와 유사한 제도가 있었을 것이라는 추측만 가능할 따름이다.

고구려 초기의 관제와 관등은 이원적이고 미분화된 원시적 형태의 모습을 갖고 있다가 계루부 왕권에 의한 집권체제 강화와 함께 점차 체계적이고 일원화된 형태를 갖추어 갔음을 알 수 있다. 이는 본래 소국의 수장 출신 세력이나 나부의 부장급에게 수여되며 독자

28) 고구려 또한 왕권이 크게 강화되는 3세기 이후 사자 계열 관등의 분화 양상이 나타나기 시작한다.

29) 부여의 대사에 대해서는 왕권에 기초해 권력을 가진 최고의 행정실무직이며 제가층도 포괄하는 국정 최고직으로 파악하기도 하였다.(김광수, 1992, 「부여의 대사직」『수촌박영석교수화갑기념 한국사학논총』(상), 63~68쪽)

적 가신 조직을 둘 수 있었던 최고위 관등인 고추가와 패자 등이 점차 왕족의 봉작화나 소멸이라는 운명을 맞은 것과 궤를 같이 한다.

반면, 국왕 직속 관등인 주부나 사자계는 더욱 분화해 중기 관등제의 근간이 되었고, 우태도 성격 변화를 통해 형계 관등으로 이어지게 된다. 특히, 왕의 직속 고관으로 생각되는 주부의 경우 초기부터 대주부 등으로 분화하는 모습을 보여, 왕권의 신장에 따른 집권 체제의 진전이 비교적 이른 시기부터 이루어졌다는 것을 짐작케 한다. 이는 3세기 무렵 패자와 함께 최고위 관등으로 나타나는 대로의 실체가 주부에서 상향 분화된 대주부라는 사실을 통해서도 확인할 수 있다.[30)]

요컨대 고구려 초기의 최고 관제로서 좌·우보제는 나부체제 집권화가 덜 진전된 상황에서 나온 미분화된 전통적 지배질서에 기초한 것이었다. 이 제도는 계루부 왕권이 주도한 집권체제의 확립이 가속화되자 국상제로 대체되며 소멸된다. 북방 유목 민족들과 초기 백제에서도 유사한 모습들이 찾아지는 좌·우보제는 고구려 지배층이 유목적 전통이 강한 부여계임을 보여주는 요소이기도 하다. 이는 좌·우보제가 초기 정치제도로서도 그 중요성을 지니지만, 농경문화와 유목·수렵 문화가 공존하던 고구려 초기의 사회상을 밝히는 데도 중요한 요소임을 보여주는 것이다.

2. 고구려 수도권의 형성과 좌·우보제

앞에서 고구려 좌·우보의 기원과 운영양상에 대하여 간단히 살펴

30) 조영광, 2015, 「고구려 초기 관등의 기원과 성격에 대하여」 『사학연구』 119.

보았다. 이 절에서는 좌보와 우보라는 명칭 자체의 기원을 좇아 그 실체를 탐색해 보고자 한다.

관직명으로서 좌보 혹은 우보가 처음 보이는 것은 중국 전한 초의 일이다. 그런데 漢代의 좌·우보는 고구려나 백제의 경우와 달리 최고 관제로서 존재한 것이 아니라, 일종의 지방관과 같은 성격을 띠었다. 한대에 처음 설치된 좌보와 우보는 당시 수도인 장안 주변의 행정 구역과 그 장관을 지칭한 것이다.

한편 백제 좌·우보제의 기원에 대해 전한 대에 시행되기 시작한 三輔制와 관련시킨 연구도 있다.[31] 사실 漢代 삼보의 경우 수도권의 지역 구분에 불과한 것이다. 前漢의 景帝가 京師를 둘로 나눠 좌우 內史를 두었고 이를 武帝가 다시 京兆尹, 左馮翊, 右扶風으로 삼분한 것을 일컬어 三輔라 한 것이다.[32] 삼보는 그 지역의 지역명이면서 관명이기도 하였다.[33] 실제 이들은 전한의 수도 장안 주위 몇 개의 고을을 다스린 지방관의 성격을 띠었으며, 실제 그 크기도 郡 상당이었다.[34]

수도, 곧 畿內 지역의 지방관인 만큼 중앙의 조회에 참여할 수 있는 권한을 갖고 九卿과 같은 지위를 인정받아 京官으로서의 성격도 띠었지만, 고구려, 백제에서 보이는 최고 집정관 혹은 輔政으로서의

---

31) 박수정, 2008, 「백제의 좌보와 우보」『선사와 고대』 28.

32) 崔在容, 1996, 「秦漢內史和三輔硏究」, 吉林大學 博士學位論文.

33) 중국에서 좌·우보의 기원은 본래 진의 京師에 두었던 內史에서 비롯된 것이다.(本秦, 京師爲內史(『漢書』 권28下 地理志下) 그것을 전한 경제가 좌, 우내사로 나누었고, 다시 무제가 우내사를 京兆尹으로, 좌내사를 左馮翊(左輔)으로 바꾸고 右扶風(右輔)을 더하며 생긴 왕기 지역을 통치한 관명이자 지명으로서 연혁을 갖고 있는 제도이다.(정효운, 1992, 「四至畿內의 성립에 대하여」『고고역사학지』 8, 333~334쪽)

34) 孔令紀 等, 1993, 『中國歷代官制』, 齊魯書社, 62~63쪽.

기능은 전혀 나타나지 않는다. 표면적으로 볼 때 漢의 삼보와 고구려, 백제 초기 국가의 족적 통치 질서에서 기인해 성립되었던 좌·우보는 명칭 외에는 별다른 연관성이 찾아지지 않는다.

그러나 고구려의 좌·우보 관명 자체는 한의 삼보에서 따왔음은 분명하다. 그리고 이른 시기부터 고구려의 漢 문화에 대한 이해 수준이 높았음과 한 군현 혹은 한과의 직접 교류나 갈등 등이 빈번하였던 사실을 고려한다면 그 관명은 물론 성격까지 숙지하고 있는 상황에서 도입하였을 가능성도 배제할 수 없다.

사실 수도권의 지방관은 엄밀히 따지면 여타의 지방관과는 성격이 다르다. 직접 백성을 다스리는 업무를 수행한다는 의미에서 목민관의 성격을 지니고 있기는 하지만, 중앙 정부 혹은 왕권에 직속된다는 측면에서 지방관으로 분류하기는 어렵다. 이러한 이유로 중국 후한의 사예 교위나 조선의 한성판윤 등이 목민관이면서도 중앙관으로 분류되었던 것이다.

전한의 좌·우보 역시 기본적으로 황제 직속의 중앙관으로 인식되었다. 실제로 전한에서 좌·우보제가 실시되기 전인 고조 유방의 재위기에 수도권인 關中 지역의 관리를 담당한 것은 승상인 소하였다.[35)]

이러한 전한의 삼보제가 전한의 갑작스런 수도 장안 건설과 이를 보완하기 위해 실시하였다는 견해는 좋은 참고가 된다.[36)] 아울러 흉노 등 북방 종족의 위협과 안보를 강화하기 위해 한 고조는 제, 초, 위, 조 등의 구 전국 7웅 국가들의 귀족들을 대거 관중으로 이거 시킨 것으로 나온다.[37)] 이처럼 국방과 왕권 강화라는 두 가지 측면을

35) 『漢書』 권1上 高帝紀; 『史記』 권53 蕭相國世家; 『漢書』 권39, 蕭何傳 참조.
36) 최재용, 1985, 「西漢 三輔의 성립과 그 기능」 『경북사학』 8, 90~91쪽.

모두 겨냥하고 수도 부근을 재정비한 것이 삼보인 것이다.[38]

결국 국가의 집권력 강화를 위해 지방(혹은 피복속) 세력의 수뇌부를 수도 부근으로 이주시키는 것은 필수적 과제이다. 고구려 역시 계루부 왕권이 비약적으로 신장하며 이러한 한의 정책을 모방하였을 가능성이 크다. 하지만 전한과 초기의 고구려는 그 국가 규모와 성격, 발달 단계 등이 모두 상이하기 때문에 이를 일방적으로 적용하기는 매우 어려웠을 것이다. 그래서 고구려는 본래의 전통적 기반을 유지한 채 왕권 아래로 재편되는 형태의 좌·우보제가 실시될 수밖에 없었던 것이다.

즉, 고구려가 좌·우보의 명칭이 갖고 있는 이러한 내력을 모른 채, 혹은 무시하고 그저 임금을 보좌한다는 의미로서 좌·우보라는 관제를 설치한 것은 아닐 것이라 생각된다. 오히려 수도권 편제와 왕권 강화라는 두 마리의 토끼를 동시에 잡기 위해 전통적 기반 위에 한의 좌·우보제를 수용하여 고구려 특색에 맞게 변용한 것으로 보인다.

전한 초의 중앙-지방 관계는 고구려 초 나부체제기의 계루부-여타 나부의 관계와 유사한 양상을 띠었다.[39] 다만 고구려의 국가 규모가 한에 비해 월등히 작고, 국가 발달 정도도 늦었으므로 고구려 왕권은 더욱 강하고 빠르게 구심력을 확대시켜 나갈 수 있었던 것으로 보인다. 고구려의 좌·우보는 나부의 대표자인 동시에 국왕을 보좌하는 위치에 있었으므로 수도권의 형성과 경영에 적극 참여하였을

---

37) 今陛下雖都關中, 實少人, 北逝胡寇, 東有六國之族, 宗彊, 一日有變, 陛下亦未得高枕而臥也. 臣願陛下徙齊諸田 楚昭屈景燕趙韓魏後, 及豪傑名家居關中(『史記』 권99, 劉敬列傳).

38) 최재용, 1985, 앞의 글, 92~93쪽.

39) 漢初에는 '漢-諸侯王國'이라는 이분적 관념이 존재하였고, 그러한 배경 하에서 內史(三輔)는 중앙관이면서도 경기의 지방관으로서 이중적 성격을 띠었다고 한다.(최진열, 2004, 「한초 내사의 기능과 성격」 『중국고대사연구』 11, 99~100쪽)

것으로 보인다. 이러한 역사적 배경하에서 좌·우보제는 빠르게 보다 왕권 중심의 국상제로 전환될 수 있었던 것으로 보인다. 그리고 국내성을 중심으로 한 수도권역은 국가와 왕권의 신장에 중요한 기반으로 역할하였을 것이다.[40]

고구려의 좌·우보가 수도권 지배와 관련 있다고 볼 수 있는 것은 그와 유사한 제도를 가족 있던 남흉노의 사례에서도 찾아진다. 남흉노는 47년에 있었던 흉노의 대분열로 인하여 남쪽 한에 귀부한 呼韓邪 선우를 중심으로 한 세력이다. 호한야가 무리를 이끌고 한에 투항하자 한 宣帝는 이들을 장성 이남의 幷州 지역에 정착시키고 자치권을 주는 대신 북흉노를 방어하는 의무를 부여하여 번병으로 삼는다. 남흉노는 기본적으로 기존의 흉노와 마찬가지로 군주인 선우를 중심으로 아래의 좌, 우현왕과 좌, 우 골도후 등을 둔 전통적 지배체제를 유지하였다.

그리고 선우 일족의 군주권과 흉노 집단의 자치권, 전통적 유목 경제를 영위하는 것에 대한 묵인도 받았다. 하지만 남흉노가 정착한 지역은 결국 장성이남 한의 영역 안이었으므로, 반농반목의 경제 구조를 가진 곳이었다. 그리고 농경 정주 국가인 한의 직접적인 통제를 받게 되었으므로 과거의 흉노 혹은 북흉노와 동일한 존재 양상을 유지할 수는 없었다.

한은 기본적으로 남흉노의 선우가 초지를 따라 이동하는 것이 아니라 한 곳에 선우정을 두고 정주할 것을 요구하였다. 이것은 한의 영토 내 일부 지역이라는 영역의 한계도 있었지만 흉노 호전성의 바

40) 국내성의 국내를 특정 지명으로 파악하는 것이 아니라 國那로서 수도를 일컫는 뜻으로 이해하는 견해가 있어 주목된다.(노태돈, 1999, 「고구려의 기원과 국내성 천도」 『한반도와 중국 동북 3성의 역사 문화』, 서울대학교 출판부)

탕이 되는 유목적 성격을 약화시키려는 의도로 볼 수도 있는 것이다. 남흉노는 한의 이러한 요구를 받아들여 선우정을 美稷에 두고 이 지역을 중심으로 반농반목의 국가 체제를 형성해 가게 된다.[41] 美稷은 사실상 남흉노의 수도로서 기능한 것이다. 이때 남흉노에서 왕의 보정 역할을 맡으며 선우정과 그 부근에 둔 것이 골도후이다. 골도후가 남흉노 왕성과 그 부근에 있었다는 것은 수도권 방위 및 왕권과 밀접한 연관이 있음을 추정할 수 있다.

유목적 바탕 위에 정주 국가를 형성하였던 남흉노는 기존의 흉노나 북흉노에 비해 수도(선우정)의 중요성이 대폭 증가되고 그 주변을 개발하기 위해 다양한 노력을 한 모습들이 찾아진다.[42] 이로 인하여 선우를 도와 최고 집정부를 형성하며 수도권을 관리하였을 것으로 추정되는 골도후, 곧 좌·우보의 권한이 급격히 커졌음을 짐작하기란 어렵지 않다. 이를 반영하는 것이 남흉노 선우의 후계 다툼에서 골도후가 단순히 중요 변수 정도가 아니라 주연으로 종종 등장하는 모습으로 추정된다.

흉노의 골도후는 남, 북흉노를 불문하고 자체 세력을 갖는 세습적

41) 『後漢書』 남흉노전의 건무 26년조 기사에는 중랑장 段郴과 부교위 王郁을 파견하여 남선우의 幕營을 五原의 서부 변방에서 팔십 리 지점에 세우게 한 것이 나온다. 그리고 선우정은 곧 美稷으로 옮기게 된다.(遣中郎將段郴, 副校尉王郁使南單于立其庭, 去五原西部塞八十裡……於是復詔單于徙居西河美稷, 因使中郎將段郴及副校尉王郁留西河擁護之, 為設官府從事掾史)

42) 기존 흉노나 북흉노가 막북에 몇 개의 성곽을 축조한 것은 유명한 사실이지만, 전체 흉노 국가의 규모로 보았을 때 매우 미미한 수준이고, 건설 주체나 동기도 흉노 휘하의 漢人 등 농경민들을 통제하고 이들로부터 일정한 생산 물자를 공급 받기 위한 목적이 큰 것으로 파악되고 있다.(관련 연구 성과는 林幹, 2007, 『匈奴史』, 內蒙古人民出版社, 291~304쪽에 잘 정리되어 있다) 하지만 남흉노의 선우정은 3세기 무렵이 되면 성곽은 물론 궁궐과 주변의 민간인 거주지 등 대규모 도시로 개발하였다. 이는 남흉노가 농경 국가의 통제를 받으며 사실상 정주 국가로 전환한 것을 의미하는 것이다.

성격을 띠었지만, 선우와 매우 밀접한 관계를 형성해 왕권과 불가분의 관계에 있었다.[43] 그런데 『후한서』 남흉노전에 의하면 단지 선우의 보정 역할에 머물렀던 것으로 보이는 북흉노와는 달리 남흉노의 골도후는 보다 독립적이면서도 최고 집정으로서의 성격도 있었던 것으로 나타나고 있다. 남흉노에는 5골도후가 있었으며 이들은 각각 백성을 거느리고 자신의 부에 주둔하며 군사적 지휘권이 있었던 것으로 나온다.[44] 고구려 5나부의 패자와 매우 유사한 성격을 지니고 있음을 짐작할 수 있다.[45]

남흉노가 정주 지역으로 진입한 이후 골도후의 세력이 급격히 커졌음은 골도후가 자신의 세력과 군사력을 갖추고 있었음과 함께 선우 교체 등 국정의 최중대사에 적극 개입하는 사례가 보임을 통해서도 알 수가 있다. 남흉노 安國 선우(재위 93~94)는 舅 골도후 喜爲에게 살해되었다. 그리고 이보다 약 백 년 뒤에는 須伏 골도후가 선우로 추대되기도 하였다. 흉노 역사상 좌, 우현왕이나 일축왕 등 제후왕이 아닌 골도후가 선우위에 오른 유일한 사례이기도 하다.

그리고 남흉노가 정주 생활권으로 편입된 지 50년 정도 만에 여러

---

43) 흉노가 남북으로 분단될 위기에 처했을 당시 새로이 선우로 즉위한 포노 선우는 일축왕 비가 모반의 조짐을 보이자, 그의 동정을 파악하기 위해 두 명의 골도후를 파견하였다. 그리고 비의 모반 징후를 알아차린 골도후들은 정탐 결과를 보고하며 비를 토벌할 것을 진언하였다.(『後漢書』 권89 남흉노전 참조) 그만큼 골도후는 흉노의 왕권과 밀접한 관계에 있었던 것이다.

44) 『후한서』 남흉노전에는 50년에 남흉노 선우를 다시 西河郡 美稷으로 옮겼고, 한씨 골도후를 북지에, 우현왕을 삭방에, 당우 골도후를 오원에, 호연 골도후를 운중에, 朗氏 골도후를 定襄에, 左南장군을 안문에, 栗籍 골도후를 대군에 각각 주둔케 하고 모든 부족민을 지배하에 두고 각각 후한 군현의 눈과 귀로서 정찰케 했다.(南單于既居西河, 亦列置諸部王, 助為扞戍. 使韓氏骨都侯屯北地, 右賢王屯朔方, 當於骨都侯屯五原, 呼衍骨都侯屯雲中, 郎氏骨都侯屯定襄, 左南將軍屯鴈門, 栗籍骨都侯屯代郡, 皆領部為郡縣偵羅耳目)

45) 패자의 군사적 성격에 대해서는 김두진, 2009, 앞의 글 참조.

가지 사회적 변개가 있었던 것은 94년에 일어난 逢侯의 반란과 140년에 일어난 勾龍王의 반란 등을 통해서 확인할 수가 있다. 봉후의 반란 시 남선우는 봉후의 군대를 牧師城에서 맞았고, 구룡왕의 난에서도 주로 농성전을 중심으로 전투가 전개되었다. 이는 이미 남흉노가 군사적으로 초원의 기마유목민적 성격을 거의 상실하였음을 보여주는 것이며,[46] 기본 생활양식도 농경 정주 생활에 더욱 근접하였을 것으로 추정된다.[47] 이러한 정주화와 농업화는 남흉노가 한의 영역으로 편입된 47년 이후 지속적으로 진행되었고, 특히 조조의 남흉노 5부 재편 이후 이러한 현상은 더욱 가속된 것으로 파악된다.[48]

선우를 중심으로 하지만 기본적으로 부족 연합을 바탕으로 권력이 분산된 측면이 큰 기존의 흉노나 북흉노의 경우 왕권 다툼에서 선우와 대립하는 것은 주로 좌현왕이나 우현왕이었다.[49] 이는 좌, 우현왕이 각자 통할하던 지역(좌방과 우방)에 선우 못지않은 상당한 세력 기반을 갖고 있었기에 가능한 것이다.[50] 이러한 다툼에 선우의

46) 澤田 勳 저, 김숙경 역, 2007, 『흉노』, 아이필드, 201~202쪽.

47) 실제로 유목민 집단이 농경에 적응해 정주 생활로 전환하는 것이 80년도 안 걸렸던 역사적 사례도 존재한다. 이는 위구르가 좋은 예이다. 몽골 오르콘 강 유역 카라발가순을 중심으로 발달한 유목 국가 위구르는 9세기 중반 키르기스에 의해 멸망하고, 이후 요를 세운 야율아보기가 동투르키스탄으로 쫓겨난 위구르인들에게 복국을 제안한다.(『遼史』 권71 太祖淳欽皇后述律氏傳 참조) 그러나 이미 그곳의 농경과 정착 생활에 익숙해진 위구르인들은 이를 거절한다. 이들이 본거지인 오르혼 강가의 위구르 고지에서 쫓겨난 것은 840년대의 일이고, 야율아보기가 복귀를 권고한 것은 920년으로, 생물학적으로 불과 3세대도 지나지 않은 상황이었다.

48) 馬長壽, 2006, 『北狄與匈奴』, 廣西師範大學出版社, 84~86쪽.

49) 일축왕이나 휴도왕 등 기타 왕이 경쟁에 뛰어들기도 하였으나 이는 극히 드문 경우였다.

50) 其大臣貴者左賢王, 次左谷蠡王, 次右賢王, 次右谷蠡王, 謂之四角, 次左右日逐王, 次左右溫禺鞮王, 次左右漸將王, 是為六角皆單于子弟, 次第當為單于者也.

가신적 성격에 불과하던 골도후가 끼어들기에는 그 세력 규모부터 격차가 너무 커 거의 불가하였다.

반면 남흉노의 경우 선우 계승을 둘러 싼 후계 다툼이 발생하였을 때 골도후는 중요한 역할을 하며 수복 골도후의 예처럼 자신이 선우의 위에 오르기도 하였다. 그것은 남흉노에서 골도후의 힘이 그만큼 컸기에 가능한 것이었다. 그리고 이는 남흉노가 정주 국가화하며 수도권의 개발과 집중을 이루어냈기 때문이다.[51] 이들 골도후의 별칭은 사실상 좌·우보였으며 이들은 이후에도 정치적으로 중요한 역할을 한다.

좌·우보의 성격을 추론할 수 있는 또 다른 사료가 있어 주목이 된다. 좌·우보는 중국의 5호 16국 시기 정주 생활로 전환한 유목 민족들이 세운 국가들에서도 찾아지는데, 다음은 관련 사료들이다.

C-(1) 永興元年, 劉元海僭號於平陽, 稱漢, 於是幷州之地皆爲元海所有……劉聰攻陷洛陽 置左右司隸, 各領戶二十餘萬……單于左右輔各主六夷(『晉書』권20 地理上 幷州 新興郡)

C-(2) 改北燕臺爲大單于臺, 置左右輔, 爲次尚書(『晉書』권124 慕容熙載記)

사료 C-(1)은 5호 16국 시대를 연 남흉노 출신 劉淵이 晉에 반기를 들고 平陽(山西省 臨汾)에 도읍하며 漢(이른바 흉노 한, 이후의

異姓大臣左右骨都侯, 次左右屍逐骨都侯, 其餘日逐, 且渠, 當戶諸官號各以權力優劣, 部□多少為高下次第焉(『後漢書』 권89 南匈奴傳).

51) 5호 16국의 단초를 연 흉노 한의 등장은 이러한 배경 아래서 가능하였던 것이다. 흉노 한의 수도인 좌국성(현 山西省 永寧縣)은 140년 남흉노에서 내란(勾龍王의 난)이 일어났을 때 남흉노의 선우가 후한 조정의 허락을 얻어 해당 지역으로 옮긴 것이다.

前趙)을 세운 기록이다. 그리고 그의 아들 유총은 낙양을 함락시키면서 좌우 사예를 설치하여 수도권을 정비하고 있다. 그런데 이 기사 말미에 선우 좌·우보가 보이는데, 정확히 그 기능을 추측하기는 어렵지만 수도권 정비 기록의 끝에 있는 것으로 보아 그와 관련 깊은 직위임은 틀림없다 하겠다.

선우 좌·우보의 실체에 대한 실마리를 주는 것이 바로 C-(2)에서 보이는 單于臺 관련 기록이다. 해당 기록은 후연의 慕容 熙가 제위에 오르면서 北燕臺를 單于臺로 바꾸고 좌·우보를 두었다는 내용이다. 5호 16국 시기 좌·우보는 單于(혹은 大單于) 아래 설치된 관직으로서, 주로 북방 유목민들인 胡人들을 다스렸다.[52] 물론 이 시기 선우는 그 이전의 흉노나 오환처럼 군주를 지칭하는 명칭은 아니다. 대체로 5호 16국의 군주 아래서 제2인자가 정권의 기반인 전체 호족을 통솔하는 정치·군사적 성격이 강한 지위였다.[53] 이러한 성격의 선우가 머물던 곳을 선우대라 불렀고, 그 위치는 대체로 수도 인근이었다. 아마도 수도 부근 소위 '胡族'의 집거지였을 것으로 추정된다. 어쨌든 그러한 성격을 지닌 선우대 아래 좌·우보가 설치되었다는 점은 의미심장하다.

C-(2)에 나타난 북연 선우대의 전신인 북연대의 본래 명칭은 燕臺로서, 慕容盛이 수도인 龍城에 둔 것이다.[54] 물론 이때의 선우대는

---

52) 谷川道雄, 1971, 「南匈奴の自立およびその國家」『隋唐帝國形成史論』, 築摩書房, 51쪽.

53) 周一良은 선우(대선우)가 오호 왕조에서 중앙과 지방의 호인을 통치하는 최고 장관을 일컫는 직위라고 보았고,(周一良, 1997, 「乞活考」『魏晉南北朝史論集』, 北京大學出版社, 27쪽) 周偉洲는 單于臺가 정치·행정적이면서도 군사적 성격을 띤 조직이라고 분석하였다.(周偉洲, 1987, 「論十六國時期的胡漢分治」『中央民族學院學報』 1987-3)

54) 『十六國疆域志』 권12 後燕疆域志.

용성이 아니라 北平에 두어진 것이지만, 당시 후연의 상황이 북위에 밀려 거의 멸망하기 직전인 특수한 상황이었으며, 북평 역시 용성에서 멀지 않은 거리임을 고려한다면 수도권 혹은 수도 방위와 밀접함을 알 수가 있다.

위에서 보이는 선우대와 좌·우보 조직은 앞서 언급한 남흉노의 후예가 세운 흉노 漢을 필두로 5호 16국의 여러 국가에서 거의 공통적으로 찾아진다. 이들은 북방 유목 민족 출신의 16국 군주들이 본족의 전통을 기반으로 하여 중원이라는 새로운 환경에서 정권의 보위와 그 핵심인 본족의 통제를 위해 수도권에 설치한 조직이었다.[55]

결국 5호 16국 시기 북방 유목민들이 세운 왕조에서 시행된 선우대와 좌·우보제는 본족의 전통과 중국이라는 새로운 환경의 결합이 만들어 낸 수도권의 관리와 왕권 강화를 위해 시행된 제도라 하겠다. 고구려의 좌·우보 역시 위와 같이 남흉노나 5호 16국의 사례처럼 전통적인 지배 방식의 틀 내에서 국가의 건설과 영역 지배의 기반 확보를 위해 국가의 중심부, 즉 왕도 일대에 둔 초보적 통치 체제로 기능하였을 공산이 크다.[56]

국가 발달 단계를 고려할 때 고구려가 초기부터 정교한 관료 조직과 그 수장에 해당되는 신료로서 좌·우보가 존재하였다고 상정하기에는 다소 무리가 따른다. 공동체적이고 족적 지배 질서가 여전히 강

---

55) 흉노 한과 후연의 單于-左, 右輔 외에 前趙는 大單于-左, 右賢王 조직을, 後趙는 大單于-元輔, 前秦은 大單于-輔相, 北燕은 大單于-左, 右, 前, 後輔 등 좌·우보제와 유사한 조직을 두어 수도권의 유목 민족 집단을 통제하려고 하였다. (이와 관련된 정리는 이춘호, 2011, 「오호왕조의 호인 지배방식과 그 성격-대선우의 임직과 선우대의 설치를 중심으로」『동북아역사논총』 31, 260~274쪽 참조)

56) 『三國志』 단계까지 고구려 군주와 5부는 각기 가신 조직을 갖추고 있었다. 그 중에서도 좌·우보는 고구려의 최고관인 동시에 왕기에 상주하며 국왕권을 보좌하며 수도권의 경영과 관리를 담임하지 않았을까 한다.

하게 남아있던 고대 국가 초기의 상황을 염두에 둔다면 좌·우보제 역시 그와 같은 맥락에서 이해해야 한다. 하지만 앞서 설명하였듯이 좌·우보 명칭이 漢에서 유래한 것이고, 그것을 고구려가 수용하였다면 명칭뿐만 아니라 성격도 일정 부분 받아들였을 개연성이 큼을 추론하였다. 그리고 이러한 추측은 남흉노와 5호 16국의 사례를 통해서도 성립이 가능함을 확인하였다.

초기의 좌·우보가 대체로 왕과 친밀한 계루부 출신 인물들이 임명되었고 왕을 보좌하는 것이 그 주요 임무임을 상기할 때,[57] 선우를 보정하는 임무를 맡았던 좌, 우골도후의 역할과 매우 유사함을 알 수 있다. 그리고 부분적으로 국정을 총괄하는 역할을 수행한 것 역시 남흉노의 좌, 우 골도후가 선우를 보좌하며 때로는 왕위 계승 문제까지 관여하며 국정에 적지 않은 역할을 한 것과도 통한다.

한편 좌·우보제가 이후 국왕권에 의탁한 관료적 성격을 강하게 띠는 국상제로 연결되고 좌보와 우보라는 명칭 자체도 매우 한화된 것임을 감안한다면, 초기 고구려 왕권이 본질적으로 족적 지배 질서에 제한되고 있는 상황이었지만, 점차 이를 극복해내고 집권력을 강화하기 위한 수단으로 설치하고 활용하였을 가능성도 크다.[58]

요컨대 고구려의 좌·우보제는 그 기원이 북방 종족들처럼 군주를 중심으로 좌우에 최고 실권자를 두어 보좌하게 하는 전통적 지배 질서에서 유래한 것이다. 하지만 반드시 그러한 성격에만 한정된 것은 아니었다. 수렵, 목축 사회의 성격도 갖고 있었지만 기본적으로 정주

57) 여호규, 2014, 『고구려 초기 정치사 연구』, 신서원, 106쪽.

58) 백제의 좌·우보 역시 부의 대표세력인 동시에 왕권과 매우 밀접히 연결되어 있음을 알 수 있다.(정동준, 2008, 「백제 초기 관제의 성립과정 -좌·우보와 좌장, 좌평제를 중심으로-」 『역사와 현실』 70, 120~122쪽 참조) 이 또한 흉노 선우를 보좌하던 좌, 우골도후와 비슷한 면모를 가진 것으로 볼 수가 있겠다.

농경 사회를 지향했던 고구려에게 가장 강력하고 선진적인 국가 롤 모델은 중국일 수밖에 없었다. 특히 국가체제의 틀을 만들어가는 초기에는 그러한 측면이 더욱 강했을 것이라 추측된다.

고구려 왕권이 구심력을 강화하며 중국의 제도를 참조하였을 가능성은 매우 높다. 특히 수도권은 왕권의 직접적인 인적, 물적 기반이 되므로 중국 왕조와 마찬가지로 고구려 역시 이른 시기부터 그 개발과 이용에 적극적이었으리라 추측하기는 어렵지 않다. 여기서 한이 수도권 지역에 시행하고 있던 좌·우보제는 고구려의 왕권 강화와 수도권 편제에 적지 않은 영감을 주었을 것이다. 거기에 중국 왕조에 비해 部를 바탕으로 한 족적 지배 질서의 전통이 강하게 유지되고 있던 초기 고구려로서는 자신의 상황에 맞게 양자를 적절히 조화시켜 자신들만의 제도로서 좌·우보제를 탄생시키게 된 것이다.

소결

좌·우보는 국상이 등장하기 전까지 고구려 초기 최고위직이었다. 이를 역임한 인물들을 이후의 국상 역임자들과 비교 분석해 본 결과 沛者급 최고 관등 소지자 비율이 월등히 높았다. 이 시기 패자는 部長급에게 수여된 관등이었다. 이는 나부에서 큰 세력기반을 가진 인물들이 좌·우보에 보임되며 왕권과 大加 세력을 조율하는 역할을 하였을 가능성이 큼을 의미한다.

한편, 좌·우보제는 고구려뿐만 아니라 초기 백제에서도 시행되었음이 찾아지는데, 초기 백제의 지배층이 북방 출신의 부여 혹은 고구려계 유이민 집단이라는 사실은 두 국가 좌·우보제의 뿌리가 같다는 것을 의미한다. 이와 유사한 제도는 흉노, 선비 등 북방 유목 민족이나 국가에서 쉽게 찾아볼 수 있다. 유목 민족의 정치 제도는 아직 사회 발달 단계가 낮고, 정치적으로 미성숙한 족적 지배질서에 의존하고 있던 사회상을 반영한 것이다.

고구려와 백제 초기의 좌·우보제 역시 이와 마찬가지로 미분화된 상태의 전통적 지배 질서에 기반을 둔 초보적 통치체제 성격을 띤 것이다. 초기 고구려가 정치 사회적으로 농경·수렵 문화의 바탕 가운데서 유목적 성격도 강했다는 것은 고구려 계루부 왕실이 부여 출신이라는 점과 초기 고구려 사회에서 취수혼, 서옥제 등 유목 민족적 습속이 있었다는 사실을 통해서도 추측할 수 있다. 그러나 이 같은 성격의 좌·우보제는 고구려의 집권화가 진전되면서 소멸되고 국상제로 대체되었다. 다만 좌·우보의 명칭이 한에서 기원하였음을 상기한다면 고구려가 집권화를 추구하는 가운데 수도권의 형성과 관련해 도입하였을 가능성도 열어둘 필요는 존재한다.

고구려의 좌·우보제는 그 기원이 북방 종족 민족들처럼 군주를 중심으로 좌우에 최고 실권자를 두어 보좌하게 하는 전통적 지배 질서에서 유래한 것이다. 하지만 반드시 그러한 성격에만 한정된 것은 아니었다. 기본적으로 정주 농경 사회를 지향했던 고구려에게 가장 강력하고 선진적인 국가 모형은 중국일 수밖에 없었다.

고구려 왕권이 구심력을 강화하며 중국의 제도를 참조하였을 가능성은 매우 높다. 특히 수도권은 왕권의 직접적인 기반이 되므로 중국의 한과 마찬가지로 고구려 역시 이른 시기부터 그 개발과 이용에 적극적이었을 것이다. 여기서 한이 수도권 지역에 시행하고 있던 삼보제는 고구려의 왕권 강화와 수도권 편제에 영감을 주었을 공산이 크다. 고구려 좌·우보의 명칭은 정확히 삼보의 좌·우보와 일치하고 있다.

그에 더하여 중국 왕조에 비해 部를 바탕으로 한 전통적 지배 질서의 유습이 강하게 유지되고 있던 초기 고구려로서는 자신의 상황에 맞게 양자를 적절히 조화시켜 자신들만의 제도로서 좌·우보제를 탄생시키게 된 것이다. 이와 유사한 사례는 본래 유목 민족이었다가 중국에 정착하며 새로운 국가를 건설하였던 남흉노의 강화된 골도후(좌·우보) 제도와 5호 16국에서 수도권에 선우대와 좌·우보 설치한 사실에서도 확인이 가능하다.

제10장

고구려 왕도, 왕기의 성립 과정

고대 국가에서 왕도는 최고 권력자인 국왕과 지배층이 집주하는 공간으로서, 국가의 핵심이자 그곳에 거주하는 것 자체로 정치, 사회적 특권과 특수한 권위를 향유할 수 있었던 초월적 지위를 가진 공간이었다. 아울러 왕도는 고대 사회와 국가의 특성을 집약적으로 보여주며, 국가 그 자체로서의 성격도 지닌다.[1)]

고구려의 왕도 혹은 도성제에 대해서는 지금까지 적지 않은 연구가 이루어졌다. 연구의 방향도 도성의 경관과 구조, 고분군이나 왕릉급 고분의 입지 분석을 기반으로 한 왕도의 지역 구성과 지리 비정 등 다양한 방면에서 진행되었고,[2)] 이러한 연구 성과의 축적으로 인

---

1) 고대 사회에서 중심지를 國으로 칭한 것은 小國에서 출발한 것에 대한 유존이기도 하겠지만, 중세나 근현대 국가와는 달리 '국가'라는 개념이 처음으로 형성되는 시기이고, 생산성이 지극히 낮은 단계에서 대규모 인적, 물적 집산이 이루어져 여타 지역과 발달 정도의 격차가 더욱 두드러져 보였을 것이므로 초월적이고 차별된 공간으로서의 인식이 반영된 것으로 보인다. 즉 해당 고대 국가의 중심지는 다른 시기의 그것에 비해 더욱 두드러지고 정치, 사회, 문화적으로 대표성을 지닌 공간으로서의 특징을 지닌다. 고구려의 특징을 가장 잘 보여주는 유적, 유물이 집안이나 평양 지역에 심하게 편중되어 있는 것과 신라의 경우도 경주가 그러한 양상을 보이는 것은 이를 잘 드러내주는 것이다.

2) 관련 연구 성과는 다음과 같다.
임기환, 2003, 「고구려 도성제의 변천」, 『한국의 도성: 都城造營의 傳統』, 서울시립대학교 서울학연구소.
______, 2009, 「고구려의 장지명 왕호와 왕릉 비정」, 『고구려 왕릉 연구』, 동북아역사재단.
______, 2015, 「고구려 국내도성의 형성과 공간 구성」 『한국사학보』 59.

하여 관련 연구에 대한 회고와 전망이 이루어지기도 하였다.[3]

하지만 신라와 백제에 비해 고구려는 그 왕도가 오늘날 중국과 북한 경내에 소재한 관계로 능동적 입장에서의 조사, 발굴이 거의 불가능한 현실적 제약 때문에 여전히 그 연구에 한계가 있을 수밖에 없었다.[4] 이러한 열악한 조건 가운데서도 지금까지 연구사적으로 의미 있는 성과들이 다수 나온 것은 고무적인 일이라 하겠다.

본장에서는 고구려 왕도에 대한 기존의 연구들을 바탕으로 그 동안 다소 무관심하였다고 생각되는 부분들에 대해 간단히 살펴보고자 한다. 우선 고구려사에서 왕도와 왕기의 개념 문제에 대해 살펴보고, 왕도와 왕기가 형성되는 기반을 部와 연관지어 고찰해 보고자 한다. 그리고 고구려 국가의 핵심인 왕도 5부가 탄생하고 변화하는 과정에 대해서도 함께 검토해 보겠다. 논의의 핵심이 흐려지지 않도록 검토 대상은 고구려사에서 가장 오랜 기간 동안 왕도로 기능하고, 초·중기의 상황을 함께 파악할 수 있는 집안 지역으로 한정하고자 한다.

강현숙, 2008, 「고구려 도성과 신라왕경의비교」, 『신라문화제학술논문집』 29.
여호규, 2010, 「高句麗의 太王號제정과 國岡型왕릉입지의 성립」, 『역사문화연구』 35.
______, 2012, 「고구려 國內城지역의 건물유적과 都城의 공간구조」, 『한국고대사연구』 66.
______, 2013, 「고구려 도성의 의례공간과 왕권의 위상」, 『한국고대사연구』 71.
김희선, 2010, 「고구려 국내성 연구」, 『백산학보』 87.
박순발, 2012, 「고구려 都城과 墓域」, 『한국고대사탐구』 12.
조법종, 2013, 「고구려 국내성의 공간과 광개토왕릉」, 『광개토왕비의 재조명』, 동북아역사재단.
정호섭, 2015, 「고구려사의 전개와 고분의 변천」, 『한국사학보』 59.

3) 양시은, 2014, 「고구려 도성 연구의 현황과 과제」, 『고구려발해연구』 50.

4) 실제 고고학 연구 성과는 1차 자료에 해당하는 발굴보고서의 경우 전적으로 중국이나 북한 자료에 의존할 수밖에 없다.

1. 고구려 왕도, 왕기의 기원과 성격

(1) 왕도, 왕기의 개념과 공간 구성 및 범위

왕도는 사전적 의미로 왕궁이 있는 도시, 곧 국왕이 거처하는 지역을 뜻하는 것이며, 왕기는 그 주변의 땅을 일컫는 것이다. 한국 고대 국가의 왕도와 왕기 역시 이와 유사한 개념으로 사용되고 있으며, 그 실체에 대하여 여러 방면의 연구가 진행되었다. 특히 신라의 경우 이른 시기부터 문헌사는 물론 고고, 지리학자들도 가세하여 기원부터 공간 구조, 개념 정의에 이르기까지 많은 성과를 배출하였다. 백제 역시 풍납 토성과 사비 도성의 발굴 등을 계기로 다양하고 풍부한 논의가 이루어졌다.

신라 왕도(왕경)에 대한 연구는 왕도, 왕경의 공간 범위와 개념 정의에 대해 활발하게 논의되었다. 이러한 개념 정의에 대한 학설은 크게 왕도와 왕경을 같은 개념으로 보는 견해와 다른 것으로 보는 견해로 갈린다. 전자는 국왕과 왕실 세력의 거주지인 왕성(왕궁)을 중심으로 한 핵심 지역이 곧 왕도이자 왕경이고, 그 외곽은 왕기(혹은 6부 지역)로 파악하는 학설이다. 후자는 대체로 왕궁을 중심으로 한 왕도와 외곽의 왕기를 함께 일컬어 왕경으로 보아야한다는 견해이다. 이를 지리적으로 구분한다면 대체로 경주 분지, 즉 오늘날 경주 시내에 해당되는 지역이 왕도(왕도, 왕경 일치론자에게는 왕경)로, 경주시 외곽 지역이 왕기로 파악되고 있다.[5)]

그런데 왕도와 왕경에 대한 공간적 정의가 서로 다른 견해들도 신

5) 일찍부터 연구가 진행된 신라의 경우 왕경, 왕도, 왕기에 대한 개념 정의부터 활발히 이루어졌다.(관련 연구사 정리는 전덕재, 2009, 『신라 왕경의 역사』, 새문사, 29~38쪽 참조)

라 수도권(왕도, 왕경 불일치론자의 견해를 따른다면 왕경)의 구조가 대체로 왕성(왕궁), 왕도, 왕기라는 위계성을 가진 공간으로 구성되었음을 공통적으로 인식하고 있음을 발견하게 된다.[6]

고대 국가 신라의 수도권이 이와 같은 구조로 형성되어 있었다면 고구려 역시 유사한 구조였으리라 판단된다. 본고에서 중점적으로 분석하고자 하는 집안 지역의 경우 분지 지형의 특성상 중심부와 외곽의 구분이 명확하였기 때문에 신라의 사례와 매우 유사해 보인다. 중심부에는 왕과 최고 지배층(주로 왕족)이 거주한 왕성[7]과 여러 부대시설과 주거지가 형성되어 있었던 왕성의 주변 지역, 곧 왕도 권역이 있었고, 그 외곽에는 다시 왕기가 있었을 것으로 추정할 수 있다.

고구려의 경우 왕도, 왕기에 대한 개념 정의와 권역 범위에 대한 논의가 신라만큼은 활발하게 이루어지지 못하였다. 그나마 후기 도성인 장안성의 경우 장안성 내가 5부로 구성된 왕도이고, 주변 지역의 경기로 역할을 하였다는 견해가 제기되었으나,[8] 본고에서 집중 검토해보고자 하는 집안 지역에 대해서는 여전히 연구가 드문 실정

---

6) 이종욱도 신라 왕경의 구조에 대해 사로 6촌을 모체로 한 6부는 경주시 전역에 망라되어 분포하였고, 그 예하에 방과 리가 있어 이를 통칭해 왕경으로 정의할 수가 있다고 하였다. 그리고 그 내부는 다시 왕과 왕실 세력이 거주하는 왕궁(왕성)을 중심으로 한 왕도와 그밖의 6부 지역, 곧 왕기로 구성된다고 보았다. 왕도는 활발한 소국 정복 활동을 거치면서 집권화가 강화되며 그 범위가 더 커져갔다고 이해하였다.(이종욱, 1982, 『신라국가형성 연구』, 일조각, 222~243쪽) 이를 지리적으로 구분하면 대체로 오늘날 경주 시내인 경주 분지 일원이 왕도, 나머지 경주시 일원이 6부라고 하였다.

7) 국내성과 환도성이 이에 해당되나, 동시에 왕성으로 존재하였던 것이 아니라 평지성(국내성)이 제 기능을 하기 힘들 경우에만 환도성이 왕성으로 사용되었으리라 추정된다.

8) 손영종은 왕도 5부와 경기로 구성된 고구려 후기의 수도권을 오늘날 평양시, 남포시, 평원군, 성천군 일원으로 파악하였다.(손영종, 1990, 『고구려사』 1, 과학백과사전종합출판사, 331쪽)

이다. 여호규의 경우 국내성 내부에 왕도 5부를 비정하면서 왕성=왕도라는 인식을 보였다.[9] 임기환은 기본적으로 국내성 내부에 5부를 비정하는 데 동의하였으나,[10] 국내성 외부에도 방위에 따른 지역 구분이 있었을 것으로 추정하였다.[11] 이를 왕도 혹은 도성으로 이해하였다. 그리고 대부분의 연구자들은 왕기(기내)는 왕도 주변 지역을 지칭하는 의미로 매우 막연하게 사용하고 있는 실정이다. 즉 왕도는 왕성 혹은 왕성 부근의 핵심 지역으로 비교적 개념 정의가 잡혀 있지만, 왕기에 대해서는 여전히 왕도 주위의 추상적 공간으로만 인식되고 있었던 것이다.

우선 왕기의 개념부터 짚고 갈 필요가 있다. 고대 사회에서 王畿 또는 畿内는 일반적으로 王都 부근의 땅, 혹은 왕의 직할지 등의 의미로 사용되었다.[12] 왕기의 개념이 역사적으로 처음 등장한 것은 중국 초기 국가인 商[殷]代로 추정되는데, 일종의 소국 연맹체인 읍제국가 商의 국왕 직할지라는 뜻을 가진 것이다.[13] 이후 공식적인 개념으로서 왕기가 등장하는 것은 周代에 이르러서이다.[14]

---

9) 여호규, 2012, 앞의 글.

10) 손영종, 위의 책, 331쪽; 임기환, 2003, 앞의 글. 김현숙은 고구려 후기 도성이 기내 지역은 동, 서, 남, 북부로 나뉘고 왕도는 중부로서 다시 전, 후, 상, 하부와 왕성이 있는 내부(황부)로 나누어져 있었을 것으로 추정하였다.(김현숙, 2005, 『고구려의 영역지배방식 연구』, 모시는사람들, 358쪽)

11) 임기환, 2015, 앞의 글.

12) 기내는 사전적 의미로는 수도 부근의 땅, 곧 오늘날 경기도의 기원이 되는 고려 시대의 경기, 조선 시대의 경기도를 뜻하는 것이며, 고대 중국에서 왕도 부근 500리 혹은 1000리의 지역으로 정의되기도 하였다. 그러나 이러한 전형적인 기내제는 지방 제도로서 기내제가 정착되는 중국의 唐, 한국의 고려 이후의 사실이다.

13) 갑골문에 왕기를 뜻하는 단어가 나온 것은 아니지만, 왕의 직할지인 商과 주변 지역을 뜻하는 四土의 표현이 있어 왕기의 기원을 여기서 찾기도 한다.(王震中, 2007, 「商代的王畿與四土」 『殷都學刊』 2007-4)

주지하듯이 주는 은을 멸하고 중원의 패권을 장악하며 봉건제를 실시하였는데, 그중 왕의 직할지인 宗周와 成周를 왕기로 명명하고 공식적으로 국왕이 다스리는 영토로 선언한다. 그리고 명목상 주왕의 직할지인 왕기는 왕이 직접 다스리던 영읍과 신료 집단에게 사여한 채읍으로 구성되어 이른바 내복이라 칭하게 된다. 그 외의 지역은 외복 제후들에게 실질적 통치를 맡기면서 고대의 봉건제를 형성하게 된다. 외복 제후의 영역 역시 자신들의 봉토를 직접 다스리던 공읍과 가신 집단에게 사여한 채읍으로 구분되어 왕기와 거의 유사한 구조를 띠었다.[15)]

초기 고구려의 상황 역시 이와 유사하였으리라 생각된다. 고구려 초기는 왕의 부인 계루부를 중심으로 자체적 운동력을 가진 단위 정치체인 5나부가 결집한 형태로서, 각 나부의 하부에는 나 또는 곡 집단으로 칭해지는 하위 집단이 존재하였다.[16)]

사료에서 확인되는 바와 같이 3세기 무렵 고구려는 5부로 구성이 되었고 그 인구는 약 3만호였던 것으로 나온다. 물론 이는 당시 고구려 세력권 전체를 뜻하는 것은 아니다.[17)] 고구려에 공납을 통한 일종의 간접 지배를 받았던 것으로 추정되는 옥저나 동예 등은 제외한 고구려 핵심부는 5나부이고, 이들이 일정한 영역과 인적 자원 등을

---

14) 乃辨九服之邦國方千里曰王畿(『周禮』 夏官 職方氏)

15) 이성규, 1989, 「중국 문명의 기원과 형성」 『강좌중국사 I』, 지식산업사, 73쪽.

16) 초기 고구려의 중심 세력인 5나부를 이룬 이들 세력을 임기환은 곡 집단, 여호규는 나 집단이라 칭하였다. 이들은 계루부 왕권에 의해 통합되기 전까지 각자 독립된 세력으로 존재하거나, 나국의 하위 단위로 편제되어 있다가 나국이 나부로 재편될 때 역시 나부의 하위 단위가 된 것으로 추정된다.

17) 노태돈에 의하면 당시 고구려는 핵심인 5나부 외에 후국과 집단 예민적 성격을 지닌 세력들도 예하에 두고 있었다.(노태돈, 1999, 『고구려사연구』, 사계절, 122~134쪽)

반자치적으로 분점하고 있었던 것으로 이해할 수 있다. 그렇다면 이처럼 단위정치체적인 성격으로 자체 운동력을 갖고 있던 다섯 개의 나부를 중심으로 국가가 운영되던 시기의 고구려 왕기는 국왕의 직할령, 곧 직할 부로서의 성격이 강하였던 것으로 보인다.

이것은 중국 은(상), 주대 왕기의 존재 양태와 거의 일치하는 것이다. 5나부체제가 가동되던 시기의 고구려 왕기, 즉 계루부 지역은 중국 주의 왕기와 마찬가지로 그 하부에 반자치적 성격의 정치체, 기존 연구에 의하면 부내부,[18] 중국식 표현으로는 채읍에 해당하는 세력들이 왕도 주위를 번병처럼 감싸고 있었을 것이다.

하지만 국가의 규모와 정치, 사회, 경제적 상황이 중국과 완전히 일치할 수는 없었던 고구려는 집권력을 강화해 나가고자 한 왕권을 중심으로 빠른 속도로 이러한 상황을 변화시켜 나갔다. 그것이 곧 부의 설치이다. 이른바 고유명의 5나부와 방위부는 그 성격과 규모, 존재 양상 등에서 모두 큰 차이를 보인다. 그러나 한 가지 공통점은 모두 집권화를 추구하는 왕권에 의해서 설치되었다는 점이다. 즉 시기에 따른 고구려의 국가 발달 단계, 국력의 차이 등으로 인하여 나부와 방위부는 모든 면에서 큰 격차를 가지는 존재이지만 본질적으로는 그 설치 의도가 집권력의 강화라는 측면에서는 상통한다는 의미이다.

그러나 수도 부근의 땅, 곧 수도의 배후지로서 제도적 의미의 왕기제가 고구려에서 실시되었는지에 대해서는 미지수이다. 이처럼 일종의 지방 제도로서 수도 부근의 땅을 편제하는 왕기제는 중국은 북위를 거쳐 당대에 완성된 것이다. 당은 수도 장안 인근에 赤縣과 畿縣

---

18) 노태돈, 1975, 「삼국시대의 부에 관한 연구-성립과 구조를 중심으로」 『한국사론』 2.

을 둠으로써 수도 인근의 땅으로 제도적으로 기내로 편제하였다. 이러한 당의 기내제를 받아들인 고려나 조선처럼 지방 제도로서 기내제는 한국 고대 사회에서 구현되지 못한 것으로 보인다.[19]

고구려 역시 제도적 왕기가 운영되었는지는 알 수 없다. 한국 고대 국가의 왕기에 대한 기록이나 고려, 조선과 외국처럼 왕기 제도를 운영하였다는 직접적 증거가 불충분하기 때문이다.[20] 그나마 자료가 가장 많이 남아 있는 신라의 경우도 제도적으로 왕기가 갖춰져 있었는지는 여전히 의문이다. 다만 신라의 기반이 된 6부의 경우 초기에는 왕성(혹은 왕경) 외곽에 그 권역이 형성되었다가 점차 왕성으로 집중하는 양상을 보여, 왕도의 배후지로서 왕기와 같은 성격의 지역이 왕도 주변에 형성되어 있었던 것으로 추정된다.[21]

고구려가 수도권을 편제하는 지방 제도로서 왕기제를 운영하지는 못하였을지라도 신라와 유사하게 왕도 주변의 일정한 영역을 왕기와 같은 성격의 구역으로 편제하였을 가능성은 충분하다고 생각된다. 신라의 경우 왕기가 대체로 오늘날 경주시 전체, 곧 과거의 소국 정도 규모에 설정되었다고 보는 것이 통설이다. 이 정도 면적 규모라면 작은 수준의 기내로 간주할 수 있다. 고구려 또한 이와 유사한 상황이었을 것으로 판단된다. 지금까지의 검토 결과를 토대로 고구려의 왕도, 왕기에 대한 개념도를 그려 보면 다음과 같다.

---

19) 중국의 경우도 수도 부근의 方千里의 지역을 구획하거나, 몇 개의 군을 설치해 공식적 지방제도로서 기내제를 운영한 것은 북위대 이후로 파악하고 있다.(曽我部靜雄, 1964, 「日中の畿内制度」『史林』 47-3)

20) 『삼국사기』 고구려본기에서 왕기를 뜻하는 표현은 고국천왕대에 畿內가 단 한 번 등장하며, 신라의 경우도 하대의 기록에 몇 번 나올 뿐이다.

21) 木村誠은 신라 왕도 외곽의 대성군과 상성군이 당의 적현, 기현에 해당된다고 보아, 당식 경기제의 시행을 주장하였다.(木村誠, 1983, 「統一新羅の王畿について」『東洋史研究』 42-2)

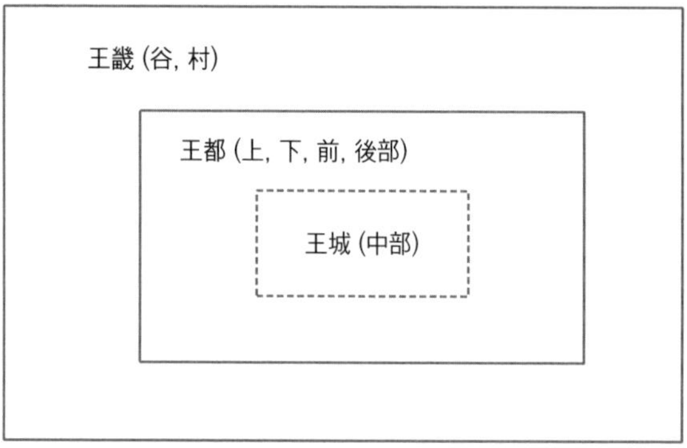

〈그림 1〉 고구려 왕도, 왕기의 권역 개념도

상기와 같이 고구려 왕도와 왕기의 개념이 정해졌다면, 다음으로 국내성 시기 왕도와 왕기의 공간적 범위는 어떠하였는지에 대해 살펴보아야 한다. 흔히 고구려의 도성 구조는 평상시 국왕 거주처인 평지성과 비상시 도피 및 농성이 가능한 산성의 조합으로 이루어진 것으로 파악하고 있다. 다시 말하면 왕성으로 해석할 수 있는 평지성(이하 왕성)과 군사 시설의 성격이 강한 산성이 함께 수도인 도성을 이루고 있었던 것이다. 즉 왕도라는 개념은 왕성과 산성을 비롯한 그 주변의 배후지를 모두 포괄하는 것으로 이해함이 마땅하다. 따라서 왕도에 둔 5부는 왕성 안에만 둔 것이 아니라, 좁은 의미의 수도권인 왕도에 설치한 것으로 보인다.

이와 같은 왕도 권역에 대해 대체로 남쪽으로는 압록강, 서로는 마선구, 북으로는 우산과 환도산성, 동으로는 임강총이 소재한 태왕진 부근으로 설정한 견해가 제기되었다.[22] 이 견해에 따른다면 설정한 왕도 권역은 대체로 오늘날 집안 시내를 형성하고 있는 집안 분지와

22) 임기환, 2015, 앞의 글. 물론 이 지역에 왕도 5부가 설치되었다고 본 것은 아니다.

거의 일치하며, 해당 지역은 고구려 시기의 고분군, 성지, 건물지 등이 가장 밀도 있고 많이 분포하는 지역이다. 이를 국내도성 권역으로 파악한 것은 정확한 판단이라 생각된다.

다만, 왕도에 두었다는 5부의 권역에 대해서는 재고할 필요가 있다. 이른 바 왕도 5부는 국내성 내부에 둔 것으로 보는 견해가 우세하나,[23] 필자가 판단하기에 왕도에 5부가 설치되려면 어느 정도 절대 면적과 인구 규모가 필요하다고 느껴지기에 왕도 5부는 왕성, 즉 국내성이나 환도성 내에 설정된 것이 아니라 전체 왕도 권역에 걸쳐 두어졌다 생각된다.[24] 국내성과 환도성은 왕성으로 中部였을 것으로 추정된다.

도성 내의 지역 구분으로서 방위부는 고구려 장안성이나, 백제 사비 도성, 고구려 한성 등 일정 규모 이상의 도시 면적이 확보되고 방리제와 같은 도시 구획이 정비되었을 경우에 제대로 기능하였던 것으로 보인다.[25] 이것은 고대 국가뿐만 아니라, 중세 국가인 고려이나 조선도 마찬가지이다. 일정 규모 이상의 성곽(나성)이나 있거나, 면적이 확보되고 그 내부에서 방리제가 되었으며 적어도 인구가 5만 명 이상일 때 왕도의 행정 구역으로서 5부가 설정되었던 것이다. 유독 고구려 국내성만이 예외적으로 협소한 왕성 내에만 5부가 두어졌다고 보이기에는 무리가 따른다. 따라서 고구려 유적이 집중적으로 분포하고 있는 집안 분지 전체가 왕도이며 5부가 설치된 권역으로

---

23) 여호규, 2012, 앞의 글; 임기환, 2015, 앞의 글.

24) 정호섭 역시 왕도 5부가 중부를 제외하면 국내성 바깥 지역에 두어졌을 가능성을 제기하였다.(정호섭, 2015, 앞의 글, 132~133쪽)

25) 성주탁은 사비 도성의 5부도 정비된 구획 내에 한정되는 것이 아니라 나성 내부 전체, 즉 상당수의 자연 취락을 기본으로 한 왕도 전체에 설정된 것으로 이해하였다.(성주탁, 1982, 「백제 사비도성 연구」『백제연구』 13)

생각된다.[26] 아래의 지도는 집안 지역의 고구려 주요 유적 분포를 보여주는 것이다.

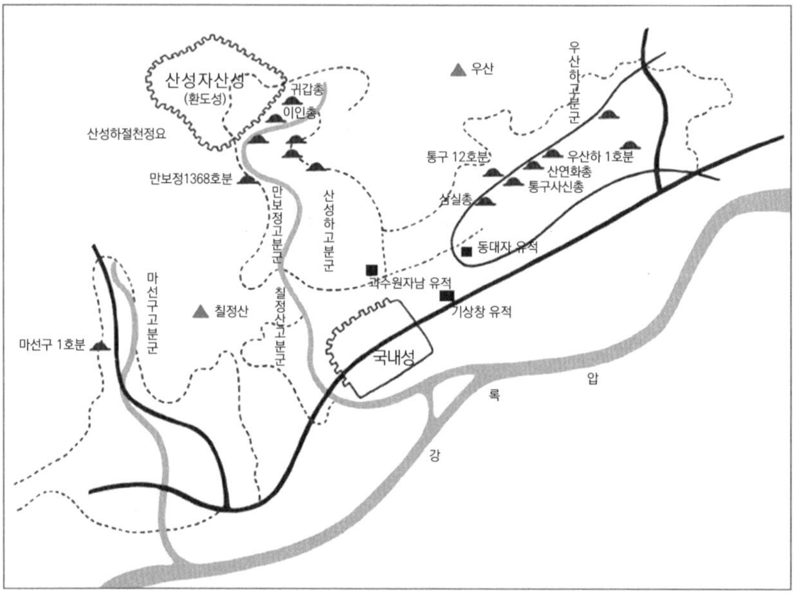

〈지도 1〉 집안 지역 고구려 시기 주요 유적 및 왕도 영역 추정도

끝으로 고구려 국내성 시기 왕기의 범위에 대해서 검토해 보고자 한다. 앞서 언급하였듯이 한국 고대 국가에서 지방 제도 성격의 왕기 제도가 실시되지는 못한 것으로 생각된다. 하지만 왕도의 방어나 배후 생산 기지, 인구 수용처 등의 용도로 개념적 왕기가 설정되어 있었을 가능성은 충분하다. 왕기 개념의 탄생이 본래 그러한 목적이었

---

26) 압록강 이남 지역에도 초기 적석총이 분포하고, 같은 수계임을 고려할 때 대안의 만포 지역도 왕도의 권역에 들어갈 여지가 있다. 그러나 집안 분지가 하천과 산맥이라는 자연지물로 구분되는 곳이므로 해당 지역이 왕도에 속하기는 어려웠을 것으로 보인다. 다만 왕기로 기능하였을 가능성은 존재한다.

음을 상기한다면 어쩌면 아주 당연한 것일 수도 있겠다.

본래 중국에서 왕기는 宗周 6師, 成周 8師 등 천자의 직할 군단이 상주, 방어하던 영역으로 군사적 기능이 강조되던 곳이다. 이처럼 왕기가 수도(왕도) 방위와 밀접하게 존재하였음은 신라의 사례를 통해 확인된다. 신라의 수도 인근에 배치된 군단인 6기정은 신라 왕경의 왕기 역할을 수행하였을 것으로 추정되는 대성군과 상성군 영역에 집중 배치되었다. 지금까지의 연구에 의하면 대성군과 상성군은 신라 왕도를 보호하듯이 외곽으로 설치되었고, 거기에 6기정이 두어진 것으로 나온다.[27] 비록 신라의 경우이기는 하지만, 수도 방위를 위해 수도 외곽 지역에 두어진 6개의 군단명이 畿亭으로 불렸음을 통해 볼 때 설치된 지역이 왕기의 역할을 수행하였음을 추정하기란 그리 어렵지 않다.

이와 같은 맥락에서 고구려 왕도인 집안 지역 외곽으로 정교한 관방 체계가 갖춰져 있었다는 연구가 있어 주목을 끈다. 국내성을 중심으로 동북으로는 大羅圈溝河 수계를 따라 집안 분지로 진입하는 길목을 차단하기 위해 이도구문 관애와 석호 관애가 구축되었고, 북쪽으로는 패왕조산성과 관마장 산성, 북구 관애 등이, 서쪽으로는 혼강과 철개정자 관애와 노변구 관애 등이 구축되어 있어 중층적 호형 방어선이 구축되어 있었던 것으로 파악하였다.[28] 물론 이러한 성곽 중심의 관방 체계는 빨라야 3세기 이후 구축된 것으로 파악된다. 하

---

27) 전덕재에 의하면 신라 왕도의 권역은 경주 분지 일원, 즉 경주시내 지역으로 비정되고, 대성군과 상성군은 경주시의 외곽과 울산시의 일부를 포함한 지역으로 비정된다.(전덕재, 앞의 책, 57~67쪽)

28) 여호규, 1998, 『고구려 성 I (압록강 중, 상류편)』, 국방군사연구소; 2005, 「압록강~요하 유역의 고구려 성과 방어 체계」『한국고대의 Global pride 고구려』, 통천문화사, 54쪽.

지만 성이 축조되지 않았다고 해서 수도에 대한 방어 체계가 형성되지 않았다고 보기는 어렵다. 오히려 성곽 중심의 관방 체계는 왕도를 중심으로 주변 지역에 교통과 방어 체계가 먼저 형성되고 이를 기반으로 요지에 성곽이 축조되면서 성립된 것으로 봄이 옳다.

이처럼 왕도를 중심으로 한 교통 및 방어 체계가 형성된 지역을 오늘날 행정 구역을 중심으로 살펴보면 집안시 전역과 통화현의 일부를 포함한 지역으로 파악된다. 해당 지역은 북쪽으로는 老嶺 산맥, 남쪽으로는 압록강, 서쪽으로는 혼강이 흐르고 있어 지리적으로도 방어에 매우 유리한 조건을 갖추고 있다.[29] 그리고 이 지역은 3세기 이후 요충지마다 성곽이 축조되면서 관방 체계가 확립되고 다양한 교통로로 연결되었다.[30]

대략 오늘날 집안시 전역을 포괄하는 지역이 고구려의 광역 수도권, 즉 왕기로 기능하였을 가능성을 보여주는 또 다른 근거는 집안 외곽 지역의 고구려 유적 분포이다. 주요 유적인 고분과 城址, 건물지 등은 고구려 왕도로 기능하였던 집안 시내 지역에서 집중적으로 분포하고 있다. 왕도로 비정되는 지역 외에 외곽에도 적지 않은 고분군이 있고, 평지성의 흔적도 보이는데, 주로 집안 동쪽 외곽의 유림하 지역과 서쪽의 長川, 양민 지역이 그곳이다.[31] 이들 지역은 집안

29) 해당 지역의 절대 면적은 약 4,000㎢ 이상으로, 약 1,300㎢ 정도인 경주시에 비해 3배 이상의 면적으로서 한국 고대국가의 광역 수도권으로 충분히 기능이 가능 규모로 판단된다.

30) 여호규, 2012, 「고구려 성곽과 방어체계의 변천」 『한국군사사-성곽』 14, 육군본부. 양시은은 하천과 관방체계를 따라 조성된 고구려 왕도로 통하는 6개의 교통로를 고증하였다.(양시은, 2013, 「환인 및 집안 도읍기 고구려 성과 방어체계 연구」 『영남학』 24, 61~64쪽)

31) 이들 지역의 고분군 분포는 孫仁杰·遲勇, 2007, 『集安高句麗墓葬』, 香港亞洲出版社 참조.

분지 외곽에서 가장 넓고 평탄한 지형을 갖고 있어 왕도의 충분히 왕도의 배후지로 기능이 가능한 곳이다. 하천과 산맥이라는 자연 조건, 이들을 이용하여 구축한 관방 체계, 그리고 왕도 외곽의 인적, 물적 배후지가 될 만한 지역들을 모두 포괄하고 있는 지역이 바로 집안 시기 고구려 왕기의 범위이다. 이를 지도에 표시해 보면 아래와 같다.

〈지도 2〉 고구려 왕기 영역 추정도[32]

32) 양시은, 2013, 앞의 글의 지도3을 기반으로 작성함.

(2) 왕도, 왕기 형성의 기반으로서 部(那部)의 설치

초기 고구려에서 왕의 직할지로서 계루부는 중국 周代의 왕기와 같은 성격으로 존재하였을 것으로 보인다. 소국 연맹 단계에서 계루부는 왕의 직할지이기는 하지만, 여타의 나국과 예하 집단들이 독립적 형태로 존재하고 있어 영역 국가의 제도적 왕도 혹은 왕기와는 성격이 다른 것이었다. 그러나 그러한 성격에 변화가 오기 시작한 계기가 고구려사에서는 부의 설치로 생각된다.

부체제기에도 나부는 여전히 반독립적 성격의 단위정치체이며, 그 아래는 다시 여러 개의 독자 세력들로 구성된 누층적 구조를 갖추고 있었음은 주지하는 바이다. 하지만 왕권에 의해 부가 설치되고 강력한 원심력이 작용하면서 점차 국왕의 거주 지역으로의 인적, 물적 자원의 집중화가 가속화된 것은 분명하다. 이러한 인적, 물적 자원의 집적은 다시 왕권 신장의 토대가 되며 더 강하고 큰 규모의 집권화가 이루어지게 된다. 그것이 고대 국가의 왕도, 왕기의 형성 배경인 것이다.

그렇다면 고구려에서 部가 처음 설치된 것은 언제일까. 기록에 의하면 고구려는 3대 대무신왕대부터 部라는 명칭이 등장한다.[33] 이는 적어도 유리왕대까지는 고구려 국왕은 졸본부여 소국을 근간으로 하는 소국의 지배자이면서 고구려의 연맹장 정도의 위치에 있었던 것으로 해석할 수 있다.

각 나들이 나부의 이전 단계로 나국, 곧 독립 소국으로 존재한 시

33) 기록에 나타나는 최초의 부는 연나부이다.
五年十秋七月扶餘王從弟謂國人曰我先王身亡國滅民無所依王弟逃竄都扵曷思吾亦不肖無以興復乃與萬餘人来投王封爲王安置**掾那部**以其背有絡文賜姓絡氏(『삼국사기』 권14 고구려본기 대무신왕)

기의 하한은 대체로 1세기 중엽 정도로 보인다.[34] 그리고 독자적인 세력, 곧 나국으로까지 성장하지는 못하였지만 일정한 세력을 이루고 있었던 집단 혹은 나국의 하부 구성원으로 상정할 수 있는 집단에 대해서는 곡 집단으로 정의하였다.[35] 여호규는 이러한 세력을 나 집단으로 칭하였다.[36] 곡 집단과 나 집단은 명칭의 차이는 있지만 본질적으로 같은 성격의 집단이다.

유리왕대까지 나국이 독립 소국으로서 주몽 집단이 중심이 된 고구려 연맹체에 연맹 관계로 묶여 있다가 이후 나부로 편제되는 과정을 밟은 것으로 이해된다. 그 대표적인 사례가 송양왕의 비류국이 다물국(다물도)를 거쳐 비류나부로 재편된 것이다. 즉 주몽 이전에는 비류국(나국)이었다가 주몽에 복속하면서 다물국이 되면서 연맹체에 편입되었고 종국에는 비류나부로 편제되었다는 것이다.[37]

사료상에서 비류국이 비류나부가 되는 것은 대무신왕대로 나타나고 있다. 즉, 대무신왕대가 되면 주변 세력에 대한 편제 방식과 대외 관계에서 변화가 생기기 시작한 것이다. 대무신왕이 강력한 집권 정책을 구사하며 대내외적으로 신장된 고구려 왕권을 표출하였음은 여러 연구자들에 의해 밝혀졌다. 우선 대내적으로 대무신왕은 자체 운동력을 갖고 반독립적 상태였던 복속 나국에 대한 재편 작업에 들어갔다. 그 첫 번째 수순이 부의 설치로 보인다.[38] 다음 사료는 그러한

34) 임기환, 2004, 『고구려 정치사 연구』, 한나래, 64쪽.

35) 임기환, 앞의 책, 64~65쪽.

36) 여호규, 1992, 「고구려 초기 나부통치체제의 성립과 운영」『한국사론』 27, 20쪽.

37) 임기환, 앞의 책, 67~68쪽.

38) 대무신왕대부터 부가 설치되고 나부 체제가 시동하였다고 본 것은 김현숙이 시초이다.(김현숙, 1994, 「고구려의 해씨왕과 고씨왕」『대구사학』 47; 앞의 책, 26~30쪽) 태조왕대가 되면 나부 체제가 본격적으로 작동하는 것을 보면, 대무신왕대에 이미 그 기초가 다 놓여졌음을 알 수 있다. 삼국사기 고구려본기에서 部

과정을 함축적으로 보여주는 예이다.

A 十五年春三月黜大臣仇都逸苟焚求等三人爲庶人此三人爲**沸流部長**資貪鄙奪人妻妾牛馬財貨忽其所欲有不與者即鞭之人皆忿怨王聞之欲殺之以東明舊臣不忍致極法黜退而已遂使南部使者鄒敎素代爲部長(『삼국사기』 권14 고구려본기 대무신왕)

사료 A에 의하면 대무신왕은 재위 15년에 비류부장인 구도, 일구, 분구를 내쫓아 서인으로 만들었다고 한다. 그런데 이들을 그보다 이전에 비류부장으로 삼았다고 표현하고 있는 것으로 보아 적어도 비류부장 축출 사건 이전에 비류국과 인근 세력들을 함께 묶어 비류나부로 편제한 것이 된다.[39] 그런데 대무신왕의 집권화 정책은 부를 설치하고, 부장들을 폐서인한 것으로 끝난 것이 아니라 계루부 출신의 왕의 가신으로 보이는 남부 사자 추발소를 보내 이들의 자리를 대신하게 한 것이다.

대무신왕의 이러한 파격적 정치 행보는 당시 고구려의 국가 체제 발달 단계로 볼 때 종국에는 나부 지배 세력의 반발과 같은 적지 않은 부작용을 낳았을 것으로 추정된다. 대무신왕 재위 후기에는 초, 중반과는 달리 여러 가지로 흔들리는 모습을 보이게 된다. 갈사왕, 즉 후일의 연나부를 구성하는 세력 중 하나를 외척으로 둔 친자 호동과도 갈등 관계를 배태해 그를 자살에 이르게 하였고,[40] 왕위 계

名이 처음 등장하고, 태조왕 이전에 정치 개혁을 시도한 흔적이 보이는 왕은 대무신왕이 유일하다. 대무신왕 이후의 민중왕과 모본왕은 그 즉위 기간도 짧고 제대로 된 활동 기록도 없는 것으로 보아 이러한 추론은 사실로 생각된다.

39) 조영광, 2010, 「고구려 5나부의 성립과정과 영역 검토」 『대구사학』 98, 47~56쪽.

40) 冬十一月王子好童自殺好童王之次妃曷思王孫女所生也顔容美麗王甚愛之故名好童元妃恐奪嫡爲大子乃讒於王曰好童不以禮待妾殆欲乱乎王曰若以他兒憎疾乎

승에도 문제가 발생하게 된다. 대무신왕과 호동 왕자의 갈등과 왕자의 자살로 귀결되는 구조는 유리왕과 해명 태자의 그것과 매우 닮아 있어 고구려 왕권의 집권력을 강화하고자 하였던 두 왕의 정책으로 인한 부작용이 꽤 심각하였음을 짐작케 한다.

김현숙의 연구에 의하면 고구려 초기사에서 보이는 성씨 사여는 모두 대무신왕대에 일괄 사여된 것으로 보인다.[41] 곧 연맹장의 지위를 넘어 보다 강력한 왕권을 추구하였던 대무신왕은 자신의 직속 신료 집단과 나부의 유력자들에게 성씨 사여라는 수단을 통해 재편을 시도한 것이고, 이는 대무신왕이 추진한 일련의 정치 개혁과 밀접한 관련이 있는 것이다.[42]

고구려 초기 국가의 기틀 마련과 왕권 강화를 위해 유리왕과 대무신왕은 유사한 궤적을 그리며 다양한 정치 활동을 벌였다. 재위 기간만 보면 유리왕의 경우 대내·외적으로 지속적인 수세에 몰린 듯한 느낌을 주나, 천도라는 중대한 정치적 한 수를 통해 극복을 하며 왕권을 더욱 강화하는 방향으로 귀결시켰다. 반면 대무신왕은 비교적 성공적인 내·외부 정책의 성과를 얻었으나, 종국에는 자신의 아들은 물론 어떠한 후손에게도 왕위를 물려주지 못하는 결과를 낳았다. 자신이 비록 유리왕의 삼자였지만 왕위를 계승한 것과는 비교가 된다.

대무신왕 사후의 정세를 조금 더 살펴보면, 대무신왕이 죽자 태자(후일의 모본왕)가 있었음에도 불구하고 '國人'들이 왕제인 민중왕을

妃知王不信恐禍將及乃涕泣而告曰請大王密候若無此事於是大王不能不疑將罪之或謂好童曰子何不自釋乎荅曰我若釋之是顯母之惡貽王之憂可謂孝乎乃伏劒而死(『삼국사기』 권14 대무신왕)
호동왕자가 연나부와 관련이 있고, 당시 왕실은 비류부, 연나부와 연계해 국정을 이끌었던 것으로 보인다.(임기환, 앞의 책, 90~92쪽)

41) 김현숙, 1994, 앞의 글, 40~43쪽.

42) 김현숙, 1993, 「고구려 초기 나부의 분화와 귀족의 성씨」 『경북사학』 16, 17~20쪽.

옹립하였다. 물론 이를 당시의 형제 계승 관행의 결과로 이해할 수도 있다. 그러나 민중왕이 재위 6년 만에 사망하고 대무신왕의 친자인 모본왕이 즉위하였으나, 성격이 포학하다는 이유로 侍臣 중 하나인 두로에 의해 살해된 정황을 보면 뭔가 석연치 않은 부분이 있다. 모본왕 살해범인 侍臣 두로를 '或'으로 표현된 모종의 사람이(나부 귀족 세력으로 추정)들이 꾀었다는 점이다.

모본왕은 대무신왕의 아들이라는 태생도 그러하거니와 외정을 단행하거나,[43] 자신을 거스른 자를 징벌한 점[44] 등 성향적으로도 부친인 대무신왕과 비슷한 모습을 보였다. 추정컨대 그것은 나부 출신 귀족들의 두려움을 샀고 결국 모본왕의 죽음으로 귀결된 것 같다. 모본왕 사후 대무신왕계는 더 이상 왕위를 잇지 못하고 유리왕자 재사의 아들인 궁, 곧 태조왕이 왕위에 오르게 된다.[45] 주로 나부 출신으로 추정되는 당시의 귀족들에게 가장 큰 두려움은 결국 왕이 자신들의 특권을 축소, 박탈하려 한 것이었다. 고구려 초기 그에 가장 부합되는 정책은 독립적이던 소국(那國)을 '部(那部)'로 재편하려 한 시도일 것이다.

소국 연맹체제였던 고구려를 보다 강력한 왕권의 영도 아래로 묶어놓으려 했던 대무신왕의 정책은 나부 귀족 세력들의 강한 저항을

---

43) 二年春遣將襲漢北平漁陽上谷大原而遼東大守蔡彤以恩信待之乃復和親(『삼국사기』 권14 고구려본기 모본왕 2년조)

44) 四年王日增暴虐居常坐人卧則枕人人或動搖殺無赦臣有諫者彎弓射之(『삼국사기』 권14 고구려본기 모본왕 4년조). 본 사료는 모본왕의 포학을 묘사하는 것이나 실상은 모본왕이 반대 세력들에게 가한 징벌적 성격이 짙어 보인다. 비록 짧은 치세지만 모본왕은 대외 정벌과 기민 구제를 단행하는 등의 정책을 펼쳤고, 폭정이라 할 만한 행위를 한 적은 없다. 따라서 해당 기록은 그의 시해 이후 방계인 태조왕이 즉위하며 모본왕의 시해를 합리화시키기 위해 과장되게 묘사한 것으로 추정된다.

45) 태조왕은 계보로는 유리왕의 왕손으로 나타나지만, 이는 생물학적으로 거의 불가능해 후대에 부회된 것으로 보이고 실제로는 계루부 방계 출신으로 이해된다.

초래하여, 자신의 후예가 왕계에서 절멸되기에 이르렀다. 그러나 그가 기초를 놓은 부체제는 정치적 관성과 집권화를 추구하는 왕권의 속성이 맞물려 태조왕대에 그 완성을 보게 된다.[46] 이처럼 고구려사에서 하나의 획기가 되었던 대무신왕대의 가장 큰 정치적 성과는 부 설치에 다름 아닌 것이다.

대무신왕대에 행해진 부의 설치는 한번에 5부를 모두 설치한 것이 아니라 점진적 단계를 거친 것으로 보인다.[47] 즉 5나부는 일거에 확립된 것이 아니라, 왕권에 의해 순차적으로 이루어졌다는 것이다. 그 중 가장 먼저 성립된 것이 국왕의 부인 계루부이다.[48] 계루부는 국왕의 출신 부이자, 부여계 이주민 세력들이 주축이 되었으므로 여타 토착 소국(나국)을 기반으로 한 다른 나부와 달리 빠른 시일 안에 왕권을 핵으로 하여 새로운 체제로 편제하기에 용이한 구조를 갖고 있었다. 그러한 연고로 계루부는 다른 나부와 부명의 계통도 달리하게 된 것으로 보인다. 계루부를 대상으로 한 고구려 왕권의 실험, 곧 부로의 편제는 성공적이었던 듯하다.

계루부에 이어 두 번째로 편제된 부는 비류나부로 추정된다. 비교적 이른 시기인 대무신왕대에 이미 비류부장이라는 호칭이 등장하고, 비류부는 전 왕족으로 고구려 연맹체에 막강한 영향력을 가지며 대무신왕대까지 왕비를 배출하였다.[49] 계루부 왕권의 입장에서 비류

---

46) 계루부 왕권이 태조왕대에 이르러 주변 나국의 복속을 마무리 지으며 5나부 체제를 본격적으로 형성한 것으로 보았다.(노태돈, 1975, 앞의 글, 14쪽) 부체제론에 입각한 연구자들은 대부분 이에 동의하고 있다.

47) 이것은 백제의 사례를 통해서도 확인이 된다. 백제의 5부가 형성되는 과정을 보면 먼저 북부와 동부가 설치되고, 이후 서부와 남부가 차례로 설치된다.

48) 신라 部 용어의 용례를 통한 정착 사례를 보면, 국왕 직속 부에 제일 먼저 部라는 용어를 사용했던 것으로 나온다.(이문기, 2009, 「포항중성리신라비의 발견과 그 의의」『한국고대사연구』 56, 44쪽)

부는 가장 큰 협력자이며 동시에 라이벌이었던 것이다. 그와 같은 역사적 배경이 주몽, 유리, 대무신왕대의 다양한 비류부(국) 관련 설화로 남게 된 것으로 보인다. 이러한 추정은 비류부의 명칭 역시 다른 나부와 비교해서 독특하며, 견제와 특권을 동시에 부여받아 계루부 왕권에 대해 상당히 혼란스런 태도를 반복적으로 취한 것에서 추론 가능하다. 그리고 비류나부와 거의 동시에 연나부가 부로 편제되었으며, 이후 나머지 2나부도 이후 빠른 속도로 편제되었으리라 생각된다.[50] 이러한 과정은 모두 대무신왕대에 행해진 일련의 정치 체제 개편의 결과로 이루어진 것이다.

대무신왕대의 부의 성립이야말로 그동안 소국의 國邑 혹은 왕의 직할지 정도의 성격으로 머물렀던 고구려 왕도와 그 주변이 진정한 의미의 왕도와 왕기로 재편되는 첫 단계였다. 방위부가 본격적으로

---

49) 유목 국가는 국가 건설을 주도하고 군주를 배출한 군주 씨족과 이들의 배우자를 배출하며 결합한 인척 씨족으로 구성된 핵심 집단, 그리고 핵심 집단과 연합해 문화적, 혈연적으로 일체감을 형성한 연맹 집단, 정복 전쟁의 결과 복속된 종속 집단으로 구성되었다고 한다.(김호동, 1989, 「고대 유목국가의 구조」『강좌 중국사』 Ⅱ, 지식산업사, 268~272쪽) 신라의 6부 체제 역시 이러한 구조를 준용하여 탁부와 사탁부로 구성된 핵심 집단, 본피, 사피, 잠탁, 한기부로 구성된 연맹 집단, 그리고 복속 소국이나 읍락으로 구성된 부용 집단, 즉 종속 집단으로 구성되었다고 파악한 견해가 있다.(전덕재, 2000, 「6세기 초반 신라 6부의 성격과 지배구조」『한국고대사연구』 17, 279~282쪽) 고구려 또한 유사한 예로서, 비류나부나 연나부는 인척 씨족과 같은 성격으로 보인다. 이들이 핵심 집단을 구성한 것은 당연하다.

50) 이것은 신라 6부 성립의 이론 중 하나인 단계적 성립론과는 거리가 있다. 신라 6부의 단계적 성립설은 경주 원주 세력인 탁부가 약 2세기 이상의 기간에 걸친 정복 사업을 통해 사탁부, 본피부와 나머지 부들이 점진적으로 복속·편제되었다고 보는 견해이다.(末松保和, 1954, 「新羅六部考」『新羅史の諸問題』, 東洋文庫, 299~305쪽) 고구려 5부는 주몽, 유리왕대에 이미 강하게 결속한 연맹체였으며, 대무신왕의 정치적 시도로 재편된 것이다. 다만 대무신왕이 나부 체제를 처음 가동할 때 계루부가 여러 가지 특수성으로 말미암아 첫 대상으로 선택되고 편제되었을 가능성이 크다는 것을 강조한 것이다.

등장하는 고국천왕대가 되면 단순히 국왕의 직할지로서가 아니라 왕도의 배후지로서 진정한 의미의 기내가 성립되고 평양 천도 이후 도성제가 확립되면서 방위 구분에 의한 도성 5부제가 실시되기에 이른다.

집안 분지 일대에 나부 출신 유력 세력들을 안치해 왕도를 구성하고, 점차 왕권에 의한 구심력이 강화되며 나부 유력 세력의 왕도 집중이 심화되자, 이들을 뒷받침하기 위한 나부의 하부 세력들도 왕도 부근으로 집결하게 되었을 것이다. 이들은 자연스레 왕도 부근의 배후지에 집주한다. 이와 발맞추어 왕도와 그 주변에 대한 정비 작업도 함께 해 나갔으리라 생각된다. 이에 대해서는 다음 절에서 고찰해 보도록 하겠다.

2. 고구려 왕도 5부의 형성

앞에서 검토해 본 바와 같이 초기 고구려는 왕의 직할지인 계루부를 필두로 하여 순차적으로 5개의 나부가 성립되며 5나부체제를 이루었다. 통설에 따른다면 나부체제는 집권화가 진전되며 점차 왕도 내의 5부, 곧 방위부로 전화되어 간다. 여러 사료에 의하면 고구려사에서 고유명의 5나부와 방위명의 5부가 존재한 것은 분명하다. 그리고 양자는 그 존재 양태나 시기, 성격, 지역적 범위 등 모든 면에서 차이를 보이고 있다.[51] 그런데 반드시 짚고 넘어가야 할 점은 나부와 방위부가 엄연히 공존한 시기가 있다는 것이다.

3세기 고구려의 상황을 전하는 사료인 『삼국지』를 보면 당시 고구려는 5개의 부(나부)가 존재한 것으로 나온다. 그런데 『삼국사기』에

51) 나부와 방위부는 같은 부를 칭하고 있지만 그 성격이 전혀 다름은 이미 충분히 해명되었다.(임기환, 앞의 책, 106쪽)

는 늦어도 2세기 말에는 수도에도 성격은 다르지만 같은 한자인 部를 쓴 단위가 존재하였음을 알 수 있다. 이른바 방위부의 존재가 그것이다. 그렇다면 최소한으로 잡아도 2세기 후반에서 3세기 말까지 약 100년간은 고구려 내부에서 部라는 명칭으로 불린 지역 혹은 정치체는 산술적으로 9개~10개[52]의 部가 있었던 것이 된다. 그러나 『삼국지』는 소위 방위부에 대한 언급은 전혀 없고 오직 고유명 부, 곧 나부에 대해서만 자세히 소개하고 있다. 이것은 『삼국지』 기록의 누락으로 이해할 수도 있겠지만, 나부에 대한 소개가 상당히 중요하고 자세함을 고려할 때 동일한 명칭으로 방위부가 존재하였다면 무관심 혹은 고의로 누락하였을 가능성은 거의 없다고 보아도 무방하다.

그렇다면 『삼국지』에서 방위부가 빠진 이유는 무엇일까. 이는 두 가지 경우로 추측할 수 있다. 이 시기까지 방위부가 두어지지 않았거나, 방위부가 다른 명칭으로 불렸을 가능성이다. 전자는 다른 사료와 고구려의 역사 발전 단계 등을 고려할 때 가능성이 거의 없으므로 후자가 원인이었을 것으로 생각된다. 적어도 당시까지 왕도에 설치한 5부는 部로 불리지 않았을 개연성이 크다는 것이다. 왕도의 구획명인 방위부의 접미어가 部가 아니라 다른 명칭으로 불리었음을 추측케 하는 기록이 비록 후기의 것이지만 존재하고 있다. 아래의 기록들이 참고가 된다.

B-(1) 其國…… 復有內評·外評·五部褥薩(『隋書』 권 81高麗傳)

B-(2) 其俗呼城曰健牟羅, 其邑在內曰啄評, 在外曰邑勒, 亦中國之言郡縣也. 國有六啄評, 五十二邑勒(『梁書』 권 81高麗傳)

52) 방위부가 계루부에 설치되어 계루부 전체가 방위부로 재편되었다면 9개이고, 계루부 내에서도 일부 지역, 즉 왕도에만 설치되었다고 본다면 10개이다.

B-(1)은 평양 시기 고구려의 영역 구분에 대한 대강을 알려주는 귀중한 자료이다. 문장의 맥락상으로 보아 評은 고구려의 행정 구역명, 혹은 지역 구분 단위가 분명하다. 그런데 중국에서 評을 지명 단위나 행정 구역으로 사용한 예는 전혀 찾을 수가 없고, 고구려 외에는 한반도의 신라나 가야, 그리고 일본에서 지명 단위로 사용한 흔적이 찾아진다. 그렇다면 내평, 외평의 評은 일단 고구려 고유의 지명 용어를 훈차한 표현이라 보아도 무방하겠다.[53] B-(1)의 내평과 외평에 대해서는 그동안 적지 않은 해석이 나왔는데, 내평을 왕도와 기내를 포함한 수도권 지역으로, 외평을 나머지 지역으로 보는 것이 일반적이다.[54]

그런데 여기서 評을 반드시 고구려 전역을 내, 외로 나누어 파악한 것인지에 대해서는 재고할 필요가 있다. 사실 지방 제도로서 전국 5부를 상정하기 어려운 상황에서 동일 계열의 표현으로 추정되는 내평과 외평의 '評'을 성격도 다르고 계열화하기도 어려운 왕도(왕기 포함)와 나머지 지방에 함께 적용하였다고 보기는 힘들다. 評은 지방이면 지방, 왕도면 왕도로 같은 성격의 지역에 대한 구획명으로 보는 것이 합리적이다.

B-(2)에서 보이듯 評은 신라에도 나타나며, 문맥으로 보아 수도에 설치된 6부를 뜻하는 것으로 이해할 수 있다.[55] 즉 啄評은 部를 의미

53) 실제 일본 고대 국가에서 評의 발음은 コホリ 또는 ゴオリ로서 큰 마을을 뜻하는 우리말 '고을'에서 그 어원을 찾을 수 있고, 한반도에서 전해진 것으로 여겨진다.(손대준, 1991, 「일본 고대의 고호리(評, 郡)에 관한 연구」 『경기교육논총』 1 참조)

54) 관련 연구는 山尾幸久, 「朝鮮三國の軍區組織」 『古代朝鮮と日本』, 1974, 154~158; 임기환, 2004, 앞의 책; 김현숙(앞의 책)이 대표적이다. 노태돈은 이를 내역과 외역, 즉 '안 지역'과 '바깥 지역'으로 구분한 것으로 파악하였다.(노태돈, 1975, 앞의 글, 4쪽)

하는 용어로 중국 사서에 나타나는데, 啄은 6部 중 喙部를 일컫는 고유 명사의 성격을 지니므로 신라에서 評이 곧 部라는 의미로 사용되었음을 짐작할 수 있다.[56] 그리고 그 部는 신라 왕경에 설치된 것이므로, 評은 수도의 지역 구분을 위해 사용한 호칭이라 보아도 크게 틀리지 않는다. 동일 계열의 지명 단위가 고구려와 신라에서 동시에 나타나는 것으로 보아 이는 상호 영향의 결과이며, 역사적으로 볼 때 고구려가 신라에 전해 준 것일 가능성이 높다. 그렇다면 고구려에서도 評은 신라와 마찬가지로 수도 권역의 지역 구분 단위나 지역명으로 사용되었으리라 생각된다.[57]

만약 위의 추론이 틀리지 않았다면 고구려는 수도(혹은 수도권)을 고유어로 評이라 칭하였을 것이다. 그리고 그 발음은 '벌', '부리' 등으로 추정된다.[58] 그런데 여기서 한 가지 더 흥미로운 점은 벌, 부리라는 뜻의 評과 통하는 지명 어휘가 또 있다는 것이다. 平이 바로 그것이다. 평이 들어가는 지명으로 가장 유명한 것은 잘 알려져 있듯이

---

55) 이에 대해 6啄評을 6부가 아니라, 신라의 畿內 6停으로 이해한 견해도 있으나, (末松保和, 1954, 앞의 글, 398쪽) 모두 수도 부근을 의미하는 것으로 파악하여 본고의 논지 전개에는 큰 여파가 없으므로 자세한 논의는 생략한다.

56) 논란의 여지가 있지만, 포항 중성리 신라비에는 지명으로 해석할 여지가 있는 評이 한국 금석문에서 최초로 확인되고 있다. '喙評公斯弥'와 '金評'이 그것이다. 후자의 경우 인명일 가능성이 농후하지만, 습비부(이용현, 2011, 「중성리비의 기초적 검토」『고고학지』, 국립중앙박물관)와 한기부(박남수, 2010, 「「浦項 中城里新羅碑」의 新釋과 지증왕대 정치 개혁」『한국고대사연구』 60)로 해석한 견해도 있어 재고의 여지는 남아 있다.

57) 노태돈은 部內部 집단의 명칭을 '評'이라 하지 않았을까 추론한 바 있다.(노태돈, 1975, 앞의 글, 29쪽) 사실 여부를 떠나 評이 고구려의 고유한 지명 단위명으로 사용되었을 가능성과 그 사용 시기가 고구려 초기 단계까지 올라갈 가능성을 열어두었다는 점에서 연구사적 의의가 크다.

58) 『日本書紀』 권17 繼體 24년조를 보면 한반도의 지명인 背評의 훈독을 能備己富里로 적기하고 있어 評이 벌판을 의미하는 부리, 벌의 뜻 새김 글자임을 알 수 있다.

평양이다. 일찍이 양주동은 平壤이라는 지명 자체가 고구려어로 부루나, 벌나의 훈독인 것으로 보았다.[59)]

평양은 오늘날 북한의 수도이자 장수왕대에 천도한 고구려 후기의 수도로 잘 알려져 있다. 그러나 사료상의 평양이 우리가 흔히 알고 있는 평양만을 지칭하고 있는 것은 아니다. 다음은 『삼국사기』와 『삼국유사』에서 고구려 후기 평양을 제외한 여타의 평양 관련 사료들을 모두 뽑은 것이다.

C-(1) 東川王21年春二月王以丸都城經亂不可復都築平壤城移民及廟社

C-(2) 故國原王4年秋八月增築平壤城

C-(3) 故國原王13年秋七月移居平壤東黃城城在今西京東木覓山中

C-(4) 漢陽郡本高句麗 北漢山郡(一云 平壤)(『三國史記』 권35 지리2 신라)

C-(5) 十二年秋八月雲起狼山望之如樓閣香氣郁然久而不歇王謂是必仙靈降遊應是福地從此後禁人斬伐樹木新成平壤州大橋(『三國史記』 권3 新羅本紀 實聖尼師今)

C-(6) 十二年辛未王命居柒夫……與百濟侵高句麗百濟人先攻破平壤居柒夫等乘勝取竹嶺以外高峴以內十郡(『三國史記』 권44 居柒夫傳)

C-(7) 十七年春正月憲昌子梵文與高達山賊壽神等百餘人同謀叛欲立都於平壤攻北漢山州都督聰明率兵捕殺之(平壤今楊州也太祖製庄義寺齋文有高麗舊壤平壤名山之句)(『三國史記』 권10 新羅本紀 憲德王)

---

59) 양주동, 1965, 『增訂 古歌硏究』, 일조각, 6; 도수희 역시 어학적으로 한국 고대 지명의 平이 벌, 부루의 훈차자라고 보았다.(도수희, 2000, 「옛 지명 해석에 관한 문제들」 『地名學』 3, 56~57쪽)

C-(8) 至十三世近肖古王 咸安元年 取高句麗南平壤 移都北漢城(今楊州)(『三國遺事』 권2 紀異 南扶餘·前百濟)

C-(9) 義熙九年癸丑平壤州大橋成(恐南平壤也今楊州)(『三國遺事』 권1 紀異 第十八實聖王)

위의 사료들 중 C-(4)~(9)의 평양은 오늘날 서울 인근을 가리키는 것으로 이른바 남평양으로 추정된 지역이다. 그리고 C-(1)~(3)은 정확한 위치를 비정하기는 어렵지만 분명한 것은 오늘날 평양을 지칭하는 것이 아님은 확실하다는 것이다.[60] C-(1)의 시기에는 오늘날 평양 지역에 낙랑군이 건재하였고, C-(2)의 평양성은 增築이라는 표현을 쓴 것으로 보아, C-(1)과 연결되는 것으로 보는 것이 합리적이다. C-(3)의 경우 오늘날 평양과 연결짓는 견해도 있으나, 고국원왕이 아직 건립되지도 않은 평양성(안학궁성이나 장안성 모두 이 시기에는 건립되지 않았다.)에서 다시 동쪽의 黃城으로 옮겨갔다는 사실은 아무래도 납득하기가 어렵다.

어쨌든 이들 사료에 보이는 지역과 오늘날 평양까지 합치면 고구려사에는 최소한 3개 이상의 평양이 존재한 것이 된다.[61] 『삼국사기』와 『삼국유사』에서 확인할 수 있는 3개의 평양은 지리적으로 분명히 각각 별개의 곳에 소재한 것이다. 그런데 이들은 몇 가지 공통점을

60) 이병도는 평양 천도 이전의 평양 관련 기록들을 모두 집안 분지에 있던 국내성이나 환도성의 오기로 보았다. 그럴 소지가 없는 것은 아니지만 여러 계통의 전거를 종합적으로 참조해 편찬하였을 『삼국사기』 찬자가 반복적이고 지속적으로 그러한 오류를 범하였다고 치부하기는 어렵다. 오히려 당시의 수도를 평양으로 지칭하였고, 그러한 전거가 여러 곳에서 보였기에 그대로 기록하였다고 보는 것이 더 자연스럽다. 여기서 말하는 평양은 대체로 집안 분지 일원을 지칭하는 것으로 봄이 일반적이다.

61) 『遼史』 지리지에 보이는 평양(요양 지역)과 『열하일기』에 보이는 북평양(단동 봉성 지역)까지 더하면 그 수효는 더욱 늘어나나 여기서 상론하지는 않겠다.

갖고 있었던 것으로 보이는데, 첫째는 어원처럼 비교적 넓은 벌판 혹은 평탄한 분지 지형에 입지하였다는 것이고, 수도나 그에 준하는 큰 도회를 이루고 있었다는 것이다.

위와 같은 사료들을 통해서 볼 때 평양은 본래 낙랑군이었던 현재의 평양을 가리키는 고유 명사가 아니라, 고구려에서 수도에 버금갈 정도로 큰 성이나 평탄하고 개활한 지역에 위치한 대도회를 일컫는 단어였음을 짐작케 한다.

지금의 평양에 평양이라는 지명이 붙는 것은 빨라야 313년 미천왕의 낙랑군 축출 이후이다. 그 이전까지 평양은 고조선 시기에는 왕검성 혹은 험독 등으로 불리었고, 낙랑군이 설치되고 나서는 낙랑이나 조선으로 불린 것으로 나타난다. 평양이라는 이름이 붙게 된 것은 빨라야 광개토왕대 이후(9寺 창건 기록)로 보인다. 이러한 지명의 연혁을 고려할 때도 구체적인 시기는 알 수 없지만 평양이라는 지명이 먼저 생기고 광개토왕대 이후에 오늘날 평양도 그러한 이름으로 불리게 된 것임을 추측할 수 있다.

그렇다면 수도 혹은 넓은 벌에 위치한 도회라는 의미를 지닌 평양이라는 지명의 기원은 어디에서 찾을 수 있을까? 현재로서는 그 정확한 시점을 알기는 어렵지만 평양이라는 명칭이 주로 이른 시기부터 주로 수도와 관련되어 등장하는 것으로 볼 때 수도나 수도권의 정비와 함께 탄생하였을 개연성이 있다 생각된다.62)

---

62) 여호규는 남평양의 사례를 들어, 고구려가 중요한 지역에 별도를 두고 수도에 준하는 체제와 명칭을 붙인 것으로 파악하였다. 그러한 별도는 수도를 모방한 입지와 공간 구조를 갖추고 있었고, 신라의 소경과도 유사한 존재로 생각된다. (여호규, 2002, 「한국 고대의 지방 도시-신라 5소경을 중심으로」 『강좌 한국고대사』 7, 가락국사적개발연구원, 124~131). 조금 시기가 떨어지기는 하지만 6세기 무렵 고구려가 국내성, 한성 외에도 국원성, 남평양 등 몇 개의 별도를 운영하였을 가능성이 제기되었다.(김현숙, 앞의 책, 375~378쪽) 이러한 수도 혹은

주지하듯 벌(부루)은 넓은 들판이라는 뜻으로, 고구려는 물론 신라, 백제, 가야 등 한반도 전역에 지명어로 고르게 분포하고 있다.[63] 산지가 많은 한반도와 남만주의 지형상 물산의 집산지이자 대규모 거주지로 개발 가능한 평야 지역, 곧 벌은 서울(중심지) 혹은 대도회의 의미를 지니게 되었고,[64] 평양이라는 단어 역시 그러한 의미를 지닌 보통 명사에 가까운 것이었다. 그러나 장수왕의 천도로 평양이 사실상 고유명사화하자 본래 용례에 구분이 없던 評은 수도라는 의미의 단어로 분화하고, 平은 그대로 고유명사 평양에 사용된 것일 생각된다.[65]

이러한 고구려의 評의 용례는 광개토왕 남정 이후 고구려의 영향과 고구려발 정치적 충격을 강하게 받은 신라와 가야 지역으로 퍼져 나갔고, 이를 거쳐 일본까지 전해진 것으로 파악된다.

국내성을 중심으로 한 집안 지역이 평양 혹은 評으로 칭해졌을 가능성에 대한 또 다른 근거가 있다. 고구려 초기 사료에 집중적으로 등장하는 原계 지명이 그것이다. 추측컨대 原은 그 한자의 뜻으로 보아 넓은 평야 지역에 붙여진 지명 어휘였을 것이다. 原이 한국 고대어로 벌, 벌판에 해당하는 한자이고, 그것이 伐, 平(評) 등과도 같은 의미로 조응함을 고려한다면 충분히 가능한 가설이다.[66]

그에 준하는 별도에 평양이라는 명칭이 붙여졌다는 것은 수도를 일컫는 일반 명사에서 고유 명사로 정착되는 과정을 거쳤음을 짐작할 수 있다.

63) 김종택, 2001, 「고대 국어 지명 접미사 '-pəl'의 분포 양상」 『지명학』 5 참조.

64) 小田省吾, 輕部慈恩 등은 夫里(伐, 弗, 火)라는 지명 접미사가 큰 도회나 도읍, 즉 서울을 가리키는 것이라고 해석하였다.(小田省吾, 1974, 「上世史」 『朝鮮史大系』; 1972, 輕部慈恩 『百濟遺跡の硏究』, 吉川弘文館)

65) 여담이지만 이러한 역사적 유래와 내력을 가진 평양이라는 지명이 만주 지역에도 나타난다고 해서 그곳이 장수왕대에 천도한 평양이라는 요지로 최근에 제기되고 있는 주장은 매우 비역사적이고 축자적인 해석이다.

『삼국사기』 고구려본기에서 原이 붙는 지명은 고구려 초기에 집중적으로 등장하고 있다. 그리고 왕의 장지명으로 고국원왕대까지 등장한다. 원이 왕의 장지명이나 고구려 초, 중기의 수도와 가까운 지역에 위치한 지역에 붙은 것으로 보아, 단순히 지형적 특성에 따른 어미가 아니라, 국내성 외곽에 둔 행정 구역명일 가능성도 있다.[67)]

초기 고구려 중심지의 지리 조건을 감안할 때 原野 혹은 原으로 불릴 만한 지형이 집중적으로 분포할 만한 곳은 수도였던 집안과 환인밖에 없다. 실제로 이들 지역을 내부 혹은 주변으로 原이라는 접미사가 붙은 특정 지명이 다수 분포한다. 사료에서 원계 지명은 초기에는 특정 지역명으로 집중적으로 등장하다가 점차 國, 東, 中, 西(川原) 등 방위와 밀접한 형태의 정연한 양상으로 전개된다.

물론 이것은 고구려 초기 수도가 입지한 환인, 집안 지역이 분지 지형으로 벌판을 뜻하는 原을 부여할 만한 지형 조건을 갖춘 지역이 많음에서 기인한 바가 클 것이다. 그리고 왕의 장지를 정하면서 이전 왕들의 장지와 구분하기 위해 붙여졌을 수도 있다. 그러나 단순히 그렇게 파악하기에는 원계 지명들이 수도 근처로 집중 분포하고, 왕권 혹은 왕권에 복속된 세력과 밀접한 관련을 갖고 있었음을 상기한다면 지나치게 수동적 분석이 아닐까 한다. 즉 원계 지명은 그 지형을 반영한 것이기도 하지만, 계루부 왕권이 집권력의 강화라는 특정한 목적을 갖고 수도 혹은 수도 부근에 설정한 구역일 수도 있겠다.[68)]

---

66) 양주동, 앞의 책, 391쪽.

67) 임기환, 2003, 앞의 글.

68) 이러한 가능성을 열어 둔 것은 임기환이 최초로, 그는 기본적으로 5부가 국내성 내부에 있었던 것으로 추정하였지만, 국원, 동천원, 중천원, 서천원, 미천원 등 원계 지명이 국내성 외곽에 집중 분포하고 방위명을 띤 것을 볼 때 왕도 5부로 볼 여지도 있음을 피력하였다.(임기환, 2003, 앞의 글, 10~11쪽)

고구려의 경우 국토의 대부분이 산지에 위치하여 취락은 주로 산곡이나 내(川)를 따라 자리 잡은 좁고 긴 평지에 입지할 수밖에 없었다. 고구려인들이 자신들이 거주한 땅을 일컬은 나라는 명칭이 본래 계곡사이의 좁은 땅을 의미하는 것도 이러한 지형 입지에서 비롯된 것이다. 그러나 고대 국가의 발전 단계에서 좁고 한정된 소국 범위를 벗어나 영역 국가로 도약하기 위해서는 보다 안정된 생산 기반 및 교통과 방어에 유리한 중심지가 필수적이었다. 이러한 조건에 맞추기 위해서는 국가의 중심지, 곧 수도는 많은 인구 집단을 수용할 수 있고 교통도 편리한 평지나 분지 지역에 입지할 수밖에 없다. 고구려 초기 중심지인 환인과 집안은 모두 압록강 중, 상류와 혼강 유역에서 가장 넓은 평지임을 감안한다면 고구려 왕권 역시 이러한 조건에 맞는 지역을 자신들의 기본 근거지로 확보하고 주변 세력들을 복속시켜나가며 소국 연맹체에서 중앙집권적 영역 국가로 성장해 나갔다.

상대적으로 평지 지형이 부족한 고구려에서 넓은 평지는 수도의 입지 조건에 부합하여 곧 수도를 의미하였고 그 수도를 일컫는 표현으로 넓고 평평한 땅, 곧 평나, 불나, 평양이라는 보통 명사적 고유명사가 탄생하게 되었다고 생각된다.[69]

---

69) 이와는 논의의 초점이 조금 다르기는 하지만, 平壤이 집안 지역의 지명이었음을 피력한 주장은 꾸준히 제기되었다. 魏存成은 국내성이 곧 평양성이라고 보았고(魏存成, 1985, 「高句麗初中期的都城」『北方文物』1985-2, 29쪽), 민덕식은 평양성이 국내성의 별칭일 가능성을 제기하였다.(민덕식, 2003, 「고구려 평양성의 도시형태와 설계」『고구려연구』15, 118~119쪽) 여호규는 평양성이 집안분지에서 가장 넓고 평탄한 중심부에 위치하였을 가능성을 타진하였다.(여호규, 2012, 앞의 글) 張福有는 운봉댐 수몰지구의 조사 성과를 토대로 집안 시내에서 동북쪽으로 떨어진 良民 지역이 평양일 것으로 추정하였다.(張福有, 2004, 「高句麗第一個平壤城在集安良民卽國之東北大鎭-新城」『東北史地』2004-6) 심광주와 김희선 역시 국내성과 평양성을 연결하여 이해하였다.(심광주, 2005, 「고구려 국가형성기의 성곽연구」『고구려의 국가형성』, 고구려연구재단; 김희선,

국내성 지역이 평양으로 불리었을 개연성을 던져주는 사료는 또 존재한다. 동천왕대 관구검이 침공하여 환도성을 함락하고 환도산에 不耐城이라고 새겼다는 기록이다.70) 이에 대해서는 『三國志』71)의 기록을 잘못 해석한 것으로 인한 두찬으로 보는 견해가 있다.72) 그러나 불내가 불내예, 불이현 등의 지명을 볼 때 예맥계 종족들에게 보편적으로 나타나는 지명일 수도 있다는 생각이 든다. 不耐의 어간은 '불'로서, '불'은 넓은 곳, 평평한 곳을 의미하고, '耐'는 內, 那와 상통하는 땅을 뜻하는 어미로 풀이한다면, '벌나' 곧 평양의 同音異寫로 간주할 수 있다.73) 그리고 불내예 역시 동예 지역에서 가장 중심 세력이었음을 상기한다면 불내 혹은 불, 즉 評은 수도를 지칭하는 말로 사용되었음을 알 수 있다.

이러한 추정은 유리왕대 천도 지역명을 통해서도 확인이 가능하다. 유리왕이 천도한 국내위나암은 크게 세 부분으로 이루어진 단어이다. 국내는 특정 지역명이라기 보다는 국읍과 같은 의미인 가장 중심되는 那, 곧 國那라는 보통명사이고 위나는 해당 지역의 본래 지역명, 그리고 암은 그 지역의 지역적 특색[巖石之地]을 함축적으로 표현한 지명이라 생각된다. 즉 본래 위나라고 불린 암석 지형의 지역을 국나로 삼았다는 의미로 풀이할 수가 있다. 국내는 이후 국내성이

2010, 「고구려 국내성 연구」『백산학보』 87)

70) 冬十月儉攻陷丸都城……到丸都山銘不耐城而歸(『삼국사기』 권17 고구려본기 동천왕 20년)

71) 毌丘儉字仲恭……至肅愼氏南界, 刻石紀功, 刊丸都之山, 銘不耐之城(『三國志』 권28 毌丘儉傳) 이 외에도 『翰苑』, 『括地志』 등 국내성을 불내성으로 기록하고 있다.

72) 李丙燾, 1976, 「臨屯郡考」『韓國古代史硏究』, 박영사.

73) 不耐는 '벌ㅣ'의 훈차 표현으로서 平壤으로도 異寫될 수 있는 표현임이 일찍부터 지적된 바가 있다.(辛兌鉉, 1958, 『三國史記地理志의 硏究』, 우종사, 101쪽)

라는 고유명사로 전이되지만, 처음에는 국나 즉 수도라는 뜻으로 사용되었다.[74] 그것은 유리왕대의 해당 기록에 '城' 자가 빠져있는 것에서도 짐작할 수 있다.

그렇다면 과연 왕도에 방위부의 원형이 되는 評을 설치한 시점은 언제로 잡아야 할 것인가가 또 다른 의문으로 떠오른다. 나부와 마찬가지로 방위부도 그 정확한 설치 시기가 사료에 보이지 않는다. 현재로선 방위부가 본격적으로 사료에 등장하기 시작하는 고국천왕대 이전의 어느 시점으로 짐작이 가능할 뿐이다. 이를 풀기 위해서 다시 대무신왕대의 기록으로 돌아가보자. 그동안 대개 후대의 부회이거나 오기일 것으로 판단하는 방위부 관련 기록이 있어 다시 한번 검토해 볼 필요가 있다. 대무신왕대 남부 대사자 추발소의 존재가 그것이다.

앞에서 살펴 본 사료 A는 대무신왕이 3인의 비류부장을 폐서인한 후 계루부 출신으로 보이는 추발소를 그 대행으로 임명해 내려보냈다는 내용을 적기하고 있다. 여기서 추발소의 출신 부가 남부로 나타나고 있는데, 기존에는 이것을 오기거나 후대의 사실이 부회된 것으로 이해하였다. 물론 필자 역시 이 시기부터 왕도에 방위에 따른 구획명으로서 5부가 설치되었다고 보지는 않는다. 하지만 후일 왕도 5부, 곧 방위부와 연결 지을 수 있는 모종의 행정 구역이 설치되었을 개연성이 높다. 전절에서 설명하였듯이 部, 곧 나부의 첫 설치는 대무신왕대 계루부가 시초이다. 기존 나국과 나, 또는 곡 집단에 대한 재편을 위해 왕의 직할지에 처음으로 부를 두면서 그 하위 단위로서

74) 노태돈은 '국내'가 고유 지명이 아니라, '國那' 곧 국도를 뜻하는 일반 명사에서 기원하였을 가능성을 피력하였다.(盧泰敦, 1999, 「고구려의 기원과 국내성 천도」 『한반도와 중국 동북 3성의 역사 문화』, 서울대 출판부, 358쪽)

評, 곧 후일 방위부의 전신이 두어졌을 가능성이 크다 생각된다.

그동안 나부는 상대적으로 낮은 단계의 집권화와 간접 지배 방식을 보여주는 정치 체제이며, 방위부는 집권 체제가 완비되고 정교한 관료 조직이 성립된 전형적인 중앙집권적 귀족 국가의 통치 체제가 정비된 상황을 보여주는 것으로 인식되어 왔다. 그리고 그것은 시간적 선후 관계를 갖고 있다는 의식을 전제하고 있기도 한 것이다. 물론 그러한 개념적 이해가 틀린 것은 아니다. 그러나 그것은 어디까지나 결과론적 해석이며, 나부와 방위부의 절대·상대적 설치 시점을 설명해 주는 것은 아님을 유념하여야 한다.

즉 나부와 방위부의 성격 차이가 두 가지 형태의 부의 기원 문제까지 밝혀주지는 못한다는 것이다. 역사적으로 보았을 때 결과적으로 나부는 해체를 맞이하였고, 방위부는 새로운 형태로 등장한 것은 사실이지만, 그것이 양자가 시간적 선후 관계를 가진 전자와 후자의 개념으로 성립하였다는 것을 입증해 주는 것은 아니기 때문이다.

흔히 생각하는 것처럼 방위부가 반드시 집권 체제의 성립과 함께 나타나는 것만은 아닐 수도 있다. 집권화가 제대로 이루어지지 못한 공동체적이고, 족적 지배 질서가 강하게 유지되고 있는 상황에서도 방위부가 설정될 수 있음을 추론케 하는 자료들이 있어 검토를 요한다.

고대인이 직접 남긴 금석문 자료에서도 확인되듯이 평양 시기 고구려나 사비 시기 백제의 도성에는 전형적 왕도 5부제가 실시되었다. 그런데 이들이 칭한 부명을 자세히 보면 순수한 방위명인 동, 서, 남, 북보다는 상대적 위치를 딴 상, 하, 전, 후가 훨씬 많이 쓰였음을 확인할 수가 있다.[75] 이것은 고구려나 백제 왕도의 입지가 정확한

75) 고구려의 금석문에서는 동, 서, 남, 북의 방위명을 사용한 부명은 전혀 찾아지지 않고, 백제의 경우도 궁남지 목간에서 출토된 西部만이 보일 뿐이다. 나머지 자

동, 서, 남, 북을 구분하여 구획하기 어려운 지형이라는 한계에서 기인한 것이기도 하지만,[76] 유독 상, 하, 전, 후의 위치 기준 부명의 사용을 고집한 것은 그 나름의 내력과 이유가 있기에 그러한 것으로 판단된다.[77]

같은 예맥계로서 북에서 남으로 남하하며 국가를 건립한 고구려와 백제의 지배층이 왕도의 부명을 동일한 계열로 붙였다는 것은 단순한 우연의 일치만은 아닐 것이다. 앞서도 언급하였듯이 사비 도성이나, 고구려 집안 지역은 왕성(왕궁)을 중심으로 하였을 때 정확한 방위에 따른 5부를 배열하기는 힘든 구조이다. 이 때문에 절대적 방위명 보다는 상대적 위치에 따른 부명을 선호하였을 수도 있을 것이다.

평양 시기 왕도의 5부가 상, 하, 전, 후 등으로 표기되었다는 것은 왕도 5부의 기원이 국내성 시기에 있음을 감안할 때, 해당 지역에도 동일하였음을 추측케 한다. 그렇다면 집안 지역이 갖고 있는 지형 입지적 요인 외에 고구려가 왕도의 5부명으로 사용한 상, 하, 전, 후의 기원은 무엇일까? 고구려의 경우 북방 유목, 수렵 민족과 접경해 지속적인 길항 관계를 유지하고 내부적으로 이들을 수용하기도 하였

료들은 모두 상, 하, 전, 후를 사용하고 있다. 그렇다면 5부명에서 순수 방위명을 쓴 부명은 거의 사용되지 않았다고 간주하여도 무방할 듯하다.

76) 백제 사비 도성의 구조와 형태상 5부의 방위와 구획이 반드시 동, 서, 남, 북, 중과 일치하지 않음은 일찍부터 언급되었다.(박순발, 2000, 「사비도성의 구조에 대하여」 『백제연구』 31 참조) 고구려 국내도성 또한 백제 사비도성과 유사한 입지를 볼 때 5부의 방위가 반드시 일치하지는 않았을 것이다. 이러한 부명과 방위의 불일치 가능성에 대해서는 근래에 다시 제기되었다. 임기환은 고구려 초기 중기 왕도가 소재한 집안 지역은 그 지형상 동, 서, 남, 북의 정확한 방위에 입각한 5부의 입지를 설정하기가 매우 힘들다고 지적하였다.(임기환, 2015, 앞의 글)

77) 『삼국사기』에는 방위부명에 붙는 관칭 접두어로 전, 후, 좌·우보다는 동, 서, 남, 북이 주로 나타난다. 이는 양자가 초기부터 혼용되었거나, 원형인 전, 후, 좌, 우가 동, 서, 남, 북과 병용되기 시작한 이후에 기록이 남은 것으로 생각된다.

다. 또한 스스로 그러한 유목, 수렵적 전통도 보유하고 있었다. 왕도의 부명 또한 이러한 전통 속에서 붙여졌을 가능성이 있어 간단히 검토해보고자 한다.

특히 초기 고구려와 마찬가지로 수렵적 전통이 강하던 여진족의 사례에서 해답의 근사치를 발견할 수 있다. 금나라를 세우기 전까지 여진족은 공동체적 부족 전통을 유지한 채 생활을 영위하였다. 여진족의 수렵 공동체는 방위 개념으로서 절대적인 동, 서, 남, 북보다는 '산의 앞, 뒤' 또는 '강의 위, 아래'라는 상대적 표현이 발달하였다고 한다.[78)]

고구려 역시 이와 동일한 양상을 보여준다. 특히 고구려 초, 중기 왕도의 소재지인 집안 분지는 압록강이라는 중·대형 하천은 물론, 통구하, 마선하 등 중·소형 하천도 발달하여 이들 하천을 중심으로 생활과 교역권이 구분된다. 또한 비교적 험준한 산지인 노령산맥이 분지 북쪽을 병풍처럼 감싸고 내려가고, 분지 내에도 구릉성 산지가 분포하고 있다. 이러한 자연적 입지 조건을 갖춘 곳에 수도를 정한 고구려가 초기부터 지형지물을 기준으로 수도의 권역을 나눈 초보적 행정 구획을 설정하지 않았다고는 쉽게 단언하지 못할 것이다. 초기 형태의 그러한 수도의 지역 구분이 評이었고, 그것이 고구려 국가의 성장과 함께 더욱 정연해지고 제도화되면서 왕도 5부로 정착되게 된 것이다.

본래 왕도를 편제하기 위해서 설치한 구역이었던 評은 집권화가 진전되면서 나부 유력 세력이 왕도로 결집하며 그들이 관칭하던 部와 혼용되다가 나부가 소멸하면서 部가 완전히 評을 대체하게 된 것으로 보인다. 그러나 기존 수도의 구획 구분으로의 評은 사라졌지만,

78) 김구진, 2001, 「여진사회의 Tatan(와포) 제도에 대한 연구」『인문과학』 9, 115쪽.

수도 전체 혹은 수도권을 일컫는 일반 명사적 표현으로서 評이라는 용어는 후기까지 상존하였다.[79] 수서의 기록은 이를 방증하는 것으로, 고구려 사람들이 수도(왕도 = 내평)와 수도권(왕기 = 외평)으로 부르던 것을 적기하였다 생각된다. 그리고 4세기 말 ~ 5세기 초 정치, 군사적 파장을 겪으며 고구려의 정치 제도가 대폭 이식된 것으로 보이는 신라와 가야 지역에도 評이라는 표현이 전해지고, 다시 일본에까지 영향을 주게 된 것이다.

소결

고구려 수도권의 구조는 왕성(왕궁), 왕도, 왕기라는 위계성을 가진 공간으로 구성된 것으로 보인다. 즉 왕도는 왕의 거소인 왕성(왕궁)을 중심으로 한 핵심 지역이고, 왕기는 그 배후 지역을 뜻한다. 고구려에서 왕기(기내)가 제도적으로 운영되었는지에 대해서는 아직 미지수이지만, 중국 고대 국가나 신라의 사례에 비추어 볼 때 이와 같은 성격의 지역이 왕도 주변에 형성되어 있었던 것으로 추정된다.

집안 도읍기 고구려의 왕도는 왕성인 국내성을 중심으로 대체로 집안 분지 일대로 상정할 수 있으며, 방위명의 5부는 중부인 왕성(국내성)을 비롯하여 그 주변에 설정된 것으로 보인다. 고구려의 왕기는 중국과 신라와 마찬가지로 왕도에 대한 효율적 방어를 목적으로 설치된 군사적 성격이 강한 지역이었다. 대체로 오늘날 집안시 전역에

79) 오랜 역사적 연원을 서울이라는 단어가 오늘날 대한민국 수도의 이름을 뜻하는 고유 명사와 보편적인 수도를 의미하는 일반 명사로 함께 쓰이고 있다는 점을 상기할 필요가 있다. 일본의 京都 역시 그 지명을 갖기까지 유사한 내력을 갖고 있다.

해당하는 지역으로, 자연지형물로는 북의 노령산맥, 서의 유림하, 남의 압록강에 의해 한정된다.

고구려에서 왕도, 왕기가 성립되었던 가장 중요한 정치 사회적 기반과 계기는 部의 형성이다. 대무신왕은 국왕의 직할지를 계루부로 편제하는 것을 시작으로 기존 고구려 연맹체에 복속되어 있던 소국을 那部로 재편하면서 국왕 중심의 원심력을 강화하고, 이를 바탕으로 國邑보다 강력하고 규모가 큰 왕도와 왕기를 형성하는 계기를 마련한다. 그리고 이는 늦어도 태조왕대에 이르면 5나부 체제로 완성을 보게 된다.

집권력의 강화를 위해 대무신왕대부터 시작된 나부의 형성은 집권화의 진전에 따라 방위부의 설치로 귀결된다. 그렇지만 나부와 방위부는 일정 시기 동안 공존하였고, 나부가 상존할 때 수도의 행정구획으로서 왕도에 설치된 것으로 파악되는 방위부는 '評('벌'에 가까운 발음으로 읽혀졌을 가능성이 큼)'이 접미사로 붙어 불리었을 공산이 크다. 고유어 評이 고대 사회에서 수도나 큰 도회를 의미하는 용어로 사용되었음은 여러 기록과 용례에서 확인이 가능하다. 고구려에서 수도 혹은 큰 도시와 관련하여 評의 음역에 속하는 平壤이 여러 차례 등장하는 것 역시 이에서 기인한 바라 생각된다.

고구려 수도에 설치된 방위부는 집권화의 추진, 왕권에 의한 설치라는 측면에서 나부와 공통점을 가지고 있었고, 일정 시기 동안 공존하기도 하였다. 고구려 초, 중기 수도인 집안의 입지적 특성이나 고구려의 전통에 입각해 볼 때 방위부는 절대적 방위명인 동, 서, 남, 북보다는 지형지물을 기준으로 한 상대적 방위명인 전, 후, 좌, 우의 명칭을 달고 있었을 개연성이 크다. 국가 체제가 더욱 발달하고 나부가 해체되면서 방위부의 접미어 역시 자연스레 評에서 部로 전이되고, 아울러 수도 구역이 정비되어 결국에는 동, 서, 남, 북의 절대적 방위명과 전, 후, 좌, 우의 상대적 방위명은 서로 일치되는 결과를 가져왔을 것이라 추측된다.

찾아보기

[ㄴ]

[ㄷ]

[ㄹ]

[ㅁ]

[ㅂ]

[ㅅ]

[ㅇ]

[ㅈ]

[ㅊ]

[ㅌ]

[ㅍ]

[ㅎ]

[기타]

각 장의 출처

제1장 고구려의 종족 계통 고찰(2010, 「초기 고구려 종족 계통 고찰-예맥족을 중심으로-」 『동북아역사논총』 27)

제2장 건국신화에 나타난 국가 형성(2006, 「하백녀 신화를 통해서 본 고구려 국가형성기의 상황」 『북방사논총』 12)

제3장 고구려 시조 주몽의 출자지 검토(2019, 「고구려 시조 주몽의 출자지에 대한 시론적 검토-주몽 설화의 공간과 역사성-」 『한국사연구』 186)

제4장 고구려, 부여 사회에 보이는 북방 문화적 요소(2017, 「부여, 고구려 사회의 북방문화적 요소에 대하여」 『동양학』 66)

제5장 예맥 족명과 고구려, 부여 국호의 의미(2015, 「예맥 족명과 부여, 고구려 국호의 유래와 의미」 『선사와 고대』 44)

제6장 고구려 부여계 유이민의 남하와 백제의 성립(2017, 「고구려, 부여계 유이민의 남하와 백제 부여씨의 등장」 『선사와 고대』 53)

제7장 고구려 5나부의 성립 과정과 위치(2010, 「고구려 5나부의 성립과정과 영역 검토」 『대구사학』 98)

제8장 고구려 초기 관등의 형성과 성격(2015, 「고구려 초기 관등의 기원과 성격에 대하여」 『사학연구』 119)

제9장 고구려 초기 좌·우보제의 성립(2016, 「고구려 좌, 우보의 기원과 성격」 『선사와 고대』 50)

제10장 고구려 왕도, 왕기의 성립 과정(2016, 「고구려 왕도, 왕기의 형성 과정과 성격」 『한국고대사연구』 81)